AF363400

MÉMOIRES

DE LA

SOCIÉTÉ DES ANTIQUAIRES

DE NORMANDIE

4ᵉ Série — 2ᵉ Volume

XXXIIᵉ VOLUME DE LA COLLECTION

CAEN

HENRI DELESQUES, IMPRIMEUR-ÉDITEUR

SUCCᵗ DE F. LE BLANC-HARDEL, — RUE FROIDE, 2 ET 4

ROUEN   PARIS

LESTRINGANT, Succᵗ DE MÉTÉRIE   Honoré CHAMPION, QUAI VOLTAIRE

1895

JOURNAL

DE

GILLES DE GOUBERVILLE

JOURNAL

DE

GILLES DE GOUBERVILLE

`Pour les années 1549, 1550, 1551, 1552

PUBLIÉ

D'APRÈS LE MANUSCRIT ORIGINAL

DÉCOUVERT DANS LE CHARTRIER

DE

SAINT-PIERRE-ÉGLISE

CAEN

HENRI DELESQUES, IMPRIMEUR-ÉDITEUR

SUCC^r DE F. LE BLANC-HARDEL, — RUE FROIDE, 2 ET 4

ROUEN	PARIS
LESTRINGANT, SUCC^r DE MÉTÉRIE	HONORÉ CHAMPION, QUAI VOLTAIRE

1895

DESCRIPTION DU MANUSCRIT

La partie du Journal de Gilles de Gouberville qui a été trouvée dans le chartrier de Saint-Pierre-Église et que nous publions aujourd'hui, se compose de 350 feuillets d'une écriture fine et très serrée, soit conséquemment du double de pages; ces feuillets mesurent en hauteur 0^{m}268 et en largeur 0^{m}09. Cette partie comprend les quatre années qui précèdent immédiatement celles déjà publiées dans les *Mémoires de la Société des Antiquaires de Normandie*. Le manuscrit, de la main même du sire de Gouberville, est en tout semblable aux deux autres registres qui ont servi à M. l'abbé Tollemer à publier son remarquable travail sur le Journal d'un sire de Gouberville; comme eux, il est recouvert d'une feuille de parchemin repliée sur elle-même; les bords étaient encore cousus en quelques endroits avec de grands points en zig-zag lors de sa découverte par M. Drouet, greffier de la justice de paix de Saint-Pierre-Église.

Nous avons eu la curiosité d'enlever ces points de couture, et nous avons trouvé entre le double du parchemin un papier contenant une demi-douzaine de recettes pour faire du *bourrax*, du *sal nytre*... Les unes sont rédigées en latin, les autres en français; toutes paraissent avoir été écrites de la même main que le précieux Journal. Après avoir porté nos regards dans l'intérieur du pli, nous avons pu nous convaincre que le parchemin en question, avant de préserver de la destruction « *Les Mises et receptes* » du noble sire, avait déjà servi pour quelque objet; nous y avons déchiffré la relation d'une contestation entre Gilles de Gouberville et le seigneur de Pretot, au sujet d'une obligation souscrite par le père de Gilles de Gouberville à Jacques d'Orglandes, sieur de

Pretot, obligation qui aurait été contestée par le sire de Gouberville par la raison qu'elle n'était signée que du nom de Picot.

Malgré les lacunes occasionnées par la reliure du Registre, dont les feuillets sont cousus sur nerfs apparents, malgré les nombreuses taches et déchirures qui souvent ne permettent pas d'achever la phrase commencée, nous allons donner quelques extraits de ce document, qui tendent à établir que Guillaume Picot, père de Gilles, avait le premier commencé à abandonner son nom patronymique pour prendre celui de la seigneurie dont il avait hérité aux droits de sa mère, Jeanne de Gouberville :

« . . . .

« . . . . L'an mil quinze cent quarante huit, le mardy dix
« neufviesme jour de febvrier, à Vallongnes, devant nous Guillaume
« Bastard, escuyer, licencier en Lois, lieutenant de Monsieur le Bailly
« de Costentin la jurisdiction extra..... par nous tenue sur le cas de
« l'opposition formée par noble homme Gilles de Gouberville, sieur du
« lieu et du Mesnil, pour empescher l'execution requise par noble
« homme Jacques d'Orglandes, sʳ de Pretot et de Auvers, pour avoir
« paiement de la somme de troys centz dix livres moictie de six centz
« vingt livres contenues en quelque pretendue cedule datee le derain
« jour de may l'an mil cinq centz saize, a este dict par le dit de Pretot
« comparant par Flory La Cloze son procureur que ceste choze inte-
« ressoit Guillaume de Gouberville pere du dit Gilles et ses predecesseurs
« portoient le surnom de Picot et que de nouveau le dit deffunct avoit
« prins le nom de sa seigneurie de Gouberville..... foys signoit Picot
« Laultre foys de Gouberville et estoit cela demeure prouvey par le
« rapport des tesmoings qui l'avoient veu user et signer Picot ainsy
« quil est signe en la dite cedule et se est chose notoire et veritable quil
« est nepveu, fils de la sœur du dit Jacques d'Orglandes pere du dit et
« present sieur de Pretot. . . . .

« . . . . . . que le dit deffunct Picot estoit homme de l'estat de
« justice, grand Maistre des Eaulx et Foretz en Normandye, luy fut la
« dite somme de troys centz dix livres delivrée entre ses mains pour la
« rendre et en tenir compte au sʳ de Pretot . . . .

« . . . . »

Sans nous étendre davantage sur cette contestation entre le sire de Gouberville et son cousin de Pretot, nous mentionnerons en terminant

ce passage dans lequel Gilles de Gouberville persiste à affirmer « que le
« dit deffunct son père de son vivant et d'empuys quarante ans avoir
« tousjours de coustume signer Gouberville en toutes ses lettres et
« escriptz et non pas ce nom Picot, ainsy qu'il est contenu en la pretendue
« cedule. . . . . »

Voilà tout ce qu'il nous a paru intéressant d'extraire du vieux parchemin qui sert de couverture à cette première partie du journal de
Gilles de Gouberville, découverte dans le Chartrier de Saint-Pierre-
Église. Les recouvrements de cette reliure ont de telles proportions qu'on
n'est nullement étonné que ce manuscrit, même après un laps de temps
aussi long, soit parvenu jusqu'à nous à peu près intact. Il était tout
indiqué de faire figurer ici sous forme d'Avant-Propos les parties les plus
curieuses de cette ancienne pièce d'écriture.

Il y a quelques années déjà, nous avions reproduit, dans un opuscule
intitulé : « *Une Collation chez Madame de Clamorgan* », une page de cette
partie du Journal du sire de Gouberville que nous publions aujourd'hui.
A cette occasion, notre regretté compatriote, M. Siméon Luce, membre
de l'Institut, avait bien voulu nous écrire une lettre que nous conser-
vons précieusement, et dans laquelle il nous disait : « *Je m'empresse de*
« *vous remercier de l'envoi d'un exemplaire de votre curieuse Collation. Je*
« *suis complètement de votre avis : Madame de Sahen n'est autre que*
« *Madame de Saane. Merci donc de la Collation. Mais à quand le Dîner ?...* »

Et le Dîner, c'était cette première partie du Journal du sire de Gouberville, objet de cette publication, que le savant historien, en sa qualité
de Normand, se faisait une fête de savourer comme un véritable festin.

Inutile de dire combien nous eussions été heureux nous-même de
soumettre notre travail à la haute appréciation de ce savant d'élite si tôt
moissonné par la mort et dont il ne nous est plus donné aujourd'hui
que d'évoquer le souvenir.

Comte A. DE BLANGY,

Membre de la Société des Antiquaires de Normandie

Juvigny, 4 août 1893.

Guillaume Picot Ier — Georgette Suhart, 1370 ; elle lui apporte le fief de Russy.

Audrien Picot — Philippette de Percy ; elle lui apporte le fief de Percy. Il meurt vers 1364

Guillaume Picot II — Jeanne de Gouberville ; elle lui apporte le fief de Gouberville.

Alexis Picot — Guillaume de Convert ; elle était veuve en 1411.

Guillaume Picot III — Jeanne Maillart, dame du Fresne, Huppain, Saint-Germain, Grandval, Sorteval, Sainte-Honorine ; il meurt à Azincourt en 1415

Cécile Picot — Jean de Bricqueville ; elle lui apporta la seigneurie de Brettaville, près Cherbourg.

Simon de Convert, curé de Gouberville. Jean de Convert.

Guillaume Picot IV — Taulier d'Ouglandes, Audrien Picot, prêtre, curé de Gouberville, 1482.

Noël Picot — Anne de Tour ; il décéda en 1492.

Allain Picot, sr de Huppain et de Colleville — Perrette de Yonteville, 1478.

Jean Picot, seigneur temporel de Russy, curé de Gouberville. Il meurt le 11 septembre 1560.

Guillaume Picot Ier — Jeanne du Fou, dame de Mesnil-au-Val, veuve de Gilles de Belleval.

Jean Picot — Jeanne du Busst.

Pierre Picot, curé de Russy.

Guillaume Picot, sr de Huppain et de Colleville — Blanche de Marguery, 1503.

Collette Picot — Nicolas de Chantepie, sr de La Gondannière.

Gilles Picot, sire de Gouberville, ne se maria en 1778, le 7 mars. Il décéda le 12 janvier 1521.

François Picot, sr de Sorteval — Marie de La Fontaine — premières noces, Anne de Sapincourt. Du 1er lit sortit.

Guillaume Picot, Louis Picot.

Gilbonne Picot — Pierre-André de La Rigne, morts en 1560.

Rémi Picot — Jacques du Mouzel, sr de Saint-Nazair, en 1545.

Yvonne Picot — François Thevart, sr des Essarts.

Noël Picot, mort non marié vers l'an 1557.

François Picot, IIe du nom, sr de Sorteval et de Sainte-Honorine — Catherine Picot. Ils n'eurent pas d'enfants.

Gilbonne du Mouzel — Gilles de Crosville. Elle meurt en 1560 et son mari en 1612.

Guillaume Picot, sr de La Verge. Jacques Picot, sr de Homme, de Grandval. Nicolas Picot, sr du Fresne.

Noël Picot — Françoise d'Avelines, en 1566 ; mort en 1585.

Micheloste Picot — ..., 13 janvier 1558, au sieur de Blécy, près Creully.

X. Picot, épouse du sr d'Agneaux.

Guillaume Picot — Anne Blondel de Tilly. Jean Picot, sans postérité. Noël Picot, sans postérité.

François Picot — Marie Formage 1638.

Guillaume Picot — Catherine de Fleurot, le 17 février 1667, dans l'église de Brillevast.

François Picot, de concert avec son frère aîné, vend à Messire Philippe Le Hérissy, en 1678, les fiefs, terres et seigneuries de Grandval, Sorteval, Sainte-Honorine, dans la paroisse de Russy.

Charles Picot — Jeanne Le Breton, en 1692.

Anne Gaspard Picot, lieutenant de vaisseau.

Jean-Guillaume Picot, curé d'Alleaume, titulaire et serveur de la chapelle de N.-D. de la Victoire, directeur de l'Hôtel-Dieu de Valognes, décédé le 17 février 1742.

Marie-Madeleine Picot. Marguerite Picot.

Guillaume Picot — Marie-Anne de Revière, en 1737 ; n'ont pas laissé de postérité.

1549.

*Mises et receptes faictes d'empuys le lundy XXVe jour
de mars 1549.*

Le lundy XXVe, jour de la Nostre-Dame, je ne bougé de céans, Symonnet et
Thomas Drouet furent en grand camp deffendre ung cerf qui avoyt rendu les
aboys à des mattins quils ne congnoiscoyent, après je leur fys cuillir des greffes
pour porter le lendemain à Gouberville.

Le mardy XXVIe au matin, je party de céans, Thomas Drouet avecque moy
et allasmes à Gouberville pour greffer et commenceasmes au jardin trachie;
pour deux pains blancs prins chez Bibet pour notre soupper. . . . . ɪ sol.

Le mercredy XXVIIe, je m'en allé à S^{ct}-Pierre pour quelque affaire parler
à Harcla (1), puys m'en retourné à Gouberville à Thomas qui achevoyt de
greffer; Marin Flamenc achatta une quarte de beurre pour moy qui luy
cousta ɪɪɪ sols vɪ deniers, que luy rendy . . . . ɪɪɪ sols vɪ deniers.

Le jeudy XXVIIIe, je ne bougé de Gouberville la matinée, pour greffer au
jardin de la Chesnée et aulx chaussées. Pour du cydre et du pain prins chez
Bibet ɪɪɪ sols et en poyscon ɪɪɪ sols — vɪ sols. Le dit jour après disner je
party de Gouberville le dit Drouet et Campdepie avecque [lequel m'estoit hier
venu trouver à S^{ct} Pierre] et nous envinsmes par Toqueville quérir de la

____

(1) Jean Messen, s^r de Herclat, demeurant à Varouville, descendait d'un Guillaume Messen,
s^r de Herclat, vivant en 1515. Ce Jean Messen était lieutenant de Monsieur l'Amiral.

[Chartrier de St-Pierre-Église. — État de l'ancienne noblesse avant 1612.]

1

marjolaine pour Rennier ; ma cousine et son fils estoyent au castelc ; apprès avoir beu, nous vinsmes soupper et coucher au Mesnil.

Le vendredy XXIX°, je ne bougé de céans, Thomas Campdepie (1) fut à Cherebourg aulx ples qui estoient ce jour pour ce qu'il estoit le lundy précédent feste, comme je faisoys greffer Thomas Drouet au jardin aulx entes on me vinst dire qu'on foulloyt la maison Varin pour trouver des peaulx de cerfs, je m'y en allé, jy trouve maistre Thomas Marie et Claude le Cauf, Marin Le Clerc et quattre aultres qui avoyent trouvé de la chair de cerf salé chez la Toudoulx, que son fils y avoyt apportée. Et dist quil avoyt trouvé un cerf mort que les chiens mengeoient, et nous mena au lieu ou trouvasmes les offences et les tripes.

Le sabmedy XXX°. Je fus à Valongnes et mène Hubert et Varin pour estre examinés de la mort du dit cerf, ce que Varin fut, Hubert non pour quil l'avoyt hier este puis nous en revinsmes.

Le dimenche dernier jour du dit moys, je ne bouge de céans, missire Clément y vinst qui bailla de l'argent à Campdepie qu'il luy debvoyt ; ung pottier de Tamerville m'apporta quarante pièces de taffeste plombée (2).

Apvril 1549.

Le lundy premier jour je ne bouge de céans, je fys semer dix boisseaulx de tremoys tant à la basse Vente que au clos au Couvert par Nicolas le Valet. Le dit jour, Liger, serviteur de Alonce Davende et le cappitaine Genevoys vindrent céans à disner, apprès s'en allèrent à Cherebourg à Campdepie qui y estoyt, Symonnet les y mena et fist ferrer ma haquenée qui lui cousta. . . . . v sols.

Le mardy II° je fus à Vallongnes pour les fieffes qui se firent en la garde de Cossin et de Ferant ; je disne chez Noël, Maistre Pierre Collas, Jacques Cabart, le vicaire de S^{ct} Vast, nous despendismes vingt sols que je paye. XX sols.

Le mercredy III° je retourne à Vallongnes Symonnet avecque moy, je disne chez Baucquet (3) avecque le dit sieur et sa femme, Navarre, Le Mesnil

---

(1) Le nom de Thomas Campdepie ou Cantepie, car Gilles de Gouberville l'écrivait aussi parfois de la sorte, était Langlois. Voici la note que nous trouvons dans le chartrier de St-Pierre-Église :

« Jacques Lenglois, s^r de la Mare, pauvre de Treauville ; Robert Lenglois, s^r de la Mare du
« dit lieu ; Jacques Lenglois, s^r de la Fonteine, pauvre aussi du dit lieu. Tous fils de Thomas
« Langlois : descendus comme puinés d'un Jean Langlois, demeurant à Grosville, qui eut arrêt
« en 1540 et selon Roissy plus probablement en 1543. Un Raoul Lenglois, dont sont issus les des-
« sus dits fut renvoyé à la taille par Montfauq en la paroisse de St-Sauveur-le-Viconte, en 1464. »

(2) Poteries qui forment la faitière d'un toit d'ardoises ou de tuiles.

(3) Guillaume Bauquet de la paroisse de Huberville, Sergenterie et banlieue de Valognes,

Picquard et plusieurs aultres, apprès disner je m'en alle à la carrière Jalot et baille à Bertran Abatquesne xxii sols sur six francs que je luy ay promys pour cent pieds de frilleuse qu'il me doybt rendre preste dedens le dernier de ce moys. . . . . xxii sols.

Le dit jour viron solleil couchant, je party de Vallongnes et m'envins coucher céans apprès avoir baillé chez Denis, pour deux reppeues de mes chevaux. . . . . v sols.

Le jeudy IIIIᵉ, je retourne à Vallongnes et disne chez Baucquet avecque Monsieur de Baleroy (1), le Viel, promoteur, et plusieurs aultres, pour ung pot de vin, ii sols vi deniers ; apprès disner, on fut achever de banir les places vuydes de la Verderie de Vallongnes puys m'en revins coucher céans, il estoyt jour faillant. . , ... ii sols vi deniers.

Le vendredy Vᵉ, je retourne à Vallongnes, Campdepye avecque moy, je disne chez Baucquet avecque la compagnee, après disner jachatte ung cousteau qui cousta iii sols ; ce faict, je prins congé de Monsieur de Baleroy et m'en vins coucher céans, je baille à la femme de Denys pour mes chevaulx iii sols et cinq sols que je luy doy encore . . . . iii sols.

Le sabmedy VIᵉ, je ne bouge de céans ; viron my relevée, je fys abbattre par Thomas Drouet et Nicolas Le Valet ung chesne au clos au Couvert.

Le dymenche VIIᵉ, de la Passion, je ne bouge de céans, Sᶜᵗ Catarine y vinst à disner, après disner je baille à Guillaume Le Sage sur son service de cinq moys v sols et ung boisseau de tremoys pour x sols et une payre de souliers qu'il avoyt heue à jour passé et de la toile, le tout avoyt cousté unze sols. xv sols.

Le dit jour au mattin, avant que me lever, le viel Quelin et Jacques Rouxel vindrent parler à moy pour quelques afferes du dit Rouxel, qui estoit en cause en l'Admiralité, à la Hougue, pour des avirons que le Coyffre et Pivain luy avoyent vendus.

Le dit jour après disner, j'envoye Thomas à Vallongnes vers Monsieur de

fils de Thomas, anobli par chartes de l'an 1543, registrées à la Chambre des Comptes de Paris, le 9 novembre 1545 et en la Cour des Aides au dit an. [Recherches de Roissy].

(1) Rolland Trexot, conseiller du Roy, commissaire député au bailliage de Caen et de Costentin, seigʳ de Baleroy. Gilles de Gouberville l'appelle indifféremment Mʳ Trexot ou M. de Baleroy du nom de son fief. Rolland Trexot était le troisième fils de Jean Trexot, avocat du Roy à Bayeux. Ce fief de Baleroy avait été légué à son père par un sien oncle aussi nommé Jean Trexot, docteur en théologie et en droit canon, vicaire général d'Avranches, lequel l'avait acheté en 1521 de Jean des Essarts, seigʳ d'Aunay. Les deux frères aînés de Rolland Trexot avaient embrassé l'état ecclésiastique et étaient chanoines de la cathédrale de Bayeux et curés de Baleroy. Rolland Trexot avait hérité, à la mort de son père, des fief, terre et seigneurie de Baleroy ; criblé de dettes, il se vit vers la fin de sa vie dans l'obligation d'aliéner son fief de Baleroy, qui passa ainsi dans la maison de Choisy, puis dans celle des La Court-Baleroy.

Baleroy pour mes afferes, il revinst comme je souppoys et m'apporta lettre du dit sieur et unes pour Jacques Cabart, que je luy envoye apprès soupper par le dit Thomas Campdepie et Symonnet.

Le lundy VIIIe, au matin, je fus à Vallongnes, Jacques Cabart et son Jacques avecque moy, pour parler à Monsieur de Baleroy, nous dinasmes chez Denys, Baucquet, le sieur Mesnil Picard, le Verdier de Vallongnes, et plusieurs aultres, le dit Denis paya pour ce qu'il bailloyt son fils au dit Picard.

Le dit jour au coustelier pour avoir racoustré mon espée, II sols et pour la reppeue de mes chevaulx II sols VI deniers.

Le mardy IXe, je retourne à Vallongnes, Thomas avecque moy, pour tenir les haults jours ; nous dinasmes chez Noël, Le Bourg, Vastel procureur, Maistre Pierres Collas, Bismas, La Planque, Castillon et plusieurs, maistre Richard Le Gros, nous despendismes XXX sols dont jen paye cinq, après disner je retourne tenir la juridiction, puys monte à cheval, il estoyt viron six heures du soyr. . . . .   V sols.

Le mercredy X^e, je ne bougé d'empuys le matin jusques au soyr de la bergerie faire carrayer de la pierre à Lorimier et Philippin Hamel.

Le jeudy XIe, viron mydy, je m'en allé à Gouberville, Thomas avecque moy, je passe par chez le lieutenant à Neville, que je ne trouve, sa femme me dist qu'il estoit a Fermanville tenir les ples de la seigneurie, je m'en allé soupper et coucher à Gouberville.

Le vendredy XIIe, je ne bougé de Gouberville, je fys tenir les ples, après nous dinasmes au presbitaire, le lieutenant, Jacques Fouquet, le vicaire et plusieurs aultres.

Le sabmedy XIIIe, j'envoye Thomas à Valcanville aulx ples, ce pendant je disne chez le vicaire, puys quand il fut revenu, nous en vinsmes coucher au Mesnil.

Le dit jour Nicolas Le Valet et Tassin [qui estoient hier venus à tout ung harnoys apporter du cydre, et du verins que je baille au vicayre] s'en retournèrent a tout de l'orge et du senvre en leur charrette au Mesnil. Assestost apprès survinst Olivier Fleury de Rouen, Guillaume Le Heriche de Barfleu et Castel, lequel Fleury poursuyvoyt ung baril d'uylle que Castel avoyt trouvé l'este-passe emmy la mer et quelques aultres hardes du navire du dit Fleury qui s'estoyt perdu sur Renier (1), lequel Fleury me prya que je feisse à ma conférence d'une demie-pippe de boysson qui n'estoit qu'à demy plaine et d'un rouet de ponpe qui avoyent este trouvés au gravage des l'este passe [presens aulx paroles du dit Fleury le vicaire de Gouberville, Joret Gaillard, le dit Castel et plusieurs aultres].

---

(1) Récifs en vue de Vrasville : il y a le grand et le petit Renier.

Apvril 1549.

Le dit jour au soyr apprès que fus retourné de Gouberville au Mesnil, je baille à Lorimier et à Hamel, à checun cinq sols pour leur sepmaine qu'ils avoient esté tant à carrayer de la pierre qu'à fouyr aulx peppinières derrière la grange et aultre choses. . . . .   x sols.

Le dymenche xiiii° jour de Pasque Fleurye je baille à Hubert pour avoir des souliers comme il disoyt. . . . .   viii sols.

Le dit jour baille à Pasquet sur ce que je luy doy x sols et luy doy encore xlv sols. . . . .   x sols.

Le dit jour je ne bouge d'ycy apprès disner, nous allasmes voyer les Gouppillières et les prays dans Guillaume, Thomas Campdepie, Thomas Drouet, Louys Margenest, Guillaume Feullye, Symonnet et plusieurs aultres, puys nous en revinsmes à Vespres.

Le lundy XV° au matin, je party de céans Thomas avecque moy et allasmes à S^{ct} Pierre-Église pour une information que faisoyt Harcla contre Myaulx Becquet à la requeste de Marin Flamenc et ses consors, nous dinasmes chez Sabine, le dit sieur de Harcla, le greffier S^{ct}-Martin, Raul Godefre, maistre Jacques Troude, Galletieres, les dits Becquet et Flamenc, nous despendismes xxv sols, dont j'en paye v sols, viron iiii heures après mydy, je party, messire Guillaume Flamenc avecque moy et allasmes à Fermanville parler à ma cousine, que je trouve sur le bort de la mer, de dens son navire qu'elle faisoit faire ; après je m'en party de Fermanville, il estoyt solleil couchant, et vins coucher céans, je donne au Iacques de Fermanville qui nous passa le boys de Fermanbreul, i sol . . . .   vi sols.

Le mardy XVI°, dès la pointe du jour, nous retournasmes à S^{ct} Pierre pour l'affere dessus dicte, nous dinasmes au lieu dit. Le dit sieur de Harcla [que j'avoye esté quérir jusques auprès de sa maison, le jeune Raffoville (1) avecque moy], le greffier Denys Giot, Galletieres et plusieurs aultres ; le dit Giot pay xx sols. Apprès disner, le juge recolla quelques tesmoings ; ce faict je m'en vins coucher céans, il estoyt viron une heure de nuyct.

Le mercredy XVII°, je ne bouge de céans, je fus presque tout le jour faire labourer au clos des Ventes de l'Avene, viron my relevée, Jehan Esnault, de Rouen, arriva, qui m'apporta des lettres et une boyttée de confitures que le sieur Alonce de Castille m'envoyet avecque des excomunies de Romme pour envoyer à la Hague pour les succres.

Le jeudy absolut XVIII°, je ne bouge de céans, tout le jour ne cessa de plouvoyr, Thomas et le dit Esnault furent à Cherebourg, Séguier, cordelier disna céans et son compagnon.

____

(1) Gilles Le Marchand, s^r de Raffoville. petit-fils de Jacqueline d'Orglandes, sœur de Tassine d'Orglandes, grand'mère du sire de Gouberville

Le vendredy oray XIXe, je ne bougé de céans apprès le service, je emmene missire Jehan Fréret disner avecque moy, apprès avoir esté à Tenebres, je m'en allé tournier au faye Bertault, Pierres Varin et Michel Le Brises avecque moy, en me revenant, Campdepie me dist que le bruict estoyt que le jeune Ralfoville avoyt tué maistre Jacques.

Le sabmedy Vigille de Pasques XXe, j'envoye Thomas à Cherebourg faire ferrer mon cheval pour troys fers, vi sols, et pour ung giste et chymier de beuf, xii sols. . . . . , ... xviii sols.

Le dit jour, apprès que fus levé, je baille à la Toutdoulce, sur les gages de Hubert, ung boisseau de fourment. . . . . xi sols.

Le dit jour, viron quatre heures apprès mydy, que Thomas fut revenu de Cherebourg, je monte à cheval et allasmes voyer maistre Jacques Troude, à S^{ct}-Pierre, qui avoyt ésté jeudy dernier oultragé par le jeune Ralfoville, apprès avoyr veu et parlé au dit Troude en son lict, nous en revinsmes soupper céans. Il estoyt viron une heure de nuict.

Le dymenche jour de Pasques XXI° moy et tous mes serviteurs fysmes nos Pasques à la chapelle, missire Jehan Freret nous confessa tous et administra, je luy donne pour sa messe. . . . . v sols.

Le lundy XXIIe, je ne bouge de céans, apprès vespres je m'en allé pourmener au clos des Ventes, Campdepie, Thomas Drouet, Pierres Birette, (qui souppa céans) et plusieurs aultres avecque Chandeleur.

Le mardy XXIIIe, viron IX heures de mattin, je party de céans, Symonnet avecque moy, et m'en allé disner chez Monsieur de Brillevast, où je trouve Vastel, procureur, et sa femme et la mère de sa femme, S^{ct} Vast (1) et la damoyselle sa femme, nous dinasmes tous ensemble, puys m'en vins à vespres en ceste ville.

Le mercredy XXIIIIe, je ne bouge de céans, viron neuf heures de mattin, Nicolas Lhermitte, sergent de Blanqueville, et le Cochon, vinrent céans et disnèrent avecque moy ; apprès disner j'envoye Thomas à Vallongnes pour chercher quelcun qui allast à Rouen pour porter des lettres à Barbey, mon procureur.

Le jeudy XXVe, jour S^{ct} Marc, je ne bouge de céans, viron quattre heures apprès mydy, Guillaume de la Bigne arriva céans, qui m'apporta des lettres de mon frère Guillaume, qui estoyt malade à Bayeulx chez ma sœur. Je preste mon harnoys à Michel pour charier du fumier.

Le vendredy XXVIe, je ne bougé de céans, jeus le harnoys Auvre et le

---

(1) Jean Durevye, seig^r de Sotteville. Il avait épousé Marie Janvier, qui lui avait apporté en dot la seigneurie de St-Vaast-sur-Seulles (Calvados), aussi Gilles de Gouberville l'appelle-t-il parfois St-Vaast Durevye.

Drouet qui harerent pour l'avenc au clos des Ventes avecque les miens, et Sandrin et ses varlets, qui firent une jacquette à Collin et une à Ernoulf (1). Thomas retourna à Vallongnes avecque le dit Guillaume de la Bigne pour chercher homme qui allast à Rouen, il baille mes lettres au fils de Bris, s⁣ʳ de Neuville, clerc de Sicquet.

Le sabmedy XXVII°, je ne bougé de céans, je fys porter du fumier de pigeon à la vigne Liot et y semer du Tremoys, comme jestoys la vinst à moy Tienot Garsonnet et ung surnommé Girard, qui m'apportèrent un lièvre. La relevée missire Clément Rouxel m'apporta ung gros collin. Le dit jour, pour ung chymier de beuf, avecque des trippes et les pieds et ung chaudin de veau que Thomas apporta de Cherebourg. . . . . x sols.

Le dymenche XXVIII°, je ne bougé de céans, tout le jour ne cessa de plouvoyr, apprès la messe, j'emmène Cossin, sergent des ventes du Teil, et Vincent Philippe, disner céans, et Martine Boullard et son mary. J'appoincte le dit Cossin avec missire Clément Rouxel, d'un procès qu'ils avoyent pour une batterie qui avoyt esté entre le fils de la femme du dit Cossin et Richard, frère du dit Rouxel, establissant le dit Cossin et prebtre pour les parties et comme par ce que le dit prebtre donna deux testons pour toutes choses au dit Cossin à payer dedens dymenche prochain.

Le dit jour je compte à Michel le Brises de toutes les journées qu'il m'avoit faictes, d'empuis le xiii° jour de juillet dernier, que nous avons conté, jusques aujourd'hui et de tout ce que luy avoys baillé tant en blé qu'en argent, rabattu aussy la dernière année du louage de la maison où il demeure, du jardin à pommiers et du courtil du routour, le dit louage fini à la Marchesque dernière, déduict aussy une année du louage du petit closet du bout de hault de la perruque, la dite année finie à la dite Marchesque, recours au bail que luy en ay faict. Nous accordasmes que pour demeurer quicte vers moy de tout ce que dessus, il me devoyt encore fere huict jours de sa pene.

Le lundy pénultime je ne bouge de céans, je fys semer cinquante huyct rasières d'avene au clos des Ventes par Nicolas le Valet, le cousin La Valette vinst céans pour quérir ung may.

Le mardy dernier jour, je fus à Vallongnes à l'assise, Symonnet avecque moy, quand j'arrive chez le Pasticher, je trouve le seygneur Alonce de Castille qui estoyt venu de Rouen et Cappon de Bayeulx à qui je baille des lettres pour porter à Rouen, il me cousta pour mes chevaulx ii sols vi deniers, Symonnet s'en revinst à pied pour ce que le sieur Allonce avoyt renvoyé son cheval de louage par le dit Cappon. . . . . ii sols 6 deniers.

---

(1) Ernoulf, frère de Symonnet, de Jacques, de Noël, de Jean et de Guillemette *enfants naturels* de Guillaume de Gouberville père de Gilles.

May 1549.

Le mercredy premier jour des Appostres, je ne bouge de céans, Jacques Cabart et Jehan Liot vindrent avant la Messe parler à moy, affin que je me trouvasse apprès disner à la haye de Digoville, pour voyer ce que nous avions fieffé du domaine du Roy et en communiquer aulx aultres habitans, ce que je fys; et s'y trouva le s^r de Breteville (1) et plusieurs de son vilage, Robert Tibert et plusieurs de Gonneville, Thomas Drouet, Yvon Mesnage et Gilles Auvré de ceste ville, je y mène avecque moy le s^r de Castille et Thomas Langloys.

Le jeudy II°, le seigneur Alonce et Thomas Langloys (2) vindrent à l'assise avecque moy, nous disnasmes chez Denys, et, comme nous estions en table, le dit s^r Alonce, maistre Richard Marie et moy, survinst André Verdun et le jaulier faire arrest sur ce que le dict Alonce pouvoyt avoir de biens chez le dit Denys à la requeste de Denys, en quoy faisant le dit Verdun, sergent, et Thomas se jouant ensemble, fut par le dict Verdun dict au dit Thomas, battez-vous les sergentz en faisant ung exploit et par le dit Thomas respondu mordez vous les gens qui vous presentent à menger. Nous despendismes quinze sols que je paye . . . . xv sols.

Le dit jour, le dit Verdun fist plaincte devant Monsieur le Bailly l'assie céante que le dit Langloys luy avoit donné ung soufflet faisant le dit arrest sur les biens du dit de Castille, pourquoy le dit Thomas fut mys en arrest jusques à tant qu'il eust esté examiné et partant nous en retournasmes seuls, le dit de Castille et moy et Jehan Burre, qui ramena la jument haquenée que le dit Thomas avoyt menée et nous en vinsmes soupper céans.

Le vendredy IIIe jour S^{cte} Croix je ne bouge de céans, le sieur Alonce et moy nous fusmes pourmener au clos des Ventes, Thomas Drouet fist un berceau céans pour ma sœur de S^{ct} Nazer.

Le sabmedy IIIIe, je retourne à Vallongnes le seigneur Alonce et moy, et de là nous fusmes à Monstebourg, maistre Jacques Néel et maistre Richard le Gros vindrent avecque nous jusques à l'entrée du boys de Monstebourg et me montrèrent les fieffes qu'ils avoyent prinses du roy. Ce faict le dict sieur Allonce et moy nous en vinsmes au Mesnil où je trouve mon frère Guillaume

---

(1) Jean de Bricqueville, mort sans avoir été marié. La seigneurie de Bretheville en Saire était sortie de la famille Picot, par le mariage de Cécile Picot, fille de Guillaume Picot, seig^r de Gouberville, avec Jean de Bricqueville. Par son testament, en date du 14 mai 1439, la dite Cécile Picot fit divers legs, tant à l'église de Bretheville pour sa sépulture, qu'à celles de Digoville, de Tourlaville et de Bricqueville.

(2) Cantepye.

qui estoit revenu d'Italye. Il me coust à Vallongnes pour la repeue de mes
chevaulx. . . . . ii sols vi deniers.

Le dymenche V^e, viron huyct heures de mattin, je men allé à Turqueteville,
à la Vacquerye, voyer Monsieur de Durescu, que je trouve ja venu de Vallongnes ou il avoyt couché, appres survinst Vastel procureur des forests, le
sieur de Chifrevast (1), Benesville et son nepveu, maistre Ambroyse, maistre
Pierres Collas et sa femme, Nicolas Lhermitte et sa femme, Richard Doisnel et
sa femme, La Marche et plusieurs aultres. Nous dinasmes tous ensemble,
apprès disner je pris congé de la compagnee et m'en revins céans, Thomas
Langloys avecque moy.

Le lundy VIe je ne bouge de céans, Thomas fut à Cherebourg avecque mon
frere Guillaume qui s'en alla coucher à S^{ct}-Nazer, Thomas me rapporta que
Monsieur de Matignon (2) estoyt à Cherebourg.

Le Mardy VIIe, je fus à Cherebourg, le sieur de Castille avecque moy, je
trouve Monsieur de Matignon chez Nicolas Symon, au sortir de son disner.
Apprès luy avoyr faict la reverence, et devisé long temps avecque luy, il me
prya que je luy recouvrasse une ayre des provinces ; Je prins congé de luy et
men revins. Incontinent que fus de retour, j'envoie Thomas Drouet et Symonnet (qui estoyt revenu de Vallongnes, faire renvier les haults jours qui
estoient ce jour) chercher l'ayre du Couldre (3). Thomas s'en alla de Cherebourg à la Hague notiffier au s^r de Rosel et ses consors, que leur matière
contre Allonce de Castille estoyt à vendredy prochain. Il me cousta pour la
reppeue de mes chevaulx chez Jehan Le Moyne . . . . ii sols.

Le mercredi VIIIe, je ne bouge de céans. Thomas revinst de la Hague, au
soyr apprès soupper Vascogne arryva de la court. Apprès qu'il eust souppé,
je luy baille mes chevaulx et Simonnet pour s'en aller à Sainct-Nazer. Nous
fusmes tous l'apprès disner, le seig^r de Castille et moy, au clos des Ventes
avecque les serviteurs de céans qui relevoyent du garet.

(1) Guillaume d'Anneville, seig^r de Chiffrevast et de Tamerville ; il avait épousé, avant l'an
1536, Louise de Longaunay, sœur de Hervé de Longaunay, seig^r d'Amigny et de Dampierre,
chevalier de l'Ordre du Roy, gouverneur et lieutenant général pour Sa Majesté en Normandie.

(2) Jacques de Matignon IIe du nom, comte de Thorigny et de Gacé, gouverneur de Cherbourg, St-Lo, Granville. Il était fils de Jacques de Matignon I du nom et d'Anne de Silly, fille
aînée de François de Silly, bailly de Caen et de Aimée de la Fayette ; il était né à Lonré le
16 septembre 1525 et devait devenir un jour maréchal de France après une carrière militaire
des plus brillante.

(3) En 1543, c'est-à-dire six ans auparavant, c'était sans doute ce du Couldre qui prit part
ainsi qu'un sieur Des Maresqz à une sortie opérée par le capitaine de Cherbourg contre des
Flamens qui avaient fait la chasse à deux petits navires Bretons marchands. Le fait est rapporté dans un petit in-8° gothique de 4 pages intitulé : « *Deffaicte des Flamens devant la ville
et chasteau de Cherebourg; cuydans les dictz Flamens prendre et aborder deux petis navires
Bretons marchans* ».   [Étienne Dolet, Catalogue Firmin-Didot, n° 701].

Le jeudy IXe, je ne bouge de céans, dès le matin le s^r de Castille et Thomas s'en allèrent à Cherebourg et menèrent Herpin pour ramener la jument Haquenée que ledit s^r de Castille avoyt menée. Je fys commencer se jour à fumer à la vigne Liot.

Le vendredy X^e, je fus à Cherebourg, dès que je vins je trouve en la cohue Monsieur de S^{et} Nazer (1) tenant la jurisdiction de Monsieur l'Admiral où on expédiet la matière du sieur de Castille contre Rosel et ses consors, qui peroirent leur cause. Monsieur l'Admiral et Monsr de Matignon estoyent partys pour aller à la Hague. Apprès la vuyde de la cause, le s^r de S^{et} Nazer fut disner chez Nicolas Symon où nous faillismes à appoincter le dit sieur de Rosel avecque le dit de Castille, après nous en revinsmes le dit de Castille et moy par chez Le Saulvage que trouvasmes souppant, et de la menvins par chez Boullon et par les Flouettes pour sçavoir quand jauroys de l'estrain de fourment pour mes chevaulx. Il me cousta à Cherebourg pour mes chevaulx chez Homas . . . . ii sols.

Le sabmedy XIe, je ne bouge de céans, je fys apporter le boys qui estoyt près la planche Bunel que Pierres Varin tronchonna avecque les Buneteaulx de Gonneville auxquels (au soyr apprès soupper) je baille x sols sur leurs journées d'empuys mardy matin, et autant à Jehan et Honoré dictz du Pont, que j'avoye des lors pour syer des es de chesne et de fau . . . . . xx sols.

Le dit jour, baillé à Nicolas Le Valet deux boisseaulx de froment. xxv sols.

Le dymenche XIIe je ne bouge de céans, après soupper le sieur de Castille, Thomas Drouet, nous allasmes pourmener vers la maison Auvre, nous trouvasmes missire Jacques et missire Jehan, qui nous monstrèrent leurs pépinières et leurs jardins, missire Jacques me demanda congé de loger au presbistaire la femme de Jacques Cleret qui s'en estoyt fuye de Barfleu pour la peste.

Le lundy XIIIe, je fus à Cherebourg le sieur de Castille et Thomas Langloys ; j'achatte de Cavreleur du beuf pour XVI sols, et pour ce que je ne peu trouver de fain pour mes chevaulx qui ne débridèrent point, je m'en revins incontinent. Monsieur l'Admiral (2) n'estoyt encore revenu de la Hague, mais il

---

(1) Jacques du Moncel, seig^r de St-Nazer, fief sis en la paroisse de Gréville ; il avait épousé Renée Picot, sœur de Gilles de Gouberville. Ce Jacques du Moncel fut commis par lettres du Roy Henri II expedier à Rheims le 14 juillet 1557, lieutenant de l'Amiral de France aux sièges; rades, havre et port de Cherebourg et de la Hague et à la charge de capitaine de la milice des côtes sous Messire Pierre de Harcourt, lieutenant général pour sa Majesté au gouvernement de Normandie. Jacques du Moncel était le frère aîné de Léobin du Moncel, seig^r d'Estoubeville et de Tollevast, dont le fils, François du Moncel, épousa Elisabeth de Vieuxpont.

[*Maison d'Harcourt*, tome II, p. 1582].

(2) Claude d'Annebault, chevalier de l'Ordre du Roy, amiral de France.

revinst ce mesme jour et Monsieur de Matignon coucher à Cherebourg. Le dit
de Castille y demoura pour ce jour.

Le mardy XIIII°, je retourne à Cherebourg, Thomas avecque moy, Monsieur
l'Admiral et Mons' de Matignon estoient jà partys pour aller coucher à
Monstebourg. Ils disnèrent à Saulcemesnil, incontinent je remonte à cheval
et m'en allé à Vallongnes, Thomas avecque moy, où j'arrive à mydy, la
matière de Gallie et Magnen Voysin et Mouchel pour leurs brebys qui avoyent
esté prinses par Marin Le Clerc fut expédiée dont Brisset appella.

Le dit jour pour la reppeue de mes chevaulx au matin à Cherebourg, ıı sols
et à Vallongnes ııı sols d'où je party il estoyt viron six heures de soyr.   v sols.

Le mercredy XV°, le sieur de Castille et Thomas furent à Vallongnes et
menèrent mes chevaulx, je m'en allé à S^{ct} Pierre Symonnet avecque moy,
Mesnage et Guillaume Paris le jeune et le frère de sa femme vindrent quand
et moy jusques au lieu du marché et pour ce qu'il n'y avoyt encore personne,
je m'en allé voyer Fonteney (1) ; je rencontre en chemin les sieurs de S^{ct} Vast
et Harcla qui le venoyst de voyer. Quand je y arrivé je y trouvé mon cousin
de Fermanville, je fus là bien une heure et puys m'en revins au marché, je
n'y descendy poinct, j'y parlé au vicayre de Gouberville à missires Guillaume
et Marin ditz Flamenc, à Alexandre et à plusieurs aultres, et puys m'en revins,
Mesnage et Jehan Le Clerc quant et moy.

Le jeudy XVI° viron quatre heures apprès midi je m'en allé à Gouberville
Thomas avecque moy, il estoyt soleil couchant quand j'arrivé là et y souppé
et couché.

Le vendredy XVII° au matin, Beaurepayre vinst au manoyr qui faignoyt allé
à Gatteville, nous accordasmes que jeudy prochain je me trouveroys à Gouberville pour appoincter les différents d'entre Becquet les paroissiens et les
Flamencz, présents Richard Becquet et Marin Flamenc.

Le dit jour receu de Bibet xLv sols pour la moyctié du IIII° de Gouberville, et
luy vendys une botte de percy et ung boisseau de froment par le prix de
quatre escus sol dont le vicayre et Symon Chardine donnèrent plèges, et me
doybt le dit Bibet bailler jeudy prochain l'austre escu du IIII° et deux escus à
la S^{ct} Jehan et deux à la Magdelaine prochains venans les dits dessus
dits faisans bon pour le dit Bibet. Ce faict je m'en vins, il estoyt viron cinq
heures quand j'arrivé céans. . . . .   xLv sols.

Le sabmedy XVIII°, je ne bouge de céans, je fys semer des laictues et des
espinars à Douart, qui estoyt venu de jeudy la relevée, et fys semer de l'orge
à la Vigne Liot, le mesme jour Margerin Birette en apporta dix boisseaux.

----

(1) Thomas Le Berceur, seig^r de Fontenay ; la terre et seigneurie de Fontenay fut érigée en
marquisat en faveur de Henry Le Berceur, gouverneur de la ville et château de Cherbourg,
arrière petit-fils de ce Thomas Le Berceur.

May 1549.

Le dit jour, Thomas et Castille furent à Cherebourg pour les afferes du dit
de Castille.

Le Dymenche XIXᵉ, je ne bouge de céans, apprès la messe Nostre-Dame et
le commencement de la grande messe, je m'en vins disner, apprès disner,
Varin d'Yvetot et Merigot vindrent céans qui y disnèrent, ce faict je fys et
escripvys l'accord d'entre le dict Varin et Thomas Drouet, touchant l'héritage
de ceste ville.

Le lundy XXᵉ. je ne bouge de céans, je prestay ung harnoys et Toutdoulx
à Varin pour fumer son orge qui y furent tout le jour.

Le mardy XXIᵉ, je fus à Vallongnes tenir les haults jours, nous dinasmes
chez Noël, Vastel procureur, maistre Pierres Collas, Auville, La Planque,
Barnavast, Cossin, Castillon et plusieurs aultres, après disner nous achevasmes
le reste des haults jours puys m'en allé chez Billot où je prins deux aulnes de
satin noyr, et aulne et demye de drap, puys m'en allé monster à cheval, il me
cousta pour la reppeue chez Denys . . . . ɪɪɪ sols

Le mercredy XXIIᵉ, je fus à Sᵗ Pierre où je trouve le vicayre de Gouberville, nous allasmes chez Fonteney, où nous fusmes viron heure et demye. de
là je m'en allé à Gouberville soupper et coucher.

Le dit jour viron unze heures de nuyct, Toutdoulx vinst à Gouberville qui
m'apporta unes lettres de Monsieur le Mareschal de Cherebourg que je me
trouvasse le lendemain à porte ouvrante à Cherebourg pour quelques [afferes]
pour le service du Roy.

Le jeudy XXIIIᵉ dès le poinct du jour, je party de Gouberville Campdepye
avecque et m'en allé toute la poste à Cherebourg, où j'arrive entre six et sept.
Je m'en allé tout droict au chasteau, où je trouve le cappitaine et ung gentilhomme Italian qu'on appeloyt le cappitaine Melon, que Monsieur l'Admiral y
avoyt envoyé. Le dit cappitaine de Cherebourg me monstra lettres de mon dit
sieur l'Admiral comme il envoyt le dit Melon pour ordonner de quelques afferes
en dilligence où il falloyt du boys et me bailla unes lettres adressantes au verdier qu'il eust en dilligence à délivrer le boys que le dit cappitaine luy de-
manderoyt et pour ce que le dit Verdier ne se trouva poinct, les dits cappitaines me communiquèrent de l'affere. Incontinent je m'en allé à la forest et
mène Robert Gille et Pierrot Delaune et ung aultre que je ne congnoys et leur
merche scinquante fouteaulx de l'essence qu'il falloyt, puys nous en retournasmes à Cherebourg dire aulx dits cappitaines ce que nous avions faict, qui
me dirent qu'il leur en falloyt une partye sabmedy et l'austre lundy.

Le dit jour je party de Cherebourg viron quatre heures apprès mydy et m'en
vins par Tourlaville. Je dys chez Aulbin Vaultier au Vert Gallant, chez le
Saulvage, à sa femme, à Thomas Boullon à sa personne, à Jehan Potier, col-
lecter de la dite paroisse, qu'ils eussent à charrier dix charretées du dit boys

à Cherebourg dedens sabmedy prochain pour les afferes du Roy et aultre douze
charlées lundy en toute dilligence, et qu'ils trouveroyent le boys abattu tout
prest de chargé en la garde Demais en trans de la fontaine au cerf, ce qu'ilz
m'accordèrent et que pour ce faire ils en communiqueroyent aux aultres
dedens demain.

Le vendredy XXIIIIe je ne bouge de céans, je fys estoupper à Nicolas Le
Valet et à Tassin Le Closet Drouet par devers la rue, où ils furent d'empuys
le mattin jusques au soyr. Le s^r de Castille et Thomas furent chez Fontene
faire une requeste pour le dit de Castille.

Le sabmedy XXVe je ne bouge de céans, je fys charier xxiiii charlées de
fumier à la Coulombière pour faire le chanbvre, Symonnet revinst de Bayeulx
qui y estoyt allé pour ma seur de Sainct Nazer et me dist que Monsieur de
Rouville avoyt passé au grand gay appres disner.

Le dymenche XXVIe je ne bouge de céans viron quattre heures appres mydy
le lacques du Verdier de Vallongnes m'apporta unes lettres que Monsieur de
Rouville (1) estoyt à Héroudeville et que j'eusse à m'y trouver le landemain bien
mattin. Je rescripvis que pour demain je ne le scauroys faire pour ce qu'il me falloyt retourner à Cherebourg pour délibvrer encore du boys au cappitaine Melon
Italian pour faire faire ce que Monsr l'Admiral y avoyt ordonné estre faict.

Le lundy XXVIIe dès le fin mattin je m'en allé à Cherebourg vers le cappitaine de la place, et le cappitaine Melon pour ce qu'il leur falloyt encore du
boys pour les afferes du Roy, comme je vins au danjon le cappitaine disnoyt,
appres disner nous parlasmes ensemble, et fusmes aux faulses brays recueillir troys charlées de boys des Tourlavilles, scavoir de Garsonnet Le Marcant,
et ung nommé Lemoyne de Bourbourg apprès ce faict je fys charger en la
charette du dit Moyne ung poinson de vin qu'il porta au Mesnil, que j'avoye
achatté de Carreleur par xiiii livres tourn. dont je baille six francs, puys m'en
vins, j'attaigny mes chartiers au dit Bourbourg devant leur huys ou ils
changeoyent de bestes je m'en vins devant . . . . vi liv. tourn.

Le mardy XXVIIIe dès le fin mattin, je party de céans Thomas avecque moy
en allé à Fermanville, où je trouve Monsieur de Rouville et sa compagne qui
desjeunoyt, ce faict nous allasmes disner à Cherebourg, apprès disner nous
passâmes par le boys du Faye, où l'abbey de Cherebourg avoyt assignation à
s'y trouver, le bailly de son abbaye s'y trouva et plusieurs tesmoings qui y
avoyent assignation, appres nous allasmes soupper à Vauville, appres soupper, viron jour faillant, je m'en vins coucher à S^{ct} Nazer où me guyda le fils
Duboy de Vauville auquel je donne. . . . . ii sols.

(1) Loys de Rouville, chevalier seig^r du lieu, de Granville, la Taincturière, Villiers, Cul-de-
Sac, conseiller chambellan ordinaire du Roy, Grand Maître enquêteur et Réformateur des
Eaux et Forêts en Normandie et Picardie.

Le dit jour pour une aulne de futaine prinst chez Guedon x sols, pour ferrer mes chevaulx vii sols, pour leur repeu chez Renée iii sols, je renvoye Thomas du boys du Faye à Cherebourg et luy baille xi sols pour avoyr de la chandelle et du vinaygre. . . . . xxxi sols.

Le mercredy XXIXe appres disner, je party de S^{ct} Nazer, Monsieur de S^{ct} Nazer s'en vinst avecque moy jusques à Querqueville pour y tenir les monstre du plat pays, je m'en vins à Cherebourg bien moullé d'un orage qui faisoyt ; j'achatte de Bartelot Vauchys iii quartiers et demy de taffetas au cour de xxv sols l'aune que je luy doy puys m'en vins au Mesnil.

Le dit jour je party de Cherebourg viron iiii heures appres mydy et m'en vins céans. Je trouve Jehan Verney de Quetehou, auquel j'avoye hier matin mandé par Michel le Brises quil me fist finance de poysson pour ce que pensoye avoir Monsieur de Rouville a soupper et coucher céans ; qui avoyt apporté quatro grandz turbotz deux barbuez et six grandz vuives le tout me cousta xxv sols ; il effondra le dit poysson et l'accoutra pour durer jusques à vendredy par ce que Monsr de Rouville y debvoyt demain coucher et desjeuner le landemain. Missire Clement m'en envoya pour dix sols que luy avoys bailléz lundy. . . . . xxxv sols.

Le dit jour pour ung demy agneau que Herpin apporta de Cherebourg, qui estoyt allé requérir la jument que Monsr de Castillo y avoyt menée ce jourd'huy . . . . x sols.

Le dit jour le Iacques de Fermanville m'apporta ung counin et ung lappin et Jehan Levesque ung aultre et deux lappins et ung lappin et une perdrix que Françoys Damours tua à la haulte Vente, les dits Levesque et Damours couchèrent céans.

Le dit jour appres vespres Nicolas Quentin et Mesnage me vindrent prier que je rendisse au dit Quentin la haquebutte que je luy avoye ostée la vigille S^{cte} Luce dernière et fusmes ensemble jusques au clos des Ventes et revinsmes jusques à la Perruque.

Le jeudy penultime jour de l'Ascention je ne bouge de céans, Monsieur de Rouville et Monsieur de Hotot, Monsieur Davernes et leur train vindrent soupper et coucher céans.

Le vendredy dernier jour, apprès desjeuner, Monsr de Rouville et Monsr de Hotot et leur train, partismes et allasmes à Vallongnes, disner chez Denys, apprès disner, en l'auditoyre, les boys furent vendus et adjugés. Ce faict nous en retournasmes soupper, je couche chez Noël le Bourg avecque S^{ct} Nazer, je donne aulx serviteurs. . . . . ii sols.

Le dit jour, Monsieur Davernes et maistre Jehan Doulcet couchèrent chez le Verdier, où nous prinsmes la collation.

Juing 1549.

Le sabmedy, premier jour, apprès disner, Monsr de Rouville et sa compagnee partirent pour aller à S^{et} Saulveur. Je les fus convier jusques hors Vallongnes, je prins congé de mon dit sieur, puys m'en vins céans, il estoyt viron cinq heures apprès mydi, il me cousta chez Denys pour journée et demye de mes chevaulx . . . . xiii sols.

Le dymenche IIe, moy estant encore au lict survinst en ma chambre Nicolas Quentin qui me pria que je luy rendisse sa haquebutte pour aller aulx monstres à Fermanville. Je fys escripre à Candepie une cédule comme le dit Quentin s'obligeoyt me la rendre, apprès qu'il l'eust leue, il ne la voullut signer et s'en alla, le tout faict aulx presences de Thomas Drouet, Jehan Freret, Nicolas Le Valet, Symonnet, Campdepye et Gires Auvré.

Le dit jour, je fus aulx monstres à Fermanville, je souppé au dit lieu chez le s^r Harcla Raul Godefre, S^{et} Martin, greffier, Chandeleur et plusieurs aultres, apprès je m'en allé coucher à Gouberville.

Le lundy IIIe, je ne bouge de Gouberville, j'accorde avecque missire Guillaume et Marin dictz Le Flamenc ; ils me laisserent les terres qu'ils avoyent acquises de Piquot et fismes eschange d'un champ qu'ils avoyent aulx écluses, pour troys de biere chez Bibet et ung pain. . . . . ii sols.

Le mardy IIIIe à Gouberville, Harcla le lieutenant de S^{et} Saulveur, Beaurepayre. missire Guillaume Le Flamenc, Jehan Fleury, Richard Becquet et plusieurs aultres dinasmes en ma chambre, nous appoinctasmes le dit Becquet et moy, il me laissa les héritages de Picot et la maison qui estoyt en procès entre eulx et moy, ce faict m'en vins, il estoyt viron une heure de nuyct quand j'arrive céans.

Le mercredy V^e je ne bouge de céans, y vinst Pierres Eustace de Cherebourg a qui je vendy ma laine de ceste année et une pottée de gresse le tout pour le prix de. . . . . xiii livres x sols.

Le dit jour en disnant survinst Jehan Denfer qui m'apporta ung homar.

Le dit jour au soyr viron six heures, je fus prins d'une grosse doulleur de teste et fut contrainct de prendre le lict ou je fus jusques au landemain dix heures.

Le jeudy VIe je ne bouge de céans appres disner le sieur de Castille fut à Cherebourg Herpin avecque luy, appres mydi le serviteur de S^{et} Nazer vinst querir ung berseau pour ma sœur, quand je me lève, je trouve deux cordeliers céans scavoir frère Richard Charles, et frère Robert Laisne, qui venoist de Tourlaville voyer le curay qui estoyt malade.

Le vendredy VII° au matin, quand je fus levé, je trouve Jacques Cabart, le s^r de Breteville et Jehan Lyot qui avoyent afferes à moy touchant les fieffes de la Haye de Digoville, appres desjeuner ils s'en retournerent et je m'en allé à Cherebourg, le sieur Alonce et Candepie avecque moy pour les appoincter avecque le sieur de Rosel et ses consors dont nous étions chargés l'Abbey de Cherebourg et moy, nous dinasmes chez Nicolas Symon le dit sieur Abbey et les dessus dits, nous ne les peusmes accorder, je m'en revins pour voyer le curay de Tourlaville qui estoyt malade je y trouve Monsieur de Magny son cousin qui souppoyt.

Le sabmedy VIII° veille de Pentecouste au matin nous allasmes à Vallongnes, le s^r Alonce, le s^r de Breteville (1), Jacques Cabart et Jehan Liot pour parler au greffier de Monsr Trexot pour l'affere des dits sieurs de Breteville Cabart et Liot. Nous venus nous fusmes au service, appres nous dinasmes chez Navarre tous les dessus dits et moy, nous despendismes xiii sols que les dits Cabart et Liot payerent. Appres disner nous fusmes voyer trancher la teste à ung nommé Jacques Houppequin. Ce faict, ledit sieur Allonce s'en alla coucher sur le grand Vay avecque les passagiers de S^{ct}-Clement qui avoyent apporté du voyde, nous en revinsmes les dits de Bretteville, Cabart et Liot, le dit Cabart tira oultre et le dit Bretteville et Liot demeurèrent à soupper céans. Il estoyt viron six heures quand nous arrivasmes de Vallongnes. Herpin s'en revinst sur la jument Haquenée que le dit Alonce avoyt menée jusques à Vallongnes, où il me cousta pour la reppeue de ma Haquenée et de la dite jument chez Denys (où Monsieur de Hotot estoyt logé pour lors et y disna).   ii sols.

Le dit jour au matin, j'envoye Campdepie aulx ples de Barfleu (qui se tenoyt à Tronville pour la peste qui est au dit Barfleu) pour mes afferes Il luy cousta tant en procédures qu'en despence de luy et de son cheval

Le dit jour, à Vallongnes, chez Navarre, je preste xviii sols à Missire Jehan Freret qui estoyt suspensus a divinis, pour l'escolage de Bris ; l'argent par moy baillé présens le sieur de Breteville et Jehan Liot.

Le dymenche IX, jour de la Penthecouste, je ne bouge de céans, au mattin avant que aller à la messe, je reçeu de Mesnage sur le terme de Pasques dernier ung escu sol, puy nous en alasmes à la messe le dit Mesnage avecque moy . . . . xlv sols.

---

(1) Jean de Bricqueville, seig^r et patron de Bretheville (Manche). La seigneurie de Bretheville était entrée au commencement du siècle précédent dans la famille de Bricqueville par le mariage de Cécile Picot, dame de Bretheville avec Jean de Bricqueville I du nom. Cécile Picot était fille de Guillaume Picot, aïeul de Gilles de Gouberville ; ce Guillaume Picot périt à Azincourt avec la fleur de la noblesse française.

[D'Hozier, Reg. II. 1re partie. — Art. Bricqueville. — L'abbé de La Rue, *Noureaux essais historiques*, t. II, p. 261].

Voir la note du 1er mai 1549.

Juing 1549.

Le dit jour au soyer, la Buccaille des Essarts et Guillaume de la Bigne vindrent quant et ma seur Tassine et la fille de Monsieur le lieutenant général du bailly de Caen et alloyent à S^{ct} Nazer.

Le lundy X^e, je conte à Tassin Quentin fils Jacques pour sept moys qu'il m'avoyt servy. Je trouve qu'il avoit heu, tant en argent qu'en gresse baillée à sa mère xxxvii sols x deniers, je luy donne encore. . . . . . .　xxv sols.

Le dit jour après disner, je fus à la Boussaye voyer l'assemblée et ramene à soupper céans le sergent Barnavast et sa femme, Françoys Harel et Marie sa seur.

Le mardy XIe, après disner, viron quatre heures, je m'en allé à Gouberville Symonnet avecque moy, et Thomas Drouet demeura céans pour aller le landemain à l'assise à Vallongnes avec Guillaume Gaillard.

Le mercredy XIIe, je ne bouge de Gouberville, nous dinasmes au manoyr, le vicayre, missire Guillaume Le Herichy, Raul Godefre, Marin Flamenc, Richard Becquet, et Bastianne et Philippin Toque, nous faillymes à appoincter les dits Becquet, Flamenc et Toque.

Le dit jour, Monsieur de Harcla passa par le manoyr pour parler à moy, il alloyt à Gateville pour mener le cappitaine Melon (qui là estoyt desja au soupper) à la Hogue.

Le jeudy XIIIe, je disne à Gouberville; après disner, nous allasmes soupper à Toqueville, je trouve ma cousine au lict malade et Lavalette qui avoyt la fièvre. Après soupper, je m'en retourne à Gouberville pour fairer tirer le coleret où se trouva maistre Jehan Binet, Léonard Lefevre et plusieurs des compagnons du village, nous y fusmes jusques enprès mynuyct et comme je m'aloye coucher, Thomas arriva qui m'apporta des lettres de Monsieur Trexot.

Le vendredy XIIIIe, viron neuf heures, nous partismes le vicayre et moy, allasmes à Reville chez S^{ct} Martin et y dynasmes avecque le dit S^{ct} Martin, sa femme et son fils, après disner nous en vinsmes par chez Jacques Fouquet, et puys à Gouberville, nous fumes au coleret et prinmes une sole et des yragues.

Le sabmedy XVe au matin, j'envoye Thomas chez le lieutenant à Neville querir ung acte des ples de Barfleu derniers comme Richard Marcade et sa femme avoyent obey me delaisser ung champ de terre que Denys Le Brun avoyt acquis de Jehan Sanson.

Le dit jour après disner missire Leonard Fouquet vint au manoyr et me monstra la lettre d'un conquest qu'il avoyt faict d'un champ à Fourchus et Anthoyne Le Francoys tabellion receult le contract de la delaissance que me fist le dit Marcade et sa femme, qui me vendirent demye vergée de terre à Hanemare; je baille au dit tabellion II sols d'arres puys monte à cheval et m'en vins au Mesnil, il estoyt soleil couchant quand j'arrive . . .　ii sols.

3

Le dymenche XVIe, jour de la Trinité, je ne bouge de céans, au matin avant mon lever le s^r Baucquet m'escripvit que j'envoyasse argent à Mademoiselle du Fresne (1). Apprès vespres Monsr de Breteville, Jacques Cabart, et Jehan Liot parlèrent à moy près l'église, touchant les fieffes, nous envoyasmes Jacques Rouxel à Vallongnes porter des lettres à la Bessiere et luy baille II sols, et Cabart deux aultres pour son soupper ; comme je souppoyes arriva Jacques le Bourgeoys de S^{et} Martin le Hébert qui m'apporta unes lettres de Mons'eur de Pretot (2), je luy donne I sol. . . . . III sols.

Le dit jour, j'envoye Canpdepye à Cherebourg et Thomas Drouet à Breteville, Nicollas Drouet à Fermanville, Toutdoulx à Toqueville, Guigars à Monsieur de Baudienville. porter des lettres pour recouvrer argent de ceulx qui me debvoyent.

Le lundy XVIIe, je ne bouge de céans, au matin baille à Herpin pour avoir des souliers comme il disoyt V sols II deniers. Jacques Rouxel revinst de Vallongnes avant que fusse levé, qui m'apporta des lettres de maistre Michel Le Grand. . . . . v sols II deniers.

Le dit jour, apprès disner, je fus tournier Thomas Drouet avecque moy, auquel je vendy l'escorche des chesnes qui sont tant en la haye de la vigne Liot, Basse vente, la Bergerye, le clos au Couvert, qui sont par devers la chasse Lambert, réserve ung à la vigne Liot, troys à la Basse vente, ung au clos au Couvert et deux par devers l'ostel Travesain, lesquels j'ay merchez.

Le dit jour, receu de Mesnage devant l'huys Guillaume Bergier, présent le dit Bergier et Louys Margeneste, le cappitaine de Toqueville et plusieurs aultres, viron jour faillant . . . . x livres I sol.

Le dit jour, Thomas fut à Cherebourg qui apporta une douzaine d'agullettes et une main de pappier . . . . II sols.

Le mardy XVIIIe, je fus à Vallongne, Jacques Cabart, le s^r de Bretteville et Jehan Liot, pour parler à maistre Michel le Grand, nous dinasmes chez Navarre. Le dit Le Grand, le dit Cabart, le jeune Navarre et sa mère Catarine Turgys qui avoyt apporté ung maquereau que nous mangeasmes, nous despendismes xv sols, que le dit Cabart paya.

----

(1) Jeanne de Buats, veuve de Jean Picot, s^r du Fresne.

(2) François d'Orglandes, chevalier de l'ordre du Roy, gentilhomme ordinaire de sa Chambre, capitaine des vicomtés et chatellenies de Carentan et de St-Sauveur-Lendelin, seig^r de *Pretot*, Auvers, Fréville, Castel, Plein-Marais, St-Martin-le-Hébert et de la sergenterie de St-Cry. Il avait épousé en 1548, Catherine de Pontbellanger, fille ainée de André de Pontbellanger et de Françoise d'Harcourt. Il y avait une parenté entre M de Pretot et Gilles de Gouberville, ainsi que nous l'avons fait remarquer dans l'Avant-Propos; Guillaume Picot, grand-père de Gilles, ayant épousé Tassine d'Orglandes

Le dit jour, je baille à Baucquet xx livres sur une obligation de iiii^{xx} livres tournoys qu'il avoyt sur mon père (1) au nom de feu Artur de Conteville, qui furent endossés sur la dite cédule et xx livres v sols qui y estoyent endossés en précédent payes par Mathieu Le Pelletier.   x livres tourn. v sols.

Le dit jour, nous partismes de Vallongnes le dit Cabart et Campdepie avecque moy, il me cousta pour mes chevaulx chez Talmitet ii sols. Il estoyt solleil couchant quand nous arrivasmes céans. . . . .   ii sols.

Le mercredy XIXe vigille du Saccre, j'envoye Thomas à St-Pierre faire une consultation à maistre Jacques Troude et mes harnoys à Saulsemesnil quérir de la pierre à couvrir, je ne bouge de céans fere cercler mes bleds ; au soyr Douard arriva de Bayeulx, incontinent qu'il fut venu il s'en alla à la chasse et prinst ung levrault, Gille Cabart vinst au matin qui desjeuna avecque moy.

Le jeudy XXe jour du Saccre, je ne bouge de céans ; avant la messe. Jacques Cabart et son fils Gilles et Jehan Liot furent céans pour envoyer à Rouen leurs escriptures touchant l'opposition des fieffes.

VOYAGE.

Le dit jour, j'envoye Campdepye à Rouen pour faire ma production contre La Verge (2) et Tassin Quentin quand et luy pour ramener ma haquenée de Carenten, maistre Guillaume Liot s'en alla avecque eulx jusques à Carenten, je baille au dit Campdepie xii livres tournois et une croysade pour l livres pour baille à Barbey . . . .   xiiii livres x sols.

Le vendredi XXIe la matinée, je ne bouge de céans, missire Clément y vinst à disner et le seigneur Allonse de Castille, Apprès disner, viron une heure apprès mydi, je m'en allé à Saulsemesnil, le dit Castille et missire Clement et Martin Drouet avecque moy, pour recoller les pièces que le dit Drouet et Thomas Mouchel et Jehan Voysin et Nicolas Mouchel avoyent fleffes du commissayre, auquel lieu se trouvèrent les dessus dits et maistre Thomas Marye advocat, le sergent Pinel et missire Richard Cadel, vicayre de Vallongne, qui mesura les dites pièces ; ce faict. je m'en revins le dit missire Clement avecque

---

(1) Guillaume Picot, sire de Gouberville, grand maitre des Eaux et Forests en Normandie; il avait épousé Jeanne du Fou, dame du Mesnil au Val et Courraye, fille de noble homme Guillaume du Fou, chevalier, seigneur du Mesnil au Val. capitaine de Cherbourg, et de Gillette de Québriac.

(2) Noël Picot dit La Verge, chevalier, seig^r du Fresne, Percy, Grandval, Colleville, marié en 1566 à Françoise d'Avaines, fille de Jean d'Avaines et de Renée d'Argouges. Ce Laverge était conséquemment un cousin de Gilles de Gouberville.

moy, et Symonet qui me ramena ma jument qui estoyt eschappée comme je la voulloye faire couvrir au cheva du dit Castille.

Le dit jour au soyr, Tassin Quentin revinst de Carenten, et maistre Guillaume Liot sur ma haquenée, lequel Liot estoyt fort malade d'une colique passion et s'en alla coucher sans soupper.

Le sabmedy XXIIe je ne bouge de céans, je fys cercler les avenes du clos des Ventes, mes harnoys revindrent de Gouberville qui y estoyent hier allés porter la pierre qui estoyt venue de Saulsemesnil mercredy.

Le dymenche XXIIIe je ne bouge de céans, Guillaume Cabart fut à la messe en ceste paroisse que je emmène à disner céans ; sur la fin du disner arriva le vicayre de Gouberville qui s'en retourna incontinent après veppres dictes à la chapelle, Jacques Rouxel et Pierre Le Gouppil de Beaumont vinrent pour que je parlasse à Belley touchant ung aumel que le dit Gouppil avoyt perdu, après soupper Douart revinst de St Naser, et Chandeleur vinst de Gonneville près St Saulveur, lequel Chandeleur étoyt yvre. Le dit jour après vespres, le trésorier Mégret de Vallongne et Ratault passèrent par ycy qui venoyst de chez Symon du Bosc comme ils disoyent Jehan Voisin, Thomas Mouchel, Martin Drouet vindrent pour avoir le procès verbal du recollement que javoye faict de leurs fieffes et m'apportèrent deux ouaysons.

Le lundy jour St Jehan je ne bouge de céans, missire Jacques y disna, Pierre Mouchel vinst pour avoyr le procès verbal du recollement de leurs fieffes, Barnavast m'envoya ung homme pour sçavoyr sy je yrois à la fère St Jehan.

Le mardy XXVe dès le matin, j'envoye Nycollas, Symonnet et Cosinet à la fère St Jehan à Vicel qui menèrent quattre génysses et ung aumel, ils ne vendirent rien Je m'en allé après eulx et fust fort moullé à raison qu'il pleut tout le jour jusques à mydy. Viron une heure après mydy (après avoir juré des tesmoings entre le sieur du Vast et les Crespins), je m'en allé à Toqueville, le vicayre, Symonnet et Joret avecque moy, comme nous debvions soupper arriva missire Françoys Troude qui souppa avecque nous. Après soupper, nous en allasmes à Gouberville, le dit vicayre, missire Françoys, Symonnet et moy. Il estoyt viron jour faillant quand nous arrivasmes.

Le dit jour comme j'estoys au dit lieu de Toqueville y survinst des merciers desquels j'achatte ung millier d'espingues qui cousta v sols, dont j'en baille la moyctié à ma cousine Guillemette de Tieuville, et le reste je l'emporte à Gouberville pour Susane, Roumaine et Marguet, femmes de Joret et Guillaume dicts Gaillard, mes fermiers et Symon Chardine, serviteur du vicayre.

Le dit jour, avant que partir du Mesnil pour aller à la fere receu de Jacques Budel à qui j'avoye vendu ung quarteron de fourment lxx sols et traize francs qu'il m'avoyt baillés à jour passé dont je n'avoye faict papier.   xvi liv. x sols.

Juing 1549.

Le mercredy XXVI°, tout le jour je ne bouge de Gouberville, il pleut detraneement jusques à mydi, apprès disner le vicayre Joret Gaillard Jacques Toque, allasmes nous pourmener jusques au Fouyer (1) du rast de Gasteville et trouvasmes maistre Jehan Besnard sur les rochers de Roule Baril (2), qui s'en vinst avecque nous jusques au dit fouyer, comme nous retournyons nous trouvasmes audit Roulebaril André du Bosc, de Gouberville, et plusieurs aultres qui redressoient ung batteau qui estoyt tombé sur le costé et leur aydasmes, ce faict nous envinsmes souper à Gouberville, André Sorel et Jehan Pohier son gendre souppèrent avecque moy et accordasmes des conquetz qu'ilz avoyent faictz en ma seigneurie et du petit closet damprès la maison dudit Sorel, qu'ils vouloyent avoir en fleffe de moy et je leur promis.

Le dit jour, receu de Bybet deux escus sols pour du peray que je luy avoye vendu à jour passé. . . . . iiii livres x sols.

Le jeudy XXVII°, le vicaire de Gouberville partit au matin pour aller à Russy, sur le cheval Marin Flamenc, Margrin Fortin alla quand et luy, je renvoye Symonnet devant au Mesnil pour ce qu'il estoyt à pied. Toutdoulx m'apporta au matin unes lettres du capitaine de Cherebourg.

Le dit jour reçeu de la fille Bartholes Gueret deux Δ sol restans de saize livres x sols qu'il me debvoyt pour ung quarteron de fourment que je luy avoye vendu. xvi livres x sols.

Le dit jour, viron quatre heures apprès mydi, je party et m'en vins coucher au Mesnil. Je trouve deux des serviteurs de St Nazer qui estoient venus quérir une chartée d'esserie.

Le vendredy XXVIII° au matin, apprès avoir faict charger les dits œs, je m'en allé à Cherebourg pour parler au cappitaine touchant les lettres qu'il m'avoit escriptes pour avoir de la chaus, je le trouve en sa chambre, on luy faisoit sa barbe. Apprès avoyr parlé à luy, nous allasmes le sr Mareschal et moy chez Robine de La Mer, bancqueter Douville, Louys de La Mer et Chandeleur s'y trouvèrent. Apprès je m'en allé fère férrer ma jument hacquenée d'un fer et deux remues. Il me cousta ii, Chandeleur s'en vinst coucher céans ; comme nous arrivasmes, je trouvé Jehan Freret qui estraignoit du miel en la salle.

Le dit jour, à la requeste de Pierres du Hec, le dit Chandeleur me signifia à Cherebourg qu'il faisoyt arrest sur les troys ancres de Castille pour la nourriture de Combault ; Hamon Letelier me bailla aulx faulxbours l'empraincte de son marteau sur du plom, pour une vente qu'il a au mont de Roc.

Le dit jour avant que aller à Cherebourg, baillé à Hubert sur ses gages . . . . · . . . . x sols.

---

(1) Rocher sur lequel est bâti le phare de Gatteville.
(2) Sur la carte de Cassini, ce rocher est appelé *Roucbari*.

Le sabmedy, jour St-Pierre, penultime jour, apprès disner, je party de céans, Chandeleur, Sergent et Thomas Drouet avecque moy, et nous en allasmes chez le dit Chandeleur, à Breteville, et de là chez Jehan Liot, pour voyer la maison qu'il Liot avoyt faicte faire l'année passée, comme je m'en retournoys je trouve le vicayre de Breteville, missire Clement et ung aultre jeune prebtre de chez missire Olivier Gibert, qui estoyent sur le fossé de la vente que maistre Benoyst Hue a oste en la dite haye de Digoville, ils me convyèrent jusques à la maison Thomas Groult. Quand j'arrive céans, je trouve Jehan et Michel Fillaciées qui me venoist demander si je les mettroys en besogne. Et Flessel Plentin qui m'apporta de Rouen ung saic pour Allonce de Castille, incontinent j'envoye Symonnet à Cherebourg pour l'affere du dit de Castille qui estoyt touchant ung adjournement à ban de Pierrot Collin et Jehan Michel, et comme j'escripvoys ce présent article arriva maistre Gérard Durand, qui venoyt de St Mor comme il disoyt et Nicollas Bigot et son cousin et ung surnommé Brunne de Valcanville, qui cherchoyent du boys à vendre.

Le dit jour au soyr baillé à Damienne le Bretevillays sur ses gages d'ung an qui commence à Noël dernier montans lx sols et une payre de souliers. . . . . x sols.

Le dymenche dernier jour de juing, je ne bouge de céans, au matin avant mon lever Douville Claude Cabart et le bastard de Jacques Cabart vindrent céans, et y disnèrent, le dit Cabart voulloyt vendre sa place à Douville pour le fils du dit Douville et conclumes que j'en devoye parler au cappitaine, ce faict le dit Claude et Bastard s'en retournèrent et Douville demeura céans.

Le dit jour en disnant, Bissy vinst de Rouen qui m'apporta des lettres de Campdepie qui estoyt à Rouen pour mes afferes et ung pacquet pour le sieur de Breteville, Jacques Cabart et Jehan Lyot, touchant les fieffes ; incontinent je mande le dit Cabart qui vinst comme j'estoys à vespres ; je luy communique en l'église ce qu'on m'en avoyt escript et luy rendi le sac et ses pièces. Je donne à Bissy qui m'avoyt apporté les lettres et le dit sac pour Cabart. ii s.

Le dit jour baille à Pasque le reste de ce que je luy debvoys qui se montoyt x livres v sols et luy baille ung escu pistolet. . . . . . . x livres v sols.

Juillet 1549.

Le lundy premier jour de juillet, nous fusmes à Cherebourg Douville et Symonnet avecque moy pour parler au cappitaine, qu'il voulust consentir que Claude Cabart vendist sa place au dit Douville pour son fils, ce que le dit cappitaine ne voullut. Ce faict je m'en allé à la boucherye et j'achatte ung membre de beuf qui me cousta v sols. J'escripvy à Rouen à Campdepye par Richard La

Mache et luy envoye deux escus et une procuration passée de ce jour devant Giffard pour renoncer à l'appellation que j'avoye prinse du bailly de Caen contre le sieur de La Verge (1) et Françoys Piquot (2). Je baillay à Des Quesnes pour une payre de souliers pour moy ix sols et ii sols pour la reppeue de mes chevaulx. . . . . cvi sols.

Le dit jour je party de Cherebourg viron iiii heures apprès mydi, Thomas Boullon s'en vinst quand et moy jusques à sa maison et Guillaume Feullye jusques céans, je luy vendy une geniche rouge de troys ans deux escus sols.
iiii livres x sols.

Le dit jour quand je fus arrivé, receu de Raul Le Poyctevin pour deux boisseaux de fourment. . . . . xxvi sols.

Le dit jour Georget de St Nazer me dist à Cherebourg que ma seur estoyt fort malade en poyne d'enfant, par quoy je y envoie missire Clément incontinent pour en scavoir des nouvelles.

Le mardy IIe je fus à Vallongnes tenir les haultz jours, nous dynasmes chez Denys le Pasticher, le Verdier de Cherebourg, maistre Pierres Collas, La Fosse Blanqueville, Jehan Lyot, la Planque, Fenart, le curay de Benesville, Jehan Le Poyctevin, sergent de Monstebourg, et plusieurs aultres. Apprès disner, nous achevasmes les haultz jours, puys m'en vins, Guillaume Parys le jeune, et le lacques de Jacques Cabart avecque moy. Il estoyt cinq heures quand nous partismes de Vallongnes. Il me cousta pour mes chevaulx chez Talmitet i sol, le dit jour la monstre du ban fut criée au XIIIe jour de ce mois à Vallongnes.

Le mercredy IIIe apprès desjeuner, je m'en allé à St Nazer pour voier ma seur qui estoyt en couche d'hier (3) au mattin, Douart avecque moy, je passé par Cherebourg pour ferrer ma haquenée, ii sols ; j'arrivé à St Nazer environ mydy. Je couché se dit jour au dit lieu et comme nous souppions arrivèrent le jeune Tourp et Bartole du Monchel qui souppèrent avecque nous.

Le jeudy IIIIe apprès disner, nous partismes de St Nazer le sieur du lieu et nous envinsmes à Cherebourg, luy pour examiner Adrien Le Gras et deux Angloys qui avoyent esté arrestés par François Le Clerc (4).

---

(1) Noël Picot dit La Verge, frère de Nicolas, s^r du Homme, cousins de Gilles de Gouberville.

(2) François Piquot, frère de Gilles de Gouberville. François Picot, escuyer, s^r de Sorteval épousa en premières noces Marie de La Fontaine et en secondes noces Anne de Sapincourt. Du premier lit est sorti un fils François Picot, seigneur de Sorteval et de St-Honorine, marié à Catherine Picot. Ce François mourut sans laisser d'enfants.

(3) Naissance de Gillonne du Moncel.

(4) François Le Clerc, capitaine de la marine ; sa fille, Jeanne Le Clerc, épousa Nicolas de Hennot, s^r d'Arreville, grand maître réformateur des Eaux et Forêts en Basse-Normandie et qui succéda à son beau-père comme capitaine de la marine ; Nicolas de Hennot était frère de

Le dit jour, j'envoye à ma seur par Bachelet ung pot de vin blanc que j'eus chez le cappitaine et deux oranges que le Mareschal me bailla. Il me cousta pour mes chevaulx chez Jehan Le Moyne ɪ sol, j'arrive céans viron quatre heures apprès mydy, apprès souper, arrivèrent Chandeleur et missire Clement qui couchèrent céans.

Le vendredy Vᵉ, avant mon lever, Grenelles m'apporta ung bars, apprès desjeuner, messire Clement s'en alla à Monstebourg pour monstrer à maistre Richard ung doy où il avoyt [mal] les festes passe à six sepmaines, Bisson s'en alla quand et luy qui alloyt à Rouen, j'escripvy à Thomas par le dit Bisson et à ma seur (1) à Bayeulx, je baillé au dit Bisson pour porter mes lettres.   ɪɪ sols.

Le dit jour, maistre Guillaume Liot vinst céans et disna avecque moy, il me rendit un escu sol que je luy avoye presté à Rouen au moys de janvier dernier. Tout le jour je ne bouge de céans, Le Marchand vinst apprès disner qui fist de la chevillette à couvrir et Myaulx Gaillard et le frère de missire Jehan Le Sellierre vindrent a tout leurs harnoys quérir du boys et apportèrent six boisseaulx de fourment à rabattre sur le fermage de joret et ung congre que Guillaume Gaillard m'envoyet.

Le dit jour je fys faire à Douart une tombe au jardin et chasser des mouches.

Le sabmedy VIᵉ je ne bouge de céans, je fys sercler aulx avenes du clos des Ventes, la mère Damienne m'apporta au matin unes lettre et ung bars que maistre Guillaume Lyot m'envoyet, et au soyr à jour faillant Guillaume Marynyaulx de Breteville m'apporta unes missives que Campdepie m'envoyt de Rouen que missire Pasques Viel d'Anneville en Sayre avoyt apportée. Je fys response aulx dites lettres que j'envoye au dit Viel (qui retournoyt demain à huyct heures à Rouen) par le dit Marinyaulx et luy donne troys carolus pour porter la dite response jusques au dit lieu d'Anneville.   .   ɪɪ sols vɪ deniers.

Le dit jour au soyr, je receu lettres de Monsieur de Matignon pour delibvrer du boys à seigneur Jehan Thomas que le Roy envoyt par deçà pour faire un fort au havre d'Ommonville, l'un des fls a Lescaude de Tourlaville m'apporta les dites lettres.

Le dimenche VIIᵉ, dès le matin, je m'en allé à Cherebourg pour parler au cappitaine et au seigneur Jehan Thomas pour scavoir quel boys il lui falloyt, il me dist qu'il le falloyt de l'essence que Monsieur de Matignon m'avoyt escript et que ce fust au plus prochain boys que le Roy eust près Ommonville pour ce que l'affere estoyt très astives et que les aultres forests estoyent trop

M⁰ Ambroise de Hennot dont Gilles de Gouberville parle souvent. François Le Clerc fut annobli en 1551 pour faits d'armes aux guerres déclarées. C'est lui qui, au dire de François Desrues, Coutançais, fit construire dans l'île Tatihou, près Saint-Vast-la-Hougue, contre les incursions des Anglais, cette tour qu'on voit encore aujourd'hui.

(1) Madame André de la Bigne, femme du lieutenant général du bailly de Caen.

loingtaines du lieu où on avoyt affere et que la proximité du boys hasteroyt
l'ouvraige de plus de la moytié du temps.

Le dit jour, je disne chez Robine de La Mere, Olivier Castarie, Douville,
Louys de La Mere et Davy Richer, surnommé Monsieur le Mareschal et
Pierres du Hec qui consentirent que j'envoyasse à Castille les ancres sur lesquels le dit du Hec avoyt faict arrest à jour passé pour la nourriture de Jehan
Conbault, ce faict je marchande à Laurens Rousselin de Quillebeuf pour porter
les troys ancres au havre de grace à Raullin le Breton (qui les debvoyt recueullyr pour le dit de Castille) par le prix de six libvres dix sols tournoys et
six sols de vin. Je demeure au dit du Hec de la somme de trente libvres tour
noys pour la permission qu'il me fyst d'envoyer les dites ancres. Incontinent
je les fis porter à bort et charger dedens le basteau du dit Rousselin, le portage
me cousta mi sols. Ce faict, je dresse ung mandement au verdier de Chere
bourg ou au sergent de Varengron premier sur ce requis, pour délibvrer en
dilligence le boys qu'il falloit pour les œuvres du Roy à Ommonville. Lequel
mandement j'envoye par Raullet Gardin de Tollevast qui debvoyt et ses
compagnons le landemain coupper le dit boys au boys de Varengron. Je party
de Cherebourg il estoyt viron vii heures de soyr, je rencontre près les Flouettes
le viconte et le curay de Tourlaville qui alloient coucher à Cherebourg. x sols.

Le lundy VIIIe, je ne bouge de céans; quand je me levé, je trouve ung
nommé Le Corps de Saulsemesnil qui venoyt achater du fourment, je luy en
vendy mi boysseaulx xlii sols. Je baille à Jehan Freret xxxvm livres de chanbvre
à rabattre sur ce qui est entre son père et moy; la relevée la Fosse vinst
céans et ne me trouva poinct, j'estoys allé voyer des rouyers, sçavoir Langevin
et Raullet du Fay qui besoignoist chez Guillaume Drouet. . . . xlii sols.

Le mardy IXe, viron unze heures de matin, je party de céans Herpin, Symonnet avecque moy et m'en allé à Vallongnes, où je fus jusques à cinq heures.
Je renvoye Symonnet au Mesnil et m'en allé coucher à Monstebourg, Guillaume Langloys, le sergent Poyctevin et Herpin avecque moy; nous souppasmes chez Lanquetille maistre Jacques Neel, Richard Le Gros, le dit Le
Poyctevin et ung marchant de Dyeppe, nous despendismes xxxii sols dont j'en
paye. . . . . viii sols.

Le mercredy Xe, à sept heures de mattin, je party de Monstebourg ledit
Langloys et Herpin avecque moy et m'en allé à Ste Marye du Monst; on tenoyt
les plès de Sainct Saulveur le Visconte, je disne avecque Monsieur de Saincte
Marie (1). et luy parle de mes affères touchant le ban; apprès disner je m'en

(1) Messire Nicolas Aux Épaules, seigr de Ste-Marie-du-Mont ; vraisemblablement le père
de Henry Robert Aux Épaules, capitaine de cinquante hommes d'armes et lieutenant pour le
Roy au gouvernement de Normandie, décédé au Palais de Fontainebleau le 1er novembre 1607

revins par chez Mademoiselle de Héroudeville, où je beus un voyre de cydre, puys m'en vins par Vallongne et de là coucher au Mesnil ; il estoyt jour failly quand j'arrivé.

Le jeudy XIe jusques à mydi, je ne bouge de céans, je me recouche pour ce que je m'estoye trop mattin levé ; à troys heures je m'en allé aulx prays à Tourlaville, le dit Langloys avecque moy (qui de là s'en alla à Treauville). Je parle à Raullet Gallye et ses compagnons pour faulcher mon pray, je trouve Guillaume Cabart et ses gens qui faisoit mettre son foein en grand viellotte ; apprès avoyr longtemps devisé avecque luy, je m'en revins céans. Il estoyt nuyct.

Le vendredy XIIe, le fils de Douville vinst céans viron III heures apprès mydi (ce jour estoyt la feste de la Dédicace de Coustances) qui nous dist que le bruict estoyt à Cherebourg que les galères avoyent pris des marins d'Angleterre ; à ceste cause je party incontinent et m'en allé (Cler Gireulz avecque moy qui estoyt venu ycy pour quelque affère) à Cherebourg pour sçavoyr des nouvelles. Il n'en estoyt mot quand je vins là. Je party à jour faillant et pour ce que j'estoys seul, Thomas Hale s'en vinst céans quand et moy.

Le dit jour, comme j'alloye à Cherebourg devant luys au Vesque, je baille à missire Gervays du Bosc x sols présent Nicolas Quentin, sur ce que je luy pouvoys debvoyr pour la dyme de ma laine de l'austre année. . . x sols.

Le sabmedy XIIIe, j'estoys encore au lict quant Thomas Campdepie arriva de Rouen qui venoyt pour envoyer les ancres de Castille, incontinent que fus levé nous allasmes à Cherebourg. Il appoyncta avecque Olivier Castarie ung procès qu'ilz avoyent, ce faict je achatte une cuisse d'une geniche qu'avoyt Guillaume Neel qui me cousta . . . . xv sols.

Le dit jour en m'en revenant je trouve Raullet Gallye et ses compagnons qui fauchoyent le pray du trésor pour moy, je leur donne II sols pour le vin puys m'en vins il estoyt jour failly quand j'arrive . . . . II sols.

Le dymenche XIIIIe de grand matin nous allasmes à Vallongnes le sieur de Beaumont, Les Hachées (1), Thomas Campdepye, pour la montre de l'arrière ban de la vicomté de Vallongnes et Carenten qui estoyt sé jour. Nous dinasmes chez Denys les dessus dits St-Germain et le curay d'Agneville ; il me cousta . . . . vi sols viii deniers.

à l'âge de 46 ans. ainsi qu'on le voyait sur son tombeau dans l'église de Ste-Marie-du-Mont avant la Révolution.

(1) Les Hachées habitait la paroisse de Gréville et de fait il existe encore aujourd'hui, sur le versant nord-est de la falaise dominant la mer, une pièce d'aspect triangulaire qui porte le nom des Hachées ; et les paysans m'ont affirmé que cet endroit avait été jadis occupé et qu'on y voyait encore des traces de substructions ?

Le dit jour, Thomas partit apprès la monstre tenue pour s'en retourner à Rouen, je luy baille deux escus, et pour ce que je ne peuz faire mes afferes qu'il ne fust apprès soupper, je party de Vallongnes à dix heures, missire Jehan et Gilles Auvré, Thomas Drouet, Symonnet et Herpin s'en vindrent quand et moy. Il estoyt minuyct quand j'arrive, je donne ɪɪ sols à Josasse Beaumont pour ma haquenée . . . . ɪɪ sols.

Le lundy XVᵉ, apprès desjeuner, je m'en allé aulx praitz à Tourlaville, où j'avoye des feneurs au pré du Tresor, scavoir : Collas, Drouet, Denys le Marchant, missire Jehan Auvré, Toutdoulx, Symonnet et plusieurs aultres, de là je m'en allé à Cherebourg, j'emmène de Cherebourg quand et moy Gauvain André pour mesurer deux vergees de pray que j'ai achattées de Jehan Dyvetot ce qu'il fist, Thomas Hallay luy portoyt sa perche, je donne ɪɪɪ sols au dit André, le reste de la journée je fus avecque mes feneurs, Guillaume Campdepye s'en vinst de Cherebourg quand et nous. . . . . ɪɪɪ sols.

Le mardy XVIᵉ, dès le matin, je m'en allé aulx dits praitz avecque les dessus dits, j'envoye Harpin à Cherebourg querir du pain et à boyre pour mes gens, Dumaine et luy apportere pour ɪɪ sols de pain et pour ɪɪ sols de biere et pour deux boutailles *d'escliche* que j'avoye hier prinses chez Esnauld Gardin ɪɪ sols et pour ɪɪɪ pots de biere chez Robine de La Mer ɪ sol ; je fus tout le jour au pray, Thomas et Noel dicts Boullon m'en charrièrent se jour checun une chartée.

Le dit jour, je donnay à Roumaine pour sa poyne d'avoyr apporté les vivres de Cherebourg à mes gens . . . . , . ɪ sol.

Le mercredy XVIIᵉ, avant queje me levasse, Maturin le Saulvage et Sanson, le Blond et Jehan Vivier m'avoyent apporté checun une chertée de mon fain, nous dinasmes, apprès disner comme je convies le dit Le Saulvage, je trouve à la haise du grand jardin Bachelet de St Nazer qui me baille unes lettres par lesquelles Monsieur de St Nazer m'escripvoyt que ma seur estoit en article de mort : incontinent je monte à cheval et m'y en alle, j'arrive là environ quatre heures, assez tost apprès que fus arrivé on luy apporta le sacrement de l'austel, je ne bouge de là le reste de la journ'e.

Le jeudy XVIIIᵉ apprès disner qu'il fut amendé à ma seur, je monte à cheval viron six heures de soyr, et m'en vins coucher céans, il estoyt viron dix heures

Le vendredy XIXᵉ, dès le matin je party de céans Guillaume, Campdepie et Herpin avecque moy pour aller au cours des eauez, nous passames par Vallongnes pour recueillyr l'advocat du Roy qui s'en vinst quand et moy, et maistre Guillaume Guardin pour greffier, nous montasmes sur l'eau au Han et fusmes jusques à la pescherye des Religieulx de Cherebourg, puys vinsmes monter à cheval chez le sieur de Beauchamp où estoient nos chevaulx et de là m'envins coucher céans, il estoyt viron dix heures de soyr.

Le sabmedy XX⁰, apprès dejeuner, je m'en allé au praitz de Tourlaville, Guillaume Campdepie avecque moy où estoit Guigars, Symonnet, Françoys Drouet et petit Jehan Groult qui fenoyst au pray que j'ay achatté Dyvetot. Là je baille à Raullet Gallye et ses compagnons xxi sols restans de trente que je leur debvoye pour le fauchage du pray du Tresor et du pray Dyvetot ; ce faict je m'en allé à Cherebourg où j'arrive viron mydi, je trouve Monsieur de Saincte-Marie qui joue à la paulme à la grande rue avecque plusieurs gentils-hommes de l'arrière ban qui là estoient en garnison, apprès l'avoyr salué je m'en allé chez Nicollas Symon où je trouve Cler Gireur qui me bailla les deffaults et contumace sur Pierrot Collin et Jehan Michel pour Allonse de Cas-tille, j'envoye à mes feneurs par Roumaine et sa fille du pain et à boyre pour un sols apprès je m'en vins par les praitz, j'arrive céans environ six heures. xxv sols.

Le dymenche XXI⁰, dès le matin avant soleil levant, je m'en allé à Val-longne, pour voyer ce qu'on avoyt ordonné de mon exemption, apprès avoir veu au registre du Bailly par maistre Thomas Ogier, fils Jehan, présent maistre Pierres le Poyctevin et maistre Pierres Freret ; je m'en revins, il estoyt sept heures sonnées de matin quand je party à m'en revenir.

Le dit jour, apprès unze heures, je m'allé recoucher entre les drapz, je me releve à quatre heures puys m'en allé à Cherebourg où je couche, avecque Monsieur le Mareschal, apprès la porte fermée, le cappitaine de la ville attesta ma résidence ordinayre au dit lieu de Cherebourg à Monsieur de Saincte Marye cappitaine des gentilshommes de l'arrière ban ; je souppe chez Robine de La Mer, Guillaume Hale et la dite Robine me tindrent compagnée pour ce que tout le monde avoyt souppé, pour ce. . . . . . . - . . . . . iii sols.

Le lundy XXII⁰, jour de la Magdalaine, je disne à Cherebourg chez Gabrielle Symon, Cler Gireur, Jehan Giffart l'aisné, Ranault, Jehan Symon, de la Fontaine, Douville, plusieurs aultres, se trouvèrent apprès disner qui attes-tèrent devant les dits Giffart et Ranault tabellions, ma demeure à Cherebourg. Il me cousta pour le disner xi sols, apprès disner je banys en la cohue les couppeaulx et escorches de LV chesnes qu'on avoyt abbattus à Saulmaresc pour les œuvres du Roy. Cornette les mist à prix, ce faict j'achate de Carreleur du beuf pour xi sols, je donne au cappitaine de Cherebourg ung chevreau bien gras et puys m'en vins à ma chambre Guillaume Hale avecque moy chercher des escriptures puys m'en vins au Mesnil, il estoyt soleil couchant quand j'arrive. . . . . xxii sols.

Le dit jour, Douart s'en revinst quand et moy de Cherebourg, nous trou-vasmes le vicayre de Gouberville et ses chartiers qui estoyent venus quérir du boys et Guillaume Gaillard qui estoyt venu pour aller à l'assise.

Le mardi XXIIIe, dès le matin, je m'en allé à l'assise à Vallongne, le dit Gaillard et Harpin avecque moy; je disne chez Noel Le Bourg, maistre Pierres Collas et maistre Ambroys (1) de Hanot et frère Marcouf qui y survinst, je souppe
avecque Monsieur le lieutenant général chez Laubier, pour ung pot de vin
prins chez Yves Marie ii sols vi deniers. Comme j'étoys à soupper chez mondit
sieur le lieutenant, le cousin de Houesville me vinst dire en l'aureille que le
sieur d'Audouville et luy s'en venoient coucher au Mesnil, et pour ce qu'il
estoyt fort tard et jour failly, je leur baille Harpin et le dit Gaillard pour les
passer le boys, je demeure à Vallongnes, je couche chez Noël le Bourg avecque
le sieur de St Nazer. Je baille au clerc Rasault pour les minutes et acte de mon
exemption de ban vi sols et à Harille pour avoyr cherche le registre ii sols.
Mon dit sieur le lieutenant général me signa et scella apprès soupper mon dit
acte d'exemption. . . . . viii sols.

Le mercredy XXIIIIe, apprès avoyr communiqué de mes affères pour l'assise
à St Vast, je m'en allé desjeuner chez Noël, Roudemare, Charles de Rosel,
Olivier Hebert, Merigot et plusieurs aultres, nous despendismes xi sols que
Roudemare paya; apprès disner, je m'en vins, ung marinier nommé Maistrel
de Tourlaville et Harpin (qui m'avoit ramené ma haquenée) avecque moy, il
estoyt viron dix heures de matin, le reste du jour je ne bouge de céans;
comme je me dormoys, Fleury la Rose me vinst faire faire une assignation à
Rouen pour Pretot et mist à sa rellation le xxxiiie jour de juillet néanlmoyns
qu'il fust le xxiiiie. Apprès vinst Noel Le Monnier et Jehan Pepin de Port en
Bessin, qui venoyst de Cherebourg plaider à ung homme de Naqueville pour
la vente d'un bateau. Ils demeurèrent à coucher céans, Au soyr apprès soupper
survinst Thomas Hale que j'avoye mandé par Bachelet qui s'en retournoyt à
St Nazer ramener la haquenée de son maistre.

Le jeudy XXVe, jour St Jacques et St Christofle, je ne bouge de céans,
Raullet Gardin de Tollevast m'apporta au pray du Clos au Couvert, unes lettres
du seigneur Jehan Thomas, pour avoyr du boys pour les œuvres du Roy à
Ommonville, le laquès de la Bessiere m'apporta unes lettres de Monsieur le
lieutenant général de Caen (2), je luy donne. . . . . ii sols.

Le dit jour, je baille à la Croche et à deux aultres compagnons qui avoyent

---

(1) Ambroise de Hennot, chevalier, seig^r d'Anneville, avait épousé Jeanne Suhard; il était
fils de Jean de Hennot, seig^r d'Anneville et d'Arreville, et de Jeanne Bazan. Il avait deux frères:
Christophe de Hennot, s^r du Teil, marié à Renée Labbé, et Nicolas, s^r d'Arreville, grand
maître enquêteur et général réformateur des eaux et forêts, ainsi qu'il a été dit dans la note
précédente.

(2) Pierre André, s^r de la Bigne, lieutenant général du bailli de Caen. Il mourut en 1557. Il
avait épousé Gillonne Picot, sœur aînée de Gilles de Gouberville; c'est elle que celui-ci
appelle Madame de la Bigne. C'était Jacques d'Auberville qui était alors bailly de Caën [Abbé
Béziers, page 106].

 esté deux jours à faucher les bougons du clos au Couvert et le pray, à checun
vi sols. xviii sols.

Le dit jour, Le Petit curay du Tourp vinst céans demander une livrée de
boys que je luy baille de quatre arbres.

Le vendredy XVIᵉ, je ne bouge de céans, nous fusmes Thomas Drouet et
moy au pray Pinel où la Croche et ses compagnons fauchoyent, après qu'ils
eurent achevé ils s'en vindrent achever leur journée à la Coulombière à du
paistis.

Le dit jour au soyr je baille à Nicolas le Valet xv sols restans de ses gages
d'un an fini à la St Jehan dernière et le relouay jusques à la Sainct Michel
prochaine pour L sols. . . . . , ... xv sols.

Le dit jour comme je dynoie le filz de Sanson Pinel m'apporta ung mandement contenant que tous les adjudicataires des pièces par déclaration baillées
par son père eussent à eulx trouver demain à deux heures après mydi, à
Vallongnes par devant Monsieur Trexot,

Le dit jour au soyr Joret Gaillard m'apporta cinq sors mulles, ii bars, ii soles,
une plis et une turbo que Michel Lefevre et missire Gaultier m'envoyent.

Le sabmedy XXVIIᵉ, dès le matin je m'en allé à Vallongnes le sieur de Breteville et Jehan Liot avecque moy pour comparer devant mon dit sieur Trexot
à l'heure qui nous estoyt assignée. Il ne si trouva poinct, nous dinasmes
chez Denys, Jacques Cabart, le cappitaine du Teil, Jehan Liot, Cossin, Sanson
Pinel, Barnavast Quentin Lecourt et plusieurs aultres; nous despendismes
xxv sols dont jen paye trois. Ce faict, nous fusmes chez Noël le Bourg, l'advocat
du Roy et moy voyer les lettres des franchises que se disoyt avoyr aulx foretz
le sieur de Flottemanville (1), qui demandoyt du boys par livrée pour son
chauffage, et pour ce que nous ne trouvasmes par ses dites lettres qu'il eust
aultre droycture que du verd en jesant etant, il fut escondit d'en avoyr par
livrées. Ce faict je m'en vins, Jehan Liot, Jacques Cabart et son laquès Collin
et son valet Hastain qui plaidoyt à la court de l'église à Cardine Picot. Quand
j'arrive céans je trouve le sieur de La Buccaille et ung aultre serviteur des
Essartz qui me baillèrent lettres de Mademoiselle des Essartz, par lesquelles
elle me prioyt que je luy renvoyasse ma sœur; il estoyt après soleil couchant
quand j'arrive. Il me cousta pour la reppeuee de mes chevaulx chez Beaumont
ii sols, et pour six aulnes de frenge de laine rouge et verte prinse chez Noël Le
Bourg xviii sols. . . . . xxiii sols.

Le dit jour j'envoye Thomas Haley dès le poinct du jour à Cherebourg porter

(1) Pierre de la Roque, sʳ de Flottemanville, Urville et Rouville près Valognes; sa fille Françoise de la Roque épousa vers 1542 François de Pierrepont. C'est par suite de cette alliance
que les seigneuries de Flottemanville, d'Urville et de Rouville sont entrées dans la famille de
Pierrepont-Étienville.

deux coupples de sors mulletz qu'on m'avoyt hier apportés au cappitaine de Cherebourg et Symonnet pour apporter de la viande pour ce que je m'estoys oublié le dire au dit Halley, le dit Symonnet apporta une cuisse de beuf que Carreleur luy bailla qui cousta . . . . xxvii sols.

Le dymenche XXVIIIe, pour ce que je me trouvoys mal, je ne fus poinct à la messe, les pommes du cymetière furent adjugées à Mesnage pour lxv sols. Apprès la messe et disner la Bucaille s'en alla à St Nazer et l'homme qui estoyt venu quand et luy; je leur baille Harpin pour les guider. La relevée viron troys heures, je m'en allé Hale, Valet, Symonnet avecque moy au hamel Grindel et de là chez d'Aboville, Thomas Regnault, Marie du Four, les petits Groultz, le Canu dit le Marcant leur dire qu'ilz portassent checun une chartée du boys de leur bucher à Cherebourg chez Bedel pour Monsieur de Saincte Marie. Je passe par St Gabriel pour voier ma commère qui estoyt malade. Je revins il estoyt viron soleil couchant.

Le lundy XXIXe, je fus à Cherebourg Hale et Symonnet avecque moy; j'arrive viron dix heures, Monsieur de Saincte Marie dignoyt chez Monsieur de Magneville (1), Jehan Liot m'achatta ung quartier de mouton iiii sols vi deniers. Je m'en allé chez Esnauld Gardin, nous eusmes ung pot de vin et une pièce de beuf rosty, La Planque et le voyeur Lambert y estoyent; je pris chez le dit Gardin xliiii libvres de fer que je fis mettre en la charette de Jehan Birette, avecque les cinq barres qui estoyent chez Pielles; le cappitaine me donna quatre des grosses boulles (2) de pierre qui estoyent hors la porte que je fis charger en la charette du dit Birette et de Floquet Feullye qui avoyent apporté du boys chez Bedel suivant ce que je leur avoye hier dict. Ce faict, le s^r de Ste Marie et plusieurs des gentilshommes s'en allèrent esbattre à saulter au pray près l'abreuvoyer, je y fus jusques entre cinq et six qu'ils s'en allèrent souper. Je m'en vins céans apprès soleil couchant viron demye heure quand j'arrive.

Le mardy pénultime jour je ne bouge de céans; apprès mes feneurs, Breteville, Jacques Cabart et Jehan Liot vindrent céans pour aller à Vallongnes vers Monsieur Trexot, ce que ne fismes pour ce qu'il n'estoyt poinct encore venu, nous dynasmes céans et envoye Symonnet à Vallongnes porter des lettres à la Bessière.

Le dit jour, viron une heure apprès mydi, Pierres de Gonneville vinst céans pour avoir ma lictière pour porter mon cousin Estienville (3) qui avoyt la

---

(1) Arthur de Magneville, baron de la Haye-du-Puits; il avait épousé Judith Aux Épaules, fille de Nicolas Aux Épaules, seig^r de Ste-Marie-du-Mont. Il mourut le 30 may de l'an 1553. On voyait autrefois son tombeau en marbre noir dans le chœur de l'ancienne église de la Haye-du-Puits, du côté de l'Évangile.

(2) Ces boules existent encore au Mesnil-au-Val; elles ont été naguères retirées de la douve voisine du manoir lorsqu'on l'a curée.

(3) Jean de Pierrepont, chevalier, seig^r d'Étienville. Il avait épousé Marguerite d'Orglandes,

goutte à Cherebourg, et pour ce que les branquars estoient rompus, il la laissa.

Le mercredy dernier jour je ne bouge de céans; dès le poinct du jour, Vincent le vagueur vinst céans à qui je baille le sac des deffences de Castille sur Pierrot Colin et Jehan Michel, et deux croysades et ung escu sol pour bailler à Philippin Tocque pour porter à Rouen à Thomas, le tout présents Nicolas le Valet et Thomas Paris, puy m'en allé recoucher.

Le dit jour baille à Jacquemine Rouxel sur ses gages d'un an fini à la St Michel dernière passée. . . . . xxx sols.

Le dit jour, viron troys heures, ma seur Tassine et la Buccaille et leur compagnée revindrent de St Nazer et tantost apprès Monsieur le lieutenant et ma seur sa femme et leur compagnée arrivèrent. Ils avoyent couché à Monstebourg et disné à Tamerville chez Le Poyctevin, maistre Pierres Le Poyctevin, La Grange, le trésorier Megret, Jacques Pilet de Bayeulx estoyent en la compagnée.

Aust 1549.

Le jeudy premier jour je ne bouge de céans; apprès disner, ma seur s'en alla et la Buccaille et leur compagnée coucher à Carenten, je luy baille ma haquenée pour la porter jusques aulx Esssartz (1) et Harpin pour la ramener.

Le dit jour baille à la Croche et ses deux compagnons viii sols pour avoyr fauché le pray Pinel et xxvii sols sur quatre de leurs journées qu'ils avoyent esté faucher à la Coulombière. . . . . xxxv sols.

Le dit jour baille à Jacquette Bunel sur xiiii journées qu'elle a brié du lin.

                                            v sols.

Le vendredy IIe, je ne bouge de céans; comme je debvoys aller à Vallongnes

---

veuve en premières noces du seigneur de St-Gilles, s^r des Marais, et fille aînée de Jacques d'Orglandes, sieur de Pretot, d'Auvers..... Ce qui explique la qualification de cousin de la part de Gilles de Gouberville, puisque sa grand'mère était une d'Orglandes.

Jean de Pierrepont n'eut qu'un fils, François de Pierrepont, que nous avons vu marié à Françoise de la Roque vers 1542. Ce François de Pierrepont prenait le nom de sieur du Ronceray; il mourut avant son père.

(1) Le château des Essarts était situé dans la commune de la Bazoque. Il est indiqué sur la carte de Cassini; en 1549, il appartenait à la famille Thesard. Tassine Picot, sœur de Gilles, devait dans la suite épouser François Thesard, seig^r des Essarts.

vers Monsieur Trexot (1), mon oncle (2), et mon frère Guillaume (3) arrivèrent
viron huict à neuf heures, et pour ceste cause je ne bouge, apprès disner
monsieur le lieutenant et toute la compagnee s'en allèrent coucher à St-Nazer
je les convye jusques à Martin doyt, Breteville, Cabart et Liot desjeunèrent
céans.

Le sabmedy IIIe, je fus à Cherebourg dès le matin, je trouve Monsieur Trexot
qui dinoyt à l'abbaye, Vastel et le Verdier de Cherebourg avecque luy. Apprès
disner ils monstèrent à cheval pour aller visiter les places vuydes de la garde
du Roulle à Saulmaresc, je m'en allé achatter en ville du beuf et du mouton
pour x sols et du pain pour ii sols vi deniers; Monsieur Trexot vinst soupper
et coucher céans . . . . , . . . xii sols vi deniers.

Le dit jour, comme je m'en alloye au Mesnil près de la brèche de la Jun-
chère par dedens Saulmaresc, je trouve Vastel et le Verdier de Cherebourg qui
parloyent à Noël Boullon, Guerin Avene et à deux aultres que je ne congnoys,
et avoyt auprès d'iceulx deulx harnoys chargés de boys fau desja fort fene
que le dit Avene et Boullon disoient estre du boys cablé par le vent, a jour
passé, adjugé par nous à Jehan Lemoyne, et pour ce que checune des dites
charettes y avoy deux ou troys branches de fau plus recent couppé que
l'austre. Le dit Vastel requist que les harnois fussent arrestés, à quoy fut dict
par le dit Boullon et Avene que c'estoyt du boys par nous adjugé à Cornette,
nous retournasmes au lieu où ils disoient avoyr prins le dit boys et nous
monstrèrent ung fouteau rompu d'un arbres chesne abatu pour les œuvres
du Roi à Cherbourg et comme il pouvoyt sembler par l'inspection du boys il
estoyt de l'essence et qualité de cil qui estoyt aulx charettes, pour lequel le
dit Vastel requéroyt l'arrest estre faict. Le dit Vastel requist le dit boys des
charettes estre reveu. Nous retournasmes ou avions laissé les dites charettes
et ne les trouvasmes plus au lieu, elles estoyt à la grève, je interpelle le dit
Vastel de retourner jusques là avecque nous, ce qu'il ne voulut faire et s'en
alla a mont la mielle, dès qu'il fut passé l'eau, je picque jusques aulx dites
charettes en l'une d'icelles y avoyt une branche de fau de longueur de charettes et de grosseur d'un pié et un poulce, et une aultre branche de mesme
grosseur et de troys piés de long; en l'austre charette y avoyt ii branches de

---

(1) Noble homme Rolland Trexot, conseiller du Roy, commissaire députe pour bailler et
fieffer à cens et rentes annuelles et perpétuelles et deniers d'entrée, les terres, mazures, ma-
resz. places vuides, vagues et inutiles, droits de reversye, aubegnes, forfaictures et aultres
choses estantes, au bailliage de Caën et Costentin. [Mém. pour le c[te] de Beaumont, p. 38.]

(2) Jean Picot, curé de Gouberville et seigneur temporel de Russy Houtteville. Il décéda le
11 septembre 1560 et fut inhumé dans l'église de Russy.

(3) Guillaume Picot mourut à Paris, vers l'an 1555.

grosseur et longueur checun comme la première decriste et deux aultres de grosseur de demy pied ou viron.

Le dymenche IIIIe, je ne bouge de céans, monsieur Trexot partit apprès desjeuner et s'en alla à Piccauville, je luy baille Harpin et ung cheval pour porter sa male jusques à Vallongnes, je fys dire vespres dès deux heures puys m'en allé pourmener Mesna[ge] avecque moy chez Le Clerc, voyer une pièce de toille que le dit Mesnage me voulloyt vendre.

Le lundy V^e, je fus à Cherebourg, nous dinasmes chez Robine de La Mer, Breteville, Jacques Cabart et Jehan Liot et Chandeleur, nous despendismes viii sols, dont je en payé deux, puys m'en allé achatter ung coste de beuf qui me coust L sols de Carreleur, Douart revenoyt de St-Nazer qui emporta la viande dedens les paniers de Toussaints Mouchel pottier, puys m'en vins.   LII sols.

Le dit jour, mon oncle, monsieur le lieutenant et ma seur et leur compagnée revindrent de St-Naser, ils souppèrent et couchèrent céans, il estoyt viron cinq heures quand ils arrivèrent.

Le mardy VIe, j'eus l'astelier du Theil, nous partismes de céans apprès disner, monsieur le lieutenant et la compagnée, et allasmes à Vallongnes, nous souppasmes chez La Grange, et y estoyt le lieutenant Bastard et sa femme, l'esleu Pinard et sa femme, St-Jehan, Le Poyctevain, Aumeville, le Verdier et sa femme et plusieurs aultres, je couche chez Denys en la basse chambre, apprès avoyr dancé chez le Verdier jusques apprès dix heures, la Bessiere, le Verdier et sa femme, Rauville, maistre Robert Hubert, le trésorier Megret, Jehan Gardin, l'esleue Pinard, Marie La Comteste et plusieurs aultres, apprès je ramènc la dite esleue jusques à sa maison.

Le mercredi VII-, nous dinasmes chez Denys Jacques Cabart, Breteville et moy, nous despendismes ix sols que je paye puis m'en alle chez La Grange parler à Monsieur le lieutenant et à ma sœur et de la au recepveur des tailles (que je trouve en son escryptoyre) pour qu'il differast la contraincte sur Jehan Liot jusques à sabmedy prochain, puys m'en retourne parler à Monsieur de Baleroy. Ce faict mon frère Guillaume me vinst convier jusques à la lande de Beaumont, il estoyt viron soleil couchant quand j'arrive céans.

Le jeudi VIIIe j'eus l'astelier de ceste ville qui couppèrent tout le fourment qui estoyt au clos Couvert. Viron sur le mydy il survinst ung orage et de la gresle aussy grosse que plommetz de haquebutte, qui contraignit toutes mes gens guengner le couvert chez Hamel et chez Travessain ; cela passe je les remys en besongne, comme je vins céans pour leur faire dresser leur soupper je trouve deux cordeliers savoir frère Michel Aubry et frère Robert Laisne, qui souppèrent et couchèrent céans et Noël Le Monnier qui revenoyt de Cherebourg de son procès.

Le vendredi IXe je ne bouge de céans fors que la relevée viron iii heures je

m'en allé le sergent Pinel et fils Nicolas Mouchel avecque moy à Saulse mesnil
voyer la fieffe du dit Pinel, et les pièces que j'avoye mises à prix puys m'en
revins viron une heure de solleil ; le dit Pinel et Mouchel me ramenèrent
jusques au départ de la garde, de Cossin et du dit Pinel.

Le dit jour, comme je m'en revenoys, je trouve près la grand mare, la
femme du frère Michel le Brises ung aultre poysonnier de qui, j'achatte deux
raytons ung congre qui me coustèrent . . . . iii sols.

Le samedy X⁰, je fus à Vallongnes Breteville, Jacques Cabart, Jehan Liot,
nous dynasmes, le dit Cabart et moy avecque Monsieur Trexot chez Bauquet.
Gattemo, et l'architecteur du Roy, nommé le contreiouleur Gougon, pour ung
pot de vin ii sols v déniers et pour ung jour et demy de mon cheval chez
Denys v sols vi déniers et pour le disner de mon laques et une quarte de cydre
et mon giste de l'austre jour et une quarte de vin iii sols. . . . xii sols.

Le dit jour le sieur de Breteville, Jacques Cabart et Jehan Liot me delaissè-
rent soubs leurs signes le droit qu'ils prétendent aulx fieffes de la haye de
Digoville par l'adjudication qui en avoyt este faicte par Monsieur Trexot,
commissaire en ceste partye (1). Ce faict nous partismes de Vallongnes apprès
six heures le dit Breteville, Cabart et Lyot, je m'envins coucher céans.

Le dymenche XI⁰, la messe dicte de grand matin la procession de ceste ville
fut à Digoville, je m'envins céans et incontinent apprès disner j'envoye une
quinzaine d'hommes de ceste ville prendre en la forest un poullain que je
debvoye achatter de Hommes, puys m'en allé après eulx, le poulain fut prins,
il estoyt viron soleil couchant.

Le dit jour avant mon lever Bertran Abaquesne de Vallongnes vinst céans
pour du surmont qu'il m'avoyt vendu dont Thomas Drouet, Gilles Auvre et
Mesnage m'en avoyent hier apporté checun une chartée. Il fut à la messe et
disna céans, puys avant que m'en aller à Brys, je luy baillé cinquante sols et
luy en doy encore dix restans de six francz pour cent pieds du dit surmont.

Le lundi XII⁰ au matin, j'envoye Herpin à Cherebourg porter des pigeon-
neaulx à Hommetz, à Douville, à Carreleur, à Robine de La Mer ; il apporta
du beuf pour dix sols. Ce jour Symonnet revinst de la Haque et ramena mon
roussin que j'avoye presté aulx gens de mon cousin S* Germain pour le
service de l'arrièreban. Une heure apprès mydi, je m'en allé à la mer faire

Aust 1549.

---

(1) Contrat de Subrogation par noble homme Jean de Bricqueville sʳ de Bretheville au dit
Gilles de Gouberville de tout le droit qu'il avait en deux pièces de terre à la Haye de Digoville, l'une nommée la Campagne à Brebis contenant, 13 acres et demie ; l'autre la Vieille
Vente, contenant 95 acres, bornée en la lettre d'adjudication à eux faite le 2 Avril 1549 — Le
dit contrat passé par le dit sʳ Trexot le 10 Août au dit an 1549.

Signé Trexot, Michel et scellé.

charger une pierre que Hébert Robidas m'avoyt hier dict qu'il avoyt tirée de viii à neuf pieds, je donne au dit Robidas et Gyon des Champs son compagnon, pour la dite pierre iiii sols et i sol que je leur baillé hier. Guigars, Le Valet et Richard Parys et Symonnet furent quérir la dite pierre. Il estoyt jour failly quand nous en revinsmes. . . . . xv sols.

Le dit jour receu de Tupain pour troys boisseaulx de fourment. xxxix sols.

Le dit jour baillé à la femme du Vallet sur la façon de quarante aulnes de grosse toylle . . . . xiii sols.

Le dit jour baillé à Guillaume Parys xxxix sur cinquante sols pour la levée du pray Pinel que j'ay eu ceste année de luy . . . . xxxix sols.

Le dit mardy XIII*, je ne bouge de céans, j'eus l'astelier de Digoville qui syerent l'avene du clos des Ventes, Robert Carreleur de Cherebourg dyna céans, je luy vendis ung castras. Le dit jour Thomas Candepie revinst de Rouen et m'apporta cinq peaulx de maroquin d'Espagne.

Le mercredy vigille Notre-Dame je fus à St-Pierre Eglise, Thomas avecque moy, je parle à missire Guillaume Le Flamenc et à Jehan Liot au marché, pour les afféres qui estoyent entre nous. Incontinent nous en revinsmes.

Le dit jour environ unze heures du soyr j'envoye le dit Candepie à Bayeulx porter unes lettres à Monsieur le lieutenant général du bailly, Symonnet le fut convier jusques à Monstebourg pour ce que le dit Thomas remenoyt au mole la jument St-Jehan chef de barge, qu'il (Thomas) avoyt emmenee d'empuys Dive jusques ycy, je lui baille pour faire son voyage
xvi sols.

Le dit jour après soupper Thomas Halle vinst de Vallongnes comme il disoyt et souppa et coucha céans.

jLe jeudy jour Nostre-Dame je ne bouge de céans, Jacques Cabart vinst ycy avant la messe pour nos afféres touchant la vente de la haye de Digoville. Apprès disner je fus jerber xlv tressaulx de fourment au clos au couvert pour ce qu'il avoyt esté sié, tourné, et qu'il estoit jerné.

Le vendredi XVI* au matin je m'en allé à la foyre à Monstebourg Chandeleur et Herpin avecque moy ; comme je faisoye ferrer la jument au dit Chandeleur qui avoyt des formes sur les pieds, Thomas arriva de Bayeulx qui me dist qu'il avoyt trouvé à Bayeulx ny Monsieur le lieutenant ny ma sœur et qu'ils estoyent allés à Gibray, ce faict nous allasmes disner chez Lanquetille ou survinst Jehan Le Pesqueur et deux aultres de Carenten, nous despendismes xv sols dont j'en paye ix, maistre Richard Le Gros s'y trouva et qui disna avecque nous. . . . . ix sols.

Le dit jour viron une heure apprès mydy nous partismes de Monstebourg le dit Candepie et Chandeleur et allasmes à Vallongnes parler au recepveur des tailles, que je ne trouve en sa maison, il estoyt allé à la Bourderye ou je le

Aust 1549.

fus conquérir et nous en vinsmes ensemble en sa maison où il nous donna de fort bon cydre et temps de payer, l'argent des fieffes jusques à de dymenche huyctaine, ce faict nous monstames à cheval et nous en vinsmes céans, viron soleil couchant.

Le Sabmedy XVIIᵉ, receu de Tupain, pour troys boisseaulx de fourment
xl sols.

Le dit jour, je ne bouge de céans. Je fys coupper le tremoys et les poys du clos au Couvert et pour ce que la pluye continua je fys venir les austeur (1) sercler les pepins du jardin à mouches où ils achevèrent leur journée.

Le dit jour, je baille à Mariette Pyvain pour six jours v sols, et à la Bingne pour quatre jours iiii sols . . . . ix sols.

Le dit jour au soyr, apprès soupper, vinst le valet Jehan Le Moyne des-fors bours et ung des Thomas Boullon demander delibvrement de deux aulneaux pour le dit Boullon et ung cheval pour le dit Le Moyne qui estoyent au parc que je leur accorde les dites bestes avoyent esté prinses aux praiz à Tourlaville.

Le dimenche XVIIIᵉ, je ne bouge de céans, apprès la messe et disner j'envoye une vingtaine des compagnons de ceste ville à la forest pour prendre une jument et ung poulain pour Hommetz qui m'en avoyt pryé. Sur la relevée vinst mon cousin de Raffoville le père, qui amena une chiene pour faire couvrir à Myrault qui ne voullut, nous allasmes à la forest voyer si les coureurs de jumentz avoyent rien prins, nous les trouvasmes sur la fosse du Quesney où ils s'en revenoyst et avoyent fally à prendre par Guillaume Feullye qui s'estoyt endormy. Nous en revinsmes soupper et coucher céans.

Le lundy XIXᵉ dès le matin, je fus à Cherebourg, j'achatte de Carreleur ung quartier de bœuf xxv sols, sa femme me donna ung ponpon, une cytrole et une rave, Thomas apporta le tout (qui se) trouva à moy à Cherebourg, revenant de chez son père où il estoyt allé devant hier. . . . . . . xxv sols.

Le dit jour, receu du dit Carreleur ung escu sol et cinq sols tournoys pour ung castrix que je luy vendy mardy dernier . . . . l sols.

Le mardy XXᵉ, je ne bouge de céans, j'eus des journeliers de Tourlaville qui syerent à l'orge de la vigne Liot ; apprès disner, Thomas fut à Clitourp chez le prieur pour avoyr quelques signature de Ronnie pour son oncle Baudreville. et de là à Cosqueville parler au vicayre qu'il ne trouva poinct.

Le mercredi XXIᵉ, a mydy je m'en alle à Cherebourg, nous ressinasmes chez Robine de La Mer, Douville, Esnauld Gardin et Hommetz, je paye.   iii sols.

Je party a soleil couchant je passe en batteau et Cornette mena ma haquenée par le pont, la mer estoyt plaine . . . . iii sols.

____

(1) Aousteurs, Aoutrons. Gens qui vont en mois d'août.

Le dit jour receu d'Enauld Gardin pour ung cent de chanvre, ung cent de beurre, présens La planque et Cornette . . . . xiii livres x sols.

Le dit jour pour mon passage au batteau a m'en revenir à Pierre Benest ı sol.

Le dit jour avant soleil levant j'envoye Thomas à Bayeulx vers Monsieur le lieutenant et luy baille pour faire son voyage. . . . . xxx sols.

Le jeudy XXII⁰, je ne bouge de céans jeuz quarante (1) *austeurs* tant de Saulsemesnil que de Tourlaville qui sièrent à l'orge de la vigne Liot, à la Basse vente et au clos au couvert à l'avene et veche. J'envoye Symonnet à Cherebourg pour ferrer ma haquenée, il lui cousta pour deux remues et ung fer neuf . . . . iii sols.

Le vendredy XXIII⁰, je ne bouge de céans, j'envoye mon harnoys à St-Martin de l'Yf quérir du surmont, le tonnerre les surprint là. Il tonna et pleut merveilleusement toute la matinée. Quand Nicolas Le Valet et Richard Parys furent revenus de St-Martin, nous fusmes à la haye de Digoville. quérir le reste d'un chesne, et de là je m'en allé chez Jehan Liot, Symonnet avecque moy ; il estoyt à Fermanville à faire cueillyr des pommes, sa femme me donna ung fourmage.

Le sabmedy XXIIII⁰, dès le matin, je m'en allé à Monstebourg, Jehan Lyot avecque moy, je y vendys deux jeniches vii livres et une vache vii livres, puys nous en vinsmes à Vallongnes chez Denys où nous souppasmes et couchasmes. Il y avoyt ung gentilhomme escossoys de la garde du corps du Roy qui alloyt à Cherebourg pour les Escossoys qui y estoient prisonniers. . . xiiii livres.

Le dit jour appròs souper nous fusmes Jehan Liot et moy chez le recepveur des tailles, que nous trouvasmes encore en table. Je luy baille la somme de cent dix neuf livres xiii sols en six doubles ducats xxix Δ sols, x Δ pistolets, deux testons et le reste en monnoye pour les parties des fieffes que j'avoye prinses de Monsieur Trexot, commissaire en ceste partye ; dont le dit recepveur me bailla quictance escripte et signée de sa main.   119 livres 13 sols.

Le dymenche XXV⁰, au matin, viron six heures, je baille à la femme de Denys pour nostre soupper d'her soyr et de nos chevaulx xiii sols, puys m'en allé voyr le Verdier, qui estoyt fort malade d'une flebvre chaulde. Ce faict nous nous envinsmes le dit Liot et moy céans, nous trouvasmes tous mes serviteurs [à] la messe . . . . xiii sols.

Le dit jour appròs disner, les compagnons de ceste ville furent courir les juments Hommetz et ne prindrent rien.

Le dit jour, le frère Vincent Phelippe du Teil me vint dire que son frère

____

(1) On dit encore des Aoûtrons

estoyt contrainct pour les prays dans Guillaume. Je l'envoye porter unes lettres
au prieur de Clitourp et luy donne pour sa poyne . . . . ɪ sol.

Le dit jour apprès disner, Thomas Candepye revinst de Bayeulx et me bailla
trente troys doubles ducats et deux petitz ducats, dix sept escus sol et ung
demy que monsieur le lieutenant m'envoyet sur mon obligation que le dit
Candepye luy bailla escripte et signée de ma main.

Le Lundy XXVIᵉ, je fus à Cherebourg, j'achatte de Carreleur du beuf pour
x sols, la femme de Enauld Gardin me chagea ung escu qu'elle m'avoyt baillé
mercredy dernier. Le cappitaine de Cherebourg me donna ung morceau de
venaison que je donne au sieur de Querpiquet qui rendit en ma faveur la
levrette qu'il avoyt ostée aulx serviteurs de Guillaume Cabart. Marguerite
Symon me baille deux escus sol pour de la monnoye que je baille à Jehan
Lyot, qui m'avoyt baillé la dite monnoye. J'accorde avecque Jacques Rose du
revain de mes deux vergées de pray et de celluy du pray du tresor par xxvɪɪ sols
et ung quartier de mouton, presens le procureur Brisenes, le dit Liot, Denys
Giot et Jacques Bodet, chez le dit Nicolas Symon. . . . . x sols.

Le mardy XXVIIᵉ, je ne bouge de céans, je fys tourner et jerber l'avene du
clos des Ventes ; quand j'en revins, je trouve Thomas Mouchel de Saulsemesnil céans qui me dist qu'on avoyt enterré se jourdhuy la femme du Verdier
de Vallongnes, Cantepie revinst de Vallongnes et Monstebourg où il estoyt allé
à ce matin.

Le dit jour, j'achatte de Gilles Auvre, du cuir pour ɪɪɪɪ sols pour Jacques et
Noël, en la court du dit Auvre.

Le dit jour, receu de Lucete bastarde de Symon du Bosc, pour vɪɪɪ livres de
gresse . . . . xvɪ sols.

Le mercredy XXVIIIᵉ, je fus à Cherebourg Cantepie avecque moy, nous
dinasmes chez Margueritte Pinchon, monsieur le Mareschal, maistre Georges
Giffard, Richarde La Planque et Douville qui y survinst apprès disner. Le dit
sieur Mareschal paya le disner. Je m'en allé avecque le dit Giffard en sa
chambre où il me presta cent escus d'or sol, dont je luy baille mon obligation,
pour me fournir la somme de deux mille francs dont j'avoye affère. Ce faict
je paye pour mes chevaulx chez Nicolas Symon ɪɪ sols et ɪɪ sols au sellier pour
raccoustrer une selle . . . . ɪɪɪɪ sols.

Le dit jour, viron une heure apprès mydy, nous allasmes à Treauville chez
le dit Cantepie où je souppé et couché, en attendant le soupper, nous
allasmes à Coulley pour parler à ma cousine mademoiselle de Tourlaville qui
n'y estoyt point. Je trouve mademoiselle de Beauchamp qui faisoit tasser du
blé. Apprès l'avoir saluée et quelque peu entretenue, je prins congé et m'en
revins chez ledit Cantepie.

Le jeudy XXIXᵉ avant que sortir de la chambre ou j'avoye couché, je baille

à mademoiselle de Cantepie cent IIII^{xx} xv doubles ducats, cent quatre vingts
IX escus sol, VII^{xx} angelots, et cent escus pistolets, qui se monte deux mil
quarante et une libvre cinq sols tournois, dont elle me bailla une obligation passée devant maistre Gilles Diguet tabellion et son adjouainct, toutes lesquelles
espesses furent par moy contées, présens les dits tabellions, Pierres Diguet et
Thomas Meslin tesmoins et bailles à la dite damoyselle. Par la scedule qu'elle
m'en a faicte, elle est obligée me bailler la coppie de troys pièces, scavoir est
ung authorisement a elle faict par le sieur de Cantepie son mary, une procuration pour renoncer à la succession de son dit mary, et icelle renonciation.
Ce faict nous desjeunasmes, puis nous en vinsmes à Vallongnes Thomas Cantepie avecque moy. Nous arrivasmes viron deux heures apprès mydy chez
Denys, ou je trouve Jehan Liot et Jacques Cabart qui m'attendoient. Nous
allasmes chez le recepveur des tailles, je lui baille LI double ducatz, LXV escus
et demy au solleil, ung teston et XVI sols dont il me rendit VI déniers pour les
fieffes par la haye de Digoville. Ce faict je m'en vins coucher céans, la femme
de Denys me donna une becquacine toute lardée. . .   2434 livres 15 sols.

Le vendredi penultième jour toute la mattinée il ne cessa de plouvoyr
Cossin m'envoya ung levrault, ung surnommé Marinyaulz gendre de Hommetz
et le mestayer du dit Hommetz à Tollevast vindrent quérir le poullain qu'on
avoyt hier prins en la forest pour le dit Hommetz. Ils dinèrent céans puys s'en
allèrent à Tollevast comme ils disoient. Viron troys heures apprès mydy je
m'en allé à la loge de Tourlaville, voier si le batteau qui debvoyt porter le boys
à Monsieur de Ste Marie chez maistre Jehan Fleury estoyt venu, je trouve
Gratian Maistrel devant son huys qui me dist qu'il n'estoyt venu aulcun batteau par quoy je ne passe plus oultre et m'en revins.

Le dit jour pour deux libvres de chandelle que Thomas apporta de Cherebourg IIII sols, et pour raccoutrer le mors et la testière d'une bride II sols VI
deniers . . . .   VI sols VI deniers.

Le sabmedy dernier jour au matin, je m'en allé à Cherebourg par la loge
de Tourlaville où je trouve l'homme de Monsieur de Saincte Marie qui recueil-
loyt le boys qu'on luy apportoyt. Je m'en allé à Cherebourg, j'achatte du beuf
pour XXX sols, ce faict je fys charger à mes harnoys (qui avoyent apporté à
Esnauld Gardin II^{cc} daes, deux grosses boules de pierre qui estoyent en la
grève et les apportèrent céans, Nicola le Valet, Richard Paris, Michel le
Brises et Gaultier Birette . . . .   XXX sols.
Je m'en vins quand et mes harnoys.

Septembre 1549.

Le dymenche jour St Gille je ne bouge de céans, apprès la messe j'emmeney

les Essartz à disner, le vicayre du Teil, la femme de Barnavast, Cossin, sergent
des ventes du Teil, Chandeleur et plusieurs aultres ; j'achatte cinq milliers
d'épeingues qui coustèrent xxv sols et ung bounet pour Jacques et l'austre
pour Noël qui coustèrent vi sols, missire Jacques et missire Jehan dictz
Auvrey, la femme de Gilles Auvrey, la femme de Guillaume Tibert, missire
Clément Rouxel, Guillaume et Thomas dictz Haley et plusieurs aultres soup-
perent céans, jestoys malade et ne souppe poinct. . . . . . . xxxi sols.

Le lundy je ne bouge de céans, j'envoye Thomas à Cherebourg scavoir que
me vouloyt monsieur de Refuge, il ne le trouva poinct pour ce qu'il estoyt
allé à Ommonville. J'envoye Symonnet à Vallongnes porter troys doubles
ducats au recepveur des tailles et recueilly ma scedule. Je luy envoye quatre
pigeons et ung levrault, je fys gerber le reste du fourment du clos au couvert.

VOYAGE.

Le mardy, III° viron neuf heures de matin, je party de céans Cantepie
avecque moy, et m'en alle par Vallongnes (où je parlé d'a cheval au recepveur
des tailles, par la fenestre en son escriptoyre), coucher à Carenten chez Le
Pesqueur. Je achatte IIII chevaliers qui coustèrent v sols que Sandrin fut quérir en la ville . . . . v sols.

Le mercredy IIII° au matin, je paye pour mon soupper et de mes chevaulx,
xviii sols, puys nous en allasmes passer au pettit gay, au batteau il me cousta
xvi deniers et de là disner et coucher à Russy, je y trouve mon frère Guillaume, mon frère Françoys (1) y arriva viron iiii heures apprès midy.
xix sols iiii deniers.

Le jeudy V° au matin, apprès desjeuner nous allasmes mononcle et mes ditz
frères à Bayeulx, nous dinasmes, chez Monsieur le lieutenant général apprès
disner nous parlasmes de nos affères et fismes quelque accord, mon frère
Françoys et moy soubs nos signes, ce faict mon oncle et Françoys s'en retournèrent à Russy, je demeuré et mon frère Guillaume à soupper et coucher chez
mon dit sieur le lieutenant.

Le vendredy VI°, apprès disner au dit lieu, nous en vinsmes mon frère Guillaume et moy soupper et coucher à Russy, avant que partir de Bayeux, je fus
voyer Monsieur Trexot, que je trouve malade en son lict, je fus viron deux
heures avecque luy. Je donne aulx serviteurs de chez le lieutenant vi sols et
xiiii sols qu'il me cousta à la barge pour la despense de mes chevaulx pour
deux jours et demy. . . . . xx sols.

(1) François Picot, marié en premières noces à Marie de la Fontaine ; il ne paraît pas qu'ils
aient vécu en bonne intelligence.

6

Le sabmedy VII° au matin je party de Russy et m'en vins passer au petit gay, il me cousta xvi déniers, et disner à Carenten xii sols et pour six oeseaulx de mer et des mitanes que Sandrin me bailla x sols. . . . . . . xxii sols.

Le dit jour apprés disner, entre deux et troys, je party de Carenten, Cantepie avecque moy et vinsmes par Monstebourg où nous prinmes le cheval du Poyctevin, et laissames le hongre qui estoyt opposé pour ce qu'il n'avoyt poinct peu puys mardy, et nous en vinsmes coucher céans, il estoyt viron une heure de nuyct.

Le dit jour, après soupper, je envoye Symonnet toute la nuyct à St-Naser porter les doreures que ma seur de Labigne avoyt achattées à Gibray pour ma dite seur de St-Naser.

Le dymenche VIII°, jour Notre-Dame, je ne bouge de céans, après disner j'envoye Richard Parys à Monstebourg remener le cheval du Poyctevin et amener le hongre. Cantepye et Thomas Drouet furent à Cherebourg par compagnée, pour quelque affere qu'ilz disoient y avoyr.

Le dit jour après soupper, je baille à Michel le Brises x sols sur trente vi sols que je luy avoye promys pour son aust qu'il a faict céans . . . x sols.

Le lundy IX°, je fus à Vallongues à l'assise et à la fere, j'achatte en allant, entre Cyfrevast et Vallongnes, de Jacques Burnel, une jument grise par neuf libvres v sols tournoys, presens Nicolas Quentin, Louys Margeneste, Gauvain Quentin, Guillaume Feullye, missire Jehan Auvre et plusieurs aultres.

ix livres v sols.

Le dit jour je disne chez Denys Le Pasticher, le cappitaine du Teil, Richard Doynel, Jehan Liot, missire Jehan Auvre et aultres, ce faict je retourne à la fere, puys m'en revins coucher céans.

Le mardy X°, au matin, je m'en allé à Gouberville, Cantepie avecque moy, je disne et souppe en ma chambre, le vicayre avecque moy et Marin Flamenc. Apprès avoyr dormy viron deux heures nous allasmes tirer le coleret; d'empuys la loge de Gatteville jusques à la Saline et en partismes à solleil levant, Martin Pivain qui estoyt venu quand et moy pour couvrir sur la maison fut autant au coleret commes les compagnons.

Le mercredy XI°, après que fus revenu de la mer, je m'allé coucher et dormy jusques à dix heures, après me lève, le vicayre fut à St-Pierre qui m'apporta ung chymier de beuf qu'il eult de Jehan Liot, pour ce v sols vi den. Au soyr, avant soupper, nous retournasmes tirer le coleret et prinsmes vii sors mulets.

Le jeudy XII°, je ne bouge de Gouberville, le lacqués de Tocqueville m'apporta une xii° d'alouettes et me dist que mon cousin me pryet d'y aller soupper, ce que ne peu faire pour ce que j'avoye quelque empechement; pour troys polz de poerey prins chez Bibet, tant hier que ennuyct pour Martin,

ii sols.

Le dit jour le vicayre, Marin Flamenc, Richard Becquet disnèrent avecque moy et faillismes à les appoincter.

Le vendredy XIII°, je ne bouge de Gouberville, le cousin La Valette et son lacqués vinrent qui avoyent ung hobereau, nous fusmes à la campagne et prinsmes six alouettes, nous dinasmes puys s'en retourna. Nous fusmes ce soyr tirer deux traits de coleret.

Le dit jour dès le poinct du jour j'envoye Margrin Fortin à Cherebourg porter quatre sors mulets au cappitaine, je luy donne pour sa poyne d'y aller
ii sols.

Le sabmedy XIIII°, jour Ste Croix, je ne bouge de Gouberville, au mattin avant la messe Michel Lefevre, Joret et Martin Pivain vinrent à la mer avecque moy, nous advisames viron une lance en l'eau ung pacquet de bancz loues qui estoyent demeurés her soyr sur le perré à la basse eaue que Joret retira avecque ung aviron à l'eaue jusques aux esselles, puys nous en vinsmes à la messe, je trouve le lieutenant de St-Saulveur qui ouyt la messe et me pria d'aller demain disner chez luy, ce que je luy accorde.

Le dymenche XV°, après la messe je m'en allé disner à Neville chez le lieutenant, puis m'en revins à vespres à Gouberville ; à l'issue des vespres les paroissiens me laissèrent une masure près la grange Monstereul pour cinq sols de rente racquictable par cent.

Le lundy XVI°, toute la matinée jusques à midy, je fus à la mare de Neville faire tirer et charger en troys carrettes ung millier de salle que missire Jehan le Sellière me livra, ce faict je m'en vins disner, après je monte au poyrier de Louet et cueully viron troys centz poyres, puys m'en vins, Symonnet avecque moy qui estoyt venu vendredy pour ce que Cantepie s'en estoyt allé jeudy au soyr pour aller aulx assises de Carenten qui debvoyent estre ceste sepmaine et ne furent poinct, en m'en revenant céans je rencontre aulx chasses de Teville, Agneaulx qui venoyt de Cherbourg.

Le dit jour après soupper je baille à Richard Paris, sur xl sols que je luy doy pour son austage . . . . xv sols.

Le mardy XVII°, je fus à Vallongnes tenir les haults jours, nous dynasmes chez Denys, le procureur Vastel, le greffier Auville, maistre Pierres Collas, La Myaulfe, Blanqueville, Cossin Demons et plusieurs aultres ; comme j'alloys à Vallongnes, je rencontre près la vente le Verdier qui s'en venoyt excuser pour ce qu'il avoyt affère à la fère S¹ Floxcl qui estoyt ce jourdhuy, Thomas Hamel vinst quand et nous que je renvoye de Vallongnes, incontinent qu'il eust faict ses affères pour ayder au fain qui estoyt encore dehors.

Le dit jour après soupper, mon frère Guillaume et Maistre Gilles La Mache arrivèrent qui venoist de Russy comme ils disoyent.

Le mercredy XVIII°, jour des quatre temps, je ne bouge de céans, je fys cueil-

lyr des pommes toute l'apprès disner Mathieu achatta une turbo, deux solet-
tes et deux plis qui coustèrent ii sols et Huppain apporta de S* Pierre des hor-
fllz et des lieus pour ii sols. . . . . iiii sols.

Le jeudy XIX*, mon frère Guillaume partit au matin pour aller à Clitourp et
à Toqueville. Je le convie jusques à la maison au Noyr, puys m'en vins par chez
Jehan Liot, que je ne trouve, je m'en vins par la vente où je trouve Belleville
qui faisoyt cyer les fougères, je fus quelques temps avecque luy, puys m'en
vins. Viron une heure de soleil ma cousine de Toqueville, son fils et sa fille
arrivèrent céans qui alloient à Brys en voyage, ils souppèrent et couchèrent.

Le dit jour, Thomas fut à Cherebourg pous troys fers au hongre. iii sols.

Le vendredy XX*, ma dite damoyselle de Tocqueville s'en alla ouyr messe
à Brys puys revinst et sa compagnee disner céans. Symonnet fut à Cherebourg qui apporta du poyson, du pain, de la chandelle et fist mettre troys
fers à la jument haquenée, le tout luy cousta . . . . xi sols.

Le sabmedy XXI*, jour St Lo et St Mathieu, je ne bouge de céans ; j'envoye
Nicollas Le Valet chez Boullon porter deux moules de cercles à tonneau et de
là à Cherebourg quérir de la viande ; que Jehan Liot m'envoya pour xv sols.

Le dit jour, Bissy revinst de Rouen qui m'apporta des lettres de Alonce
de Castille.

Le dymenche XXII*, je ne bouge de céans Jehan Liot et Jacques Cabart vinrent avant la messe, apprès la messe ouye nous en vinsmes disner, mon frère
Guillaume y estoyt, apprès dissner ilz s'en retournèrent.

Le dit jour j'envoye Nicolas Le Valet à Breteville et Digoville scavoir si j'au-
roys des harnoys à demain pour apporter du sablon.

Le lundy XXIII*, je ne bouge de céans, pour faire décharger les harnoys de
Breteville et Gonneville qui avoyent apporté du sablon au clos des Ventes,
mon frère Guillaume s'en alla apprès disner coucher chez Monsieur de Mari-
mon, Mathieu fut à Cherebourg qui apporta demy cent de petit clou qui cousta
 vi deniers.

Le mardy XXIIII*, apprès desjeuner, je m'en allé à Gouberville, Symonnet
avecque moy, pour ce que Cantepie estoyt allé des dymenche aulx assises à
Carenten. J'arrive à Gouberville à i heure apprès mydy, environ cinq heures,
l'archidiacre arriva qui fist la visitation de l'église du dit lieu, puys nous re-
tirasmes au prebitayre avecque le vicayre où nous souppasmes et le dit archidiacre aussy qui y coucha.

Le mercredy XXV*, je ne bouge de Gouberville, mes ples furent entre disner et soupper, le vicaire et Philippin Tocque vindrent quand et moy à la mer
pescher des ouytres et goufiches, nous en apportasmes plain une seille, puys
souppasmes, apprès soupper, La Croche arriva du Mesnil qui me bailla des
lettres de Cantepie disantes que Monsieur de Baleroy estoyt à Vallongnes et

qui demain il debvoyt faire quelques bannies des pièces vagues de Blanqueville, incontinent, je monté à cheval et m'en vins toute la nuyct céans, Symonnet et La Croche avecque moy.

Le jeudy XXVIe, dès le matin je m'en allé à Vallongnes vers Monsieur de Baleroy que je trouve chez Navarre, je disne avecque luy, apprès disner il banit les marescs de Cauquigny et la lande de Blanqueville, ce faict, je m'en vins Guillaume et Jacques Cabart, La Marche et Nicolas Auvrey quand et moy.

Le vendredy XXVIIe, dès le matin, Nicolas Le Valet, Michel Le Brises et Richard Paris s'en allèrent avecque deux des harnoys de céans et Guillaume Gaillard et Laurens Castel avecque le leur à la carrière d'Yvetot, quérir du carreau pour paver l'église de Gouberville apprès desjeuner je m'en allé à la dite carrière Cantepie avecque moy, nous nous esguarasmes en la forest et d'aventure nous trouvasmes le frère de Roger Toude qui nous mena jusques à l'Hommée, je rencontre nos harnoys à la lande d'Yvetot, je pique jusques à la carrière, je parle à ung nommé Le Marie qui avoyt vendu le dit carreau, il me monstra le reste que les paroissiens de Gouberville debvoyent venir quérir demain, je fus boyre chez le baron, où je trouve une chamberière toute seulle, qui me donna à boyre, je lui donne 1 sol, elle me dist que le sieur baron, sa femme et tout son train estoyent à Barneville. Je m'en revins, je attaigny mes charettes au passage du Blanc-chou et m'en vins quand et eulx jusques à la petitte Cremère, puys quand je cogneu mon chemin je les laisse et m'en vins devant. . . . . I sol.

Le sabmedy XXVIIIe je ne bouge de céans, j'envoye Symonnet à Cherebourg qui apporta deux membres de bœuf et ung quartier qui coustèrent XVII sols je fus au clos des ventes, Mesnage et Thomas Drouet avecque moy pour voier le fossé que le dit Mesnage avoyt faict faire à la Champagne, s'il avoyt laissé assez de chemin . . . . XVII sols.

Le dymenche penultime jour, je ne bouge de céans, comme j'estoys à vespres, Collin serviteur du sieur de Cantepie me vinst dire que Monsieur Trexot estoit arrivé céans, incontinent je m'en vins, je le trouve et avecque luy le seigneur de Maisons (1) de Bayeux Estienne Chignart, et le Saulner sergent à Bayeulx et plusieurs aultres, le dit seigneur de Baleroy et son train souppèrent et couchèrent céans.

Le lundy dernier jour, jour des Reliques, au matin apprès desjeuner, le dit s^r. Trexot et toute la compagnée partismes et fut prins au fest Bertault et et au viel Bosc le rapport de plusieurs de Octeville sur Cherebourg et de Tourlaville de ce que pouvoient valloyr l'acre des dites pièces à rente et deniers

____

(1) Guillaume de Villiers, seigneur de Maisons de la famille des seigneurs de Villiers-sur-Port.

d'entrée, ce faict nous fusmes visiter les places vuydes de la garde du Roulle et Saulmaresc, tant que le jour dura, puys nous en allasmes soupper et coucher à l'abbeye de Cherebourg bien moullés où nous trouvasmes Vastel, procureur des forets.

Octobre 1549.

Le mardy premier jour, apprès desjeuner, le dit sieur Trexot et toute la compagnee partismes de l'abbey de Cherebourg et vinsmes parachever de visiter les places vuydes de la garde du Roulle, puys allasmes au mont du Roc et de là à Baudienlonde et Varengron. Ce faict, le dit sieur et sa compagnée s'en allèrent soupper et coucher chez Monsieur de Fourneville et je m'en vins céans, Cantepie avecque moy, il estoyt presque soleil couchant quand j'arrive.

Le mercredy IIe, apprès desjeuner, je m'en allé à Tollevast chez Demons attendre mon dit sieur le commissayre qui si trouva assez tost apprès, puys allasme voyer les places de la garde des Cremeres ce qui en restoyt, puys nous en vinsmes soupper et coucher céans, apprès que fusmes arrivés, Mesnage apporta de St Pierre ung quartier de mouton qui cousta. . . . . IIII sols.

Le jeudy IIIe, apprès avoir desjeuner, Monsieur Trexot et toute sa compagnée partismes de céans et nous en allasmes à Vallongnes, il estoyt viron dix heures quand nous arrivasmes, je fus avecque le dit sieur jusques à une heure apprès mydi, puis m'en allé à la cohue, où le vicomte banissoyt les fermes muables, je y assiste jusques à la fin puys m'en vins, le Parc, Boullon avecque moy.

Le vendredy IIIIe dès le matin, je m'en allé à Vallongnes, Cantepie avecque moy. Nous dinasmes chez Denys, Le Viconte, Maisons, l'advocat Verrier, Vastel, Guillaume Ogier, Auville greffier, maistre Pierre Quentin et plusieurs aultres, Le Viconte paya, ce faict nous allasmes tous ensemble au Pont Rilly visiter et faire mesurer les places que le dit Viconte avoyt fleffés près le dit Pont Rilly, ce qui fut faict par ung nommé   en la présence de tous les dessus dits, ce faict nous nous en vinsmes le dit Vastel avecque moy jusques à la croix du mont de Bavent où le dit Vastel et moy departismes. Je m'en vins céans il estoyt presque soleil couchant quand nous arrivasmes Cantepye et moy.

Le sabmedy Ve, je ne bouge de céans, au matin je m'en allé tournier au Couldre le long de la rivière de Sere, Cantepie et missire Jehan Auvrey avecque moy et nous en revinsmes par les prais dans Guillaume.

Le dit jour, Douart revinst de St Nazer, ung laqués de l'abbée d'Ardaine(1)

(1) Jean du Moncel, abbé d'Ardennes, frère de Jacques du Moncel, seigr de St-Nazer, qui avait épousé Renée Picot, sœur de Gilles de Gouberville. Jacques de Cahaignes lui a consacré un Éloge.

avecque luy, qui venoyt de St Nazer, nommé Clément Aubrée, de la paroisse de la Belle-Herbe (1), près la Maladerye de Caen, je baillé au dit Douart qui s'en retournoyt à sa maison. . , . . , ... v sols.

Le dymenche VIe, je ne bouge de céans. Apprès disner je m'en allé aulx herbages de Digoville Thomas Drouet, la Croche, Jehan Groult fils Richard, Robert Mesnage et plusieurs aultres, je fys descrouer ung chesne, que Monsieur de Digoville m'avoyt donné. Il y avoyt bien troys ans, lequel chesne estoyt encroué sur ung fau, ou Thomas Drouet monsta pour décrouer le dit chesne, ce faict nous en revinsmes. En m'en revenant je trouve apprès l'église de ceste ville missire Robert Magnen et ung aultre prebtre du Teil, surnommé le Soliere, qui me demandèrent si je leur vouloye bailler les prays dans Guillaume à fieffe. Maistre Denys de la Planque vinst au soyr pour mon cousin de Fermanville scavoir quand je yroys pour luy delibvrer du boys à racoustrer son logis.

Le dit jour apprès soupper nous allasmes à Digoville Cantepie, le dit de La Planque, Thomas Drouet, Gilles Auvrey, La Croche, Nicolas le Valet, Symonnet chez les Girars, où nous trouvasmes Guillaume le Landays que nous prinsmes, nous entrasmes chez Guillaume Baudet ou nous trouvasmes ung mouton escorché, muché soubs de la fougère. Et pour ce que ne peusmes trouver le dit Baudet, nous en vinsmes à tout le dit Le Landays et le dit mouton duquel on avoyt desjà levé une espaulle quand le trouvasmes.

Le lundy VIIe, je ne bouge de céans, dès le matin j'envye Chandeleur, Vincent Philippe du Teil et la Croche mener le dit Le Landays à la Jaule à Vallongnes. Comme ils estoient endroict la volée de la coulombiere, survindrent deux hommes du pays du dit Le Landays et ung garson qui les menoyt qui charchoient ung cheval et une jument qu'on leur avoyt derobez; scavoir maistre Pierres Le Cerf, prêtre de la parroisse de Champ-du-Boul, et Guillaume Cohier de Gastemo. Ils parlèrent à la Croche puys s'en vinrent desjeuner céans. Je m'en allé à Digoville, Thomas Besley avecque moy, a Robert Fleury et Jehan et Raullent dictz Feullye, qui doloient l'arbre que j'avoye hier faict decrouer, puys vinst ung harnoys qui l'apporte, il estoit quasi soleil couchant quand nous arrivasmes.

Le mardy VIIIe, tout le jour je ne bouge de céans, janvye le dit Fleury et le dit Feullye qui dollèrent et sièrent ung bout pour faire les bras d'un chartil, et ung chesnot pour en faire ung aultre et ung timon d'aulne et l'austre de chesne, je baille au dit Fleury . . . . ii sols.

Le mercredy IXe, je fus à la fere à St-Denys, Cantepie et Joret Gaillard avecque moy et deux des serviteurs de Tocqueville qui estoient venus de her

____

(1) St-Germain-la-Blanche-Herbe.

soyr et menoient deux beufs à la dite foire. Joret achatta ung vau pour céans, qui cousta vii sols vi deniers et ung aumel pour luy qui cousta viii livres x sols. Ce faict je m'en vins, il n'estoit que deux heures et demye apprès mydy quand j'arrive . . . . vii sols vi deniers.

Le jeudy X^e, dès le matin, je m'en allé (Robert Fleury avecque moy) à Sotevast et de là à la Lutumière (1) faire doler ung des troys arbres que le baron m'avoyt donnés ; où se trouva Guillaume Fenard, sergent, de la Roque, Jehan Adam et son fils, Jehan Bitouse et Fort à tenir qui aydèrent au dit Fleury à tronçonner et doler la dite pièce, ce faict vinst Nicolas Le Valet, Jacquet Feullye, Michel le Brises, Richard Paris, Pierres Vannie et Gaultier Birette, à tout ung harnoys et charette dedens laquelle fut chargée la dite pièce et apportée jusques devant le prieuré de St Jouyn (2), où on destela pour ce qu'il estoyt nuyct, et nous en allasmes tous souper et coucher chez Monsieur de Sotevast où nous trouvasmes maistre Robert le curé d'Auderville et maistre Nicolle Plessart.

Le vendredy XIe, dès bien matin, je fis partir mes gens avecque leur chartée et les convie jusques à la lande de Bris, puys m'en revins au lieu où ils avoyent chargé, et fis charger dedens la charette de Sotevast une tronche qui estoit partye du pié de l'arbre que mes gens emportoient, et l'apportèrent les gens et harnoys du dit s^r de Sotevast jusques à l'entrée de la forest de Bris où je les fys descharger pour ce qu'il plouvoyt, je leur donne v sols et sept sols que j'avoye donnés aulx serviteurs de la maison et iiii sols à Jehan Adam et son fils, puys nous en vinsmes Robert Fleury et moy, nous trouvasmes encore nos gens es marescz du Mesnil. . . . . xvi sols.

Le dit jour, apprès que fusmes arrivés, il estoit viron deux heures apprès mydy (je trouve Martine Boulard céans), je fis décharger la charette, ce faict le dit Fleury se mist à faire des raiz de chesne où il passa le reste du jour.

Le dit jour, reçeu de Henry Gardin sur le terme St-Michel dernier passé, xxx sols.

Le sabmedy XIIe, je ne bouge de céans. Robert Fleury et Thomas Drouet besongnèrent tout le jour à faire des raytz. Dès le matin j'envoye Nicolas le Valet et Michel à Yvetot à tout ung harnoys quérir ung tonneau de chauz chez Thomas Baudet. Loys Margeneste y fut quand et eulx à tout ung harnoys en quérir ung tonneau pour luy. Il avoyt le valet Nicolas Quentin. Ce mesme

---

(1) Cette baronnie était entrée au XVe siècle dans la famille Le Tellier par le mariage de Colette Piquet, baronne de la Luthumière, avec Jean Le Tellier, qui devint ainsi que ses descendants barons de la Luthumière.

(2) Le prieuré de St-Pierre de la Luthumière ou de St-Jouvin était situé sur la commune de Brix ; les bâtiments existent encore.

jour au soyr, arriva céans ung garson borgne, de chez le sieur de Ste-Croix, à la Hague, qui s'en alloyt à Parys demeurer chez Thomas quatorze, comme il disoit.

Le dit jour, baillé à Robert Fleury pour ses troys journées . . .   v sols.

Le dymenche XIIIe, receu de Mesnage sur le terme St-Michel dernier ung ducat de pappe pour xlviii sols et viii sols et iii carolus.
Somme. . . . .   lviii sols vi deniers.

Le dit jour, receu de Michelet Gardin sur le terme St-Michel dernier. l sols.

Le dit jour, je m'en allé disner à Fermanville pour voyer ce que mon cousin vouloyt fere réediffier, afin de luy delibvrer du boys, ce faict je m'en revins Symonnet avecque moy, il estoyt jour faillant.

Le lundy XIIIIe, receu de Françoys Doysnar sur le terme St-Michel, à cause de sa femme . . . .   xxxvi sols.

Le dit jour, je fus à Cherebourg Thomas Halé avecque moy qui estoyt venu à ce matin de Vallongnes, estant à Cherebourg je parle au viconte chez Nicolas Symon où il examinet des tesmoings pour Martine Boullard, touchant le décret que voulloyt faire Robert le Carbonnier des héritages de Richard de La Mer avecque lesquels héritages il comprenoyt les héritages des enfans de la dite Martine. Ce faict je achatte de Landrin pour dix sols de beuf, et deux bouteilles de bière que Guillaume, frère de Thomas Cantepie, print chez Pierres Groult pour le dit Thomas qui avoyt la fièvre. Je fus avecque le s^r Mareschal à la porte de l'église oier les déclarations des places vacantes de la garde de Saulmaresc et du Roulle. Je fys corriger à Demons sa déclaration chez Bedel. Ce faict je m'en vins le dit Guillaume Langloys avecque moy.
                                                                    x sols.

Le dit jour quand j'arrive céans il estoit viron v (heur) je trouve Pierres Le Stablier serviteur du Sr de Lestre, qui me demandoyt une libvrée de boys pour le chauffage de son maistre et ung homme de Bayeulx, qui m'apporta unes lettres que Monsieur Quesnel escripvoyt à ma seur faisant mention de mes afferes. Le dit jour apprès soupper je fys la dépesche à cest homme de Bayeulx et luy donne pour sa poyne . . . .   xx sols.

Le mardy XVe je fus a Vallongnes pour taxer les amendes des haults jours du terme de Pasques et St-Michel derniers ce que je fis chez Denys ou nous dinasmes maistre Pierres Collas, l'advocat Verrier, Auville, Saulz tondu, maistre Ambroyse de Hanot et plusieurs aultres, Brisset recepveur du domayne y survinst qui paya et assistat à la taxe, et maistre Jehan Le Pelletier qui avoyt disné avecque nous et Cornette de Cherebourg, je souppe chez le dit Denys maistre Pierres Collas et le dit Cornette avecque moy et couché leens.

Le mercredy XVIe jour de la Petitte St-Michel, je fys examiner par maistre Thomas Marye, et maistre Thomas Hurel Guillaume Le Landays de S^{ct} Payx

pour des pourceaulx qui m'avoyt desrobés et aultres larcins qu'il avoyt faictes, je disne chez Denys le dit Hurel et son fils Françoys et le dit Cornette, il me cousta pour le soupper dher soyr, pour le disner du jourd'huy et pour jour et demy de mes chevaulx xxx sols. Denys et sa femme estoyent allés à Ste-Barbe en Auge. Quand j'eus payé je m'en vins le dit Cornette et Symonnet avecque moy, il estoit viron v heures apprès mydy quand nous vinsmes
xxx sols.

Le jeudy XVIIe, je ne bouge de céans, Cornette s'en alla auquel je baille deux onez et un boisseau de sarrasin, Gaulvain Fleury et son fils vindrent et firent ung chartin pour charier, le fille des pommes et ce qu'on vouldroit mettre dedens, une bane. Chandeleur vinst auquel je donne charge d'adjourner plusieurs tesmoings a demain pour estre examinés contre Guillaume Le Landays prisonnier à Vallongnes ce qu'il fist et m'en envoya la rellation par la Croche.

Le vendredy XVIIIe, je fus à Vallongnes Symonnet avecque moy pour faire examiner tesmoings contre Guillaume Le Landays, je disne chez Denys, maistre Thomas Marye, Jehan Liot, Pierres Durevie et Quentin Le Court, La Croche et Thomas Hamel, je paye, il me cousta pour le disner et de mes chevaulx xxx sols, nous partismes à quatre heures, le dit Hamel et La Croche et Gaulvain Fleury qui avoyt disné avecque moy et m'en vins coucher céans
xxx sols.

Le sabmedy XIXe, je ne bouge de céans, Gaulvain Fleury et son fils achevèrent le chartil qu'ils avoyent commencé jeudy, Missire Richard Gallie y fut tout le jour pour tonneler, je baille au dit Fleury. . . . . vi sols.

Le dymenche XXe je ne bouge de céans, comme je debvoys disner, arriva Nicollas Lhermitte sergent de Blanqueville qui y disna et ung sien serviteur Joret Gaillard partit de céans qui avoyt hier amené troys pourceaulx qu'il me debvoit.

Le dit jour, je baille à Jacquet Burnel pour son austage xxvi sols et neuf sols pour aultres journées tant de devant aust que apprès . . . xxxv sols.

Le dit jour, receu de Jacquet Burnel pour le terme de Pasques et Sainct Michel derniers . . , ... lxxv sols.

Le dit jour, je baille à Michel le Brises sur son austage vii sols, je luy suys demeuré en reste de x sols et de xviii journées d'empuys son austage qui valent x sols . . . . vii sols.

Le dit jour, baillé à Richard Parys sur son aust x sols, je luy suys demeuré en reste de xv sols et de troys journées d'empuys qui valent   ii sols vi den.

Le dit jour, receu de Raullet Vaultier, au bout de bas de la bergerye, près le moulin, sur ce qu'il peult debvoir d'empuys nostre dernier conte des arrérages escheus d'empuys iceluy, sauf à conter. . . . . xii sols.

Octobre 1549.

Le lundy XXIe, je ne bouge de céans, je fys porter tout le [jour] du fumier au clos au Couvert, au soyr jour failly le Mareschal de Cherebourg et maistre Georges Giffart et Thomas Hale arrivèrent, ils souppèrent et couchèrent céans.

Le mardy XXIIe, de grand matin, maistre Thomas Marie, Thomas Hurel et son fils François passèrent par ycy, ils avoient couché chez Symon du Bosc, ils ne descendirent poinct céans.

Le dit jour, après desjeuner, nous partismes de céans le dit s^r Mareschal et Giffard, Cantepie avecque moy, et allasmes à Vallongnes où arrivasmes viron à unze heures. A deux heures après mydy, Monsieur Trexot alla à la cohue pour banir et fleffer jouxte sa commission, où nous fusmes jusques à la nuyct, aulx chandelles, puys s'en vinst soupper chez Navarre, où se trouva Le Viconte, l'advocat et plusieurs aultres. après soupper, je me retire chez Denis où je couche, estant à mon lict survindrent Brisenes, procureur, et Malurin Le Saulvage. Nous devisasmes ensemble jusques après mynuyct, puys Brisenes se retira, Le Saulvage coucha sur le banc de ma chambre, pour ce qu'il n'y avoyt poinct de lict vacant en l'ostelerye.

Le mercredy XXIIIe, tout le jour je ne bouge de Vallongnes, je disne et souppe avec Monsieur Trexot, après disner il banist les places de la garde du mont du Roc, Baudienlande et Varengron, après soupper je me retire chez Denys.

Le jeudy XXIIIIe, tout le jour ne bouge de Vallongnes, de grand matin j'envye La Croche porter unes lettres à Monsieur de Breteville, Jacques Cabart et Jehan Liot, pour qu'ils vinsent se jourd'huy en ceste ville ce qu'ilz ne fisrent, fors le dit Liot qui souppa et coucha chez Denys, je disne et souppe avecque Monsieur Trexot et sa compagnee. Se jour furent banies les places de la garde des Cremeres. J'achatte deux avantz pieds pour bottes qui coustèrent vii sols, je baille iii sols à Richemont, pour m'avoyr extraict les pièces par moy cuchériez, mardy, mercredy et jeudy derniers. . . . . . . x sols.

Le vendredy XXVe, je disne avecque Monsieur Trexot ou estoient les verdiers de Vallongnes et Cherebourg et Cardin Julian de Cherebourg. Ce jour Aubin Vaultier de Tourlaville fut envoyé prisonnier par mon dit sieur pour ce qu'il avoyt arraché les plaquars des fleffes qui estoyent affichés à l'église de Tourlaville. Jacques Cabart et Breteville vindrent se jour suyvant ce que je leur avoye hier escript, ils disnèrent chez Denys. nous fismes nos affères vers mon dit sieur, je conte chez Denys pour la despense de troys jours et demy de mes chevaulx et de ce que les dits Breteville, Cabart et Liot avoient despensé, je debvoye ung escu sol que je baille, puys m'en vins. il estoit tout nuict quand j'arrive. . . . . xlv sols.

Le sabmedy XXVIe, je ne bouge de céans, Guillaume Mesnage mist ung avant pied à mes bottes, où il fut tout le jour, je luy baille pour sa poyne ii

sols. Je fys achever de fumer au clos au Couvert, pour le fourment dyver
ıı sols.

Le dit jour Thomas fut à Cherebourg qui apporta du cuyr pour mettre à
mes bottes, qui cousta ıııı sols vı deniers. Tupain apporta la peau d'un castrix
rouge que j'avoye vendu à jour passé à Carreleur . . .   ıııı sols vı deniers.

Le dymenche XXVII°, dès le matin je m'en allé à Vallongnes, Symonnet
avecque moy, je rencontre à la grande mare le cuysinier de Monsieur de Baleroy qui me venoyt quérir et ung homme de Beaumont qui le guydoyt, nous
retournasmes tous ensemble jusques à Vallongnes, je disne et souppe se jour
avecque mon dit sieur et couche chez Denys jour St-Simon et St-Jude.

Le lundy XXVIII°, je disne avec mon dit sieur Trexot, après disner, je
depesche ce qu'avoyt d'afferes avecque luy scavoir je prins chez Billet cinq
aulnes de taffetas gris à gros grain et cinq aulnes de taffetas tanet et deux
tiers d'ermesnie dont je m'oblige de quarante cinq livres tournoys et mon dit
sr Trexot m'en fist recognoiscance d'autant pour ce qu'il eust les dits taffetas.

Le dit jour, je m'en vins coucher céans, il estoit jour failly quand j'arrive.

Le mardy XXIX°, je ne bouge de céans, au matin avant jour arriva Chandeleur et ung des gens maistre Benest Hue et disoient qu'ils s'en alloyent à
Bris contraindre ung nommé Thomas Rouxel pour cent sols qu'il debvoyt au
dit Hue, quand il fut jour, Cantepie s'en alla à Vallongnes à l'assise.

Le dit jour, receu de missire Jacques Auvre xxıııı sols pour le petit herbage
et cinq sols dix deniers pour les ventes esgays pour le terme St Michel
dernier.

Le dit jour, baillé au dit Auvre, pour six rasières de pommes de disme que
je debvoys, xıı sols et pour troys toysons de laine de disme xıı sols.   xxıııı sols.

Le dit jour, receu de Henry Gardan xx sols restans du terme St Michel
dernier.

Le dit jour au soyr, je fus à Digoville chez Birette, Jehan et Gaultier dicts
Birette avecque moy, ils me donnèrent ung essain de mouches à miel que le
dit Gaultier et missire Pierres Feullye apportèrent céans.

Le mercredy pénultime jour, je ne bouge de céans. Je fys commencer à
labourer au clos au couvert où on semma v boisseaulx de fourment et puys on
ara la terre où on fut le reste du jour pour ce qu'on commença à haulte heure.

Le dit jour, receu de la femme Jehan le Clerc, au matin avant que me lever,
x sols restans du terme St Michel et vingt sols qu'elle avoyt baillés dymenche
à Cantepie.

Le dit jour, receu de Cantepie en l'acquict de Denys Le Clerc du Teil xıııı
sols ıııı deniers sur ce qu'il peult debvoir pour le terme St Michel dernier.
                                                    xıııı sols ıııı deniers.

Le dit jour, baillé à Nicollas Le Vallet, sur cinquante solz que je luy doy du jour St Michel dernier, pour son service d'empuys le premier jour d'aust dernier . . . . xx sols.

Le dit jour, j'envoye Gaultier Birette et La Croche mener au parc à Tourlaville ung aumel pour Nicolas Quentin et quatre veaulz pour les parcs, qui avoyent esté prins en dommages.

Le jeudy vigille de Toussaincts, je ne bouge de céans; je fys labourer du fourment au clos au Couvert et escripvis au Pasquier de Tourlaville par Nicolas Quentin qu'il luy rendist son aumel, je preste à Mesna[ge] ung boisseau d'orge.

Novembre 1540.

Le vendredy, jour de Toussaincts, je ne bouge de céans ; nous eusmes apprès vespres ung sermon de frère Michel Aubry, cordelier à Vallongnes, frère Jacques Freret estoyt avec luy, ils couchèrent céans.

Le dit jour, receu de Françoys Doisnard iiii sols restans de quarante sols qu'il doyt pour ce qu'il tient de l'héritage de deffunct Vincent Hamel, lesquels iiii sols il me bailla au cymetière de ceste ville avant la messe . . iiii sols.

Le sabmedy IIe, je fus à Cherebourg Cantepie avecque moy, je fys apporter par Gabriel sur son cheval troys de mes coffres qui estoyent en ma chambre au chasteau, j'achatte de Jehan Liot une longue, ung chymier de beuf qui coustèrent xii sols, j'achatte de La mache troys quarterons de succre qui coustèrent vii sols vi déniers, je paye chez Jehan Le moyne pour mes chevaulx ii sols ; puys nous en vinsmes, maistre Guillaume Langloys s'en vinst quand et nous pour aller lundy aulx assises de Carenten, on alloyt à la volée quand nous arrivasmes céans . . . . xxi sols vi deniers.

Le dit jour comme nous souppions arriva maistre françoys Hurel, apprès soupper nous fusmes à Digoville, le dit Hurel, Cantepie, Symonnet, Gabriel, La Croche, Thomas Drouet, Nicolas Le Valet, chercher Guillaume Baudet pour le mener prisonnier, nous ne le trouvasmes poinct, il estoyt viron deux heures apprès mynuyct quand nous revinsmes.

Le dymenche IIIe je ne bouge de céans. Guillaume Langloys partit de grand matin pour aller à Carenten, je luy baille La Croche qui le mena jusques à Monstebourg, Cantepie partit pour aller à Treauville, son cheval luy eschappa à Bris et quand il vinst céans il trouva son cheval à la porte.

Le lundy IIIIe, je ne bouge de céans, je fys labourer du fourment soubs la raye au clos des ventes en deux champs près le rang des pommiers par devers la campagne.

Le mardy V^e, je fus à Vallongnes tenir les haults jours ; nous dynasmes chez

Denys et despendismes xl sols sçavoir maistre Pierres Collas, maistre Gilles Cabart, Demons, Cossin, Castillon, Jacques, Jehan et plusieurs aultres, j'en paye vii sols vi deniers . . . . vii sols vi deniers.

Le dit jour je souppe chez Navarre, St Vast, Blanqueville, Jehan Bourdet. Les Bruns qui sont parties du dit Bourdet, ung nommé Bonhomme, ung nommé Le Bas pour appoincter le dit Bourdet et ses parties ce que ne peusmes faire, je m'en alla coucher chez Denys.

Le mercredy VIe, après avoyr expédié de matinée quelques matières restantes du jour d'hier, nous allasmes disner chez Denys, le dit Denys, maistre Gilles Lenfant harpenteur, Gohel et Cossin, survinst Vastel procureur, maistre Pierres Collas et Pinel, sergent ; après disner, nous fusmes aulx vielles halles pour le viconte et ceulx qui avoyent des terres fieffes aux dites halles à raison qu'ils estoient en différent, il fut accordé que ceulx qui y en avoyent auroyent leurs mesure et que sur le reste le dit viconte seroyt fourny, si sa mesure se pouvoyt trouver, qui estoit de dix perches, sauf à luy si elle ne sy trouvoyt de la prendre sur les aultres, comme le plus dilligent, de s'en faire mettre par nous en possession et aux aultres à soustenir le contrayre, ce faict je m'en vins, maistre Gilles Cabart et Cantepie avecque moy, le dit Cantepie retourna de Ciffrevast quérir ung libvre que Monsieur Trexot m'avoyt envoyé, que j'avoye oublié chez Denys, il estoit nuyct quand j'arrivé, je trouvé les Varennes venu et ses varlets, qui estoient venus coustre.

Le jeudy VIIe, je ne bouge de céans, je fys labourer au clos des Ventes, Sanson Piquot vinst parler à moy pour Le Landays, Guillaume Daboville me dona deux vitecos entre céans et l'église comme j'aloye au clos des Ventes.

Le dit jour au soyr, jour failly, Douart arriva qui m'apporta des lettres de Monsieur le lieutenant général du bailly de Caen.

Le vendredy VIIIe, je ne bouge de céans, je fys semer deux champs de fourment au clos des Ventes, puys la pluye vinst qui dura tout le jour.

Le dit jour, receu de Thomas Hamel dict Besley sur trente sols qu'il doybt à la St-Michel dernière passée du nombre de soyxante et dix sols.

xv sols v deniers.

Le sabmedy IXe, je ne bouge de céans, il pleut tout le jour, Cantepie partit au matin pour aller à Rouen pour mes afleres, je luy baille xx sols pour faire ses despens jusques à Russy où il debvoyt recueillyr xx livres de mon oncle; Besley fut avecque luy pour ramener son cheval de Bayeulx s'il en trouvoyt à louer pour aller jusques à Rouen. . . . . xx sols.

Le dit jour après disner, le vicayre de Gouberville qui estoyt her soyr arrivé de son pays, s'en retourna à Gouberville, je luy baille ma haquenée pour le porter jusques en droyt St-Pierre et La Croche pour la ramener

Le dymenche Xe, vigille de St-Martin, je ne bouge de céans, ung cordelier

de Bayeulx, nommé frère Thomas Le Roy, prescha à vespres, apprès je l'em- Novembre 1549.
mène, il souppa et coucha céans.

Le lundy XIe, jour St-Martin, à matin, je m'en allé à Vallongnes, maistre Gilles Cabart et Symonnet avecque moy, nous disnasmes chez Denys, Gratian Alexandre, le greffier Dienys, Estienne Troude, Le Coustelier et plusieurs aultres, apprès disner, nous fusmes aulx vielles halles mesurer les pièces que les dessus dits y avoyent fleffés par le commission de Monsieur Trexot. Il estoyt nuyct quand on eult faict ; je souppe chez le Verdier, où estoyt Monsieur de Petite ville, la Grange et sa femme, la femme Jehan de Paris, la femme maistre Jehan Poulain, Tommeville, La Cussonnière, l'Esleue Pinard et plusieurs aultres. Toute l'après souppee jusques apprès dix heures fut emploiée à dancer, le dit Verdier avoyt en jour d'hier marié son fils ; je me retiray chez Denys où je couché.

Le mardy XIIe apprès avoir expédié quelques causes aulx forestz, nous dinasmes chez Denys, maistre Pierres Colas et troys aultres que je ne congnoys point qui sont du hable neuf. Après disner je retourne à la ville despecher quelques afferes, je party apprès iiii heures, le procureur Brisenes, La marche et maistre Gilles Cabart et m'en vins céans, je trouve deux cordeliers de Bayeulx.

Le mercredy XIIIe je ne bouge de céans, tout le jour il ne cessa de plouvoyr venter et gresler, ung cordelier de Bayeulx, nommé frère Guillaume, compagnon de frère Thomas le Roy disna, souppa et coucha céans, j'appoincte Jacques Quentin et Jehan Fréret qui plaidoyent pour une loge à pourceaulx appartenant au dit Fréret que les fils du dit Quentin avoyent dépécée, La Mangonne et sa sœur Gieffine femme de Canard de Gonneville me vindrent prier que je parlasse aulx gens du Roy pour le dit Canard qui estoit prisonnier à Vallongnes.

Le jeudy XIIIIe, je ne bouge de céans, je fys labourer du fourment au clos des Ventes. Douart revinst de St Naser et Moisson y arriva quand et luy qui menoyt deux chiens à la Varengère, et debvoit son maistre venir coucher céans, mais il n'y vinst poinct.

Le vendredy XVe, je ne bouge de céans, il pleust tant toute la relevée que le fourment qui avoyt esté semé ce jour au clos des Ventes demeura sans hercer.

Le sabmedy XVIe, je ne bouge de céans, je fys hercer le fourment qui estoit demeuré hyer pour la pluye, Symonnet fut à Cherebourg qui apporta ung giste et chymier de beuf et ung quartier de mouton qui coustèrent.   xv sols.

Le dit jour, Douart partit pour s'en aller et Moisson emmena les chiens qu'il avoyt amenés jeudy au soyr, je luy baillé Mirault pour mener à son maistre, le laques du frère St Naser qui est à Ardaine vinst au soyr, qui

 me dist qu'il avoyt veu Douart au boys de Monstebourg, je baillé au dit
Douart pour s'en retourner iiii sols et à Mariette Pyvain pour iiii journées
ii sols, et xix sols pour quatre aulnes de toyle, de quoy elle fist deux chemises
à Symonnet . . . . xxv sols.

Le dymenche XVIIe, je ne bouge de céans, comme je dynoys Bourguignoles
et son valet arrivèrent qui m'apportèrent une payre de souliers et une pour
Symonnet qui coustèrent xxiii sols. Tupain vinst au soyr qui me bailla iii
aulnes de toile de lin. . . . . xxiii sols.

Le lundy XVIIIe, je ne bouge de céans; je fys semer au clos des ventes huyct
boisseaulx de fourment, comme j'estoys là vinst Vincent le Gagneur de Gouberville, qui m'apporta unes lettres du vicayre pour l'affère du dit le Vagneure
et de Philippin Tocque contre Richard Becquet, touchant unes monitores.

Le mardy XIXe, je fus à Vallongnes maistre Gilles Cabart avecque moy ;
nous expédiasmes quelques matières aux foretz, je fus chez Brisset pour avoir
quelque extrait des registres du domaine que maistre Nicolle Hallot me
bailla; je m'en revins, les Essartz et Brisenes avecque moy, il estoit jour failly
quand j'arrive.

Le mercredy XXe dès le matin, je m'en allé, maistre Gilles Cabart avecque
moy à Saulsemesnil, faire mesurer et recoler la fieffe que Denys Lorion avoyt
prinse du Roy, nommée le Couret, où se trouva le verdier de Vallongnes,
Sanson Pinel, maistre Richar Cadel, vicayre de Vallongnes (qui mesura la dite
pièce), le dit Lorion et plusieurs aultres. Ce faict, nous en vinsmes à une aultre
pièce que avoyt le dit Pinel de la fieffe de Monsr de Trexot, commissayre en
ceste partie, laquelle fut mesurée par le dit Cadel ; ce faict nous en vinsmes,
il estoyt soleil couchant quand nous arrivasmes.

Le jeudy XXIe, je ne bouge de céans ; au soyr arriva de Rouen maistre
Michel Langloys qui m'apporta des lettres de Cantepie son frère qui là estoit
pour mes affères. Arriva aussy Jehan Collen sellier, et Nicolas de la Fontaine
son serviteur pour faire des selles. Je fys semer à la Basse Vente vii boisseaulx
de fourment vers le buisson Drouet.

Le vendredy XXIIe, je ne bouge de céans, dès le matin, je baille à maistre
Michel Langloys mes chevaulx et Symonnet, pour aller faire une assignation,
au viel Brisenes. Ils trouvèrent Chandeleur aulx plés à Gonneville, qui s'en alla
avecque le dit Langloys, faire la dite assignation, Symonnet s'en revinst, et au
soyr tout tard, revinst le dit Langloys à tout ma haquenée qu'il avoyt menée.

Le sabmedy XXIIIe, receu de Mesnage, l sols, et conte à luy des restes de
Paques et, St Michel derniers, et trouve qu'il me demeuroyt en reste, de xxii
sols iii deniers, toutes choses qu'il a voulu amener en conte déduytes et rabattues. . . . . l sols.

Le dit jour, je ne bouge de céans, Jehan Bytousey de Sotevast vinst parler à moy pour ses fieffes du Roy, il desjeuna céans, puys s'en retòurna, maistre Michel Langloys s'en alla quand et luy, qui s'en retournoyt à Triauville.

Le dit jour, j'achatte de Tupain, xxxiiii aulnes de toylle de lin, qui me coustoient huyct francs et demy, sur quoy je luy baille les cinquante sols que Mesnage m'avoyt baillés à ce mattn. . . . . ʟ sols.

Le dit jour, receu de Jacques Quentin, en sa maison présent Tupain, xviii sols iiii deniers, du terme Sᵗ Michel dernier. . . . xviii sols iiii deniers.

Le dymenche XXIIIIᵉ, vigille Sᵗᵉ Catharine, je ne bouge de céans, apprès la messe et disner, je conte à Jehan Collen, pour deux journées et de son serviteur, et pour une selle qu'il me fist de ses eltoffes, et une aultre où il mist deux peaulx de chevreau, et la bourre je lui debvoye cent dix sols que je luy paye et il me doybt encore deux payres d'estrivières, et ung coussin de malle. . . . . · cx sols.

Le dit jour apprès la messe et près l'église reçeu de Guillaume Berger sur les arrérages de deux années d'un boisseau de fourment que l'héritage des Bergers doybt à la Seigneurie du Mesnil. . . . . xii sols.

Le dit jour receu de Raullet Vaultier sur ce qu'il peult debvoyr saouf a conter entre luy et moy . . . . x sols.

Le dit jour receu de Jehanne Lasnier pour deux boisseaulx de fourment xxvi sols.

Le dit jour au soyr Adam Le Roux vinst céans qui apporta ung coupple de chappons, il souppa et coucha céans.

Le dit jour dès le matin, j'envoye Symonnet à St Naser quérir sa seur et Jacquet Feullye avecque luy qui fut jusques à Cherebourg, puys s'en revinst pour ce que Symonnet prinst Bissy pour aller avecque luy.

Le lundy XXVᵉ, jour fête Ste Catharine je ne bouge de céans, avant que je allasse à la messe receu en ma chambre de Guillaume Feullye en l'acquit de Thomas Quentin fils soubs âge de Gilles Quentin pour ce que le dit Feullye a espousé la mère du dit Thomas. . . . . xviii sols iiii deniers.

Le dit jour entre vespres et disner missire Jacques Auvre, missire Jehan Freret et Raullet Vaultier se trouvèrent céans pour appoincter les dits Freret et Vaultier qui estoient en procès au ples de la sergenterie de Tollevast pour le tiltre du dit Freret qu'il demandoyt au dit Vaultier.

Le dit jour j'achatte de Guillaume Feullye six aulnes de toile de lin qui me coustèrent . . . . 30 sols.

Le dit jour au soyr arrivèrent maistre Richard Legros barbier et Francoys le Buhotel sellier de Monstebourg qui y souppèrent et couchèrent.

Le mardy XXVIᵉ au matin je m'en allé à Vallongnes, maistre Gilles Cabart avec moy pour recueullyr des extraictz des registres de la recepte du domaine pour produyre contre Nicollas Quentin, je souppé chez Denys le Pasticher, monsieur de S^t- Naser, maistre Michel Langloys, le dit Denys et sa femme et ung aultre que je ne cognoys, apprès soupper je fus chez La Broche pour voyer aulx registres lequel me mist terme à demain, je m'en revins coucher chez le dit Denys, le dit Cabart s'en estoyt retourné pour les ples de Cherebourg qui sont demain.

Le dit jour fut donné sentence au bailliage devant maistre Guillaume Bastard lieutenant contre Michault Pasquier et Michel son fils et Marin Le Carpentier gendre du dit Michault tous de Bris par laquelle le dit Le Carpentier fut condemné estre mys sur la roe et au préalable torturé, le dit Michel estre torturé pour le meurdre commys en la personne de Marion Pasquier par le dit le Carpentier, laquelle matière dura toute la relevée jusques à six heures auquel jugement jé assisté et oppiné.

Le mercredy XXVIIe, apprès que fus levé, je m'en allé chez La Broche, Le Chinart avecque moy pour voyer les registres de la recepte du domaine pour le temps que le dit La Broche avoyt esté recepveur, le dit La Broche estoyt aulx ples a Cherebourg, néanlmoins la damoyselle sa fille nous bailla six ou sept registres desquels le dit Chignard et moy extraysmes ce de quoy j'avoye affère, contre Nicollas Quentin et y fusmes jusques à mydy. Ce faict je m'en allé disner chez Navarre avecque luy, sa femme, ung sergent nommé Lisaur et deux aultres de Rouen ; survinst le sieur de Carpiquet et plusieurs aultres qui s'en retournoient du fort d'Omonville à Caen par faulte d'argent.

Le dit jour après disner, je m'en allé chez Brisset, recepveur du domaine pour le présent ou maistre Nicolle Hallot, son clerc me bailla quatre ou cinq extraictz des registres pour faire ma production contre Nicollas Quentin, je donne au dit Hallot v sols puys m'en vins chez Mademoiselle l'Esleue Cosqueville où je prins deux extraictz des registres du dit domaine, l'un du terme St Michel 1514, l'austre du dit terme 1515. puys m'en vins conter chez Denys où il me cousta xx sols pour le soupper d'her soyr et la journée et disner de mes chevaulx. Il estoyt solleil couchant quand je monté à cheval, Symonnet estoyt avecque moy qui estoit venu à ce matin pour ce que maistre Gilles Cabart s'en estoit retourné dès hier, le sieur du Vast, le sieur du Tourp et son jeune frère le curay chevauchèrent quand et nous d'empuys devant chez l'advocat Verrier jusques au bout du gravier où nous départismes.   xxv sols.

Le jeudy XXVIIIe, je ne bouge de céans, Gaulvain Fleury fut tout le jour à raccoutrer le bout de l'arbre du moulin au bout de devers la roe et moy la plus grande partie du dit jour à le voyer besongner.

Le vendredy XXIXe, je ne bouge de céans, j'euz Gohel et ung nommé Polet son valet à rechausser et affetter le moulin, je luy fys porter à desjeuner et à disner par Thomas Halle qui estoyt céans dès her soyr ; on acheva ce jour de charrier à la basse vente par devers le huysson Drouet.

Le sabmedy, jour S' André, je fus à Cherebourg Symonnet et Thomas Hale avecque moy; j'achatte chez La Mache une main de papier x deniers et escripvis à Rouen par Richard Lamache à Cantepie qui là estoit pour mes affères contre Crux (1), et Basan (2); pour la reppeue de mes chevaulx chez Jehan Le Moyne aulx forbourgz xii deniers. Je parle à Jehan Anquetil pour la matière de Halle qu'il a contre Jehan Le Clerc de Melun, je party de Cherebourg il estoyt quatre heures. . . . . i sol x deniers.

Décembre 1549.

Le dymenche premier jour, je ne ne bouge de céans. Receu de Guillaume Caulvin, entre le moulin et l'église comme j'alloye à vespres, présent Tupain xviii sols, pour troys années d'arrérages de six sols de rente qu'il et les enfans de son frère Louys et maistre Martin, frère des dits Guillaume et Louys doybvent à la seigneurie du Mesnil, à sçavoir iii sols à Pasques et iii sols à la S' Michel.

Le dit jour, comme je dinoys, vint la femme de Jacques Doisnard de Tourlaville qui m'apporta une douzaine de merles, maistre Guillaume Langloys de Triauville vinst entre vespres et soupper, qui me dist qu'il avoit receu lettres de Cantepie son frère daptées du xix de novembre, par lesquelles il disoit qu'il seroyt en bref de retour.

Le lundy IIe jour, je fus à Cherebourg, maistre Guillaume Langloys et Symonnet avecque moy, pour la matière de Hale et pour parler à maistre Bartolle du Monchel, pour l'exécution qu'il avoyt faicte, par la prinse d'une berche des biens de Castille, procureur de Gilles Yan, estans chez mademoiselle de Tourlaville à Triauville. J'achatte de Robert Carreleur, ung quartier de mouton iii sols; je fus longtemps aulx plés que tenoyt Esgremont, apprès je vins gouster du vin blanc chez Rosebec, pour le vicayre de Gouberville qui m'en avoyt escript par la femme Hurelyna de Maupertus. Ce faict je m'en vins il estoyt, entre troys et quatre quand je party. . . . . iii sols.

Le mardy IIIe, je fus à Vallongnes, maistre Guillaume Langloys avecque moy je fus chez Navarre, que je trouve en son escriptoyre, il me monstra des lettres de Monsieur de Baleroy, Guillaume Ogier me dist que Gatteville avoyt heu quelque arrest à son proflct contre moy, et que Jehan Marye en avoit apporté les lettres, je parle au dit Marye en sa boutique, lequel me dist qu'il avoyt

(1) Jeanne du Fou, mère de Gilles de Gouberville, avait épousé en premières noces Gilles de Belval, dont une fille posthume, Jeanne de Belval, mariée à Francois de Crux.

(2) Basan, seig^r de Gatteville, voisin de Gilles de Gouberville à Gouberville.

apporté lettres du sieur de Gatteville à l'enquesteur Ogier, et que Cantepie luy avoyt dict à Rouen, que voyrement nos avions perdu quelque incident contre Basan. Ce faict je m'en allé chez Colen Sellier, qui m'apporta chez Denys ung coussin de male, deux paires d'estrivières et deux courroys de male. Apprès, je m'en allé chez le Verdier que je trouve disnant, Tourville, la Cussonnière, le jeune Navarre et plusieurs aultres. nous prinsmes terme d'aller demain au boys de Monstebourg, recoller les fieffes de maistre Jacques Néel, et de maistre Richard Le Gros.

Le dit jour, je baille à la femme de Denys pour la disnee de mes chevaulx iii sols, je monte à cheval pour m'en venir, il estoit viron deux heures.   iii sols.

Le dit jour au soyr, apprès soupper, Nicollas le Mareschal m'apporta deux vitecos, et trouvasmes qu'il m'en devoyt encore unze pour le fermage de la vollée du Bisson de la Coulombière pour cest an présent.

Le mercredy IIIIᵉ viron à dix heures, je m'en allé à Monstebourg, Guillaume Langloys avecque moy, pour recoller les fieffes que maistre Jacques Néel et maistre Richard le Gros avoyent prinses à jour passé de Monsieur Trexol, commissaire en ceste partie. il estoyt entre douze et une quand nous arrivasmes chez Lanquetille, incontinent apprès nous allasmes sur les dites pièces le dit Neel, Le Gros..... et plusieurs aultres où nous fusmes jusques à jour faillant, comme nous revenions trouvasmes le Verdier, de Vallongnes, à la sortie du boys, qui s'en vinst avecque nous jusques à la Champagne de Mons·tebourg, il s'en alla à Vallongnes et nous en vinsmes soupper chez Monsieur de Monstebourg, ce faict je m'en retourne coucher à mon logis, où survinst apprès soupper Douart, Grandin et son fils, et comme j'estoys couché à mon lict entre dix et unze vinst Symonnet et Verdelet de Gouberville qui m'apportèrent des lettres que Cantepie m'envoye de Rouen que le varlet Denys le Pasticher avoyt apportées au Mesnil, et Baudry les avoyt apportées de Rouen.

Le jeudy Vᵒ, entre huyct et neuf, nous partismes de Monstebourg, le dit Guillaume Langloys avecque moy, et allasmes à Vallongnes où je fus jusques à douze heures pendant lequel temps je monstre à maistre Pierres Collas les missives que Cantepie m'avait envoyés et l'extrait ou dictum de l'arrest donné au proffit de Basan contre nous, puys m'en vins. Il estoyt entre deux et troys quand nous arrivasmes, on me dist que mon frère Françoys (qui estoyt céans d'her soyr) estoit allé à la chasse à Gonneville et avoyt faict porter le fille dedens une charette, incontinent je y envoye Douart et Symonnet pour ramener le harnoys et filley pour ce qu'il me faschoit qu'on les eust baillés.

(1) 3 décembre 1549 — Aveu rendu au Roy par Gilles de Gouberville, écuyer, du dit fief du Mesnil, le troisième décembre 1549 ; signé Laguette et paraît avoir été scellé.

Décembre 1549.

Le vendredy VI⁰, jour s¹ Nicollas, je ne bouge de céans, en m'en revenant de la messe, je trouve au grand jardin Jacquet Doisnard de Tourlaville qui m'apportoyt deux pacquets de ronce pour couvrir. Je receu de Jacques Burnel en l'acquict de Jehan Besnard fils Vincent de Barfleu, pour les termes de Pasques et S¹ Michel derniers, trente sols tournoys. . . . . . xxx sols.

Le dit jour apprès disner, comme j'estoys chez Drouet, y vinst Cossin et Vincent Philippe du Teil, lequel Cossin me pria que je fisse moyen que Guillaume Baudet fust prins et appréhendé, pour ce que le dit Cossin avoyt perdu ung beuf qu'il suspicionnoyt le dit Baudet avoyr desrobé.

Le dit jour au dit lieu, receu de Germain Drouet xvii sols sur deux années de deux boisseaulx de fourment qu'il doybt par chacun an . . . . xvii sols.

Le dit jour, Symonnet fut à Cherebourg qui fist mettre deux fers neufs et ung remue au grand cheval qui coustèrent. . . . . v sols.

Le sabmedy VII⁰, je ne bouge de céans, il estoit fort gelay, je fys tout le jour attrainner du boys de deux vieulx boulz de la chasse Lambert par Nicollas le Valet, Guigars, Jacquet, Feullye et le fils Douart, Symonnet fut à Cherebourg qui apporta deux libvres de chandelle iiii sols et ung chymier de beuf qui cousta cinq sols. . . . . ix sols.

Le dymenche VIII⁰, comme je alloys à la messe, ung homme de Bayeulx nommé Le More m'apporta unes lettres de ma seur, je luy fys sa dépesche incontinent apprès disner et le renvoye, je luy baille xviii sols et troys carolus à ung homme de Monstebourg qui l'avoyt guidé jusques ycy.   xx sols vi deniers.

Le dit jour, receu de Thomas Vaultier sur ce qu'il peult debvoyr xx sols, saouf à conter des arrérages du passé . . . . xx sols.

Le dit jour, receu de Jehan Paris sur le terme S¹ Michel dernier.   xi sols.

Le dit jour, receu de Thomas Drouet vii sols restans de ce qu'il doybt de rente précédent ce jour . . . . vii sols.

Le dit jour, receu de Mesnage xxii sols iii deniers restans des termes de Pasques et S¹ Michel derniers passés . . . . xxii sols iii deniers.

Le dit jour, apprès vespres, Henry Guardin me monstra céans ung accord qu'il avoyt faict avecque ung surnommé Le Jolis de Brucheville pour la prévosté de la seigneurie de Rochefort dont est tenant le dit Gardin et ses frères en la paroisse de Brucheville à cause de leur mère.

Le lundy IX⁰, je ne bouge de céans, il estoyt fort geley, Guillaume Gaillard de Gouberville (qui estoyt venu de her soyr, pour aller ennuyct à l'assise) et Symonnet furent à Vallongnes, j'envoye au Taillier ii boisseaulx [de] fourment et au vicomte la hure d'une laye qu'on m'avoyt donnée vendredy dernier. Je fus avant disner, Lorimier et Philippin Hamel avecque moy, leur monstrer une tasche que je leur voulloye bailler soubs la briayre, le long de la rivière de Sayre, nous trouvasmes plusieurs trappes où il y avoyt des oeseaulx prins.

Le mardy X^e, je ne bouge de céans, il estoyt fort gelé, je marchande à Valot, Lorimier, Doynard et Philippin Hamel de essarter soubs la briayre une perche de terre d'empuys le russeau du Besley, jusques au croc de la rivière et par devers l'hostel Hamel, entre la rivière et ung chemin qui est soubs la bancque, butte comme l'austre costey par le prix de vi livres et quattre boisseaulx d'orge.

Le dit jour au soyr apprès soupper, je baille aulx dits Lorymier, Hamel et Doysnard, à checun ung boisseau d'orge et ung de petit fourment a dix sols sur leur tache, laquelle ils doibvent commencer jeudy prochain. . xxx sols.

Le mercredy XIe, je conte à Valot de ce qu'il me debvoyt d'arrérages et de la besongne qu'il m'avoyt faicte, il fut à retour de ix sols, je luy en baille huict pour delibvrer sa houe qui estoyt chez Michel Gardin, ce faict je m'en allé à la forge, le dit Valot avecque moy, où je fus jusques au soyr, je luy rabaty sur sa tache les dits ix sols, et partant il a eu . . . . . . xvii sols.

Le dit jour au soyr, le vicayre de Gouberville vinst de Vallongne et missire Clément de sa maison, ils souppèrent et couchèrent céans.

Le jeudy XIIe, je ne bouge de céans, dès le matin je m'en allé le dit vicayre avecque moy voyer mes essarteurs. nous y fusmes jusques à mydy, puys nous en vinsmes disner. Incontinent apprès nous y retournasmes et y fusmes jusques au soir jour failly, quand nous revinsmes, nous trouvasmes Jehan Liot, Beauval et Besley, lequel Liot avoyt affere à moy, et souppa et coucha céans.

Le vendredy XIIJ^e, jour Ste Luce. je conte à Pierres Vauvrey du temps qu'il a esté céans qui est d'empuys le cinquième jour d'aust 1548 jusques a ce jourd'huy et de tout ce qu'il pourroyt avoyr heu, je trouve que je luy debvoye vii livres x sols tournois pour son année entière et xl sols du précédent, et ce qu'il m'a servy d'empuys le cinquième jour d'aust dernier dont je luy ay baillé cédule.

Le dit jour baillé à Jacquemine Rouxel sur ses gages vi sols et v carolus pour delibvrer du drap. . . . . x sols ii deniers.

VOYAGE.

Le dit jour viron troys heures apprès mydy, je party de céans Symonnet avecque moy pour aller à Rouen contre Gatteville (1), je couche à Monstebourg chez le Poyctevin, maistre Richard Le Gros souppa avecque moy et le dict le Poyctevin, il me cousta pour le soupper et de mes chevaulx. xv sols.

Le sabmedy XIIIIe, avant cinq heures de matin, je party de Monstebourg, le

(1) Richard Bosan seigneur de Gatheville.

dit maistre Richard nous convya jusques près d'Emondeville pour ce qu'il estoyt nuyct et fort gelé, nous repeusmes sur le gay chez Guerin Brohier, où se trouva ung page nommé Gersent, qui disoyt estre à Monsieur de Vaudemont et estoyt party d'Emondeville de chez Mademoiselle de Tubeuf, et s'en alloyt vers monsieur de Graveron, escuyer d'escurie du dit sieur de Vaudemont lequel s^r de Graveron pourchasse en mariage la fille de la dite damoyselle de Tubeuf. Il me cousta pour le passage et reppeue v sols. Ung surnommé Gobelin de Vallongnes, passa quand et nous qui chassoyt des bestes grasses à Caen, et voulu achatter de luy ung aumel, qu'il ne voulut vendre pour ce qu'il disoyt que le Bourguignon luy avoyt baillé. Je rencontre à Vieulx Pont, Guillaume Gardin de Monstebourg, qui me dist que Cantepie estoit à Bayeulx, Jacques Paulmier et Jehan Pinchon, le Taneur de Cherebourg, estoyent avecque le dit Gardin, je m'en vins coucher à Russy chez mon oncle, comme nous souppions arriva Cantepie qui revenoyt de Rouen. . . . . . . v sols.

Le dymenche XVe, dès le matin, je renvoye Symonnet au Mesnil et luy baille viii sols. apprès disner viron troys heures, je m'envins à Bayeulx. Cantepie avecque moi, nous souppasmes chez maistre Jehan Cornet, messieurs les vicayres de la grande abbaye de Caen, le lieutenant général, La Planque et plusieurs aultres, pour ung pot de vin iii sols, je m'en vins coucher à la barge ou estoyt Ruppale, Bavent, Bacon et aultres, nous couchasmes à la chambre St Patrys, les assises de Bayeulx estoyent le lendemain . . . . iii sols.

Le lundy XVIe. je disne à Bayeulx chez ma seur avecque les filles pour ce que le lieutenant et elle estoyent allés disner chez La Planque, je party à deux heures apprès mydy et m'en vins coucher à Caen au pot d'estain hors la ville, il me cousta pour nostre soupper et la souppée de troys chevaulx pour ce que Cantepie retournoyt sur ung cheval de louage qu'il avoyt amené et menoit mon malier (1) en main . . . . xxi sols.

Le mardy XVIIe, avant sept heures de matin, je fus au Sépulcre chez sainct Lanies chanoyne, qui me bailla des lettres pour madame la procureuse généralle de Rouen (2). Incontinent partismes et vinsmes passer au bac de Coulombelles où nous tardasmes bien deux heures à raison que la corde estoit rompue, il my cousta pour le passage. . . . . xx deniers.

Le dit jour à Dyve pour le passage xx deniers, au dit lieu pour la disnée xi sols, entre St Martin de Vilers et Touque, nous rencontrasmes mes Dames

___

(1) Sans doute le cheval sur le dos duquel Gilles de Gouberville avait entassé ses malles de voyage ?...

(2) De 1546 à 1553, c'était un nommé Jean Artur qui occupait le siège de procureur général au Parlement de Rouen.

[Farin, *Histoire de la ville de Rouen*, t. I, p. 236].

Décembre 1549.

d'Estouteville (1) et tout leur train, qui estoyent bien cent chevaulx, au dit lieu de Touque pour le passage xx deniers, endroyt les Rocquettes, Jehan Couvert de Russy dict beau-frère nous attaignit, qui s'en vinst loger à Honnefleu avecque nous à la perusque, il m'y cousta pour la souppée xxiii sols.

xxxix sols.

Le mercredy XVIIIe, pour la disnée au Ponteau de mer au Daulphin (où nous trouvasme Gratian Boullon, s^r Louet, La Callengye, maistre Nicolle Péchard, et plusieurs aultres), nous dinasmes tous ensemble, pour la dinée xii sols, apprès nous vinsmes coucher à Rouen au Tableau. Il estoit six heures et demye quand nous entrasmes sur le pont. . . . .   xii sols.

Le jeudy XIXe, pour nostre disner à la tour quarrée xii sols, pour ung petit bounet de veloux que j'achatte près la porte du pallays xxv sols, pour une main de papier i sol, pour une douzaine d'agullettes i sol, pour une payre de souliers x sols, pour le louage du cheval que Thomas avoyt mené pour huict journées xlviii sols . . . .   iiii livres xvii sols.

Le vendredi XXe, pour nostre disner à la croyx blanche chez Tassin, Baubigny disna avecque nous viii sols, se mesme jour je baille une requeste à Monsieur Medyne, laquelle ne fut responduee. . . . .   viii sols.

Le sabmedy XXIe, jour St Thomas pour nostre disner chez Tassin. viii sols.

Le dymenche XXIIe, pour nostre disner chez Tassin viii sols vi deniers, ce mesme jour Alonce de Castille souppa avecque nous à nostre logys, et ung gentilhomme Pyemontoys, cousin de Castignolles official de Rouen et ung nommé Hamel de Caen, lesquels estoyent au dit Tableau des lors que nous y arrivasmes, le dit Hamel estoit pour achatter des meules de moulin pour Fonteney Bouville. . . . .   viii sols vi deniers.

Le lundy XXIIIe, je disne et souppe à nostre logys, je fys mettre deux fers au grand cheval et quatre à ma haquenée qui coustèrent xi sols à ung mares-

---

(1) Adrienne d'Estouteville et sa fille Marie de Bourbon ? Adrienne d'Estouteville, duchesse d'Estouteville, vicomtesse de Roncheville, de Hambie, baronne de Cléville, Berneval et Vallemont, était fille unique et héritière de Jean IIIe du nom, sire d'Estouteville, et de Jacqueline d'Estouteville, baronne de Bricquebec, Moyon et Gacé. Elle fut mariée par contrat passé à Paris, le 9 février 1534, à François de Bourbon, comte de St Paul. Lequel acte fut passé en présence du Roy, des princes et autres seigneurs. Elle mourut à Trie, en 1560, n'étant âgée que de 48 ans. Elle fut enterrée dans l'abbaye de Vallemont, auprès de ses prédécesseurs.

Elle ne laissa qu'une fille : Marie de Bourbon, duchesse d'Estouteville et de Longueville, comtesse de St Paul, qui épousa d'abord Jean de Bourbon, duc d'Enghien, dont elle n'eut point d'enfants ; puis elle convola en secondes noces avec Léonor d'Orléans, auquel elle apporta un très riche héritage. Elle mourut en 1601.

A l'époque du voyage du sire de Gouberville, Adrienne d'Estouteville était veuve ; en effet, François de Bourbon, duc d'Estouteville et gouverneur du Dauphiné, était mort en 1545.

[Généalogie manuscrite, penès nos].

cha près l'Escu de France, en la rue de la porte cauchoyse nommé Pierres
Bonest. . . . . xi sols.

Le dit jour pour une libvre de raisin . . . . ii sols.

Le mardy Vigille de Noël, je disne à nostre logis, apprès disner, j'assemble
Messieurs Troude et du Pray advocats, et maistre Jehan Morin, chez le dit
Troude pour voyer mes pièces du procès contre Basan, nous y fusmes jusques
à six heures il me cousta iii Δ sols . . . . vi livres xviii sols.

Le dit jour pour raccoutrer la bride de ma haquenée. . . , . . i sol.

Le dit jour je fus prins d'un gros reume qui me pressa si fort par douleur
de teste et d'estomac que je fus contrainct prendre le lict et ne fus poinct à la
messe de mynuyct.

Le mercredy jour de Noël je fus à la messe à Nostre Dame puys me pour-
mené longtemps avecque le cappitaine Duno et plusieurs aultres ; ce faict nous
vinsmes disner à notre logis, en la salette, maistre Michel Durand y disna et
fist apporter du pain de Chappitre et du cydre du Haulage.

Le dit jour incontinent apprès Vespres nous retournasmes chez le dit Troude advocat pour voyer à mes pièces, comme devant nous y fusmes jusques
apprès six heures, il me cousta iii Δ sols. . . . . vi livres xviii sols.

Le jeudy jour St Estienne, dès sept heures de matin, nous retournasmes chez
Touroude advocat pour voyer aulx dits proces, nous y fusmes jusques apprès
unze heures, je m'en vins disner chez Tassin, il nous cousta ix sols.   ix sols.

Le dit jour a une heure apprès mydy, nous retournasmes chez Touroude,
ou fusmes jusques apprès six heures pour voyer aulx dits proces, il me cousta
iii Δ sol. . . . . vi livres xviii sols.

Le vendredy XXVIIe avant sept heures nous retournasmes chez le dit Touroude, les dits du Perre et Morin, nous y fusmes jusques apprès unze heures, ce faict nous vinsmes disner chez Tassin, pour le disner. vii s. vi deniers.

Le dit jour, entre une et deux heures apprès mydy, nous retournasmes chez
le dit Touroude advocat où se trouvèrent les dits Morin et du Perre, nous
y fusmes jusques apprès cinq heures ; ils heurent checun ung escu sol de moy
vi livres xviii sols.

Le dit jour, à six heures de soir, mon frère Guillaume arriva de Paris et
logea au Tableau avecque moy, apprès soupper nous allasmes chez Morin, le
sr de Castille et Cantepye avecque moy ; je baillé au dit Morin xx sols pour
faire en pappier l'extraict de l'arrest que Basan avoyt heu contre moy.
xx sols.

Le sabmedy XXVIIIe. nous disnasmes chez Tassin mon frère Guillaume et
Cantepie, il me cousta. . . . . xii sols.

Le dit jour d'empuys une heure apprès mydy jusques apprès six heures,
nous fusmes chez Touroude. présent du Perre advocat, pour conclure et

 résouldre de nostre affère, présent mon frère Guillaume, je leur baillé à
checun ung escu sol. . . . . iiii livres xi sols.

Le dymenche XXIXe, nous dinasmes chez Tassin, pour ce. . . . . . xiii sols.

Le dit jour, à cinq heures de soyr, nous fusmes mon frère Guillaume et
moy chez Monsieur le procureur général et luy parlasmes de nos affères, puys
nous en revinsmes soupper à nostre logis.

Le lundy pénultime jour pour nostre disner chez Tassin, ix sols x deniers.
Ce mesme jour, mon frère Guillaume s'en partit de Rouen pour aller coucher
au Ponteau de mer. . . . . ix sols x deniers.

Le dit jour, baille au clerc de Barbey qui m'avoyt faict quelques escriptures.
v sols.

Le dit jour, baille à Morin. . . . . xx sols.

Le mardy dernier jour, pour nostre disner chez Tassin. à la Croix Blanche.
viii sols.

Le dit jour, pour unes lettres Royaulx. . . . . , . xiii sols.

Le dit jour, baille à Monsieur de Pycy, qui avoyt cherché en les registres
du greffe cyvil de la court pour les années 1517, 1518, 1519, 1520, xxii sols.
Ce mesme jour le sieur de Monfort et ung des frères de sa femme et maistre
Nicolle Pillon arrivèrent céans et y souppèrent . . . . xxii sols.

Janvier 1549 (1)

Le mercredy premier jour de l'an, baille à Morin ung escu sol et xxx sols,
pour troys de pappier qu'il m'avoyt faict escripre de quelque chose dont j'a-
voye affere nócessayrement, et au sieur de Picy pour avoyr cherché deux jours
aux galetas du greffe cyvil une présentation dont j'avoye affere, ung Δ sol.
vi livres ii sols tournois.

Le jeudy IIe jour, baille au clerc de Pycy v sols et à Moysy huyssier
ii sols pour une attestation qu'il m'avoyt faicte . . . . vii sols.

Le dit jour, apprès disner, je conte à mon hostesse et trouve que je luy
debvoye de la despense que j'avoye faicte en quinze jours entiers que mes
chevaulx y avoyent esté et pour les tables que nous y avions prinses sept livres x sols dont luy baille x livres tournois et demeure en reste de vii livres
tournois. pourquoy luy baille troys chanons d'or en gage.   x livres tournois.

---

(1) Encore bien que Gilles de Gouberville commence ainsi sa note : « *Le mercredy premier
jour de l'an* », il continue sur son journal, suivant l'ancienne coutume, à écrire, après la
mention de chaque mois, l'an 1549 jusqu'au 25 mars suivant.

Le dit jour, nous partismes de Rouen Cantepie avecque moy et vinsmes coucher à la Boulle chez la Cordonnière, pour la souppée. . . . .   xviii sols.   Janvier 1549.

Le vendredy IIIe au matin, viron deux heures avant jour, nous partismes de la Boulle et vinsmes au Ponteau de mer, pour la disnée xvi sols, et en grosses febves pour planter ii sols que j'achatte de Collin Bourel, pour la souppe à Honnefleu xviii sols. . . . .   xxxvi sols.

Le sabmedy IIIIe au matin, une heure apprès mynuict, nous partismes de Honnefleu pour avoyr la grève, quand nous vinsmes à Touque, nous ne trouvasmes point de passagiers par quoy fusmes contraincts prendre logis en attendant le jour, nous despendismes tant en feu que pour nos chevaulx vi sols et pour le passage xx deniers, pour la disnée à Dyve x sols, pour le passage i sol, au bac de Coulombelles x deniers, et coucher à la corne de cerf dedens la ville, où je trouvé maistre Pierres Collas qui alloyt à Rouen et souppasmes ensemble et plusieurs aultres que je ne congnoys.   xix sols vi deniers.

Le dymenche Ve, pour le souper d'hier et desjeuner de ce matin à la corne de cerf, xxx sols, puys m'en vins coucher à Russy et faire mes Roys.
xxx sols.

Le dit jour, entre Bayeulx et St Germain de la Lue, je rencontray ma seur et son train qui s'en alloyt à Caen faire ses Roys avecque Monsr le lieutenant général son mary ; je devise quelque temps avecque elle et mon frère Guillaume de nos affères, puys m'en vins à Russy sans descendre à Bayeulx.

Le lundy VIe jour des Roys apprès disner mon oncle partit pour aller à Caen aulx assises qui estoyent le landemain, et je m'en vins coucher à Carenten, pour le passage au Petit Vay (ou je trouve Ryon attendant passer) i sol et pour le soupper à Carenten xvi sols . . . .   xvii sols.

Le mardy VIIe, apprès avoir desjeune avecque maistre Guillaume Le Heryce de Caen et ung nommé le Conte serviteur du sieur du Mo de Caen, je m'envins tout d'une traicte au Mesnil ; ou j'arrive entre troys et quatre heures apprès mydy. Je rencontre St Jehan chef de barge, Françoys Harel et Marin Le Clerc qui (comme ils disoyent) revenoyest du Vast pour contraindre le sieur du lieu, ils estoyent endroyct l'église de Tamerville.

FIN DE VOYAGE.

Le mercredy VIIIe, je ne bouge de céans pour chercher des escriptures contre Basan, Thomas partit pour aller chez son père, son cheval cheut à Brys et luy eschappa et s'en retourna avecque la bende d'où il estoyt parti ; pour une libvre de chandelle que Richard Berger apporta de Vallongnes . .   ii sols.

Le dit jour, baille à Valot, Doysnard, Hamel et Lorymier, apprès soupper, à checun deux boisseaulx d'orge à x solsle boisseau, je suys demeuré quicte à eulx de la tasche qu'ils ont prinses de moy au long de la rivière soubs la maison du dit Vallot . . . . iiii livres.

Le jeudy IXe, je ne bouge de céans chercher des lettres contre Basan, Thomas et douze des compagnons de ceste ville furent tout le jour à la forest pensant reprendre le cheval qui estoyt hier échappé, ce qu'ils ne peurent faire à raison qu'il estoyt avecque des juments trop folles.

Le dit jour, j'envoye a Rouen par Bissy (qui estoyt et sa mère her soyr, venus coucher céans pour aller ce jourd'hui à Vallongnes, contre Galye de Cherebourg) unes missives à Castille.

Le vendredy X^e, je ne bouge de céans chercher lettres comme devant, fors que au soyr, je fus voyer mes essarteurs, Thomas fut à la forest avecque plusieurs aultres et reprindrent le cheval.

Le sabmedy XIe. tout le jour je ne bouge de céans, epplucher des lettres comme devant, sur les troys heures arriva Pierres Cornette de Cherebourg qui cherchoyt des pourceaulx à vendre. il souppa et coucha céans.

Le dymenche XIIe, je ne bouge de céans, Cornette partit de céans avant la messe et emmena quattre pourceaulx qui luy coustèrent vi livres tournoys. je luy baille Jacquet Feullye pour luy ayder à les emmener.   •

La dite somme de six livres à rabatre sur xv livres que je luy doy, et partant il ne demeure plus que neuf livres tournoys.

Le lundy XIIIe, je ne bouge de céans, la relevée missire Gaultier Fortin, Verdelet et Guillaume Ler fils Girard de Gouberville arrivèrent céans, Thomas apporta de la viande pour xii sols de Cherebourg . . . . . xii sols.

Le mardy XIIIIe, je ne bouge de céans, au matin quand je descendy de ma chambre, je trouve Guillaume Cabart et Jehan Anquetil qui estoyent venus me voyer, et disoient qu'ils s'en alloyent tenir les plès du Chappitre chez Guillaume Berger, et de là au Teil : parquoy ne se voulurent arrester, je les convye jusques chez le dit Berger. Mesnage s'en vinst d'empuys là jusques céans avecque moy et Canard de Gonneville, qui me parlèrent de l'appoinctement du dit Canard avecque sa partie. Je rendy à Nicollas Quentin ses pourceaulx qui avoyent esté prins au fourment, et naveaulx du clos des ventes, il me demeura pour le dommage d'un cent de fourmenttas, et continuasmes nostre procès, jusques à l'assise d'apprès Pasques prochaines venantes, présens les dits Mesnage et Canart, missire Gaultier Fortin, Guillaume Ler fils Girard, Verdelet de Gouberville, Jehan et Thomas dicts Dancel de Saulsemesnil, lesquels Dancel estoient céans pour faires des peles. Et ceulx de Gouberville y estoient pour aulcunes affères qu'ils avoient à moy.

Le dit jour missire Clément vinst au soyr soupper et coucher céans.

Le mercredy XVe jour, St Mor, je ne bouge de céans, au matin Michel Lefebvre de Neville y vinst, puys apprès Gratian Boullon et Aulbin Vaultier qui venoyst de Vallongnes. nous disnasmes tous ensemble puys s'en allèrent.

Après mydy viron deux heures, arriva missire Aulbin le Vacher de Brille-vast, qui venoyt de St Mor, il souppa et coucha céans.

Le jeudy XVIe, je ne bouge de céans, en m'en allant au clos des Ventes, je trouve près la maison Nicollas Quentin, Jehan Liot, le dit Quentin et Estienne Groult, le dit Liot me convya jusques em my la Champagne, puys s'en retourna pour achatter des moutons du dit Quentin.

Le dit jour, Nicollas Le Valet me demanda congé d'aler garder et gouverner sa femme qui estoit bien malade, je luy debvoye encore trente sols de son service écheu à la St Michel dernière, dont je l'ay acquité vers Thomas Drouet auquel il les debvoyt, du louage de sa maison. Et partant je demeure quicte au dit Valet du précédent la St Michel derniere et sur ce qu'il m'a servy d'em-puys. Je luy baille deux boysseaulx, ung de trémoys, l'austro d'orge, pour vingt sols les deux, et luy donne ung pot de cydre et du miel pour sa dite femme.
                                                                    L sols.

Le dit jour, le vicayre de Gouberville arriva au soyr céans, il y souppa et coucha.

Le vendredy XVIIe, pour ce que le vicayre m'avoyt dict que Richard Becquet avoyt passé plusieurs contracts à Cherebourg, après desjeuner nous allasmes le dit vicayre et moy à Cherebourg et Symonnet vinst à pié, nous arrivés chez Jehan Le Moine, le dit vicayre s'en alla à Hyauville parler au prieur du lieu pour quelque affère qu'il avoyent ensemble, je m'en allé chez Gilfard où je trouvé maistres Jehan et Georges qui escrip[voyent, tantost après vinst leur père auquel je demande voyer ses registres d'empuys Pasques dernieres, ce qu'il fist et y regardasmes luy et moy de bout en bout et ne trouvasmes rien du dit Becquet. Ce faict je m'en vins chez Lamache où j'achatte pour II sols de fil noyr, que me bailla le bonhomme père, ce faict nous allasmes chez Jehan Pinchon, le Taneur, le s^r Mareschal, Douville et moy, et mengeasmes une amelette d'œufs après je m'en allé saluer le cappitaine que je trouvé à la porte du chasteau, puys m'en vins, pour une libvre de chandelle et la reppeue de mes chevaulx, IIII sols, il estoit solleil couché quand je party de Cherebourg. . . . . IIII sols.

Le sabmedy XVIIIe, je ne bouge de céans, Symonnet fut à Cherebourg qui apporta ung quartier de mouton et ung giste de beuf qui coustèrent x sols, avant disner je m'en allé au clos des ventes ou Jacquet Feullye et Collin Douart estoyent à la charue, de là je m'en allé à mes essarteurs près la maison Vàlot, puys m'en vins disner, j'envoye par françoys Drouet à Philippine, sa cousine qui estoit malade ung pot de cydre et du miel. Après disner je re-tourne à mes essarteurs, et leur porte par le Moustie a disner des naveaulx et du harenc, du pain et à boyre, je fus avecque eulx jusques au soyr.   x sols.

Le dit jour au soyr après soupper je baille au Monstre et à son père qui avoyent esté toute ceste sepmaine céans faire des peles . . . . . VIII sols.

Le dymenche XIX⁰ je ne bouge de céans, apprès la messe je emmeney Jehan Liot disner avecque moy, apprès disner vinst Chandeleur qui s'en retourna quand et le dit Lyot. Tout le dit jour ne cessa de plouver.

Le lundy XX⁰ jour St Sébastian, je ne bouge de céans, missire Clément m'apporta deux boisseaulx de poys francs, il remporta ung boisseau de naveaulx. Au soyr vinst ung nommé Le Roy de Aigneville pour médiciner les chiens de la galle, il souppa et coucha céans ; je fus toute l'apprès disnee avecque mes essarteurs Valot, Doynard, Hamel, et Lorymier.

Le mardy XXI⁰, je m'en allé Cantepye avecque moy à Vallongnes à l'assise, nous dinasmes chez Denys, Estoubeville et son fils, ung nommé Chandion et maistre Richard Le Gros nous despendismes xv sols dont je paye vii sols vi deniers, et pour la reppeue de mes chevaulx iii sols et iii carolus donnés aulx serviteurs. Apprès avoyr parlé à Monsieur le viconte de Vallongnes touchant les déclarations à Bauquet et au Verdier touchant les fieffes de Monsieur Trexot, et avoyr esté chez l'Esleu l'Aisne luy faire signer ung mandement pour le dit maistre Richard et aussy à l'Esleu Pinard. Je m'en vins avecque mon cousin de Conteville à son logis chez Navarre où je parley avec luy pour avoyr ung extraict des registres de son feu oncle touchant la recepte du demaine de Vallongnes. Je monte à cheval à cinq heures et m'en vins.   xiii sols.

Le mercredy XXII⁰, jour St-Vincent, Raulet Baudet et son fils Thomas se trouvèrent à disner céans et Gilles Auvre. Apprès disner je m'en allé à Gouberville, Symonnet et Le Monstre avecque moy, quand nous vinsmes à Teville j'envoye Le Monstre à St-Pierre querir de la viande, il apporta ung quartier de mouton et ung cymier de beuf que Jehan Liot luy bailla qui coustèrent xii sols. Il estoyt nuyct quand nous arrivasmes à Gouberville.
                                                                    xii sols.

Le jeudy XXIII⁰, je ne bouge de Gouberville, Jacques Fouquet, Olivier Bovyn, missire Jehan Le Selière disnèrent avecque moy au manoyr le soyr, je m'en allé soupper à Toqueville où se trouva le cousin de la Feronnyere, le fils aysné de Meuvre, le curay de la Borderye, Apprès soupper nous en retournasmes le vicayre de Gouberville et Symonnet coucher à Gouberville.

Le vendredy XXIIII⁰, je ne bouge de Gouberville les dessus dits gentils-hommes la Feronnière et les aultres vindrent disner à Gouberville et pour ce qu'il negea et gresla presque tout le jour ils y furent jusques à longtemps apprès mydy, pour deux pots de vin et quatre pots de cydre pour nostre disner. . . . . x sols.

Le sabmedy XXV⁰, jour de la conversion de sainct Paul je ne bouge de Gouberville je donne iiii sols à Margrin Fortin qui avoyt esté jeudy à Vallongnes porter unes lettres à Cantepye que j'envoyes à Bayeulx. . . . . . iiii sols.

Le dit jour receu de Margrin Fortin, quinze sols du nombre de cinquante que luy et ses cohéritiers doybvent à la St Michel . . . . xv sols.

Janvier 1549.

Le dit jour au soyr, pour ix pots de cydre et deux pains pris chez Bybet ses jours passés, pour nostre disner et soupper. . . . . xi sols.

Le dit jour au soyr, missive Guillaume le Flamenc, vinst soupper avecque moy et m'avoyt envoyé deux lieuz et ung bars.

Le dymenche XXVI°, apprès la messe, je m'en allé disner à Neville chez le lieutenant de S¹ Saulveur, ou se trouva Monsieur de Fermanville qui y disna. Incontinent apprès disner, il s'en retourna pour ce qu'il disoit s'en aller demain à S¹ Saulveur, pour bailler quelque déclaration de ses terres. Assez, tost apprès je m'en retourne à Gouberville, puys monte à cheval et m'en vins coucher céans. Il estoyt viron une heure de nuyct. Je trouve Merigot et ung laquós de S¹ Nazer, et Cantepye qui estoyt revenu de Bayeulx et m'avoyt apporté des lettres de Monsieur le lieutenant général et de mon frère Guillaume.

Le lundy XXVII°, je ne bouge de céans. Cantepie fut à Cherebourg qui apporta du beuf et du mouton pour x sols, j'envoye le Monstre à Gouberville porter unes lettres au vicayre pour l'advertir que son maistre debvoyt venir demain ou mercredy. Mérigot s'en retourna apprès disner, je m'en allé à la Vente sur le Rocher; à Dancel et Guigars qui faisoient ung trou pour boulenger . . . . x sols.

Le mardy XXVIII°, je fus à Vallongnes tenir les haults jours, nous dinasmes chez Denys, le verdier de Vallongnes, Vastel procureur, de Mons, Gohel, Pivet, Castillon, Blanqueville et aultres sergents des foretz ; nous despendismes xL sols ; pour raccoutrer la selle de ma haquenée ii sols vi deniers, pour la reppeue de mes chevaulx iiii sols, pour xii aulnes de dentelle iii sols.
ix sols vi deniers.

Le dit jour, je conte à Damienne le Bretevilles de Breteville d'un an qu'elle m'avoyt servy escheu à Noël dernier et dû d'empuys Noël jusqu'à cejourd'huy et trouvé que je luy debvoye L sols que je luy baillé en douzains, présente la mère de la dite Damienne. Guigars et Mariette Pyvain, Cantepie et Mathieu.
L sols.

Le mercredi XXIX°, je ne bouge de céans fors que apprès disner nous allasmes Cantepie chez missire Richard Galie pour qu'il vinst enfoncer des vesseaulx pour envoyer des poys a Rouen. Il nous perça un tonneau de cydre et nous donna du miel et nous vinst convier jusques emmy chemin, et me promist qu'il viendroyt demain, il estoyt soleil couché quand j'en revins.

Le jeudy penultime jour viron troys heures apprès mydy je m'en allé à Gouberville Cantepye avecque moy ; nous souppasmes avecque le vicayre au presbitayre, pour deux pots de sydre prins chez Bibet . . . . . . ii sols.

Le vendredy dernier jour, je ne bouge de Gouberville, les ples furent, nous dinasmes au presbitayre le lieutenant de St Saulveur, maistre Jacques Bavent, son clerc et plusieurs aultres, apprès disner on tinst les ples.

Le dit jour pour deux pots de sydre chez Bibet et ii pains . . . . iiii sols.

Le dit jour Adam Le Roux m'apporta une boutaille de vin et deux plis et luy mys terme de lui bailler mon moulin à ferme et Marin le Flamenc m'envoya une aultre boutaille de vin. Le Monstre et Marcadel dict Dieu essartèrent de la pierre tout le jour au clos Fouquet et y rompirent une barre de fer, j'envoye Joret à Toqueville, quérir deux aultres barres que j'avoyes prestés à mon cousin, lesquelles le dit Joret n'apporta, on luy dist qu'on les envoyret demain.

Febvrier 1549.

Le sabmedy premier jour, vigille de la Chandeleur, je disne à Gouberville au presbitaire. Apprès disner vinst le cousin La Valette et la Feronnière qui avoyent prins ung lièvre. Ils beurent checun une foys puys s'en retournèrent à Toqueville, je les convie jusques au pont d'Imbranville, Cantepie et Joret avecque moy puys m'en revins au presbitaire, Symon Chardine estoit revenu de Barfleu qui avoyt apporté une fort bonne longue de beuf pour le vicayre dont je heu la moytié qui me cousta iiii sols vi deniers, presens le dit Symon, Joret et Marguet, ce faict je monte à cheval et m'en vins céans. Il estoyt une heure de nuyct quand j'arrive. . . . . iiii sols vi deniers.

Le dymenche IIe, jour de la Chandeleur, je ne bouge de céans, dès le matin j'envoye Cantepye à Cherebourg faire mettre au net les déclarations qu'il me faloyt bailler au viconte ; il en revinst au soyr bien tard et luy cousta xviii sols comprins sa despense et sy n'estoyent les dites declarations poinct bien, car on en avoyt obmys une partye, et y avoyt beaucoup d'erreurs. . . xviii sols.

Le dit jour, Joret, Gaillard, Le Monstre et Philippin Toque vindrent de Gouberville et apporta le dit Joret une somme d'avene sur ce qu'il en doybt pour son fermage du terme St-Michel dernier. La relevée, missire Clément et Jehan Liot vindrent céans, le dit missire Clément y demeura à coucher et Merigot qui estoyt venu dès la messe.

Le lundy IIIe dès le matin, je m'en allé à Vallongnes pour ire reffayre mes déclarations, que m'escripvirent Richemont et ung surnommé Davy. Chez Denys où nous dinasmes, il estoit six heures avant qu'ils eussent achevé d'escripre. Incontinent je m'en allé au chasteau où je vins comme on fermoyt la porte, je trouvé Monsieur le Viconte (1) qui debvoyt souper et estoit tout seul avecque mademoiselle. Il receult mes dites déclarations et me les dapta du iiie jour de décembre dernier. Ce faict je m'en vins monter à cheval,

(1) Thomas Laguette, vicomte de Valognes.

apprès avoir baillé à la femme de Denis xi sols pour nostre disner et xx sols que les dits Richemont et Davy eurent pour leur poyne, et iiii sols que le parchemin cousta. . . . . xxxv sols.

Le dit jour, pendant qu'on escripvoyt les déclarations, je fus parler à Monsieur de Cherebourg en sa maison pour Phillippin Toque qui plaidoyt à Becquet en court d'église, apprès ce faict je m'en vins à la jaulle parler à maistre Benoyst Hue qui y estoit prisonnier, je donne à Combault prisonnier iiii sols et au Landays i sol. . . . . v sols.

Le mardy IIIIe, je ne bouge de céans, j'envoye Thomas à Bricquebec porter ung chevreau à madame (1). Je fus chez Tupain où se trouva Thomas Drouet et Louys Margeneste, je tense très fort à Tupain pour ce que j'avoye trouvé en sa maison quatre peaulx de moutons ou brebys, en l'une desquelles peaulx n'avoyt plus d'aureilles, et luy dictz que c'estoyt pour le suspicionner de larecin, néanlmoins que les dites bestes fussent à luy.

Le dit jour, j'envoye Symonnet au Val de Sayre chercher Chandeleur à St Pierre, à Toqueville et à Valcanville ou là où il le pourroyt recouvrer.

Le mercredy V^e, je ne bouge de céans, dès le matin Thomas partit pour aller chercher le dit Chandeleur au Val de Sere, je luy baillé xv sols.   xv sols.

Le dit jour, apprès souper, le dit Chandeleur et Thomas arrivèrent et estoient fort moullés pour ce qu'il avoyt pleu tout le jour.

Le jeudy VIe, je ne bouge toute la matinée de céans, apprès disner mon frère Françoys arriva. Thomas s'en alla à Tamerville au devant de Monsieur le lieutenant général, ils couchèrent chez St Jehan Le Poyctevin. Mon frère et moy et Symonnet allasmes coucher à Cherebourg, nous souppasmes chez Nicolas Symon, Douville, Chandeleur et nous, il me cousta pour le soupper xi sols.

Le vendredy VIIe, nous desjeunasmes chez Gabrielle, le Parc, maistre Jehan et Georges Giffart, le fils de la dite Gabrielle, qui partoyt pour s'en aller à Rouen, il me cousta iiii sols. Assez tost apprès Monsieur le lieutenant général arriva pour faire mon information, les tesmoings furent jurés en la cohue de Cherebourg, puys on s'en alla disner, je disne chez Marguerite Vauchys, Caruelle, Basan, Gilles Bourdet et Chandeleur, apprès disner le dit sieur lieutenant procéda à examiner jusques apprès cinq heures . . . . . . iiii sols.

Le dit jour, je couché à Cherebourg chez Nicollas Symon, le Parc avecque moy.

Le sabmedy VIIIe, dès le matin, Monsieur le lieutenant s'en partit pour s'en retourner, Aumeville et Laubier avecque luy qui y estoient hier venus, il me cousta tant pour la vaccation de mon dit sieur le lieutenant, de maistre Jehan

(1) Adrienne d'Estouteville.

Anquetil son adjoynct, que pour leur despense d'un jour leurs gens et chevaulx, et la mienne et de mes chevaulx, Cantepye, Symonnet, Chandeleur, le
Parc et aultres qui me faisoient compagnée à mon affère, xxiɪ sol.

xlvɪɪ livres v sols.

Le dit jour, après disner, j'achatte de Jehan Liot un giste et ung chymier
de beuf qui me coustèrent xɪɪ sols vɪ deniers, puys m'en vins céans Cantepye
et Symonnet avecque moy. Je baille à Estienne Le Marchant pour quattre fers
neufs qu'il mist au poulain, et deux quon luy debvoyt d'une aultre foys et
pour le vin d'avoir ferré le dit poulain qui ne l'avoyt jamays esté, ɪx sols.

xxɪ sols vɪ deniers.

Le dymenche jour Sᵗᵉ Apoline après disner, je m'en allé à Gouberville, je
y trouvé mon oncle à la sortye de Vespres, le vicayre, missire Jaspar, missire
Gaultier et plusieurs aultres avecque luy, nous souppasmes au presbytayre.

Le lundy Xᵉ, Galletières sergent vinst à Gouberville, je l'envoye Thomas
avecque luy à Toqueville offrir à Denis Le Vagneur luy offrir les deniers d'un
champ de pré qu'il avoyt acquis de missire Vincent Lamache, mon oncle et
moy fusmes disner chez mon cousin à Toqueville où vinst le cousin Billon qui
apporta de la monnoye que Agneaulx avoyt trouvé dedens ung pot soubs
la racine d'un chesne, la dite monnoye estoit de ce qu'on faict les chandeliers
et n'avoyt plus de cours. Après disner, nous en retournasmes à Gouberville,
nous souppasmes au presbitaire.

Le mardy XIᵉ, après desjeuner je m'en allé aulx plès de Sᵗ Saulveur à Tocqueville pour empescher que une pièce de terre que j'avoye hier retirée à
droict sierial de Becquet, ne passast au décret que faisoyt faire missire Margrin Faulconnet. Je m'en allé de là disner chez mon cousin, qui s'en alla disner à nopces chez La Haye, nous dinasmes tous seulz, ma cousine La Valette
et Cantepye, après disner je m'en retourne à Gouberville et passe par chez le
cappitaine de Toqueville.

Le dit jour au soyr, après soupper, mon oncle et moy appoinctasme Philippin Toque et Jacquet du Bosc d'un procès qu'ils avoyent aulx plès de Barfleu
pour l'héritage de feu Thomas Tocque, père du dit Philippin et de Jehanne sa
seur, femme du dit du Bosc.

Le mercredy XIIᵉ, dès le poinct du jour, mon oncle partit à s'en retourner à
Russy. Je disne au presbitayre, après diner je monte à cheval et m'en vins à
Sᵗ Pierre, je parle à missire Jehan Le Selierre, touchant une rente que les
prêtres et clercs de Neville, ont sur ung champ de terre entrans des pestis
Ales, je parle au viel Raffoville, à Guillaume Cabart, au vicayre de Gouberville
et a missire André Le Valoys de Toqueville qui me paya le traiziesme d'un clos
que Becquet avoyt acquis, que le dit Le Valoys avoyt retiray. Ce faict je m'en
vins céans, j'avoye rencontré Symonnet à Varouville qui m'apportoyt des

Febvrier 1549.

lettres que Castille m'envoyet de Rouen. J'arrive céans viron deux heures apprès mydy. Au soyr, Roger Luccas et son frère arrivèrent pour me faire des accoustrements.

Le jeudy XIIIe, je ne bouge de céans pour ce que j'avoye les cousturiers, apprès disner je m'en allé au presbitère, ou je trouve Thomas Drouet et Louys Quentin qui faisoyent tous seulz caresmeprenant en la chambre du dit lieu.

Le dit jour, j'envoye Thomas à Vallongnes pour achatter du fil de soye et du fil droict noyr, et pour aultres mes affères il luy cousta en fil'et pour ungs souliers à Guillemette. . . . . xv sols.

Le dit jour au soyr la femme de Guillaume Le Landays prisonnier à Vallongnes memmena une vache que je prins au feur de cent cinq sols, surquoy je rabaty pour quatre porc que le dit Le Landays m'avoyt desrobés et pour deux boysseaulx de fourment que j'avoye baillés iiii livres, je luy retourne xxv sols, présens le jeune frère du dit le Landays, La Croche, Jehan Paris, Nicollas Drouet et tous mes serviteurs. . . . . xxv sols.

Le vendredy XIIIIe, je ne bouge de céans, il pleut quasi tout le jour, missire Guillaume Rillon du Teil vinst dire messe en la chapelle pour un surnommé Liger du Teil. Martin Pyvain tout le jour besongna à faire de la late en la charterye pour ce qu'il plouvoyt.

Le sabmedy XVe, je ne bouge de céans, apprès disner Thomas s'en alla à Vallongnes et coucher chez maistre Richard Grimot pour luy faire ung propos en la matière que le dit Thomas a contre les hoers de feu Thomas du Tertre.

Le dit jour Symonnet fut à Cherebourg qui apporta ung giste et chymier de beuf et une libvre de chandelle le tout cousta. . . . . xiii sols.

Le dymenche gras XVIe, je ne bouge de céans, je amené de la messe ung cordelier de Bayeulx qui avoyt presché, apprès disner je paye Roger Luccas et son frère pour checun troys jours qu'il avoyent besongné céans à me faire des accoustrements ils eurent. . . . . xxiii sols.

Le dit jour apprès disner, je m'en allé tournier aulx Vagans, Mesnage, Thomas Drouet et Jehan Le Clerc avecque moy, puys nous en revinsmes par le clos des ventes, ce faict je m'en revins céans, je trouve ma sœur de St Naser et les Hachées et ung de leurs serviteurs qui estoyent venus de St Naser faire caresme prenant avecque nous, elle fut sy malade qu'elle ne souppa poinct (1).

Le lundy gras XVIIe, je ne bouge de céans, Thomas fut à Cherebourg. Il pleult tout le jour, je scripvis au vicayre de Gouberville par Thomas Drouet qui y alloyt le landemain quérir de l'orge.

---

(1) Renée Picot de Gouberville seconde fille de Guillaume Picot V^e du nom et de Jeanne du Fou. Elle avait épousé le 4 novembre 1543 noble homme Jacques du Moncel, seigneur de St-Nazer.

Febvrier 1549.

Le mardy gras XVIII°, je fus à Vallongnes Thomas Cantepie avecque moy pour la matière d'entre Benoyst Hue et Helye le Conte, je disne chez Denys le dit Thomas et maistre Gilles Cabart avecque moy nous despendismes xi sols que je paye à la femme du dit Denys qui me donna six orenges et une libvre de figues et une de pruneaulx que son mary lui avoyt envoyés de St Malo. Ce faict nous fusmes voyer la conardise (1) don Thomas Hurel estoyt bailly, apprès je m'en vins monter à cheval, en passant devant chez Tallemitet j'achatte ung Eslavart et aultres fermens pour charue qui me coustèrent x sols. Il estoyt soleil couché quand nous arrivasmes. . . . . xxi sols.

Le mercredy des cendres XIX°, je ne bouge de céans, dès le matin avant la messe ma seur de St Naser et les Hachées s'en retournèrent. Apprès disner, tout le reste du jour, je fys assembler les fanges qui estoient entre la chapelle et l'estable du bois au Monstre et à Collin Douart, Nicollas Le Valet et Jacques furent à Lieteville quérir une chartée d'estrain chez le vicayre.

Le dit jour au soyr, Francoys Dauge vinst céans qui s'en alloyt à Vallongnes, Thomas Cantepie fut à Cherebourg et amena Guillaume Luccas pour racoustrer les accoustremens que son frère et luy m'avoyent faictz la sepmaine passée.

Le jeudy XX°, je ne bouge de céans, Thomas Cantepye et Thomas Drouet furent apprès disner à Brix chercher ung tourneur pour faire des escuelles d'ung fresne que j'avoye faict abattre aulx crouttes à ce mattin. Tout le jour, Nicollas Le Valet fuma au closet du Vyvyer pour faire une peppinière, Le Monstre et Jacquet y fisrent des trenchées pour tirer l'eaue, à raison de laquelle la terre estoyt sy mole que la charette n'y pouvoyt aller en aulcuns endroicts

Le vendredy XXI°, je ne bouge de céans, je fys achever de faire des tranchées tout aval le closet du Vivvier pour y faire une pepinière, le vicayre de Gouberville (qui s'en retournoyt à Sainct Opportune), Pierre Gaillard, Symon Chardine, arrivèrent ycy au soyr et souppèrent et couchèrent céans.

Le sabmedy des brandons XXII°, je ne bouge de céans, Cantepye et Le Monstre partirent au matin quand et le vicayre pour aller coucher à Lessey. Je baille au dit Cantepie, pour aller à Coustances recueullyr des escriptures de Monsieur le lieutenant général contre Basan, je luy baille cent xv sols pour fere ses afferes, par ce que toute monnoye rognée estoyt descriée.   cxv sols.

---

(1) Fête de la confrérie des Conards ou fête des fous, ces fêtes avaient aussi bien lieu à Cherbourg qn'à Valognes ; car naguères encore on voyait dans la vallée de Quincampoix à sa jonction avec la vallée de Bellefeuille un pont d'une seule arche jeté sur la Divette, nommé le Pont aux Conards. Par ce que sans doute le cortège des membres de la célèbre confrérie revêtus de leur coqueluchon bailly en tête armé de son momon, avait l'habitude de passer l'eau en cet endroit, lors de ses saturnales.

Febvrier 1549.

Le dit jour, jour de la Chesre St-Pierre, Nicollas Le Valet fut à Monstebourg querir des fèves, il achatta deux colliers qui coustèrent . . . xx deniers.

Le dit jour, baille au filz Douart qui s'en alloyt à son pays voyer ses gens, dix carolus. . . . . viii sols iiii deniers.

Le dymenche des Brandons XXIII⁰, je ne bouge de céans, Philippin Tocque de Gouberville se trouva à la messe, il disna céans. Apprès vespres missire Clément s'en vinst souper et coucher céans, comme nous pourmenions et Guillaume Berger avecque moy, nous trouvasmes Symon du Bosc son frère et son fils endroict Les Vollées du grand jardin, lesquels venoyent de Vallongnes et nous dirent que Jacques Lambert estoit mort en revenant de Rouen et que ses compagnons Guyon du Bosc et Robert le Carbonnier seroyent fouettés par deux jours et banys jusques à dix ans pour une falsite qu'ils avoient faicte.

Le dit jour baille à Nicollas Le Valet sur ses gages ung boisseau de tremoys et l'austre d'orge pour xxv sols. . . . . xxv sols.

Le dit jour ung serviteur de St Naser nommé Laurens Fleury me apporta ung mulet sale, une pottée de beurre fraiys et de la graine de lin saulvage que ma seur m'envoyet.

Le lundy XXIIII⁰, jour St Mathias, je ne bouge de céans, apprès la messe Nicollas Quentin qui me debvoyt ung cent d'estrain de fourment me pria que je prinse ung cent d'avenas pour ce qu'il n'en pouvoyt trouver d'aultre, ce que luy accorde.

Le dit jour apprès disner je fys essarter, à Nicollas Le Valet, Michel Le Brises et Jacquet Feullye deux chesnes qui estoyent en la haye du closet du Vivier par devers l'église, au soyr à soupper vindrent Thomas Drouet et Françoys Dauge qui venoyt de Cherebourg, ils souppèrent et couchèrent céans.

Le mardy XXV⁰, je ne bouge de céans, Françoys Daulge fut à Vallongnes qui apporta de la dentelle pour mettre à mes chemises et des crochets pour Guillemette, le tout cousta v sols. Au soyr Cantepye et le Monstre revindrent de Coustances, je ne bouge tout le jour de faire esmouver de la pierre au bout de bas du clos Berger près l'église, à Guigars, Françoys Doisnard et le viel Dancel. . . . . , ... , . . . v sols.

Le dit jour Douville et son fils arrivèrent de Cherebourg comme je debvoye disner ils disnèrent, souppèrent et couchèrent.

Le mercredy XXVI⁰, je ne bouge de céans, le fils de Douville s'en alla à Douville, Cantepye alla à sa maison, je fys essarter de la pierre aulx masures du closet du vyvier, je baille à Tupain une missives que le Monstre avoyt hier apportés que le vicayre qui fut de Gouberville envoyet à Symon Chardine, Françoys Dauge ne bougea de céans pour ce jour, j'appoincte Jehan Liot et Rouxel.

Le jeudi XXVII⁰, je ne bouge de céans et fys esmouver de la pierre au masures du closet du vivier a Doysnard au Monstre et à son père, viron my rele-vée la nege et la gresle nous chassèrent, de là nous prinsmes le couvert chez Tupain. Pendent qu'il negoyt je donne ung pot de sydre aulx dits essarteurs, et ung pain, je baille deux sols et pour ce qu'ils estoyent rongnés ils n'en va-lurent que ung. Apprès la bouffée passée ils retournèrent en besongne, Fran-çoys Dauge revinst de Vallongnes qui y estoyt allé à se matin, pour ses afferes.

Le dit jour mon frère Francoys vinst au soyr céans qui alloit à Vauville gouster du vin blanc chez Monsieur de Hotot pour Monsieur de Magneville (1).

Le vendredy dernier jour je ne bouge de céans et avecque mes dits essar-teurs de pierres et Louys Le Moussierre qui leur ayda tout le jour. J'envoye François Daulge à Vallongnes pour avoyr ung mandement pour prendre Baudet Vieville et le petit Levron, ce qu'il n'eult à raison que le prévost Le Cornu s'en alla à Briquebec, je fys labourer ung boisseau de tremoys soubz la raye au clos au Couvert. Je fus chez Drouet, je trouve Thomas qui faisoyt ung petit chasril pour sa femme qui est preste d'accoucher.

Mars 1549.

Le sabmedy premier jour, je ne bouge de céans, Sandrin vinst faire unes chausses à Symonnet. Monsieur de Saulsemesnil m'envoya par ung garson, une douzaine d'orenges, deux granades et une boutaille de muscadet, je luy donne . . . . , ... 1 sol.

Le dit jour, je baille à Dancel et le Monstre son fils xi sols sur leur sep-maine qu'ils ont besongne céans à esmouver de la pierre pour clore au closet du Vivier, les quels xi sols n'en pesoyent que sept à raison qu'ils estoyent rongnés . . . . vii sols.

Le dit jour au matin Francoys Dauge s'en retourna à sa maison.

Le dymenche IIe, je ne bouge de céans, avant que j'allasse à la messe Heber Robidas et Guyon des Champs vindrent céans ; ils me vendirent six perches de pers de mer de cinq pieds checun pers pour cinq sols la perche, sur quoy je leur baille xi sols et me doybvent livrer les dits pers dedens le jour de Quasimodo prochain, dont ils se sont obligés corps et biens . . xi sols.

(1) Arthur de Magneville, baron de la Haye du Puits marié à Judith aux Epaules. Il était fils de Guillaume ou Jean de Magneville chevalier seigneur de la Varangière et de Guillemette de Grimouville.

[Renault. Revue monumentale et historique de l'arrondissement de Coutances, page 589.]

Le dit jour, Joret Gaillard de Gouberville apporta de l'avene et remporta de la cendre et des naveaulx et maistre Sanson Le Goubey fut à la première messe pour chercher des harnoys pour luy charier demain du vrec.

Le dit jour avant que sortir de ma chambre Tupain vinst parler à moy. J'achatte de luy de la mourue et du harenc blanc pour . . . . .   iii sols.

Le lundy IIIᵉ, je ne bouge de céans, Thomas fut à l'assise, Françoys Daulge vinst au soyr, je fys achever d'esmouver la pierre du closet du Vivier par le Monstre et son père, Doysnard et Philippin Hamel. J'envoye Thomas Drouet au Teil sur le soyr pour avoir les massons pour clore le dit closet.

Le mardy IIIIᵉ, je ne bouge de céans, Guillaume Touraine du Teil vinst pour massonner et commença au coing de devers l'église, Doysnard avecque luy au closet du Vivier, Cantepye retourna à Vallongnes et Françoys Dauge avecque luy, je ne bouge d'avecque mes massons. Je fus chez Lorimier où je trouve environ deux centz de cheville à navire qu'il avoyt faicte de chesnotz qu'il avoyt couppés à la forest, je luy oste les dites chevilles, et sa hache et les fitz porter au moulin par le Monstre, Jehan Paris et Guillaume Paris. Dès le matin Nicollas le Valet fut chez Auvre quérir ung cent d'avenas que Nicollas Quentin m'y avoyt delivré, qu'il me debvoyt.

Le mercredy Vᵉ, je ne bouge de céans, tout le jour je fus avecque mes journelières, qui besoignoyent au closet du Vivier, Françoys Doisnar, le Monstre et son père. Servais Voysin de Saulsemesnil vinst chez Tupain pour luy vendre du cydre, le dit Voysin me promist venir demain pour besongner au mur que je faisoys faire à ma pepinière et charchoit une jeniche qu'il avoyt perdue.

Le dit jour, je fys semer au clos au Couvert huyct boisseaulx de tremoys et demy, et Michel Le Brises, et Richard Paris le hercèrent.

Le jeudy VIᵉ, je ne bouge de céans, Doysnard et Servays Voysin Besonsongnèrent tout le jour à massoner à pierre seiche le mur du closet du vivier. Tout le jour le Monstre y charia du fumier. Au soyr Gratian Boullon, Claude Cabart et deux garsons à cheval passèrent par céans, je les convier jusques au bout du grand jardin, ilz venoyst de l'assise. Douville s'en retourna à Cherebourg sur ma haquenée et Symonnet qnand et luy pour ramener ma haquenée à laquelle il fist mettre ung fer neuf et deux remues pour ce.
                                                                ii sols.

Le dit jour je fys arracher par Cantepye et Françoys Dauge quatre mil six centz pepins au jardin à mouches pour planter au dit closet,

Le vendredy VIIᵉ, je ne bouge de céans, Françoys Daulge fut à Vallongnes et apporta ung mandement du Cornu , prevost des mareschaulx pour prendre par le corps Guillaume Baudet, Pierres Vieville et Jehan Groult fils Thomas de Digoville, le frère du dit Françoys le vinst chercher et luy apporta une rellation comme Martin Bony les avoyt contrainctz. Le dit jour Doysnard, Voysin, Hamel, Le Marchant, le viel Dancel, besognèrent tout le jour au mur du dit closet, et le Monstre acheva de fumer le dit Closet, où il y a quarante chartées de fumier pour faire la dite pepinière. Apprès soupper nous fusmes à Digoville le dit Dauge et son frère, Cantepye, Thomas Drouet, Symonnet, Le Monstre, Nicollas Le Valet, Jehan Freret et Denys Le Marchant, pour prendre le dit Baudet et le dit Groult, nous ne les trouvasmes poinct, nous nous en revinsmes, il estoyt viron une heure apprès mynuyct.

Le sabmedy VIIIe, je ne bouge de céans d'avecque mes massons, Louys Margeneste arriva comme je souppoys et apporta de Monstebourg deux boisseaulx de poys que le bailly de l'abbaye m'enviet, Françoys Daulge revinst bien tard de l'assise de Vallongnes, de contre Martin Boni qui luy bailla ung arrestement de conseil.

Le dymenche IXe, je ne bouge de céans, j'envoye le Valet et Nicollas Drouet à Toqueville quérir de l'orge chez Martin Birette, ils revindrent et Margrin Birette avecque eulx, et apportèrent xx boisseaulx d'orge sur quatre chevaulx. Apprès vespres, je m'en allé au moulin, maistre Denis de la Planque me vinst trouver là pour quelque affère qu'il avoyt à moy pour Monsieur de Fermanville. Gilles Houel et son compagnon menestriers passèrent sur le soyr par céans, je leur fys donner à boyre et deux grands blancs, et s'en allèrent coucher chez Quentin comme ils disoyent pour ce qu'ils n'eussent peu gaigner Quetelot dont ils sont. . . . . ii sols.

Le dit jour apprès disner, Cantepie, Gilles Auvre, Symonnet et Denys le Marchant furent à Gonneville chez Denys Le Pettit pour chercher Baudet qui n'en faisoyt que partir et de là s'en vindrent à Digoville où ils le faillirent par Catarine du Pont qui l'advertit qu'on le charchoyt.

Le lundy Xe, je ne bouge de céans, Nicolas Groult, Touraine, Plessis, Sadave, Doisnard massonnèrent à ma pépinière, et le Monstre, son père et son frère Pierres y fossayèrent.

Le dit jour Guillaume Renel de Saulsemesnil vinst céans et me pria que je donnasse congé au Monstre d'aler à Cherebourg pour quelque tesmoignage, pour le dit Renel.ce que je fys. Et quand le Monstre fut revenu il nous dist que la Fesquannayse estoyt enfondrée près les isles. Incontinent apprès Loys Margeneste m'apporta troys douzaines d'orenges que Gratian Maistrel m'envoyet j'avoye desjà souppé.

Le mardy XIe, je fus à Vallongnes tenir les haults jours Cantepye et Richard Lamache avecque moy. Je disne chez Denys, La Fosse, Gyon Binet, St Vast, Demons, Pinel, La Planque, Barnavast et plusieurs aultres. Apprès je retourne à la juridiction achever d'expédier les matières, puys m'en vins monster à cheval, il me cousta pour mes chevaulx iii sols et pour une libvre de chandelle ii sols ; maistre Gilles Cabart et Richard Lamache s'en revindrent quand et nous, il estoit jour failly quand j'arrive céans, le dit Cabart demeura à soupper et le dit Lamache s'en alla coucher à Tourlaville pour aller demain à Sᵗ Pierre.

Le mercredy XIIᵉ, je ne bouge de céans, je renvoye Cantepie a Vallongnes, maistre Gilles Cabart vinst céans dès le matin et y disna, apprès disner, luy le sergent Briqueville, Françoys Dauge et Thomas Drouet fusmes chez Olivier le Valot luy faire assignation à ma requeste aulx prochains ples de Cherebourg pour remettre entre mes mains quelques pièces de terre dont il jouisset à cause de sa femme.

Le dit jour, je n'eus poinct Dancel ne son fils Pierres pour ce qu'il estoyt le jour St Grégoire qui est la Durne de Saulsemesnil. Lorimier, Le Monstre et Pierres Guigars besongnèrent au fossé de ma pépinière. Touraine, Sadave, Plesses, Saulne et Doisnard besongnoist à massonner et Hamel et Denys le Marchant les servoyent.

Le jeudy XIIIᵉ, je ne bouge d'avecque mes ouvriers de ma pepinière qui fossaient et massonnoyent. Je nomme et tins sur les fons une fille pour Thomas Drouet qui a nom Gillette que missire Jacques Auvre baptisa, je mené Germain Drouet, Catarine Mesnage, et Louyse femme du Sage chez Tupain ou je paye cinq sols pour le vin de comperage . . . . v sols.

Le vendredy XIIIIᵉ, je ne bouge d'avec mes massons, je fys commencer à fouy à ma pépinière par Guygars, Denys Le Marchant pour deux pots de cydre pris chez Tupain donnés à mes massons et à mes fossayeurs. ii sols.

Le sabmedy XVᵉ, je ne bouge de céans. François Dauge s'en retourna chez son père. Avant disner Thomas Drouet et le dit Françoys tondirent les oziers du jardin de la Grange.

Le dit jour au soyr apprès soupper j'eus conte avecque Nicollas Groult et Denys Sadave qui avoyent massonné à ma pepinière, scavoir : le dit Sadave toute ceste sepmaine et le dit Groult iiii jours seullement, je leur baille à checun ix sols, à Denys Le Marchant ii sols vi deniers sur neuf journées.

xx sols vi deniers.

Le dit jour, je baille au viell Dancel v sols et v sols qu'il avoit heuz à jour passé, le tout sur xvi jours qu'il a esté continuelz à besongner à ma pépinière tant à esmouver de la pierre que à fossaier, à Philippin Hamel deux sols, qui me debvoyt xiiii sols, sur quoy il m'a faict dix journées . . . . xii sols.

Le dymenche XVIᵉ, je ne bouge de céans ; comme j'estoys à la messe, les Verds Boys me dist que Basan ayoyt une taxe de despendz sur moy, et que je debvoys être contrainct demain ou mardy. Quand je revins de la messe, je trouve Joret et Guillaume dicts Gaillard, qui m'avoyent apporté xi boisseaulx d'orge et deux boisseaulx de vesche, et une missive de Chandeleur, par laquelle

il m'advertissoyt de la dite taxe de Basan qui se monte comme il m'a escript
IIII cents LXXIII livres X sols tournoys.

Le dit jour, je conte à Doisnard de XVII journées qu'il avoyt besongné à
ma pépinière, je luy debvoys III sols que je luy paye et luy baille ung boisseau
de tremoys et une rasière d'avène, il me demeura en reste de XIIII sols.

Le dit jour, j'envoye Cantepye à Gatteville luy signifier une appellation de
telle taxe qu'il pourroyt avoyr sur moy, ce qu'il fist par Lucas Le Roux, sergent, qui heult. . . . . V sols.

Le dit jour, maistre Gratian Boullon souppa et coucha céans que j'avoye
mandé par Pasquet qu'il vinst parler à moy.

Le luny XVIIe, je ne bouge de céans d'avecque mes massons. J'euz le harnoys au Sage et de Guillaume Feullye pour charier de la pierre du presbitaire
jusques à ma dite pépinière que je fes clorre au closet du vivier. Dès le matin
Jehan Liot (que j'avoye hier mandé par Hubert Toutdoulx) vinst parler à moy
nous déjeusnasmes ensemble céans, puys s'en retourna.

Le mardy XVIIIe, je ne bouge de céans d'avecque mes massons, sçavoir :
Nicollas Groult, Sadave, Touraine, Saulne, Plesse et Doisnard, Philippin
Hamel, Guillaume Bihel, Lorimier, le viel Dancel, carreyèrent de la pierre au
presbitaire ; sur la relevée, Servays Voysin se blessa au pié et s'en retourna à
cheval sur le cheval Perin Paris que Vincent Paris fut mener. Le Valot et
Tahot charrièrent de la pierre de leur harnois et le Monstre d'un de ceulx de
céans. Jehan Groult filz Thomas donna deux potz de cydre aulx massons et
carreyeurs.

Le mercredy XIXe, je ne bouge de céans avecque mes ouvriers. Apprès disner,
je m'en allé à la mer à Tourlaville, où j'avoye cinq harnoys. Sçavoir Drouet,
Auvre, Mesnage, Jehan Paris et ung de céans qui apportèrent checun une
chartée de pers que je fys déchaiger près l'ostel Barrier pour clorre l'issue de
devant la grange pour y labourer et puys y planter des pommiers.

Le jeudy XXe, je ne bouge de céans d'avecque mes massons et carrayeurs.
Je fus disner chez Drouet, à la feste d'une fille que j'avoye nommée Gillette.
Missire Jacques y estoyt, le père de Julianne, Germain Drouet et sa femme, et
Thomine Margeneste.

Le dit jour, je baille au viel Dancel sur ses journées que je luy puys debvoir
                                                                    III sols.

Le dit jour, j'envoye à la mer quérir des pers quatre harnoys, Jacquet,
Quentin et Poygnant ensemble Louys Margeneste Raulet Vaultier et Perin
Paris ensemble, et ung de ceulx de céans.

Le vendredy XXe, je ne bouge de céans d'avecque mes ouvriers. Cantepye
revinst de Bayeulx que je pensoye qui allast jusques à Rouen ce qu'il ne peult
faire pour ce que ma seur de la Bigne me faillit de promesse. Il estoyt party
mercredy matin, je luy avoye baillé ung escu sol dont il despendit XXIII sols.

Le dit jour incontinent que Cantepie fut revenu de Bayeulx je l'envoye à Cherebourg pour avoir de l'argent pour retourner à Rouen quérir une appellation contre Basan et revinst au soyr mesme apprès soupper.

Le dit jour viron my relevée Hébert Robidas et Guion des Champs vindrent quérir de l'argent pour les pers qu'ils m'avoyent livrés hier et devant hier, je leur baillé ung boisseau de tremoys pour xv sols et xi sols qu'ils avoyent heuz le dymenche segond jour de ce présent moys sur six perches de pers selon nostre marché fait le dit jour. . . . . xv sols.

Le sabmedy XXIIe, je ne bouge de céans d'avecque mes massons Françoys Dauge commença à planter ma pépinière que les dits massons clorent. Comme j'estoys là, missire Robert Le Paslier du Vast et ung aultre homme avecque luy m'apporta ung mandement que je luy signe dedens la carrière du presbitayre présens le viel Dancel, Hamel, Servays Voisin, Guillaume Bihel qui carroient de la pierre, sur le soyr le Monstre rompit la noche du tumbereau de quoy on charioyt de la pierre et rompit dedens le jonc.

Le dit jour, je renvoye Cantepie à Rouen pour querir la dite appellation, je luy baille xi livres xi sols pour faire son voyage. . . . xi livres xi sols.

Le dit jour au soyr, Cresne et sa femme (1), ung gentilhomme que le dit Cresne appelloyt Bourg neuf et ung aultre qu'il nommoyt Menye, une Damoyselle nommé Ville neufve et deux aultres serviteur, arrivèrent céans ; ils y souppèrent et couchèrent. Apprès soupper je pense la jambe de ma nyepce de Cresne où elle a grand mal, je luy baille ung emplastre pour luy oster le feu.

Le dit jour, receu de Thomas Drouet xlviii sols pour troys boisseaulx de fourment qu'il avoyt vendus ce jourd'huy à Cherebourg, de quoy il en employa en cuyr et chandelle et poyson xii sols par quoy il ne me rapporta que

xxxvi sols.

Le dymenche XXIIIe, je ne bouge de céans, Cresne, sa femme et leur compagnée s'en allèrent dès le matin avant la messe à Monferville (2).

Le dit jour, apprès disner, les Vers Boys, et Herard Louys, vindrent céans et me parlèrent de quelques entes qu'on avoit desrobés au dit Herard, qui

---

(1) Nous avons vu que la mère de Gilles de Gouberville, Jeanne du Fou, avait épousé en 1res noces Gilles de Belval, dont une fille posthume, Jeanne de Belval, mariée à François de Crux. De cette union naquit Jacqueline de Crux, mariée le 1er avril 1534 à Nicolas du Parc, baron de Crenays, qui mourut en son château de Crenays, près Avranches, en 1571.

[St Allais, nobiliaire, t. VII, p. 294.]

(2) Madame de Crenays et son mari habitaient aussi le château de Montfarville. Elle y fut même assiégée en 1589 par les Ligueurs, parce que ses deux fils servaient dans le parti du Roy, et elle aurait péri ainsi que sa petite-fille, Jacqueline du Parc, si ses vassaux n'étaient venus à son secours. La perte qu'elle éprouva fut estimée à plus de 30,000 livres.

[St Allais, idem.]

estoient plantés en ung jardin en ceste ville et me prièrent que je me enquisse d'où ils estoyent venues.

Le dit jour, baillé à Dancel sur ce que je luy puys debvoyr de ses journées
                      iii sols.

Le dit jour, baillé à Guillaume Touraine, pour dix jours à xx deniers pour jour qu'il a esté les sepmaines dernières passés à massonner à ma pepiniere xvi sols, je luy suys demeuré en reste de viii deniers . . . . . xvi sols.

Le lundy de la Passion, vigile Notre Dame, je ne bouge de céans. Il pleut tout ce jour. Verdelet de Gouberville me vinst dire qu'il estoit venu une pippe de vin à mon gravage. Il souppa et coucha céans.

Le dit jour, viron my relevée, ung nommé Jehan Liger (comme il se disoyt), soy disant serviteur de Gruchy de Couville, menant deux chevaulx et ung mullet chargés d'orge, venans de Reville, vinst en ceste court demander le chemin à Tollevast. Je le mene jusques au chemin de grand camp où je trouve Raullet Feullye, auquel je commande le mener jusques à la ryvyère de Cinpereux. Le dit Liger avoyt un garson avecque luy qui luy aydoyt à toucher ses chevaulx.

MIL CINQ CENTS CINQUANTE.

Le mardy, jour Nostre Dame, toute la matinée, il ne cessa de neger. Apprès disner, je m'en allé Symonnet avecque moy coucher à Gouberville, on disoyt vespres quand j'arrive; apprès vespres, je m'en allé pourmener sur le rivage de la mer, Joret, Philippin Tocque et Fortune avecque moy. Au retour, je fys sonder la pippe de vin qu'on avoyt trouvée à mon gravage, il s'en faloyt le tiers qu'elle n'estoyt plaine et y estoyent présens Jehan Pohier, Symon Chardine, Marin Flamenc, Philippin Tocque, Fortune, Verdelet, Joret et son frère et plusieurs aultres, messire Jehan Le Selierre s'y trouva qui souppa avecque moy.

Le mercredy XXVIe, viron ix heures, je m'en allé à Monferville et y fys porter ung coing de beurre par Verdelet; nous y dinasmes, Cresne, ma nyepce maistre Thomas Godefray, Olivier Bovyn et plusieurs aultres. Apprès disner, vinst Jacques du Tourp, Le Vredonieur et le Croulte avecque luy. Nous allasmes tous ensemble nous pormener sur le rivage, puys monte à cheval et m'en vins coucher céans, Verdelet me convya jusques à Tronville.

Le dit jour, j'arrive céans ung peu apprès soleil couchant. Je trouve Nicollas Groult, Sadave, Touraine, Plesses, Saulne, Doysnard, Servays Voysin et plusieurs aultres qui achevoyent le mur du bas de ma peppinière.

Mars 1550.

Le dit jour, je baille au dit Groult vi sols restans des journées qu'il m'avoyt faictes, à Saulne xx sols, à Sadave xx sols, à Plesses xii sols, à Voysin, iiii sols.

lxii sols.

Le dit jour, baille à Hamel iiii sols, cestoient xx sols qu'il me debvoyt, sur quoy il avoyt faict xvii journées. . . . . iiii sols.

Le jeudy XXVIIe, je ne bouge de céans, Le Marchant, Hamel, Lorimier, Le Monstre, Georget Paris, besongnèrent à fouyr à ma peppinière et achevèrent.

Le vendredy XXVIIIe, je ne bouge de céans, frère Richard Chasles prescha en ceste ville. Il disna et coucha céans et son compagnon, et maistre Gérard Durand, Françoys Daulge et Thomas Drouet plantèrent des peppins, Hamel, Lorimier, Le Marchant, Le Monstre, Georget Paris vuydèrent l'estable aulx vaches. Gilles Auvre fut à Vallongnes quérir une excomunye pour moy et pour Mesnage, je luy baille . . . . ii sols.

Le sabmedy XXIXe, vigille de Pâques Fleurye, je ne bouge de céans, je fys vuyder le coulombier à Georget Parys, au Marchant, à Lorimier. Philippin Hamel arracha une racyne d'ung gros chesne qui estoyt encore dedens ma pepiniére. Laquelle peppinière fut ce jour achevée de planter. La femme Thomas Drouet releva ce jour, je y fus après disner pour parler à Varin, ce jour je fys semer xxx rasières d'avene à la Basse vente.

Le dit jour Thomas Boullon en revenant de la Fleurye tomba de cheval pres Carbec, comme il disoyt et couroyt après son cheval que je luy arreste près le grand jardin, present Thomas Drouet et Verdelet de Gouberville.

Le dit jour au soyr, Cantepie revinst de Rouen de quérir une appellation contre Basan.

Le dit jour, pour du rys, du raisin et des figues que Tromas Drouet apporta de Cherebourg. . . . . v sols.

Le dit jour. ma seur de St Naser m'envoya par ung des fils de Georget du beurre frays et du poyscon, et Verdelet de Gouberville en apporta que missire Jehan Le Selierre et Symon Chardine m'envoient.

Le dit jour, Douart, qui estoyt hier venu planta de l'aspic et de la lavande au jardin . . . . .

Le dymenche de Pasques Fleurye pénultime jour, je ne bouge de céans, apprès disner ung nommé Daboville, serviteur de Brillevast, m'apporta unes lettres de Mademoiselle de Brillevast.

Le lundy dernier jour je ne bouge de céans. je fys greffer par Thomas Drouet les surets de devant le moulin, et aulcuns de ceulx d'au long la chaussée ; comme nous estions là en besongne, André Verdun et ung aultre que je ne cognoys vindrent chez Pyvain et contraignirent une aulne de toyle qui estoyt à Henrye, que je luy fys rendre, tantost apprès, vinst passer Cresné et ma nyepce et leur compagnée, je m'en vins quand et eulx céans. Apprès arriva ma seur et les Hachées (1).

Le dit jour Cantepye apporta de Cherebourg du poyscon et des semailles pour. . . . . x sols.

Le dit jour pour une libvre de chandelle que j'achatte céans . . . ii sols.

Le dit jour maistre Richard vinst de Monstebourg que j'avoye mandé sabmedy par Jehan Parys pour qu'il pensast la jambe de ma nyepce de Cresne.

Apvril 1550.

Le mardy premier jour je ne bouge de céans, apprès disner Cresne et ma nyepce s'en allèrent soupper et coucher à Erodeville; ma seur s'en retourna à St-Naser sur ma haquenée, je luy baille Douart pour la ramener demain.

Le dit jour au soyr viron soleil couchant Joret Gaillard me vinst dire, que Gatteville l'avoyt contrainct par la prinse de ses bestes, pour une taxe de despense qu'il avoyt sur moy montante iiii cents lxxiii livres vii deniers tournois.

Le mercredy IIe, je ne bouge de céans, avant que je fusse levé le Saulvage vinst céans pour avoyr du tremoys, et pour ce qu'il n'avoyt poinct de sac il retourna (apprès que nous heusmes desjeuné) quérir ung sac et apporta iii boisseaulx de veche et remporta iiii boisseaulx de tremoys, apprès qu'il les heult faict venner à Estienne Cardet qu'il avoyt emmené quand et luy Mesnaige s'y trouva auquel j'en baille deux boisseaulx pour la charité de Pasques.

Le dit jour, Cantepye alla à St Pierre pour signifier mon appellation à Basan de la taxe qu'il a sur moy. Il estoyt quasi soleil couché quand il arriva. Nicolas valet de chiens du cappitaine de Cherebourg partit d'ycy pour aller à Vallongnes, il estoyt arrivé her soyr apprès soupper.

Le jeudy absolut IIIe, je ne bouge de céans; apprès la messe maistre Gilles Cabart, Chandeleur et maistre Guillaume Lyot vindrent disner céans, apprès disner le dit Cabart et Cantepye s'en allèrent aulx lievres et trouvèrent Baudet en sa maison qu'ils emmenèrent. J'envoye le dit Baudet à Vallongnes par le dit Cantepie, Chandeleur et le dit Liot. Comme j'estoys à Ténèbres arriva Monsieur de Tilly en l'église.

(1) Les Hachées était frère de Jacques du Moncel l'époux de René Picot de Gouberville sœur de Gilles. Ceux-ci avaient trois autres frères et deux autres sœurs : savoir Le sieur de Vucognes, Le bailly de l'abbaye de Cherbourg et Jean du Moncel Religieux de l'abbaye d'Ardennes décédé le 5 avril 1594. Voir l'article que lui a consacré Jacques de Cahaignes dans ses Éloges des citoyens de la ville de Caen. Les deux autres sœurs étaient ainsi qu'il a été dit précédemment : Gillonne Picot qui avait épousé Pierre André sr de La Bigne, lieutenant particulier du bailly de Caen, et Tassine Picot qui épousa François Thesart sr des Essarts.

Apvril 1550.

Le Vendredy Sainct IIIIe, apprès le service et disner, je m'en allé chez Jehan Liot à Breteville, Cantepie, Thomas Drouet et Françoys Dauge, nous beusmes là checun sa foys, puys nous en revinsmes céans, près la vielle maison Baudet; nous trouvasmes en nos en revenant Thomas Besle et son beau père, qui alloient sumer de l'avène.

Le sabmedy de Pasques V^e, je ne bouge de céans; pour ung chymier de beuf et les piedz et le chaudin d'ung veau que Cantepye apporta de Cherebourg xii sols. J'envoye se mesme jour Symonnet à Vallongues porter ung chevreau à Monsieur Le Viconte. Il vinst ung serviteur surnommé La Porte de Vallongues pour Pierres du Castel, qui charchoyt Cantepye pour avoyr ung mast de navire . . . . xii sols.

Le dymenche jour de Pasques VI°, nous fismes nos Pasques en la chapelle; missire Jehan Freret nous confessa et administra, je luy donne pour sa vacation vi sols.

Le lundy VIIe, après la messe ouye en ceste ville, je m'en allé disner chez le curay de Tourlaville où se trouva le sieur de Digoville et du Bosc son vicayre, Jacques et Guillaume dicts Cabart et le vicayre de Tourlaville et Monsieur de Tilly; je fus à vespres à Tourlaville, après vespres je m'en revins le dit sieur de Tilly, missire Jehan Auvre et Symonnet que j'avoye mené quand et moy, Claude et Gilles Cabart nous convièrent jusques emmy la lande.

Le mardy VIIIe, je ne bouge de céans; après la messe fut baptisé ung fils pour Guillaume Tibert de Gonneville et Gillon Auvray sa femme, fille de Nicolas Auvre de ceste paroisse, lequel fils maistre Martin Cauvin, curay de Tilly, nomma Martin; après le baptesmes nous allasmes disner chez le dit Cauvin, missire Jacques Auvre et Nicollas son frère, missire Jehan Freret, Nicollas Quentin, Louys Margeneste, et plusieurs aultres; sur le disner survinst mon frère Françoys qui disna avecque la compagnée; Le Monstre me vinst quérir pour ce que St Naser estoyt à notre maison, je m'en vins incontinent, je le trouve où il disnoyt céans.

Le mercredy IXe jour je ne bouge de céans, la femme de Douville qui estoyt hier venue quand son mary et son fils, s'en retourna son dit filz quand et elle à Douville apprès disner. Viron iiii heures apprès mydy mon oncle arriva et venoyt de Gouberville, où il avoyt faict sa feste de Pasques, il souppa et coucha céans.

Le jeudy X^e, je ne bouge de céans, dès le poinct du jour mon oncle (1)

---

(1) Jean Picot, fils aîné de Guillaume Picot IVe et de Tassine d'Orglandes. Il était curé de Gouberville et seigneur temporel de Russy, Houteville . . , . . Il décéda le 11 septembre 1560 et fut enterré en l'église de Russy. Me Gaspard Troulde, qui depuis l'an 1554 avait été vicaire de Gouberville, lui succéda alors dans le gouvernement de cette paroisse.

Le registre des baptêmes écrit de la main de Me Gaspard Troulde, existe encore. Les bap-

partit pour aller passer au grand Vay, Harel avecque luy. Doisnard, Hamel et le Marchant besongnèrent tout le jour à ma peppinière à hausser le mur.

Le dit jour, baille à Pierres Dancel de Saulsemesnil pour ung jours qu'il avoyt besongné au fossé de ma peppiniere. . . . . v sols.

Le vendredy XIe, je ne bouge de céans, le viel Dancel, Hamel et le Marchant achevèrent le fossey de ma pepiniere et Doisnard besongna à la muraille et quand le fossey fut achevé il commencèrent à aumurer de terre sur le mur par devers le vivier.

Le sabmedy XIIe dès le matin, je m'en allé à Cherebourg, Cantepye, Gilles Cabart avecque moy pour une veue qui estoyt entre Pierres Robin et Philippin du Ruel, a ung moulin à tan qui est ung peu audessus des moulins du Roulle, les Essars se trouva pour le dit Robin, Bismas, Jehan Anquetil, le procureur Vastel, Pierres Groult, Thomas de la Fontaine et plusieurs aultres. Apprès nos allasmes disner chez Nicollas Symon. Le dit Vastel, Bismas, les Essartz, Demons, les parties et plusieurs aultres. Je party de Cherebourg à cinq heures et m'en vins par la place de Tourlaville, j'entre chez Potier et vys le tourneur à ostils de son fils Thomas que sa mere me monstra et me dist qu'il Thomas estoyt allé à Triauville chez Monsieur de Beauchamps

Le dymenche XIIIe, la procession de ceste ville fut à Digoville pour la paix (1) qui avoyt esté crye naguères, laquelle procession mena Monsieur de Tilly. De Digoville je m'en allé disner à Breteville chez mon cousin (2), où se trouva Harcla et sa femme, Le Parc et sa femme, Jehan Liot et sa femme, le

---

tèmes y sont inscrits depuis l'an 1563 jusqu'à la date du 18 avril 1600. Il est intitulé, autant qu'on peut le lire, malgré les déchirures et l'atteinte du temps : « *Index puerorum masculini* « *sexus vel femini Baptisatorum Domino Gaspardo Troulde curato paroisse de Gouberville seu* « *cujus vicario. In anno Domini 1563.* »

Ce registre est recouvert en parchemin cousu sur nerfs apparents; il a une hauteur de 0^m,112; il est écrit d'une écriture bien formée et très lisible; mais les premières pages sont déchirées pour la plupart, repliées sur elles-mêmes et fort endommagées. Le dernier acte inscrit sur ce registre porte la date du 16 novembre 1626; mais l'écriture ne paraît pas être de Gaspard Troulde depuis l'acte inscrit au 18 avril 1600.

[Ce registre nous a été communiqué par M. Dronet, ancien greffier de paix à St-Pierre-Église.]

(1) Sans doute à l'occasion de la paix avec l'Angleterre. — Henry II rentra dans Boulogne moyennant 400,000 écus payables en deux termes.

(2) Jean de Briqueville, seigneur et patron de Bretheville, dont il rendit aveu devant le vicomte de Valognes le 17 octobre 1541. Il décéda sans avoir été marié. Sa seigneurie de Bretheville près Cherbourg était passée au commencement du XIVe siècle dans la famille de Briqueville par le mariage de Cécile Picot, Dame et patronne de Bretheville, avec Jean de Briqueville. De là la parenté des Briqueville avec le sire de Gouberville.

[d'Hozier, Reg. II. 1re partie.]

vicayre de Breteville et sa mère, Galetières et plusieurs aultres, Symonnet vinst avecque moy pour ce que Cantepye avoyt esté seigné à ce matin par maistre Richard qui estoyt her soyr venu pour l'affere.

Le dit jour, en m'en revenant de Breteville, je passe par chez Jacques Cabart où estoyt Claude Cabart et sa femme, Nicollas de St Gabriel et plusieurs aultres qui y avoyent disné, il estoyt soleil couchant quand j'arrive céans.

Le lundy XIIII°, je ne bouge de céans, Cantepye fut à Cherebourg qui apporta ung cymier de beuf et une libvre de chandelle qui coustèrent   xii sols.

Le dit jour, ung vieillard ménestrier et son filz de Hambye (comme il disoyt) passèrent céans, je leur fiz donner à desjeuner, il estoyt viron dix heures de matin, j'envoye le Monstre chez Chandeleur luy porter deux boisseaulx de tremoys que je luy avoys hier donnés en allant à Breteville.

Le mardy XV°, je ne bouge de céans, j'envoye le Monstre à Tourlaville, aux Flouettes, lier de l'estrain et luy baille pour les batteurs . . . . ii sols.

Le dit jour, viron iiii heures apprès mydy, Sanson Pinel et son filz me vindrent trouver, sur la fontaine Parys, Cantepye avecque moy, de là nous en vinsmes à ma peppiniere où Denys le Marchant et Hamel fouissent au long du mur vers l'église, le dit Pinel leur donna ung sole pour le vin, et le baille à la Tupaine.

Le mercredy XVI° toute la matinée je ne bouge de céans. Viron quatre [heures] apprès mydy je m'en allé à Gouberville, Symonnet avecque moy ; il estoyt jour failly quand nous arrivasmes là.

Le jeudy XVII° je ne bouge de Gouberville. Je allongue le terme de fermage de mon moulin à Martin Birette jusques à la St Michel prochaine au prix du viel bail. Le dit Birette, missire Jehan Le Selierre, Symon Chardine et plusieurs aultres, disnèrent en ma chambre.

Le dit jour, receu de Cardete, femme de Guillaume Gaillard dict Sergent, iiii sols ii denniers pour ce qu'il peult debvoyr du terme St Michel dernier.
                                                                    iiii sols ii deniers.

Le dit jour, receu de Nicollas le Holt ix sols et sa part de dix huyct vieulz razières de fourment sur le terme St Michel dernier et ce qu'il debvoyt d'arrérages de poullaille. . . . . ix sols.

Le dit jour, pour deux potz de cydre pris chez le cappitaine de Tocquevile,
                                                                    ii sols.

Le dit jour, missire Jehan Selierre, Symon Chardine et Philippin Toque souppèrent avecque moy.

Le vendredy XVIII°, apprès avoyr desjeuné à Gouberville, je m'en allé au Vast chez Françoys Guérin où se trouva Vastel procureur des eauez et forestz, maistre Gilles Cabart, greffier, Olivier Pilet et plusieurs aultres. De là nous allasmes tournier et visiter le boys qui est environ les casteaulx de Momme-

12

lien tenu à tiers et danger du Roy par le sieur de la Mote du Vast. De là nous en vinsmes à Torqueteville, chez le dit Vastel, où se trouva le sieur de St André. Nous y dinasmes. Après disner le dit Vastel me vinst convier jusques au Teil. Je m'en vins par chez Philippin Gallye que je trouve malade. Il estoyt viron troys heures après mydy quand nous arrivasmes céans.

Le sabmedy XIXe. Richard de la Planque se trouva céans avant mon lever. Nous allasmes à Cherebourg pour son affere, Cantepye me vinst trouver chez Nicollas Symon, il revenoyt de Triauville pour une adjudication que Famichon avait faicte faire de quelques biens appartenant au dit Cantepie et Allonse de Castille.

Le dit jour, je disne chez Gabrielle Symon, Monsieur de St Naser (1), La Planque, Cantepye et plusieurs aultres, La Planque paya; après avoyr salué le cappitaine que je trouve entre deux portes, je m'en vins par l'hermitage et par l'ostel Quevillon; le cheval Cantepye supposa et fut contrainct le laisser chez Hermoluce. Quand j'arrive je trouve le sieur Allonse de Castille et ung nommé Jehan le Viel qui estoyent arrivés et venoyt de Rouen, le dit Castille avoyt une main pendue au col d'une emposthume qu'il avoyt sur le poulse.

Le dymenche XXe, je ne bouge de céans; avant que je fusse levé, les Vershoys, Gerard Louys et Jehan Liot se trouvèrent céans qui avoient affère à moy pour des entes que Richard du Bosc avoyt desrobés au dit Louys et vendus à Tupain. Françoys Dauge vinst comme nous estions à la messe et m'avoyt apporté une couvée de poulets. Après disner, Joret Gaillard (qui estoyt hier venu et avoyt apporté ung veau gras) s'en retourna à Gouberville.

Le dit jour, baille à la fille Maslard pour cinq libvres de fillace que Guillemette me dist qu'elle avoyt fillées . . . . iii sols iiii deniers.

Le lundy XXIe, je ne bouge de céans; viron mydy j'envoye le Monstre à Monstebourg quérir maistre Richard qui arriva à jour failly, dès le matin le sieur de Castille, Cantepye et Jehan Le Viel allèrent à Cherebourg et en revindrent viron à une heure de nuyct. Symonnet alla à Cherebourg faire ferrer le grand cheval et rapporta ung chymier de beuf, pour le tout xv sols.

Le mardy XXIIe, je ne bouge de céans; le sieur de Castille et moy fusmes disner chez Auvre à la feste de Gillon, femme de Guillaume Tybert, où se trouva Robert Tibert et sa femme, Mathieu Mesnage et sa femme et plusieurs

---

(1) Jacques du Moncel, s^r de St Nazer, l'époux de Renée Picot de Gouberville, sœur de Gilles, fut commis par lettres du Roy Henry II, expédiées à Rheims le 14 juillet 1557 lieutenant de l'amiral de France aux sièges, rades, havres et ports de Cherbourg et de la Hague, et à la charge de capitaine de la milice des côtes sous missire Pierre de Harcourt, lieutenant général pour Sa Majesté au gouvernemént de Normandie.

[Maison d'Harcourt, tome II, p. 1582]

aultres, Cantepie fut à Vallongnes pour parler au Verdier touchant les missives et mandement que Monsr Trexot avoyt envoyés pour faire rebanir les fieffes par luy par cy devant adjugés.

Le mercredy XXIIIe, je ne bouge de céans; j'envoye à Vallongnes Symonnet porter unes lettres au Prevost Cornu. Il revinst incontinent et apporta ung mandement pour faire adjourner tesmoings contre Baudet. Lequel mandement je baille à Queslin en sa maison à Digoville, présent Jehan Groult filz Richard.

Le jeudy XXIIIIe, je ne bouge de céans; dès le matin le dit Queslin m'apporta en mon lict la relation des adjournemens par luy faicts, j'envoye Cantepye à Vallongnes pour la dite affère.

Le dit jour de relevée, Basan m'envoya signifier ung anticipation par Brucan sergent.

Le vendredy XXVe jour St Marc, après disner Castille, Thomas Drouet et moy fusmes à Saulsemesnil et nous en revinsmes par le Teil. J'envoye Nicollas Le Valet et Nicollas Drouet à Gouberville quérir de l'orge pour sumer. Symonnet fut à Vallongnes porter ung chevreau gras à la femme de Denys Le Pasticher.

Le sabmedy XXVIe, dès le matin, La Planque me vinst quérir pour aller à Tourlaville chez le voyeur Lambert pour examiner certains tesmoings qui ne comparurent; nous disnasmes chez le dit Lambert, le prieur de Berroles, Arteney, le procureur Brisenes, La Planque et plusieurs aultres; après disner, je mande St Gabriel et l'appoinctasmes, le prieur et moy avecque les dits Arteney et Brisenes. Le s^r de Castille et Jehan le Viel furent à Cherebourg qui y trouvèrent Cantepye qui venoit de Triauville livrer ung mast et une verge à Clément Liez. Les dits Castille et Cantepye appoinctèrent au sieur de Rosel.

Le dymenche XXVIIe, je ne bouge de céans; après disner Chandeleur vinst pour faire quelques escriptures pour le dit de Castille, Jacque Rouxel et Vincent Marion vindrent parler à moy pour ung estel de fer que Baudet avoyt desrobé au dit Marion. Pasquet vinst qui emporta deux cuyrs de bestes aumailles pour tenner. Après soupper Chandeleur s'en retourna. Et viron unze heures de nuyct le sieur de Castille et Cantepie partirent pour aller à Triauville parler à Mademoiselle de Tourlaville pour les affères d'entre le dit de Castille et elle.

Le lundy XXVIIIe, je ne bouge de céans, Cantepye et Castille revindrent de Triauville, il estoyt viron vii heures de soyr. Cresne vinst de Vallongnes et ung serviteur nommé La Barre avecque luy, nous souppasmes tous ensemble céans.

Le mardy pénultime jour, nous allasmes à Vallongnes à l'assise, Cresne, Castille, Cantepye et plusieurs aultres. Je fus en l'auditoyre expédier une matière contre Basan. J'entre, Jacques Cabart avecque moy, chez maistre Pierres

Lenne procureur du Roy qui achevoyt de disner, nous mengeasmes d'ung pasté de lièvre et heusmes propos du procès de Baudet et de ses larrecins. Je party de Vallongnes il estoyt soleil couchant, missire Pierres Blondel, vicayre de St Opportune, et Françoys Dauge s'en revindrent quand et moy, Cantepye demeura à Vallongnes. Ce mesme jour, ung qu'on nommoyt Jehan de Lanuy fut mys sur la roe et fusmes voyer faire l'exécution. Monsieur le Vicomte de Vallongnes, Cresne, le procureur du Roy, le lieutenant Bastard et plusieurs aultres.

Le mercredy dernier jour, je retourne à Vallongnes, Symonnet avecque moy ; je desjeune chez Denys avecque le Prevost le Cornu, Cresne, Lesperon, Thomas Godefrey et plusieurs.

Le dit jour, je fus à la jaule, je donne à Combault et à Vitecoq à checun deux sols tournois.

Le dit jour, l'herbage et pasturage des forests pour le moys de may fut bany en la main de Richard Eudet du Teil, scavoir la verderye de Vallongnes à xxi livres, la verderye de Cherebourg à xvi livres. Apprès que le dit Heudet fut sorty de la cohue des Esleus, où la banye se faisoyt, Guerin Avene encherit la verderye de Cherebourg de x sols, auquel Avene fut commandé qu'il feist revenir le dit Eudet auquel la chose estoyt desja croysée ou qu'il encherist de xx sols, ce qu'il Avene ne voulut faire et partant le tout demeura au dit Heudet du consentement de Brisset recepveur du domaine qui present estoyt. Il estoyt viron cinq heures quand je party de Vallongnes, Cantepie et Symonnet s'en revindrent quand et moy ; le dit Symonnet à pied.

Le dit jour, receu de Germain Drouet pour le terme de Pasques dernier,

xi sols.

May 1550.

Le jeudy premier jour, je fus à Vallongnes pour appoincter Cresney et Egremont, nous dinasmes chez Denys, les dits sieurs La Grange, Rataut, maistre Thomas Godefrey, maistre Guillaume Lyot, Jehan Levesque, et plusieurs aultres. Apprès disner, l'advocat Verrier y vinst pour le dict appoinctement qui ne se feist poinct. Il estoyt viron six heures quand je party à m'en venir céans.

Le vendredy 11e, je retourne à Vallongnes, à l'assise, pour parler à l'enquesteur et à Gateville de nostre appoinctement, le dit Gateville ne s'y trouva poinct. J'en party viron iiii heures apprès mydy, apprès avoir longuement devisé avec le cousin de la Myaulfe de ses boys de la Mote du Vast.

Le sabmedy IIIe jour Ste Croix, je ne bouge de céans, Jacques Cabart et Jehan Liot y vindrent apprès disner et me prièrent que je parlasse pour Guillaume Noyon qui estoyt prisonnier. Le dit Liot emmena traize moutons que je luy vendy xviii livres, et comme il s'en alloyt vinst maistre Gilles Cabart qui revenoyt de convier l'advocat Verrier (1), lequel venoyt de voyer la terre et seigneurie de Digoville pour l'achatter . . . . xviii livres.

Le dymenche IIIIe, je ne bouge de céans, Joret apporta quatre oesons que Marguet m'envoyet; Cossin et Vincent Varin se trouvèrent à l'issue de la messe pour la publication des fieffes.

Le dit jour, baille à Nicollas Le Valet sur ses gages troys rasières d'avène pour . . . . xviii sols.

Le dit jour, missire Clément se trouva à nos vespres, je l'emmeney à soupper céans apprès avoyr longtemps devisé ensemble près l'église.

Le lundy V^e, je ne bouge de céans ; j'envoye mes serviteurs à Bretteville au presbitaire quérir de l'estrain, et portèrent iiii boisseaulx de tremoys pour en avoyr six d'orge, qu'ils n'eurent poinct pour ce que le vicayre estoyt à Cherebourg.

Le dit jour, maistre Guillaume Langloys (qui estoyt ycy de sabmedy au soyr) s'en alla à Cherebourg. Maistre Gérard Durand s'en retourna à Vicel et estoyt ycy de sabmedy.

Le dit jour, frère Guillaume André, relligieulx à Barfleu, partit de céans au matin. Je le fys porter sur ma haquenée jusques au presbitayre de Gonneville par le Monstre. Le dit André estoyt her soyr arrivé comme nous achevions de soupper.

Le dit jour, receu pour iiii boisseaulx de fourment que Tassin Quentin vendit à Cherebourg. . . . . iiii livres tournois.

Le dit jour, pour ung chymier de beuf que le dit Tassin apporta de Cherebourg . . . . vi sols.

Le mardy VIe, je ne bouge de céans; tout le jour je fys porter des terres à l'ostel Barrier, Nicollas Le Valet fut à Breteville chez le vicayre quérir vi boisseaulx d'orge. Denys Gosselin du Teil m'apporta ung chevreau. Cantepye revinst de Carenten où il estoyt allé dymenche pour l'assise qui y est ceste sepmaine. Il fust allé jusques chez Bailleul, mays pour ce que son cheval fut prins d'un javart, il fut contrainct de s'en revenir.

(1) Maître Jéhan Le Verrier, avocat pour le Roy à Valognes, marié le 8 juin 1558 à Françoise du Mesnil, qui lui apporta la seigneurie de Tocqueville. De ce mariage naquirent Jacques et Gilles Le Verrier, Jacques l'aîné, seigneur de Tocqueville, épousa, le 3 novembre 1596, damoiselle Catherine de Hennot, fille de Jean de Hennot, seig^r de Théville, et de Jacqueline du Parc. Jacques Le Verrier fut, paraît-il, préféré à Jean de Pierrepont, seigneur d'Étienville ; celui-ci se consola de cette préférence en épousant Marguerite d'Orglandes, veuve de Jean de St-Gilles. Cette branche des Hennot, seig^r de Théville, était parente de Gilles de Gouberville à cause du mariage de Perrette d'Orglandes, tante de Tassine d'Orglandes, grand'mère de Gilles avec Robert de Hennot.

Catherine de Hennot avait épousé en premières noces Jean Brisset, écuyer, s^r du Quesney.

Le mercredy VII⁰, je fus à Vallongnes tenir les haults jours, nous dinasmes chez Denis l'advocat et procureur du Roy, maistre Pierres Collas, Lesperon, Blanqueville, Barnavast, Boutron, Cossin, Pinel, Bellefeulle, Ble et plusieurs aultres; après disner je fus tenir le reste des haults jours, puys m'en revins Cantepie avecque moy.

Le jeudy VIII⁰, après disner, j'envoye Cantepye en Bessin pour parler à Bailleul et luy baille 33 sols, je m'en allé coucher à Gouberville, Symonnet à pyed avecque moy, je souppe et couche audit lieu, Marguet m'apporta du pain blanc pour ce que n'en avoys peu recouvrer ailleurs.

Le vendredy IX⁰, dès le matin, le lieutenant de St Saulveur, frère Guillaume André et frère Marcouf vindrent à Gouberville, nous y desjeunasmes tous ensemble, après desjeuner nous allasmes à Gatteville les dessus dits et moy et parlasmes au sieur du lieu de nos afferes. Il sonnoyt XII heures quand nous y arrivasmes, après avoyr communiqué de nos afferes et banqueté lyens, nous en revinsmes le dit lieutenant et moy et les moynes s'en retournèrent à Barfleu. Après je monte à cheval et m'en vins souper et coucher céans.

Le dit jour, avant que de partir de Gouberville, receu de la veufve Jehan Gaillard dict Talebot sur ce qu'il et ses frères peuvent debvoir de la St Michel,   viii sols iiii deniers.

Le dit jour, avant que aller à Gateville, je baille à Jehan Levesque ung mandement de délivrance de chauffage pour le dit sieur Toqueville et ung aultre aulx dits relligieulx, le tout à prendre à Bouteron.

Le sabmedy X⁰, dès le matin, je m'en allé à Cherebourg, Symonnet avecque moy, tout le jour je examine tesmoings pour la Planque contre Richard Verdun, verdier de Cherebourg, chez Nicollas Symon où nous dinasmes, Berteauville, de Mons, maistre Gilles Cabart et plusieurs aultres. Il estoyt entre six et sept heures quand j'en party et m'en vins par l'hermitage où Françoys Damours tiroyt aulx counins.

Le dymenche XI⁰, je ne bouge de céans. Apprès disner, André Birette et Sohier son beau frère vindrent céans. Le dit Sohier me baille en l'acquict de Martin Birette vi livres viii sols pour huyct boisseaulx de fourment que le dit Birette me debvoyt. Comme nous achevions de conter arriva Guillaume Cabart qui souppa céans, apprès soupper nous le conviasmes Cantepye et moy jusques aulx Besettes. . . . .   vi livres viii sols.

Le dit jour, Cantepye revinst de Bayeulx où il estoyt allé dès le jeudy, il despendit en son voyage. . . . .   xxiii sols.

Le lundy XII⁰ des Rogations, je ne bouge de céans; la procession de ceste ville fut à la chappelle, j'envoye dès le matin Symonnet à Cherebourg quérir du poyscon, il en apporta pour . . . .   vi sols.

Le dit jour, Alain serviteur de Denys Loryon vinst apprès disner pour achatter des pourceaulx, je luy en baille quattre, et luy dis que nous accorderions du prix son maistre et moy mays que je aylle à Vallongnes.

Le mardy XIII⁰ dès le matin, je m'en allé chez le voyeur à Tourlaville où tout le jour je examine tesmoings pour Laplanque contre le verdier.

Le dit jour, maistre Gilles Cabart s'en vinst soupper avecque moy céans, nous passames par chez le curay de Tourlaville que nous trouvasmes près sa vigne où il faisoyt ramer des poys, il me convia jusques audessus de l'église et entrasmes en la grange où son blé estoyt tassé et y trouvasmes les batteurs, le dit curay me promist du fourré pour mes chevaulx. Il estoyt quasi soleil couché quand j'arryve céans, la pluye nous pressa si fort que nous fusmes contraincts entrer chez la Danielle maistre Gille Cabart et Cantepye.

Le mercredy XIIII⁰, je ne bouge de céans; tout le jour je fys charier du fumier qu'on prenoyt devant l'uys Pierres Varin à la chanevière d'entre la maison et le chemin. Jacques Cabart passa par là au soyr qui venoyt de Vallongnes, je le convie jusques à l'hostel Berger et estoyent avecque luy le fils de Guillaume Girard et Petit, Jehan Groult; comme je souppoys, la femme Tahot m'apporta deux poulets.

Le dit jour, pour ung chymier de beuf que Richard Parys apporta de S⁺ Pierre, vi sols. Il m'apporta aussy une sitation comme missire Guillaume Le Flamenc avoyt faict cyter à vendredy prochain Joret Gaillard à Vallongnes.

vi sols.

Le jeudy XV⁰ jour de l'Ascension, je ne bouge de céans, Roumaine et une des cousines Symonnet furent ycy à la messe et à disner. Joret Gaillard apporta des pigeons, il coucha céans pour aller le landemain à Vallongnes contre missire Guillaume le Flamenc; Jacques Meslin vinst quérir Cantepye pour sa mère qui estoyt malade.

Le vendredy XVI⁰ dès le matin, le dit Cantepye et Meslin s'en allèrent à Cherebourg. Je m'en allé à Vallongnes, Joret et Symonnet avecque moy, je fus à la court de l'église et parlé au curay de Cherebourg qui tenoyt la chaisre pour l'absence de l'Official. Je fus longtemps à la dite court, puys m'en vins disner chez Denys, Berteauville et son pilet, missire Jehan Le Sellierre et Joret. Il nous cousta huyct sols que je paye, j'en party apprès quatre heures, le procureur Brisenes s'en vinst quand et moy jusques à la porte du boys.

xviii sols.

Le sabmedy XVII⁰ dès le matin, je m'en allé chez le voyeur à Tourlaville, Symonnet avec moy, examiner tesmoings pour la Planque, nous y dynasmes. Apprès mydy, viron iiii heures, je m'en vins maistre Gilles Cabart quand et moy qui souppa céans.

Le dymenche XVIII⁰, je ne bouge de céans, à la sortye de la messe, le sieur de Barville et son frère, saincte Catharine se trouvèrent. Ils dinèrent céans et Martin Birette qui apporta ung couple d'oysons.

Le dit jour au soyr, Cantepye me renvoya Jacques Meslin et unes missives que j'avoye baillés vendredy dernier à Vallongnes à Montaubert pour ce que son homme n'ala poinct à Rouen.

Le lundy XIX°, je ne bouge de céans, dès le poinct du jour j'envoye Symonnet à Cherebourg quérir Bissy pour envoyer à Rouen contre Basan, le dit Bissy vinst viron dix heures, je luy fys sa despesche et luy baille ung escu sol, il s'en alla pour coucher sur le grand vay. pour y passer demain entre six et sept. . . . . xlvi sols.

Le dit jour au soyr, Cantepye revinst de chez son père, et Douville et son fils vindrent viron my relevée pour aller le landemain à Vallongnes contre les paroissiens de Douville.

Le mardy XX° jour, dès le matin, je m'en allé à Vallongnes Cantepye avecque moy pour quelques matières des foretz, avant que expédier les causes des dites forests, je fus à l'extra de baillage parler au lieutenant Ma la matière de Thierry contre les paroissiens de Douville, nous dynasmes chez Denys Berteauville, La Marche, Auville, Guillaume Fenard (qui estoyt tout nouveau revenu d'Angleterre du voyage qu'y a faict monseigneur d'Angyen), La Planque et plusieurs aultres, le recepveur Brisset (que j'avoye examiné à la requeste du dit La Planque) présenta à la compagnée deux potz de vin. Apprès disner et avoyr expédié quelques affaires en ville, nous en vinsmes, Le Parc, Aubin Vaultier, Jehan Potier et plusieurs aultres. Il estoyt viron six heures quand j'arryve céans.

Le mercredy XXI°, je ne bouge de céans, Thierry (1) tua au soyr ung counin a la haulte Vente qui s'en alla mourir dedens les jans. Cantepye le fut charché à quatre pyeds et le trouva, apprès nous en vinsmes soupper, Tuppain apporta dix pigeons que Joret luy avoit baillés à St-Pierre.

Le dit jour, je fys arer et semer en chanevière la terre de devant la grange de l'hostel Barrier.

Le jeudy XXII°, je retourne à Vallongnes. Cantepye avecque moy. Je examine plusieurs tesmoings pour La Planque, nous dinasmes chez Denys, maistre Pierres Collas, Berteauville, maistre Gilles Cabart et plusieurs aultres, apprès disner y arriva ung homme soy disant advocat à Bayeulx et ayant fiancé une des filles du sieur de Magny et s'en alloyt à Tourlaville chez le

---

(1) Je ne sais s'il s'agit de Thierry Picot, grand oncle naturel de Gilles de Gouberville, car ce Thierry aurait été alors fort âgé, ayant pris part à l'expédition d'Italie en 1495. Avant son mariage avec Tassine d'Orglandes, Guillaume Picot, le grand-père de Gilles, avait eu ce fils en bâtardise d'une nommée Jeanne Le Cellier. Ce Thierry Picot, depuis son retour d'Italie, ut archer en la place de Cherbourg jusqu'à la fin de ses jours.

May 1550

curay pour quelques donation qu'il curay avoyt faicte aulx filles du dit sieur de Magny; La Planque l'emmena quand et luy, nous partismes de Vallongnes il estoyt viron iiii à v heures.

Le vendredy XXIII°, je ne bouge de céans, tout le jour je fys planter troys perches de pers devant la grange de l'hostel Barrier à Hébert Robidas, Gyon des Champs et Guigars.

Le sabmedy XXIIII°, je ne bouge de céans, Cantepye fut à Cherebourg, il apporta du beuf pour xii sols. Je fys tuer ung veau gras pour passer les festes, Guillaume Drouet l'accoutra et souppa céans.

Le dymenche XXV°, jour de la Penthecouste, je ne bouge de céans, après disner Thomas Drouet tira ung coup à des renardeaulx qui estoyent au capplier de la coulombière, Jehan Freret luy donne ung essaim qu'il avoyt trouvé à la campagne.

Le dit jour après soupper maistre Richard vinst pour me seigner demain.

Le lundy XXVI° dès le matin je fus seigné, viron mydy arrivèrent Mons' de St Naser et ma seur, Billon et sa femme et La Fosse, après avoyr banqueté nous en allasmes à la Boussaye voyer l'assemblée où nous fusmes viron troys heures, après nous en vinsmes soupper. Après soupper, le dit Billon, sa femme, La Fosse et leur compagnée s'en allèrent. Il estoyt viron soleil couchant.

Le mardy XXVII°, je ne bouge de céans, après la messe nous allasmes Mons' de St Naser, ma seur, Michelette, Nicolas Auvre et plusieurs aultres voyer ma peppinière, et de là au moulin et à la bergerye et de là disner. En passant entre le moulin et l'abreveoir de la bergerye je receu xxxv sols d'un veau que je vendys à ung boucher nommé Guillaume Baquesne, presens tous les dessus dits et en retins les pieds et le chaudin, après disner Mons' de St Naser et ma seur s'en retournèrent. J'envoye le Marchant (que je trouve chez Drouet) quérir les Saulnes au Teil pour venir sier de l'esserie de boul, et Symonnet à Gonneville pour quérir Sandrin . . . . . . xxxv sols.

Le mercredy XXVIII°, je ne bouge de céans, je fys tailler à Sandrin ung soye et unes chausses d'estamet noyr, je fys commencer se jour à relever les varetz du clos des Ventes, Cantepye fut à Cherebourg pour afferes qu'il avoyt à Famichon.

Le dit jour, receu de Thomas Le Brun xii sols vi deniers sur troys dîmes dernières de iiii sols ii deniers qu'il dict debvoyr au termes; presens Sandrin et Guillaume Marguette son serviteur et Georget Paris, dont je baille quictance au dit Le Brun, ... xii sols vi deniers.

Le jeudy XXIX°, je fus à Vallongnes Symonnet avecque moy à la court de l'eglise, contre missire Le Flamenc, qui fut condemné à mes despens. J'achatte deux douzaines d'agullettes qui coustèrent iiii sols, a raccoutrer mes esperons ii sols. Il estoyt troys heures quand je party. . . . . vi sols.

Le vendredy penultime jour, je ne bouge de céans, je fys touser mes brebys à la Varine, Perine Toutdoulz, Jehanne Berger, Jehanne La Marescalle et plusieurs aultres. Cantepye achatta à Cherebourg une jument grise haquenée entre ouverte qui luy cousta vii livres x sols tournois, de Guillaume Allain.

Le sabmedy dernier jour, je fus à la foyre à la Pernelle où je disne, Billon, frère Marcouf, La Fosse, le cappitaine du Teil, Gohel, maistre Pierres Le Moyne, Hansart, le viel Faulconnier, ce faict je parle à plusieurs à qui j'avoys affere, puys m'en revins Cantepye avecque moy, il estoyt cinq heures ou viron quand j'arrive.

Le dit jour, pour deux colliers que Guigars achatta . . . . . . ii sols.

Juin 1550.

Le dymenche premier jour de juin, jour de la Trinité, je ne bouge de céans, Toussainctz Mouchel, de Saulsemesnil, vinst penser une jument entre ouverte pour Cantepye, Chandeleur s'y trouva et Gaulvain, Quentin Thomas, Drouet tua ung renardeau sur le caplier de la coulombière, nous jouasmes aulx quilles toute l'apprès disnée jusques à vespres. Joret apporta des pigeons et des poules de Gouberville

Le lundy IIᵉ, je ne bouge de céans, dès le matin on trouva ung de mes beufs mort au clos dessus le moulin que le toreau avoyt tué. Maistre Gilles La Mache et maistre Pierres Le Fevre vinrent céans, viron mydy, y banquetayrent et souppèrent puys s'en allèrent à la carrière à Tourlaville, je les convie jusques en grand champ. Entre Martin doyt et Grandcamp, la jument du dit Lamache donna ung coup de pie au dit Lefevre sur l'os de la jambe.

Le mardy IIIᵉ, je fus à Vallongnes Cantepye avecque moy, nous ny beusmes ne mengeasmes, le Selleur portoyt le plat de l'église, je luy baille ii sols puys m'en allé à l'official que je trouve au manoyr l'Evesque qui me taxa despens contre missire Guillaume Le Flamenc. . . . . ii sols.

Le dit jour j'achatte de Pierres Beneste du fil de soye noyr pour v sols, et de Beaudry une peau pour faire des bottines qui cousta xx sols et du cuyr pour faire deux semeles qui coust iiii sols vi deniers pour ce que le cordon·nier n'en avoyt poinct d'assez fort. . . . . xxix sols vi deniers.

Le mercredy IIIIᵉ, vigille du sacre, je ne bouge de céans, je fys planter des pers à Hébert Robidas et Guyon du Bosc, qu'on avoyt hier apportés de la mer, je baille aulx dits planteurs v sols vi deniers pour ce qu'ils avoyent baillé troys tiers de perches plus qu'ilz ne debvoyent. . . . v sols vi deniers.

Le dit jour au soyr, je prins cinq feulles de cathapucya pulvérisées pour me lascher dont je fus fort malade, j'envoye le Monstre dès le poinct du jour quérir de la bière à Cherebourg, pour deux potz . . . . . . viii deniers.

Le jeudy V^e, jour du sacre, je ne bouge de céans, je ne fus point à la messe à raison de ce que j'étoys malade de la médecine que j'avoys prinse her soyr. je fus à vespres, après se vinst maistre Richard Legros que j'avoye mandé hier par le Monstre, et sur la fin du soupper arriva maistre Gilles Cabart et son frère le bastare qui furent avecque moy et Cantepye tournier à l'environ de céans à jour faillant.

Le vendredy VIe, je ne bouge de céans, le barbier s'en alla dès le matin et le Monstre quand et luy pour rapporter l'ordonnance de Monsieur de Monstebourg (auquel j'avoys envoyé mon estat) ce qu'il fist. Cantepye fut à Cherebourg qui m'apporta ii aulnes et demy d'estamet de chez Jehan Caulvin qui coustèrent x livres dont il paya cent solz et du reste montant aultres c sols, il s'obligea pour moy, et troys quartiers de taffetas noir pour une payre de chaulses prins chez Vauchys dont il est demeuré pour moy de la somme de dix huyt sols tournois . . . . c sols.

Le sabmedy VIIIe, je ne bouge de céans, au matin avant que me levasse, Monsr de Tournebu en s'en allant au maresiz passa par ycy. Il desjeuna puys s'en alla, Cantepye quand et luy jusques à Cherebourg. Symonnet fut à Vallongnes me quérir du sené, que Monsr de Monstebourg m'avoyt ordonné, il estoyt cinq heures quand il revinst et me dist que le Roy d'Ivetot, gouverneur de Normandie (1), y estoyt arrivé ung peu devant luy. Pour une libvre de chandelle qu'il Symonnet apporta . . . . ii sols.

Le dit jour, Sandrin et ses varlets arrivèrent dès le matin pour me faire des chausses de velours noyr, et Castillon, sergent de Vallongnes, m'apporta ung sac d'entre luy et le Bourg pour le voyer.

Le dit jour, Abraham s'en alla à son quartier, je luy baille sur ce que je luy puys debvoyr de ses gages ii^{ducats} pistolets pour iiii livres viii sols.

iiii livres viii sols.

Le dymenche VIIIe, je ne bouge de céans, je ne fus poinct à la messe pour ce que j'estoys malade, le sieur de Précigny passa par ycy dès le matin qui alloyt au devant de Monsr le gouverneur, Matieu luy bailla le Monstre pour le guyder à travers le boys.

Le dit jour, Cantepye qui estoit hier allé à son pays, revinst après soupper, Roumaine vinst à disner, à qui je baille des lettres pour porter au cappitaine de Cherebourg, pour qu'il m'excusast vers Monsr le gouverneur.

(1) Martin du Bellay, chevalier de l'Ordre du Roy et son lieutenant en Normandie, troisième fils du Louis du Bellay seigneur de Langey et de Marguerite de la Tour Landry. Il devint Roy d'Yvetot par son mariage avec Isabelle Chenu ; et mourut le 9 mars 1559.

Le lundy IX°, je ne bouge de céans, Cantepye et Symonnet furent à Chere-bourg, ils apportèrent ung quartier de mouton et du beuf pour x sols. Au soyr comme je me debvoys aller coucher, Douart et Pot d'Arain arrivèrent des Essarts, pour achatter des vaches à la St Naser (1) . . . . x sols.

Le dit jour, baillé à Pierres Vauvre deux aulmeaulx pour vii livres x sols sur ses gages, saouf à conter entre luy et moy. Les dits aulmeaulx doybvent estre céans jusques à la St Denys . . . . vii livres x sols.

Le dit jour, baillé à Nicollas Paulmier ung boisseau de sarrasin pour x sols à rabattre sur ses gages de l'an qui finira à la St Michel prochaine. . x sols.

Le mardy X°, je ne bouge de céans pour ce que j'avoye Sandrin et ses varletz. Cantepye fut à Cherebourg, Nicollas Le Monnier, serviteur du cappi-taine de Cherebourg, m'apporta unes lettres de monsieur le gouverneur de Normendye pour délibvrer du boys pour les œuvres du fort d'Ommonville. Il estoyt viron troys heures apprès midy quand il partit de céans.

Le dit jour apprès soupper, maistre Pierres Collas et Guillaume Gardin son clerc arrivèrent de Vallongnes et maistre Gilles Cabart qui n'arresta poinct céans ; les dits Collas et Gardin y souppèrent et couchèrent pour se trouver le landemain à l'assemblée de la Boussaye pour le pasnage.

Le mercredy XI°, jour St Barnabé, nous partismes de céans, viron neuf heures de matin, les dits Collas, Gardin, Cabart et Cantepye avecque moy, et nous en allasmes à la forest pour nous trouver au camp de Lespesse (où la première assemblée se faict pour la visitation du pasnage), mays nous rencon-trasmes au deça de la priore de St Martin toute la compagnée qui s'en ve-noyst gaigner la Boussaye, auquel lieu les solanites à ce requises furent

---

(1) Dans un aveu au Roy du 3 février 1566 par Robert le Bourgeois du fief et seigneurie de Gruchy dit le fief de la Table et fieflerme de Gréville, il est fait mention, de la foire de St-Na-zaire. Après avoir déclaré l'étendue de son fief, énuméré les devoirs seigneuriaux et les pré-rogatives y attachés le seigneur de Gruchy ajoute :

« ..... avec ce sied par chacun an sur le domaine une foire nommée la foire de St-Nazaire et « sur lequel domaine y a une chapelle fondée en l'honneur de ce Saint; en laquelle foire mon « sénéchal tient ma juridiction et le pied des arrêts et y a droit de prendre 10 sols tournois « sur la boete de la coutume et aussi ai droit de prendre sur chaque étable venant à la dite « foire 2 deniers, sur chacun potier un pot à anse et sans anse. Sur chaque saunier de la « chartée un boisseau et sur la somme un quartsonnier et de chaque tavernier un galon de tel « boire qui se distribue en la dite foire for le premier arrivé en i-celle qui devient franc-Item. « J'ai droit de prendre en arbre par chacun an en la foret de Brix, tant comme un char peut « porter avec lequel char mes hommes sont tenus d'aller quérir i-celui bois et y mettre vingt-« quatre bras pour amener le dit bois et faire la feuillie à la dite foire à tenir la juridiction par « mon sénéchal et pour moi et doivent mes dits hommes garder la foire le jour qu'elle sied « depuis le soleil levant jusqu'à soleil couchant et le sieur de Thonneville et ses hommes su-« jets à la garde d'icelle la nuit précédente et y être arrivés a soleil couchant..... »

[Mangon du Houguet, vicomte de Valognes. — Recueil manuscrit].

faictes, puys après nous dinasmes au dit lieu et sy trouva Monsꭍ de Hotot, l'abbé de Cherebourg, le baron de la Lutumière (1), les sieurs de Cyfrevast et Sottevast, les voyeurs, verdiers et sergents des dites foretz et plusieurs aulx pasnages. Après je m'en revins par les mines de la Ferière, Cantepie, Thomas Drouet, Loys Quentin, missire Richard Galie et son frère et plusieurs aultres. Je fys monter Raullet Planquer à une ayre d'esperviers que je faisoye la garder, puis après les avoyr veuz je m'en vins céans, assez tost après arriva Monsꭍ de Sᵗ Naser et mon frère Guillaume (2) qui venoyent de Bayeulx.

Le dit jour, baillé à Philippin Saulnen et à son frère sieurs d'aes xvi sols et vi deniers qu'ils avoient heuz à jour passé sur les journées qu'ils m'ont faictes de leur mestier, saouf à conter entre nous. . . . . xx sols i denier.

Le dit jour, baillé à Hebert Robidas et Guyon des Champs xii sols iii deniers sur des pers qu'ils me doybvent pour cinq sols la perche.

Le jeudy XIIᵉ, viron mydy, je conte aulx Saulnez charpentiers de douze journées qu'ils avoyent besongné céans, et trouvé que je leur debvoye encore six solz que je leur paye. . . . . vi sols.

VOYAGE A ROUEN.

Le dit jour après disner, nous partismes de céans, mon frère Guillaume, Cantepie et Symonnet, et allasmes soupper à Monstebourg où il me cousta xx sols, après soupper viron unze heures nous montasmes à cheval et allasmes passer au grand vay, ung peu devant soleil levant. . . . . . xx sols.

Le vendredy XIIIᵉ, après avoyr passé au grand vay avant soleil levant, nous reppeumes à la Cambe et y dormismes, il me cousta x sols, de là allasmes disner, soupper et coucher à Russy. . . . . x sols.

Le sabmedy XIIIIᵉ, après disner, nous allasmes coucher à Bayeulx chez Monsꭍ le lieutenant général.

Le dymenche XVᵉ, après disner et avoyr accordé avec le chanoyne Castillon, pour une journée de troys chevaulx à la Barge, xvi sols. Nous allasmes coucher à Caen au pot d'estain où il me cousta xxii sols . . . xxxviii sols.

Le lundy XVIᵉ, pour le passer au bac vi deniers, à Varaville pour le passage vi deniers et pour le disner au dit lieu xv sols, où nous trouvasmes Sᵗ Martin

____

(1) Le baron de la Luthumière, chevalier seigneur d'Yvetot portait le nom de Le Tellier ; ancienne famille de l'Election de Valognes qui s'est éteinte dans celle de Matignon. Le séminaire de Valognes est redevable de sa fondation à un abbé de la Luthumière qui le fit bâtir à très grands frais. [La Chesnaye des Boys.]

(2) Guillaume Picot, frère de Gilles de Gouberville mourut à Paris, où il était étudiant avant l'année 1555.

Juin 1550.

de la Court, le sergent Carpentier, le sergent Blondel et Jacques Le Guest, serviteur de Morsalines (1), lesquels revenoyent de Rouen et nous dirent les nouvelles, qu'on faisoyt garder estroyctement à Rouen l'ordonnance des soys et de la coucher au Pont-l'Evesque, où je trouve ung des gens de Monsieur chantre de Nostre Dame de Paris qui aloyt à Caen, je luy voulu donner d'un hobin gris qu'il avoyt LXX escus sol. Il me cousta pour la souppée au dit lieu XXIIII sols. . . . . XXXV sols.

Le mardy XVII°, pour la disnée au Ponteau de mer au Daulphin XV sols, et de là à Rouen au Tableau où nous arrivasmes entre six et sept . . XV sols.

Le mercredy XVIII°, je fus chez monsieur de Bettencourt et luy porté mon estat pour ce que je me trouvoys mal. Il m'ordonna une casse que je prins ce jour avant soupper et me rapporta le serviteur de Robert Chuquet, appoticayre avec cyrop pour prendre le jeudi et vendredy en suyvants avant les reppas.

Le jeudy XIX°, je prins mon cirop aynsy qu'il m'estoyt ordonné.

Le vendredy XX°, je prins l'achèvement de mon cirop.

Le sabmedy XXI°, tout le jour je garde la chambre pour ce que j'avoys prins médecyne, maistre Richard Blondel et maistre Jehan Le Pelletier me tindrent compagnée presque tout le jour, Robert Chuquet me apporta la dite médecine.

Le dymenche XXII°, dès le matin, je conte à Gilles, serviteur du Tableau, je luy debvoys VIII livres tant pour mes chevaulx que pour moy que je paye, Monsieur de Bras y estoyt logé avec lequel et le dit Blondel et Peletier (2), je prins plusieurs reppas. . . . . VIII livres.

Le dit jour, après avoyr conté et payé au Tableau, je m'en allé loger à la Galee hors le Pont mes gens et chevaulx, et de ma personne je m'en allé chez maistre Jehan Le Prevost commencer la diette pour la douleur que j'avoye en une oreille dont j'estoys quasi sourd, il y avoyt viron quinze ans. Je disne et souppe lyens et y estoyent en dyette le cappitaine Cadyo, ung Florentin et ung jeune gentilhomme de la maison de Boysbreton en Sainctunge.

Le lundy XXIII°, vigille St Jehan-Baptiste, apprès disner, je sorty de chez le Prevost et m'en allé au tabellionnage, où je passe procuration à Cantepye pour mettre à prix aulx banyes des fieffes que debvoyt faire Mons* Trexot au

---

(1) Jacques du Prael s* de Morsaline. Louis du Prael son fils étant mort sans hoirs René Senot s* de la Painterie de la paroisse de Caenchy se rendit adjudicataire en décret de la seigneurie de Morsaline sur les héritiers du s* de Praël. Ce s* de Praël descendait des anciens barons de la Hougue.   [Chartrier de St-Pierre Eglise.]

(2) MM. de Bras, de Bourguéville, Blondel et Le Pelletier, députés caënnais aux Etats de Normandie.

baliage de Costentin, viconté de Vallongnes. Ce faict je m'en retourne chez le dit Prevost d'où je ne bouge ny ne sorty la maison jusques au vendredy xviii° jour de juillet en suyvant que nous fusmes apprès disner Allonse de Castille, Cantepie et Symonnet, chez Madame de Sahen (1), où nous mengeasmes des poyres, des cerises et des confitures, puys m'en retourne à mon logis.

. . . .

Juillet 1550.

Le sabmedy XIX° jour, je ne bouge du logis.

Le dymenche XX°, apprès disner, nous retournasmes chez Madame de Sahan où apprès avoyr longtemps devisé prinmes nostre vin, je m'en retourne au logis.

Le mardy XXII°, jour de la Magdalaine, pour ce que nous avions passé la nuyct à jouer à la rouelle Sydeville (2) et moy, il estoyt unze heures quand je me leve, apprès avoyr disner je baille à Mons' le Prevost xx escus sol xLvi livres tournois pour ma diette et ung escus que je donne aulx serviteurs, puys m'en allé loger à l'Esgle d'argent, auquel lieu Cresne arriva, apprès souper je le rencontre sur le pont comme il arrivoyt . . . . xLviii livres vi sols.

Le mercredy XXIII°, je disne chez le Prevost et souppe à l'Egle d'argent,

(1) Quelle était cette dame de Sahen? Si l'on réfléchit que le sire de Gouberville devait avoir ou plus haut degré cet accent de terroir qui est, dans cette partie de la Manche, caractérisé par une certaine manière de prononcer la voyelle finale des mots et en second lieu que son orthographe toujours fort variable se conformait par fois à la prononciation du moment, surtout en fait de noms propres ; on ne sera pas étonné qu'un nom tel que celui de *Saasne*, qui au temps de Gilles de Gouberville s'écrivait généralement *Saane*, soit écrit par le sire lui-même *Sahen*. Il résulterait donc de cette observation que probablement cette Dame de Sahen ou Suhan chez laquelle il avait été après disner le 18 juillet 1550 n'était autre que l'épouse de Jean de Clamorgan seig' de *Saasne*, près Dieppe dans la Seine Inférieure. Car ce Jean de Clamorgan en outre de la seigneurie de *Saasne* possédait aussi celle de St Pierre Eglise. Au rapport de Gilles de Gouberville il y entretenait un certain nombre de juments qu'il avait soin de faire couvrir par des étalons envoyés du Pays de Caux. On sait que Jean de Clamorgan est l'auteur d'un traité de la chasse du loup qu'il a dédié au Roy Charles IX. Dans la dédicace il prend la qualification de seigneur de Saane, premier capitaine de la marine du Ponant. Le 1er décembre 1555 Gilles de Gouberville a consigné sur son journal «.... le dit jour en m'en revenant (de Gouberville) « je vy le moulin à vent du s' de *Sasne*, qu'il faict fere. Il n'avoyt poinct encore de meules, ne estoyt couvert.... » Ce passage outre qu'on y trouve le nom de Saasne, écrit d'une autre façon donne la date exacte de la construction de la tour dont on voit encore les importants vestiges dans le Parc de St Pierre, près l'allée dite des Hahas. Voir notre brochure intitulée : « Une « collation chez Madame de Clamorgan. » Caen, A. Massif. 1890.

(2) Jacques de Ravalet s' de Sydeville et de Tourlaville.

Cresne et plusieurs aultres. Le dit Cresne se trouvoyt mal, Cantepie partit en sen aller en Costentin.

Le jeudy XXIIII⁰, je disne chez le Prévost et souppe à mon logis, Cresne estoit bien malade et vomist fort, dont il y amenda.

Le vendredy XXV⁰, Cresne s'en partit, pour ce qu'il disoit mays qu'il fust hors de Rouen qu'il seroyt guéry.

Le sabmedy XXVI⁰, je disne et souppe chez le Prévost.

Le dymenche XXVII⁰, je disne chez le Prévost.

Le lundy XXVIII⁰, je prins terme au sieur de Gatteville de luy bailler argent le mercredy en suyvant pour despens qu'il avoyt *attainctz* sur moy.

Le mercredy penultime jour. pour ce que je n'avoys poinct tout l'argent qu'il falloyt au dit Basan, il me fist sommer de le payer, je respondys que je le payrois dedens deux jours.

Le jeudy dernier jour, je change à Papillon de l'or pour du billon pour bailler à Gateville et me presta le dit Papillon . .   xxii livres xiiii sols tournois.

Aust 1550.

Le vendredy premier jour d'aust, apprès disner je baille au sieur de Gateville sur les dégrés du palaitz en la boutique d'un changeur le contenu en l'exécutoire qu'il avoyt sur moy, tout en billon à la grande croyx, présens le sieur d'Auville, Bartole du Monchel, St Michel Basan et plusieurs aultres.

Le dymenche III⁰ jour, je fys seigner Symonnet (1) pour une douleur qu'il avoyt en la teste et en l'estomac et par l'ordonnance de Bétencourt, je le mys chez Monsieur le Prevost pour user vingt jour de sa decoction.

Le dit jour au soyr comme je me debvoys coucher, maistre Martin me dist que le sieur de Gatteville estoyt fort malade et qu'il ne pouvoit plus parler.

Le lundy IIII⁰, dès que je fus levé je m'en allé missire Richard Hochet avecque moy voyer Gatteville que nous trouvasmes fort malade, apprès l'avoyr veu, nous en revinsmes au palays.

Le mardy V, je retourne au logis du dit Basan qui estoit ja trespassè dès deux heures apprès mynuict. Il fut conclut qu'il seroyt ouvert sur les quatre heures, ce qui fut faict et my trouve, Le Tourp, Jacques Cleret, mademoiselle de la Motte et plusieurs aultres.

(1) Demi frère naturel de Gilles de Gouberville. Voici ce qu'on lit à ce sujet dans la recherche de Roissy : « Symon de Gouberville, de la paroisse du Mesnil au Var, sergenterie du Val « de Serre, élection de Valognes, légitimé par charte du mois d'octobre 1578, vérifié en la « Chambre des Comptes, le 12 octobre 1579, moyennant 20 livres et lettres de commutation de « nom au dit sieur de Gouberville ; jouira.

Aust 1550.

Le dit jour, apprès qu'il eult esté ouvert et que les médecins et barbiers eurent veu et visités tous les membres intérieurs, ils dirent que la mort du dit sieur estoyt naturelle et qu'on ne luy avoyt fayct aulcun tort par poyson ny aultrement, ce faict on le porta en terre en l'église St Michel, le sieur de la Haye Hue et moy portasmes les devantz du drap, et le sieur du Tot et le Tourp le derrière, apprès l'enterrement je m'en allé pourmener sur le qué.

Le mercredy VIe, je me trouve au service du dit Basan où je fus tout du long.

Le jeudi VIIe, je baille à Jehan Le Viel ung soye de veloux gris à rondir et raccoutrer pour ce que Loys Saserge qui l'avoyt faict avoy mys les quartiers du devant au derrière.

Le dymenche Xe, Jehan Le Viel me rapporta mon soye, je retiens le dit Le Viel pour me faire compagnée pour ce que je n'avoye poinct Symonnet qui estoyt malade, je trouve, devant les troys Maries, Carneville (1) qui estoyt venu pour la mort de son père.

Le lundy XIe, je disne chez le Prevost et Jehan Le Viel.

Le mardy XIIe et le mercredy XIIIe, je disne et souppe chez le Prevost.

Le jeudy XIIIIe, vigille Nostre-Dame, comme je revins de soupper de chez Monsieur le Prevost, je trouve mon frère Guillaume venu à l'Esgle d'argent.

Le vendredy XVe, jour Nostre-Dame, avant la messe, nous allasmes voyer Monsieur d'Amfreville (2), chanoyne de Nostre-Dame, qui nous pria de soupper avecque luy.

Le dit jour, je mène mon dit frère disner chez Monsr Le Prevost, et apprès nous allasmes soupper chez le dit sieur d'Amfreville où se trouva le sieur de Borroger, advocat, et sa femme Mademoyselle de St Just et Mademlle de Croymare (3).

Le sabmedy XVIe, nous dinasmes mon dit frère et moy chez Tassin, apprès disner il s'en alla à Paris, je le convie une lieue par de là Saincte Catarine.

Le dymenche XVIIe, je disne chez Le Prevost.

Le lundy XVIIIe, le sieur de Farvaques, Sydeville et moy fusmes chez Monsr Lhuylier, luy parler pour l'affère de Gratian Liez, en nous en retournant je

---

(1) Julien Basan, seignr de Carneville et de Gatheville. Il ne laissa qu'une fille, Marthe Basan, dame de Gatheville, qui épousa Antoine Le Tellier, baron de la Luthumière.

(2) Son nom patronymique était du Poerier ; de cette famille était Monsr du Poerier, sieur du Theil et d'Anfreville, conseiller du Roy, lieutenant général civil et criminel de Monseigneur le bailly de Costentin et président au siège présidial de Coutances.

(3) Gilles de Gouberville se sert souvent de cette locution : « Mademoiselle la femme de un tel... » Alors Mademoiselle de Croymare, dont il est ici question, serait sans doute l'épouse de Charles de Croismare, député de la noblesse aux Etats tenus à Rouen le 15 novembre 1579 ; à moins que ce ne fût une de ses filles, car entre autres enfants, il eut trois filles de Anne Jubert, sa femme. Mais nous inclinerions pour la première hypothèse.

14

persuade au dit sieur Farvaques de faire la diette et me pria de le faire parler à Monsr le Prevost demain au matin (1).

Le mardy XIXe, dès le matin sept heures, Le Prevost et moy allasmes à l'Empereur ou estoit logé le dit sr de Farvaques auquel nous parlasmes long-temps, il conclud d'aler se jour coucher chez le dit Prevost pour commencer demain sa dictte, se mesme jour après que le dit sieur eult disné chez Monsr des Buatz (2) nous allasmes luy et moy chez Le Prevost voyer le logis, puys s'en retourna au pallays, il souppa chez le contreoulleur de Dieppe où je le fus quérir et le mené chez le dit Prevost où il coucha.

Le mercredy XXe, je disne et souppe chez le dit Le Prevost avecque le dit Farvaques, le cappitaine Noblet et plusieurs aultres.

Le jeudi XXIe je disne et souppe chez le dit Le Prevost et fys recueillyr une male d'écliche que j'avoye faicte faire près Nostre Dame.

Le vendredy XXIIe je disne et souppe chez Le Prevost avecque la compa-gnée ; Farvaques souppa tout seul pour ce qu'il mengoyt de la chayr par l'or-donnance des médecins.

Le sabmedy XXIIIe avant soupper, M. de Fontaines Pesleve et Cantepie arrivèrent à l'Esgle d'argent, nous souppasmes ensemble à la chambre de devant.

Le dymenche XXIIIIe, je disne chez Le Prevost et souppe à l'Esgle d'argent avec Fontaines.

Le lundy XXVe au matin je fus avecque Fontaines chez Le Gruchet où se trouvèrent Bouchery, Anquetil, et Coulombel en consultation pour le dit sieur de Fontaines, puys retournasmes disner à notre logis à l'Esgle d'argent.

Le dit jour après disner je conte à mon hostesse pour ce que Monville son mary estoyt au pays de Bas. Apprès avoyr conté et payé ce que je lui debvoys, nous en allasmes le dit sieur de Fontaynes et Cantepye coucher à la Boulle et Symonnet s'y en vint par le batteau.

Le mardy XXVIe nous dinasmes au Daulphin au Ponteau de mer et vins-mes coucher au Pont l'Evesque, sur la fin de nostre soupper vinst ung des

---

(1) Quel était ce sieur de Farvaques que Gilles de Gouberville convie à venir se faire soigner par M. le Prévost? Ce ne pouvait être Guillaume de Hautmer seigr de Fervaques, comte de Châteauvillain et baron de Grancey qui devait un jour devenir Maréchal de France, car il n'a-vait alors que 13 ans, étant né en 1537. Ce n'était pas Jean de Hautemer seigr de Fervaques son père mort en 1544 à la bataille de Cerisoles. Ce ne pouvait être que Claude de Hautemer son frère, oncle du fameux maréchal de Fervaques l'ami dévoué d'Henry IV.

(2) Le P. Anselme parle de Nicolas des Buats, seigneur du Noyer, chevalier de l'ordre St-Michel, capitaine de Touques, mort en 1582, lequel avait épousé Marguerite de Freux.

Serait-ce l'amphitrion du sieur de Fervaques? Ce pourrait être.

gens du sieur de Belleville demander de l'argent pour son maistre au dit sieur de Fontaines pour l'appoinctement du baron d'Ingrande (1).

Le mercredy XXVII°, nous dinasmes tous les dessus dits à la corne de cerf en la ville où mes chevaulx furent arrestés à la requeste du sieur de Belleville pensant que ce fussent ceulx de Fontaynes. Nous en fusmes devant le lieutenant du bailly ou j'euz delibvrance de mes chevaulx puys nous en vinsmes coucher à Bayeulx chez ma seur.

Le jeudy XXVIII°, je ne bouge de Bayeulx, je disne et souppe chez ma seur, son mary se trouvoyt mal à cause d'une fiebvre qu'il avoyt heue.

Le vendredy XXIX°, après disner je m'en allé à Russy Cantepye avecque moy, Simonnet demeura à Bayeulx pour raffreschir mon petit cheval, ma seur me presta sa haquenée pour me porter jusques au Mesnil et son lacqués pour la ramener.

Le sabmedy penultime jour, je ne bouge de Russy.

Le dymenche dernier jour, je mande Symonnet qu'il s'en vinst, nous fusmes à la messe à Moules, après disner nous fusmes mon oncle, Symonnet, Thomas de Russy et Robin nous pourmener jusques à Colleville et prinsmes six alouettes.

Septembre 1550.

Le lundy premier jour qui le jour St Gilles avant jour nous partismes de Russy, Cantepye, Symonnet et le lacqués de ma seur (qui amenoyt une jument et des poulains que mon oncle me bailloyt), nous passasmes au grand Vay viron soleil levant, vinsmes disner à Monstebourg, je fus voyer l'abbay qui y estoit qui me pria fort de disner avec luy, après disner nous vinsmes au Mesnil, il estoyt viron quatre heures après mydy.

FIN DE VOYAGE.

Le dit jour quand j'arrive céans, s'y trouve la femme St Gabriel, la femme du Parc et sa seur aysnée et sa seur Marye, la femme Gohel et plusieurs aultres qui y avoyent disné, après les avoyr salués et qu'elles eurent prins congé, je m'en allé voyer Guillaume Drouet qui estoyt malade.

---

(1) Adrien du Parc baron d'Ingrande, chevalier de l'Ordre du Roy, capitaine de la noblesse du bailliage du Cotentin et pays de Mortain en 1545. Dedam^{lle} Roberte de Pellevé il laissa entre autres enfants Jacqueline du Parc mariée à Jean de Hennot seig^r et patron de Théville..., commandant la côte du Val de Sere, capitaine de la noblesse et député d'Icelle aux Etats en 1595.

Septembre 1550.

Le mardy IIe, je fus à Vallongnes Cantepye avecque moy, nous dinasmes chez Denys, Berteauville, maistre Pierres Collas, le verdier de Cherebourg. Ils me monstrèrent ung mandement de Monsr de Hotot pour assoyer des ventes, nous prinsmes terme d'aller jeudy prochain au Rabbé, Blanqueville et Barnavast pour voyer les endroicts où on mettroit les dites ventes. Il nous cousta à checun v sols et ııı sols pour mes chevaulx. . . . . vııı sols.

Le mercredy III°, je ne bouge de céans, apprès disner je fus voyer Guillaume Drouet qui avoyt jà perdu la parole. Au soyr viron soleil couché je m'en allé chez Pierres Quentin, Cantepie, Louys Margeneste, Tupain avecque moy. Et pour ce que les dits Margeneste et Tupain avoyent quelques pieces à Nicollas Quentin, les dits Cantepye, Margeneste, Loys Quentin, Jehan Freret allèrent chez le dit Quentin pour estre tesmoings de quelque offre que vouloyt fere le dit Margeneste au dit Quentin, mays il se cacha par quoy s'en revindrent me trouver chez le dit Pierres Quentin, de là m'en vins soupper, il estoyt viron une heure de nuyct.

Le jeudy IIIIe, Cantepye s'en alla à Vallongnes pour Margeneste et Tupain contre Nicollas Quentin à la court des Esleuz. J'allé Symonnet avecque moy en Barnavast et Blanqueville selon l'accord de mardy dernier. Je disne à Brillevast chez Navarre où se trouva Vastel, maistre Pierres Collas, Cossin et Gohel; apprès avoyr veu les lieuz où se debvoyent faire les ventes je m'en revins céans, puys m'en allé à l'église à l'enterrement de Guillaume Drouet.

Le vendredy V^e, je ne bouge de céans, je fys tourner la veche de la basse Vente et le fourment qui y estoit encore.

Le sabmedy VIe, je ne bouge de céans pour ce que je me trouvoys mal, j'envoye le Monstre à la croyx du Mont de Bavent porter lettres au procureur Vastel qu'il m'eust excusey que je ne my pouvoys trouver comme avions accordé jeudy dernier en Blanqueville.

Le dit jour Cantepye s'en alla chez son père pour aller aulx assises de Coustances qui sont la sepmaine qui vient, Richemont et Boullante s'y trouvèrent à soupper et y couchèrent.

Le dymenche VIIe je ne bouge de céans Jehan Le Poyctevin sergent du boys de Monstebourg, sa belle mère, Artur André et ung aultre homme avecque eulx et maistre Pierres Bouchard s'y trouvèrent à disner et Richemont et Boullante, qui y estoyt de her soyr pour informer d'une insolence et scandale que Nicollas Quentin avoyt faicte le jour de la my aust en l'église pendent qu'on disoyt la messe. J'appoincte le dict Poyctevin et sa belle mère laquelle coucha céans et les deux hommes qui estoyent venus quand et elle.

Le lundy VIIIe, jour Notre Dame je ne bouge de céans, j'envoye Nicollas Le Valet, Jacquet et le Monstre quérir le toreau des bestes folles pour le mener demain à la foyre à Vallongnes.

Septembre 1550.

Le mardy IXe, je fus à Vallongnes à la foyre Symonnet et Gilles Cabart avecque moy, je disne chez Denys et appoincte Martin Le Galles et Martin Loys de Saulsemesnil qui plaidoyent ensemble.

Le dit jour tant en change de vessel d'estain que ce que j'en heuz oultre le change xxxv sols; ce faict j'obtins ung mandement de Bastard, pour estre resaisy d'une jument que Symon du Bosc avoyt ostée à Estienne Groult, il estoyt nuyct quand j'arrive céans. . . . . xxxv sols.

Le dit jour comme je souppoys le dit Cabart vinst et c'estoyt son cheval opposé entre cy et Vallongnes, je luy baille le mandement que j'avoys apporté pour en faire faire l'exployct demain par Chandeleur.

Le mercredi X^e, je ne bouge de céans et pour ce que le dit Cabart et Chandeleur ne c'estoyent resaisis de ma dite jument et que le dit du Bosc par la rellation avoyt respondu qu'il obeissoyt à justice, je m'en allé chez le dit du Bosc, Jehan Le Viel et Françoys Vassé avecque moy et Cosinet du Bosc que nous prinsmes en chemin pour sçavoir au dit Symon du Bosc s'il vouloyt bailler la jument suyvant son obéissance contenue en la rellation, ce qu'il ne voulut.

Le jeudy XIe, je fus à Vallongnes Symonnet avecque moy, contre Symon du Bosc, touchant la dite jument, il fut dict qu'il ameneroyt son marchant et la dite jument à sabmedy; je disne chez Denys le sieur du Vast et Jehan de Vierville, pour mes chevaulx III sols, je m'en revins par Saulsemesnil pour avoyr des faucheurs, Symonnet cuyda mourir en venant d'une douleur de cœur, teste et estomac . . . . III sols.

Le vendredy XIIe, je ne bouge de céans, j'avoye Perrin Eudet et Pierres Dancel de Saulsemesnil qui fauchoyent au pré de la vigne Lyot et de la Basse vente et deux aultres faulcheurs de Montagu nommés les Sordines.

Le sabmedy XIIIe, je fus à Vallongnes Symonnet et Estienne Groult avecque moy contre Symon du Bosc pour le procès de la jument, nous dinasmes chez Denys le dit du Bosc et son filz, maistre Jacques de la Grange, Thomas Hurel, Estienne et Guillaume dictz Groult et appoinctasmes mon procès. Ce faict je m'en allé à Monstebourg, il estoyt une heure après mydy quand j'y arrive, je trouve les sieurs de Hotot, de Houdetot, Davernes et leur train qui venoyent vendre des boys pour le Roy. Apprès que les dits sieurs heurent disné et repposé, nous allasmes voyer la vente assise au boys de Monstebourg, puys revinsmes au dit lieu; les dits sieurs de Houdetot et Davernes me dirent qu'ils viendroient demain souper céans, pour ce je fys achatter deux quartiers de mouton qui cousterent VII sols V deniers, puys m'en vins. Il estoyt six heures quand je party de Monstebourg, je renvoye de Vallongnes le dit Estienne Groult avecque la jument que le dit du Bosc avoyt rendue.

Le dymenche XIIIIe, baillé aulx Sourdines faucheurs, pour deux jours que les avoys heuz à faucher à checun V sols. . . . . X sols.

Le dit jour, m'en allé Cantepie avec moy à St Hylayre en Blanqueville, où se debvoyent trouver les sieurs de Houdetot et Davernes pour voyer les ventes ; apprès les avoyr longtemps attendus m'en allé disner chez le cappitaine du Teil, Nicollas Gohel quand et moy que j'avoye trouvé à St-Hilayre, où se trouva Marin Le Clerc, sergent du Mont de Bavent, comme nous dinyons vinst ung messager de Berteauville qui dist que les dits sieurs y disnoient et ne verroyent les ventes jusques apprès disner. Apprès que nous heusmes disné, m'en allé Cantepie, le dit Gohel, et Clerc, attendre les dits sieurs à la planque du coure, où nous trouvasmes Nicollas L'hermite, sergent de Blanqueville, qui les attendoyt, et pour ce qu'ilz tardoyt à venir je m'en vins devant faire accoustrer le soupper.

Le dit jour, pour quattre pots de vin et ung pot de vin aygre, deux libvres de chandelle que Symonnet apporta de Cherebourg. . . . . . . xviii sols.

Le dit jour, viron soleil couchant, les dits sieurs et leur train arrivèrent céans, où ils souppèrent et couchèrent.

Le lundy XVe, apprès que les dits sieurs heurent desjeuné céans, viron dix heures de matin, nous allasmes voyer la vente assise en la garde des Cremeres et de là à celle du Mont de Bavent, puys au mont Eppeinguet et disner à Vallongnes chez Denys où se trouva Monsr de Hotot, commissaire pour le Roy, à faire les dites ventes. Apprès disner nous allasmes tous ensemble à la cohuee faire les adjudications. Ce faict, le viconte nous mena soupper au chasteau, où se trouvèrent le prieur de Hyauville, Robert Doyse, Le Tourp du val de Sere, et plusieurs aultres, apprès nous en vinsmes coucher chez Denys le dit Doyse coucha avecque moy.

Le mardy XVIe, nous dinasmes encore tous chez Denys, apprès disner les dits sieurs de Hotot, Houdetot et Davernes s'en allèrent soupper et coucher à Eroudeville, je les convye jusques à la campagne du Castele, puys m'en vins céans, il estoit soleil couché quand je arrive.

Le dit jour, baille aulx Sourdines, faucheurs, et à ung aultre leur compagnon de Montagu, pour checun deux journées, xv sols et à Perrin Heudet, à Pierres Dancel, pour checun quatro journées qu'ils avoient fauché, xx sols.

xxxv sols.

Le mercredy XVIIe, apprès disner, je m'en allé pourmener à la vente de Digoville, Cantepye, Symonnet, Jehan Le Viel, Thomas Drouet et Mesnage, nous y trouvasmes les verriers qui y faisoyent coupper de la fougière ; ils avoyent bien cent ou six vingts personnes apprès nous en revinsmes, il estoyt soleil couché.

Le jeudy XVIIIe, je ne bouge de céans tout le jour ne cessa de plouvoyr, je fus au moulin et y appoincté Lorimier et Vincent Paris, presens Thomas Drouet et plusieurs aultres.

Le vendredy XIXe, je ne bouge de céans dès le poinct du jour Cantepie, Chandeleur et Jehan Le Viel partirent pour aller aulx Pyeulx contre Rosel. Ung peu avant disner arriva missire Germain Harel (qui estoit nouveau venu d'Angleterre) et Guillaume son frère, ils disnèrent céans, puys s'en allèrent à Fourneville où ils avoyent affère à mon cousin, auquel j'escripvis en leur faveur, puys vint mon frère Françoys et Moisson. Ils allèrent voler je leur preste Symonnet qui demeura jusques a soleil couchant, puys arriva Joret Gaillard qui amenoyt des pourceaulx à la peusson qu'il laissa en garde chez Raullet le Mareschal. Le dit Joret me dist qu'on avoyt hier enterré à Toqueville Mademoiselle d'Ozeville.

Le sabmedy XXe, je ne bouge de céans, viron troys heures apprès mydy je me allé à la bryayre Thomas Drouet et Olivier Le Valot pour sonder sy on y pourroyt faire fosse, puys alasmes le dit Drouet et moy tournier en grand camp. Il estoyt nuyct quand nous revinsmes.

Le dit jour au soyr comme je souppoys arriva ung serviteur du prieur de Hiauville qui m'apporta ung petit furet que son maistre m'envoyet ; je luy donne . . . . II sols.

Le dymenche XXIe, je ne bouge de céans, comme j'estoys à la messe y arrivèrent Cantepie et Jehan Le Viel qui revenoyent de la Hague contre Rosel. J'emmené Charles Estienne de Valcanville a disner qui vouloyt avoir à ferme mon moulin de Gouberville. Apprès vespres je m'allé pourmener vers l'ostel Valot pour bailler quelque essart au dit Valot et Denys Le Marchant qui estoyt avecque moy et missire Jehan Auvre, Cantepie et Mesnage, apprès soleil couché Joachim Feullye m'apporta deux poulletz. Ce mesme jour vindrent troys serviteurs de St Naser et Martin filz Mathieu qui amenèrent XX pourceaulx pour mettre à la peusson, je baille à Thomas Pottier pour une merche qu'il avoit faicte à mercher du haras. . . . . XIII sols VIII deniers.

Le lundy XXIIe jour, je fus à Cherebourg Jehan Le Viel avecque moy pour ung chymier et longne de beuf, ung quartier de mouton et deux libvres de chandelle . . . . XX sols.

Le dit jour je fus voyer le cappitaine qui estoyt malade au chasteau. Ce faict nous conclumes mon frère Françoys et moy aller en Bessin à ceste St Michel pour accorder de nos affères, Jehan Le Viel s'en revinst quand et moi et Cantepie demeura derrière qui apporta du cuyr pour . . . VII sols VI deniers.

Le mardy XXIIIe, je fus à Vallongnes aulx hautz jours, le pasnage y fut adjugé à maistre Jehan Le Pelletier à huyct centz quatre vingtz XV livres, nous dinasmes chez Denys, Vastel procureur, maistre Estienne Lesné, Aumeville, Brisset recepveur, maistre Pierres Collas, Ambroys de Hanot, Demons, Cossin, Fenart, Mont de Bavent, le Parc et plusieurs aultres. Le dit Brisset paya. Je souppe au dit lieu maistre Pierres Collas, Ambrois de Hanot. Il me cousta pour ma part, plus la despense de mes chevaulx vi sols, je y couche .   .   vi sols.

Le mercredy XXIIII°, entre huyct et neuf heures de matin je fus à la court de l'église protester de mes intéretz contre Nicollas Quentin, des injures qu'il avoyt dictes à mes serviteurs. Ce faict Cantepie appoyncta au sieur du Bisson touchant le déport du bénéfice de Bolleville, puys m'en vins, il estoyt une heure apprès mydy quand j'arrivé.

Le dit jour je conte à Françoyse de tout ce qui estoit entre nous precedent ce jour et trouve que je luy debvoie de viel temps xxx sols et xxiiii sols pour Estienne Groult, quand nous appoinctasmes de la jument et xviii sols pour la despense de mes chevaulx pendent que je y fus avecque messieurs de Hotot et Houdetot qui vendirent des boys pour le Roy et pour la journée d'hier et celle d'ennuyct.

Le jeudy XXV°, je ne bouge de céans, tout le jour ne cessa de plouvoyr, Cantepie fut à son païs. Au soyr viron soleil couchant vindrent deux garsons de St Naser qui menoyent quatre vaches à l'abbey d'Ardene (1) pour le frère du dit sieur de St Naser qui avoyt pris l'abbeye à ferme.

Le vendredy XXVI°, dès le matin, je m'en allé aulx forges de Gonneville Symonnet avecque moy, j'y trouve Berteauville, le cappitaine du Teil, Cossin et Gohel sergents, de là nous allasmes recoller les fieffes qui sont là auprès, puys disner chez le dit capitaine. Après disner nous recollasmes à la lande du Teil vers l'hostel Postere, puys m'en revins, il estoyt viron soleil couché.

Le sabmedy XXVII°, Mons' de St Naser vinst céans et y desjeuna. Il s'en alloyt passer au gay du soyr pour aller en Bessin, je le convie jusques à l'hostel Mouchel, Gilles Cabart et Symonnet avecque moy, et comme nous montions à cheval pour l'aller convier, arriva Cantepie qui venoyt de chez son père, le dit Cantepie ne vinst poinct avecque nous pour ce que son cheval estoyt lassé. Il estoyt viron neuf heures de matin quand nous partismes de céans le dit sieur de St Naser et nous.

Le dit jour, apprès que nous fusmes départis d'avecque le dit sieur de St Naser à l'hostel Mouchel, je m'en allé le dit Cabart et Symonnet avecque à la lande l'hostel Postayre au Teil, où je trouve Berteauville et Nicollas Gohel et les mesureurs, nous allasmes recoller la fieffe de Michault Touraine de Saulsemesnil, laquelle nous trouvasmes labourée partie en naveaulx, partie en sarrasin et quelque peu encore en pastis. Apprès allasmes à Montagu à la rue de Venise, où nous recollasmes une pièce contenant unzé vergers ou

(1) Jean du Moncel abbé d'Ardennes ; le docteur Jacques de Cahaignes, ainsi qu'il a été dit plus haut, lui a consacré un Eloge. Jean du Moncel mourut en 1594, à l'âge de 72 ans. Il avait pris à ferme, parait-il, l'abbaye d'Ardennes.

viron pour Collin Dore et ung nommé Le Bunetel, la dite pièce presque toute en varec, et une aultre pièce de troys vergée pour le dit Dore, toute labourée en naveaulx et sarrazin. Ce faict nous beusmes ung coup chez le dit Le Bunetel, puys m'en revins, le dit Dore nous passa le boys de Barnavast jusques au quesne Alée. Il estoit viron quatre heures quand j'arrive céans.

VOYAGE.

Le dymenche XXVIIIe, apprès disner, je party de céans Cantepie avecque moy, nous allasmes soupper et coucher à Monstebourg, chez Lanquetille. Le serviteur de Monsr le lieutenant souppa avecque nous, il me cousta pour nostre soupper xx sols, le barbier vinst apprès soupper, qui fut avecque nous jusques apprès my nuyct.

Le lundy, jour St Michel, dès une heure apprès my nuyct, nous partismes de Monstebourg maistre Jehan Le Poyctevin avecque nous, et allasmes passer au grand Vay où nous entrasmes avant soleil levant. Il me cousta pour le passage et reppeue iiii sols; le dit Poyctevin s'en alla droict à Bayeux, et nous di-ner à Russy . . . . iiii sols.

Le dit jour, apprès disner, nous allasmes soupper et coucher à Bayeulx, chez Monsieur le lieutenant général que je trouve malade de sa goutte et ma seur d'un reusme, tous deux couchez checun en ung lict.

Le mardy dernier jour, tout le jour ne bouge de Bayeulx attendant mon frère Françoys qui s'y debvoyt trouver pour accorder de nos afferes, je disne et souppe au dit lieu.

Octobre 1550.

Le mercredy premier jour je disne à Bayeulx chez ma seur ou se trouva St Naser qui venoyt de l'abbaye d'Ardaine, apprès disner comme nous debvions partir de Bayeulx arriva mon frère Françoys, nous communicasmes des affères d'entre nous à M. le lieutenant et à ma seur, nous partismes le dit sieur de St Naser, mon dit frère et Cantepie de Bayeulx viron soleil couchant et nous en vinsmes tous ensemble soupper et coucher a Russy, nous trouvasmes mon oncle qui commençoyt à soupper. Moisson estoyt à Russy qui menoyt une douzaine de chiens pour mon dit frère, a Aubereville près Rouen à Monsieur de Montagu.

Le jeudi IIe dès le poinct du jour St Naser partit de Russy pour aller passer au gay, mon frère Françoys et moy dinasmes à Russy, apprès disner mon oncle

15

Octobre 1550.

me bailla cent dix huyct libvres ii sols vi deniers pour ce qui me sera deu à la Toussainctz prochaine, puys allasmes mon dit frère et Cantepie à Bayeulx ou nous feismes nostre accord touchant nos partages (1). Je donne aulx serviteurs de céans x sols et a des escardeurs et fillerresses v sols. Cantepie acheta deux bouteilles pour emporter de vin iii sols et deux potz de vin vi sols viii déniers, et pour nos chevaulx iii sols puys nous envinsmes soupper et coucher à Russy, il estoyt soleil couché quand nous partismes. . . . xxvii sols viii deniers.

Le vendredy IIIe, au matin avant le jour à nostre chambre à Russy, je baille à mon frère Françoys centz libvres tournoys pour le racquict de dix libvres de rente du nombre de quarante que je luy doy par notre accord faict du jour d'hier à Bayeulx chez Monsieur le lieutenant général, je donne aulx serviteurs de mon oncle . . . . x sols.

Le dit jour, dès que le jour fut venu, je party Cantepye avecque moy et vins passer au grand gay entre huyct et neuf heures de matin, pour ce que trouvasmes le gay appoinct nous ne descendismes poinct et vinsmes repaistre de ça le gay chez Jehan Brehier où il me cousta iii sols et pour mes chevaulx chez Jacques ii sols. Il passa quand et nous ung serviteur de Gatteville qui portoyt sur ung cheval deux bahues qu'il avoyt prins à Sicqueville et ung nommé Beaugendre, de Ste Marye du Mont, et ung compagnon qui venoyt de Dieppe et portoyt unes lettres à Symon Hébert, serreurier à Cherebourg pour qu'il allast à Dieppe recueullyr la succession d'un sien oncle prêbtre qui y estoyt décédé. Je fys repaistre nos chevaulx à Monstebourg pour ii sols, et pour ung fer à ma haquenée xviii deniers; nous arrivasmes céans viron soleil couchant. viii sols vi deniers.

FIN DE VOYAGE.

Le sabmedy IIIIe, je ne bouge de céans; Cantepie apporta de la viande de Cherebourg pour xiii sols. Je fus près St Martin des Préaulx, je trouve ung arbre de xxviii pieds de longueur qu'on avoyt abattu pour faire des percs, comme je le faisoys charier survinst Cossin qui me dist qu'il ne scavoyt qui avoyt faict la faulte pour ce qu'il venoyt de Brix contraindre pour les fleffes, le dit arbre estoyt abattu du jourd'huy, j'en avoys ouy le cable d'auprès de céans.
XIII sols.

(1) Accord entre Gilles et François de Gouberville de la succession de Guillaume de Gouberville et Jeanne du Fou, leurs père et mère, par lequel demeure audit Gilles la dite terre du Mesnil et la terre de Gouberville et au dit François la moitié de la prairie de Cherbourg, contenant 4 acres, qui appartenait à leur dite mère, portion de la maison de Cherbourg avec quarante livres de rente pour sa part des dites successions; en signe privé du 2 octobre 1550.
Signé de Gouberville et en marge pour le dit François.

Le dymenche V°, je ne bouge de céans, apprès disner vindrent deux garsons de Vallongnes pour l'Esleu Pynard qui me dirent que sa femme me pryoyt que je luy envoyasse une somme d'avene, et que son mary m'en rescompenseroyt mais qu'il fust revenu de Rouen, ce que je fys, apprès vespres, Denys Gosselin me vinst prier que je allasse récoller ses fleffes Ricard Collin estoyt avecque luy.

Le lundy VI°, je ne bouge de céans, je fys tourner le foyen de la Coulombière, j'envoye Toutdoulx à Cherebourg porter à Esnauld Gardin ung querteron de chanbvre et autant de beurre. Quand il fut revenu, je luy fis percher la volée des perches viron soleil couchant.

Le dit jour, apprès soupper, receu de Françoys Doynard, en billon à la grand croix, 30 sols sur le terme St Michel dernier passé. . . .   xxx sols.

Le mardy VII°, je ne bouge de céans, viron soleil couchant arriva ung petit gentilhomme qui se nommoyt Breully et estoyt frère de Baudreville et disoyt qu'il estoyt à Monsʳ de Grandchamp, abbé de Trouart. Il souppa et coucha céans, et nous conta ung milion de bourdes et mensonges.

Le mercredy VIII°, je fus à Vallongnes, Cantepie avecque moy, à la court de l'église contre Nicollas Quentin, apprès l'expédition et la court levée, nous allasmes disner chez Denys, les Cresnes et son homme qui se nommoit Garrelier, maistre Thomas Laisné, Pierres Bouchard, Boullante et Richemont, nous despendismes xxv sols dont j'en paye . . . . . .   xix sols.

Le dit jour, le viconte de Vallongnes me dist que la Planquerie de Bayeulx estoyt mort, je party de Vallongnes viron quatre heures apprès mydy.

Le jeudy IX°, jour St Denys, apprès desjeuner, je m'en allé à la foire à Brix, je y fus jusques à cinq heures apprès mydi pour changer de la vessaille d'estain xx sols. Et puys sur la fin de la dite foire j'achatte une jument borgnesse poyl de sourys de missire Michel Pasquier deux escus sol, ce faict je m'en vins et fys amener quand et moy la dite jument par Richard Parys. Nous atteignismes sur le chemin Gilles Cabart et le sergent Briqueville et plusieurs aultres. Il estoyt quasi nuyct quand nous arrivasmes.

Le dit jour je parle au sieur de Pretot (1) à la foire pour une chienne que ses gens m'avoyent prinse ceste esté que j'estoys à Rouen. Il me dist que je l'envoyasse querir et qu'il la bailleroyt volontiers et qu'il ne pensoyt pas que ce fust la mienne.

Le vendredy X°, apprès desjeuner, je m'en allé à Cherebourg, Cantepie et

---

(1) François d'Orglandes, chevalier de l'Ordre du Roy, gentilhomme ordinaire de sa Chambre, capitaine des vicomtés et chatellenies de Carentan et de St-Sauveur-Lendelin, seigneur de *Prétot*, Auvers, Fréville... épousa en 1548 Catherine de Pontbellanger, fille aînée d'André de Pontbellanger et de Françoise d'Harcourt.   [La Chesnaye Des Boys.]

Symonnet avecque moy, lequel Symonnet portet demy cent de beurre sur la jument faulve pour envoyer à Rouen. Nous trouvasmes Thomas Mouchel à l'hostel Barrier qui aloyt à Cherebourg et luy fys bailler le dit beurre à porter, en passant par Tourlaville, endroit le hamel aulx Vigotz, je trouve Jacques Estienne, Robin et Philippes dicts Truffer qui menoyent checun ung harnoys chargé de fau verd couppé du jourd'huy et abbattu ; le dit boys et ung des harnoys pour Aulbin Vaultier, comme ils disoyent. Je les fys mener au parc du dit lieu, là où les dits Truffers et Vaultier furent par nous examinés. Apprès l'exammen faict, et avoyr saysi Collin Mouchel, Pasquier, des dits boys et harnoys et faict assignation à les voyer vendre demain à dix heures, à Chere- bourg, je m'en allé au dit Cherebourg et n'entre poinct, je parle à Esnauld Gardin et à André Roussel, qui faisoit décharger du vin de son navire, je parle tout d'à cheval au cappitaine que je trouve hors la porte, puys m'en vins, il estoyt soleil couché quand j'arrive. Je trouve Me Guillaume Le Flamenc qui estoyt venu pour appoincter ung procès qu'avions en la court de l'église, ce que nous fismes et me paya les despens du dit procès.

Le dit jour comme nous commencions à soupper arrivèrent Aulbin Vaultier et Robert Fleury qui souppèrent avecque nous.

Le sabmedy XIe, viron dix heures de mattin, Symonnet avecque moy, m'en allé à Tourlaville au parc où je trouve encore les charrettes chargées devant luys du dit parc, je commande à Collin Mouchel qu'il les menast à Cherebourg en dilligence pour en ordonner. Je demeure viron heure et demye chez Thomas Boullon, puys allé à Cherebourg ; il n'y vint que troys des dits har- noys apprès quatre heures sonnées, ils furent déclarés forfaictz et le boys mys entre deux portes, il estoit apprès soleil couché quand j'en party, Gilles Ca- bart et le Voyeur s'en vindrent quand et moy jusques à la place de Tourlaville.

Le dymenche XIIe, je ne bouge de céans, Aulbin Vaultier vinst avant la messe à l'église demander six harnoys pour porter de la pierre à couvrir au Pont-Rilly pour le viconte. Gilles Cabart disna céans, apprès disner, m'en allé pourmener au clos des Ventes, le dit Cabart, Mesnage et plusieurs aultres, voyer mon haras.

Le dit jour, j'envoye Cantepie à Octeville sur Cherebourg pour faire charier demain deux centz de buche jusques au hable, luquelle Hamon Le Telier me bailloyt de la vente qu'il a au mont du Roc.

Le dit jour au soyr, apprès soupper, baillé à Guillaume Le Page une unse de petit billon. . . . . x sols vi deniers.

Le lundy XIIIe, je fus à Cherebourg Cantepie et Symonnet avecque moy par le boys pour la mer qui estoyt grande, suivant l'expédition de sabmedy le harnoys de Philippes Truffer fut vendu et le hongre de Aubin Vaultier. Je disne chez Marguerite Vauchis, St Naser, Gatteville, Guillaume Poutrel, de Briquebosc, Vert Cappel de Carneville et plusieurs aultres. Je fus adverty que aulcuns du navire Françoys Le Clerc vouloyent oultrager Cantepie a l'appetit de Georges Giffart j'en parle au dit Le Clerc, presens le dit Gatteville, Beaurepayre, Pierres Mahault, La Fosse et plusieurs aultres chez la dite Vauchis hault en la chambre et fut cela rompu par ce que le dit Cantepie s'absenta.

Le dit jour, je conte à Nicollas Le Valet de ses gages d'un an fyni à la St Michel dernière et de toutes ses journées précédent ce jour, je luy debvois LXVII sous que je luy paye présentement en ma chambre avant que partisse pour aller à Cherebourg. . . . . LXVII sols.

Le dit jour, nostre disner chez Vauchis xv sols et en viande xv sols, baille à Pierres Robin, d'Octeville. . , ... vi sols. pour repaistre luy et ses compagnons qui m'avoyent apporté deux centz de bûches du Mont du Roc que Hamon leur avoyt baillés de sa vente, il estoit entre quatre et cinq quand je party. . . . . XXXVI sols.

Le dit jour, quand j'arrive céans, je trouve Françoys Girard qui m'avoyt apporté lettres de Monsr de Magneville pour avoyr sa livrée au boys de Monstebourg, et ung nommé Jaspar, serviteur de Richard de la Place de Reville, qui m'en apportoyt unes aultres ; ils souppèrent et couchèrent céans.

Le mardy XIIIIe jour, je ne bouge de céans, je fys achever d'emmelloter le foyen de la Coulombière, Symonnet fut à Cherebourg sçavoir quand le navire à Monrettes partiroyt pour aller à Rouen, Cossin me trouva au clos au Couvert Cantepye et Thomas Drouet avecque moy. Il nos dist que maistre Aubin Lhermite estoyt en article de mort.

Le mercredy XVe, je ne bouge de céans viron mydy, je fus chez Loys Freret où je trouve Sanson Pinel qui faisoyt faire du cordage, je luy dys qu'il me feist venir vendredy prochain six harnoys de Saulsemesnil pour apporter du sablon de la mer.

Le dit jour, Michel Galye apporta une somme de pommes; j'achatte de Henry Gardin une jument et ung poulain, il estoyt près de soleil couchant, le tout me cousta . . . . c sols.

Le jeudy XVIe jour de la segonde St Michel, je ne bouge de céans. Thomas Hurel, Benoyst Le Brique et deux aultres que je ne cognoys vindrent viron une heure apprès mydy nous dinasmes puys dressames minute de l'expédition de sabmedy touchant la forfaicture du harnoys Aulbin Vaultier et aultres, maistre Gilles Cabart se trouva quand et nos à disner.

Le dit jour, dès le matin, j'envoye Symonnet à Cherebourg avecque Cantepye qui alloyt chez son père pour aller lundy prochain aulx assises de Coustances. Le dit Symonnet rapporta de la futaine pour quinze sols pour me doubler ung soye. . . . . xv sols.

Le dit jour, avant qu'ils partissent à aller à Cherebourg, Cantepie changea son casaquin de sentin à trois quartier de violet que je luy baille. Je donne le dit casaquin à Symonnet. Sandrin de Gonneville estoyt céans qui besongnoyt pour moy.

Le vendredy XVIIᵉ, je ne bouge de céans, il me vinst quatre harnoys de Saulsemesnil qui apportèrent du sablon au clos des Ventes. J'achatte de Michelet Gardin ung poulain gris LXX sols, sur quoy je luy rabattys L sols qu'il me debvoyt du terme St-Michel. Mesnage et Tassin Quentin l'amenèrent au clos des Ventes avecque les aultres haras. Dès le poinct du jour, je m'en étoys allé à la Boussaye, où Thomas Drouet et Gilles Auvre avoyent couché apprès six charettes de ceste ville qui alloyent au pont Rilly porter de la pierre pour le viconte auquel j'envoye ung bouc et une chèvre tous noyrs.

Le sabmedy XVIIIᵉ, jour St-Luc, je ne bouge de céans, Michel Lefebvre desjeuna avec moy qui me trouva aulx fontaines au Mareschal. Viron my relevée Chandeleur et ung preneux d'oyseulx à la pippée arrivèrent avecque lesquels je passe le reste de la journée. Thomas Drouet avecque moy, ils debvoyent faire merveilles, ils ne prindrent qu'ung pinchon.

Le dymenche XIXᵉ, je ne bouge de céans, Merigot m'apporta demy cent de raytz, et estoyt avecque luy ung nommé Nicollas Sainct, ils dinèrent.

Le lundy XXᵉ, je fus à Cherebourg et achatte de la viande de carreleur pour XV sols.

Le mardy XXIᵉ, je ne bouge de céans, Lorimier couvroit sur la grange de l'ostel Barrier, Michel le Brises le servit, ils avoient hier commencé à latter.

Le mercredy XXIIᵉ, après disner, je m'en allé à Gouberville le lacqués avecque moy, Simonnet estoyt à Cherebourg et Cantepie n'estoyt encore revenu de Coustances, j'arrive à soleil couchant.

Le jeudy XXIIIᵉ, je ne bouge de Gouberville, missire Guillaume Le Flamenc et Gohel dinèrent avecque moy. Richard Berger m'apporta lettres du recepveur du domaine, affin qu'on avançast le pasnage pour ce que les pourceaulx ne trouvoyent plus que manger en la forest. Le soyr Cantepie arriva.

Le vendredy XXIIIIᵉ, tout le jour il pleut, je ne sorty poinct ma chambre, à raison d'une douleur de teste et de dentz que j'avoye.

Le sabmedy XXVᵉ, je ne bouge de Gouberville pour ce qu'il m'estoyt ung peu amendé de ma doulleur de teste, je me fus pourmener jusques à l'hostel Flamenc, missire Guillaume le Solierre souppa avecque moy.

Le dymenche XXVIᵉ, je fus à la messe à Gouberville ; après disner, comme je m'en revenoys, je trouve entre la brecque Carrel et la maison Pierres Le Noyr ung larron qui emmenoyt XII pourceaulx. Il s'en fuyt, je fys mettre les dits pourceaulx chez Tibert ; il estoyt nuyct quand j'arrivé céans.

Le lundy XXVIIᵉ, je fus à l'assyse à Vallongnes, Cantepie avecque moy, je disne chez Denys avecque Monsʳ de Trexot ; je party de Vallongnes apprès quatre heures.

Le mardy XXVIIIᵉ, dès le matin, je m'en allé à Brix tenir le pasnage où je fus tout le jour. Berteauville et maistre Collas s'en vindrent coucher céans, le reste de la compagnée s'en alla chez Boullon.

Le mercredy XXIXᵉ, j'allé à Tourlaville tenir le pasnage, nous dinasmes chez Boullon, Brisset, St Jehan, Le Poyctevin, la Coude, maistre Jehan Le Pelletier, le sieur de Plain Marest, Symon du Bosc, Gruchy, Berteauville et plusieurs aultres. Après le pasnage tenu, nous en vinsmes coucher céans, Brisset, recepveur du domaine, le dit Poyctevin, maistre Nicolle Halot et son frère, maistre Jehan Le Pelletier, Gruchy et plusieurs aultres.

Le jeudy pénultime jour, je party de céans avant jour, Guillaume Langloys avecque moy et allasmes à Vallongnes pour ce que Vastel procureur avoyt faict faire assignation à Veaupepin, verdier de St-Saulveur, qui s'y trouva, le dit procureur et maistre Pierres Collas. Après avoir desjeuné chez Denis, nous en allasmes au Teil tenir le pasnage chez le cappitaine du Teil, où nous trouvasmes le dit Brisset et les aultres qui s'y en estoyt allés du Mesnil; après le pasnage tenu, nous allasmes tous ensemble coucher à Vallongnes, je souppe et couche chez Denys, maistre Pierres Collas avecque moy.

Le vendredy vigille de Toussaincts, après avoyr tenu le pasnage au manoyr l'Evesque, il estoyt viron deux heures après midi. Le recepveur nos donna à disner chez Denys; après disner je m'en vins, on estoyt aulx volées quand nous arrivasmes.

Novembre 1550.

Le jour de Toussaincts, je ne bouge de céans. St Jehan, chef de barge, passa par ycy la relevée, qui s'en alloyt à St-Gabriel; après soupper, Tassin, Quentin filz, Jacquet et Richard Cauvin vindrent quérir du pain et à boyre pour les sonneurs de l'église.

Le dymenche IIᵉ jour des Trespassés, je ne bouge de céans; Symonnet et le laquès s'en allèrent en Bessin.

Le dit jour, receu de Richard Paris sur ce qu'il peult debvoyr. xiiii sols.

Le dit jour, receu de Vincent Parys pour le terme St-Michel. . . x sols.

Le lundy IIIᵉ jour, je fus à Cherebourg Cantepie avecque moy; il faisoyt si grande tempeste qu'à grande difficulté peusmes nous gaigner contre vent d'empuis la Madalaine jusques aulx faulxbourgz; j'achatte de Pynart une longe et ung bouteus de beufs, ung quertier de mouton, le tout me cousta

xiii sols.

Le mardy IIIIᵉ, je fus à Vallongnes aux haultz jours, nous dinasmes chez Denys, le sieur du Couldre, Brisset, Vastel, maistre Pierres Collas et plusieurs aultres; après disner, nous finimes les haultz jours, puys m'en vins, il estoyt presque nuyct quand j'arrive.

Le mercredy Vᵉ après disner, je m'en allé à Gouberville, Cantepye avecque

moy ; nous passames par le marché de St-Pierre, le jenne Raffoville (1) me donna ung counin. Cantepie achatta du savon et du pappier pour   ii sols
iii deniers.

Le jeudy VIe, tout le jour je ne bouge de Gouberville. Joret fut à Gatteville scavoir si le seig^r y estoyt, il n'estoyt encore poinct venu de Vallongnes. Missire Jehan Le S ilierre souppa avecque moy ; j'avoys envoyé quérir missire Guillaume Le Hériche, mays il ne voulut venir pour ce qu'il avoyt jà soupé, nous avions force pouletz, becquaces, vitecos, perdris et mouton à soupper ; j'envoye chez le lieutenant de St-Saulveur une perdris et deux vitecos par Suzanne.

Le vendredy VIIe, Gatteville vinst apprès disner à Gouberville. Robin Lie-nard et ung petit Retoville avec luy ; nous prinsmes terme à nous trouver de dymenche prochain huyctaine chez le lieutenant de St-Saulveur à Néville pour essayer à appoincter de nos procès, puys s'en retourna. Je m'en vins par chez le dit lieutenant l'advertir de notre conclusion, dont il fut bien ayse ainsy qu'il disoyt. Il estoyt nuyct quand j'arrivé céans.

Le sabmedy VIIIe, je ne bouge de céans, je fys paver le chemin d'emprès les routeurs de la Froyde rue par Guigars, Jacquet Feullye, Michel Le Brises et Guillaume Le Sage.

Le dymenche IXe, je ne bouge de céans, je ne fus poinct à la messe pour ce que je me trouvoys mal, Chandeleur disna céans puys adjourna Nicollas Quentin à demain à Cherebourg et son varlet et ung mineur qui debvoyt de l'argent à Louys le Moussierre.

Le lundy X^e, je fus à Cherebourg Cantepie avecque moy, les cables du Mont du Roc furent banys à la main de maistre Jehan Le Pelletier. J'achatte troys aulnes et demye de bureau de Jehan Caulvin c sols, dont je luy fys cédule et de six livres xvi sols d'aultre costé, pour deux fers neufs au grand cheval et deux rassys à ma haquenée v sols et iii sols pour la tonture du drap et deux sols pour mes chevaulx , ... x sols.

Le mardy XIe, jour St Martin, je ne bouge de céans, Chandeleur y disna, apprès vespres, je m'en allé, Thomas Drouet et Valot, pourmener au Couldré soubz l'hostel Hamel. puis m'en vins voyer Gilles Auvre qui estoyt malade.

Le mercredy XIIe, je fus à Vallongnes Cantepye et Gilles Cabart avecque moy. nous dinasmes chez Denys, Brisenes procureur avecque nous et Louys Le Moussiere qui plaidoyt à ung mineur, nous despendismes xx sols. Apprès disner Nicollas Quentin vinst au logys et appoyncta à maistre Jehan Le Pelle-tier adjudicatayre du pasnage de cest an present, pour six porcz que le dit Quentin avoyt recellés au dit pasnage. Il estoyt troys heures quand je party a m'en revenir. le dit Quentin s'en revinst quand et nous.

(1) Le nom des Raffoville était Le Marchand.

Novembre 1550.

Le jeudy XIIIe, dès le matin, je fus à Octeville sur Cherebourg, Cantepie et Gilles Cabart avecque moy, pour recoller les fiefes au curay du dit lieu, nous trouvasmes Vastel, procureur, et Richard de la Planque qui desjeunoyent. Apprès desjeuner nous allasmes sur les dites fiefes Gauvain Andre mesureur et plusieurs aultres y estoyent, puys m'en revins, il estoyt vol de vitecos quand je passe à l'ostel aulx Luces.

Le vendredy XIIIIe, dès le matin, Vastel vinst céans qui avoyt couché à l'abbaye de Cherebourg, nous desjeunasmes céans, puys allasmes à Saulsemesnil et au Teil recoller les fiefes Gosselin et de Philippin Gallye puys m'en revins viron deux heures apprès mydy, nous departismes au pont Perin le dit Vastel et moy.

Le dit jour au soyr toute nuyct, Eutroppe Goman de Gonneville et Jehan Le Clerc de ceste ville vindrent parler à moy pour ung procès que le dit Goman avoyt à missire Guillaume Lenguelier auquel j'escripvis en faveur du dit Goman.

Le dit jour sur la relevée, au moulin, Vincent Parys me demeura de xx sols à cause de dommages que ses bestes et anees (1) m'avoyent faictz tant à la bergerye que aylleurs à payer les ditz xx sols la première foys qu'il seroyt repprins en dommages, faict aulx presences de Thomas Drouet, Nicollas Quentin, Jehan et Guillaume dictz Paris.

Le dit jour, receu de Jacques Burnel sur les termes Pasques et Sct Michel derniers pour Philippin Galie et Denys Gosselin. . . . . . . LXXV sols.

Le sabmedy XVe, au matin, Richard Parys vinst querir ses brebys qu'on avoyt prinses en dommages, et se submist de xx sols à payer la première foys qu'on les reprendroit, presens Mathieu Le Pelletier, Michel le Brises, Guillaume Le Sage, Jacquet Feullye et plusieurs aultres.

Le dit jour, après disner, je m'en allé coucher à Gouberville, Cantepye et le lacques avecque moy, pour me trouver demain à Neville chez le lieutenant de St Saulveur pour appoincter à Gatteville de la taxe de despens qu'il a sur moy. Quand nous vinsmes au Mor du Bosc j'envoye le dit Cantepye et laques chez le dit lieutenant porter six vitecos et quatre perdrys et m'en allé droict à Gouberville, où ils arrivèrent incontinent apprès moy, il estoit viron soleil couchant.

Le dymenche XVIe, apprès avoyr ouy la messe à Gouberville je m'en allé à Neville chez le lieutenant de St Saulveur, Cantepye, Joret et Philippin Tocque avecque moy, nous y dynasmes, apprès nous parlasmes de nos afferes, le dit sieur de Gateville et moy, et ne peusmes accorder, maistre Ambroys de

(1) Anesses.

Novembre 1550.

Hanot y estoyt, le dit lieutenant, Beaurepayre et leur famille. Je monte à cheval et m'en vins, il estoyt viron une heure de nuyct quand j'arrive.

Le lundy XVIIe, je fus à Cherebourg Cantepye avecque moy, je n'y beu ny menge, je m'en revins viron une heure apprès mydy je expédie une matière entre le curey d'Octeville et ceulx de Nouaynville.

Le dit jour, Guillaume Langloys frère de Cantepye vinst coucher céans.

Le dit jour apprès soupper receu de Jehan Quentin filz Jacques xviii sols iiii deniers sur ce qu'il peult debvoir du terme S^{et} Michel dernier.

xviii sols iiii deniers.

Le mardy XVIIIe, je fus à Vallongnes Cantepye avecque moy, nous dinasmes ches S^{et} Jehan Le Poyctevin, le recepveur Brisset, maistre Jehan Le Pelletier, et Guillaume Sochon de Reville, apprès disner nous expédiasmes entre aultres matières celles des paroissiens de Bris, S^{et} Martin et Couville pour les pourceaulx du Roy pris et choysis à Bris qui avoyent esté perdus. Ce faict je m'en revins, il estoyt soleil couché.

Le mercredy XVIIIIe, je ne bouge de céans, je fys commencer à labourer au clos des Ventes par Guigars et Jacquet Feullye, comme je y alloys au matin, je dis à Janot Caulvin, qu'il dist à missire Guillaume Le Flamenc et à Joret qu'ilz m'envoyassent du poyscon pour vendredy, qu'il me venoyt des gens.

Le jeudy XXe, dès le matin, je m'en allé Cantepye avecque moy et le laques à Octeville sur Cherebourg. Je mys mes chevaulx chez le curay puys m'en allé à pied jusques au coyng des closages Herouel où se trouva La Planque, La Tour, sergent, le sieur de Sydeville, le curay d'Octeville et plusieurs aultres des paroissiens, Michel du Tertre et plusieurs aultres de Nouaynville avecque Gaulvin Andre mesureur pour recoller les fleffes des dessus dits. Sur la fin arriva Berteauville et Gilles Cabart et puys nous en allasmes disner chez La Planque, en une petitte maison qu'il a louée près le boys de Hainneville qu'il achette des moynes du Mont St Michel. Apprès disner nous en vinsmes coucher céans, le dit Berteauville avecque moy, il estoyt nuyct quand nous arrivasmes. Philippin Tocque m'avoyt apporté du poyscon suyvant ce que j'avoye mandé hier par Janot Cauvin qui alloyt à St Pierre. Je baille au dit Tocque ung pistolet pour du billon pour ce qu'il alloyt payer à la recepte des tailles.

Le vendredy XXIe, je ne bouge de céans, le curay de Cherebourg, le promoteur, le greffier vindrent pour recoller tesmoingtz de l'insolence que Nicollas Quentin fist à l'église le jour de la my aust, apprès le recollement, ils s'en vindrent disner céans.

Le dit jour au soyr arriva missire Pierres Blondel, vicayre de St Opportune qui m'apporta de l'eau de troyne (selon que luy avoys escript par le Monstre mardy dernier) et des ougnons. Jehan Liot y soppa qui venoyt parler pour

Quentin Le Court qui avoyt esté mys lundy dernier en amende pour n'avoir bany les cables de sa garde selon ce que luy avoys commandé.

Le dit jour, pour deux potz de vin et du pain que Jacquet Feullye fut querir à Cherebourg ix sols et pour iiii livres de chandelle prinse de Aulbin Sanson viii sols. . . . . xvii sols.

Le dit jour apprès soupper Cantepye partit pour aller chez son père.

Le sabmedy XXII⁰, dès le matin, je m'en allé Gilles Cabart et le laques avecque moy à la lande du Teil, où je trouve Nicollas Gohel qui m'attendoyt, nous allasmes à Montagu recoller des fleffes tout au long de la rue de Venise jusques à la Planche que Dieu fist, nous reppeusmes chez missire Guillaume Bourdet et mangeasmes du myel, y estoyt le dit prebtre Collin Dore et plusieurs aultres de la rue de Venise.

Le dit jour, apprès avoyr recollé la fleffe Robert le Dormant, nous en revinsmes le dit Cabart, Gohel et lacques passer tout au travers de Barnavast et dèpartismes le dit Gohel et nous là où je l'avoys trouvé à ce matin. Il estoyt une heure de nuyct ou viron quand j'arrive.

Le dymenche XXIII⁰, je ne bouge de céans, j'emmène de la messe le sergent Bricqueville disner céans et missire Aulbin Le Vacher qui m'apporta ung lièvre que Brillevast m'envoyet. Apprès vespres Denys Gosselin m'apporta de l'argent pour mes vaccations que je ne prins poinct pour ce qu'il estoyt ja nuyct et que c'estoyt billon et promist revenir mardy.

Le lundy XXIIII⁰, je fus à Cherebourg le lacques avecque moy, pour une cuisse de beuf et ung cymier que j'achatte [de] Carreleur xviii sols. Je renvoye le lacques et le Monstre devant a tout cinq boisseaulx de sel sur le grand cheval, le dit sel prins chez Casarie. Ils trouvèrent ung garson au Roulle auquel ils voulurent oster sa hache, il les battit tous deux jusques à effusion de sang.
xviii sols.

Le dit jour, receu de Cornette pour la vente de six pourceaulx que Loys Margeneste et le Monstre y avoyent menés . . . . ix livres.

Le dit jour, je party de Cherebourg viron soleil couchant apprès avoyr rescript à Cantepye par missire Jacques Dienys.

Le mardy XXV⁰, jour S⁰ᵗᵉ Catharine, je ne bouge de céans, missire Jehan Petit de Torqueteville au Boscage dist nostre messe parocialle, Martin Birette vinst céans qui me pria de bailler mon moulin de Gouberville à ung de Cantelou surnomme Alexandre qui present estoyt. Apprès vespres je m'en alle tournier en grand camp, Guillaume Berger avecque moy, pour trouver des juments que je vouloys voyer, nous trouvasmes aulx volées de Quierfosse Poygnant et Tassin Quentin, lesquels nous trouvèrent les dites juments. Il estoyt nuyct toute noyre quand nous arrivasmes céans, où nous trovasmes Denys Gosselin qui m'attendoyt, ils beurent tous checun sa foys, puys s'en allèrent. Cantepye arriva assez tost apprès.

Le mercredy XXVI*, je fus à Vallongnes Cantepye et le laques avecque moy, nous dinasmes chez Denys, maistre Jehan Le Pelletier, Gilles Cabart et Quentin Le Court, apprès avoyr expédié plusieurs causes. Baillé à ung sellier nommé Queriot, pour avoir reffaict ung arson rompu à ma selle, pour une payre d'estrivières, une testière de bride et une croppière. . . .   viii sols.

Le dit jour, je failly à accorder Thomas Drouet avecque le Jeune curay de Saulsemesnil, touchant le traict de dixme de la Magdalaine de Rouen que ledit Drouet voulloyt avoyr à ferme du dit curay. Incontinent je m'en vins le dit Cabart et Cantepye avecque moy, il estoyt nuyct quand j'arrive. Je trouve Guillaume le Sage revenu de St Naser, où je l'avoys hier envoyé, et Pierres Varin mener deux juments pour y passer yver, il m'apporta ung fourmage que ma seur m'envoyet.

Le jeudy XXVII*, dès le matin, je m'en allé à Cherebourg, Cantepye avecque moy, nous dinasmes chez Nicollas Symon, d'Ouville et Guillaume Cantepye, nous mengeasmes du harenc blanc et ung vitecoq, il me cousta viii sols, apprès disner nous allasmes à notre maison voyer la cave pour la louer à Piolles qui présent estoit, ce faict je m'en allé au bois de Hainneville, je y trouve Perrin Vigot, Pierres Varin, Raullet Feullye et Floquet qui besongnoyent pour Richard de la Planque, le dit Vigot me mena par le dit boys pour trouver du merrain à roe de moulin, comme nous tournions trouvasmes Girot Pivain qui abattoyt un chesne pour faire de la latte. Ce faict je m'en revins passer entre mer et ville, comme il sonnoyt quatre heures.   viii sols.

Le vendredy XXVIII*, je ne bouge de céans, je preste mon harnoys à Jacquet Feullye, à Pierres Quentin pour fumer la coualte du dit Quentin, où je fus viron iii heures apprès mydy puys m'en revins par le moulin où je fus jusques à la nuyct. Quand j'arrive céans, je trouve le vicayre de Gouberville Blondel qui venoit du dit lieu et s'en retournoyt à S^{cte} Opportune. Il souppa et coucha céans.

La sabmedy pénultime, je fys semer au clos des Ventes x boisseaulx de fourment par Henry Guardin et Louys Margeneste, puys m'en vins disner, apprès je m'en allé à Gouberville Cantepye avecque moy, il estoyt jour faillant quand nous y arrivasmes, Gohel y estoyt déjà qui m'y attendoyt pour visiter le moulin que Martin Birette me voulloyt rendre pour qu'il estoyt à fin de son bail.

Le dymenche dernier jour, apprès avoir esté à la messe à Gouberville, nous en vinsmes disner Gohel, Martin Birette et plusieurs aultres ; nous accordasmes le dit Birette et moy pour tout le passé dont je fys un escript qui est demeuré vers moy pour ce qu'il porte obligation du dit Martin.

Le dit jour, receu de Marguet ung ecu sol pour le louage qu'elle a de moy, qui finit à la St Michel prochaine du quel escus promys lui en bailler quictance, ce faict nous montasmes à cheval, il estoyt nuyct quand nous arrivasmes.

Décembre 1550.

Le lundy premier jour, je ne bouge de céans, au matin après que Cantepye fut party à aller à Cherebourg, maistre Gilles Cabart vinst qui me monstra la minute de l'expédition donnée entre le procureur du Roy et Aulbin Vaultier touchant la forfacture de quatre harnoys, après nous allasmes au clos des Ventes où mes serviteurs estoyent à la charue, il s'en alla. je m'en vins par le moulin, j'emmène Thomas Drouet à desjeuner, je trouve Pierres Quentin céans qui m'avoyt amené une jument noyre à voyer pour l'achatter, je n'en voulus poinct ; sur le soleil couchant vindrent Philippin Gallye et Thomas son filz, faire leur consultation contre Robert Sanson, filz Jehan, touchant une clameur. Viron faute de jour arriva Margrin Birette filz Martin qui me bailla xlvi sols sur ce qu'il me doybt de notre accord et conte d'hier faict à Gouberville. . . . . xlvi sols.

Le dit jour, baille à Jacquet Feullye sur ses gages d'un an fyny le jour S^{ct} Denys dernier montans vi livres x sols, xlv sols et sept sols et xii sols iii deniers qu'il avoyt heuz à jour passé et cinq querterons de gresse valantz ii sols vi deniers Somme. . . . . lxvi sols ix deniers.

Le dit jour, je louay le dit Jacquet encore ung an et luy promys vii livres tournois pour toutes choses.

Le dit jour au soyr, après soupper, arriva Tassin Quentin et le cribleur de Golleville duquel j'achatte ung crible qui me cousta. . . . . . . iii sols.

Le mardy IIe, je fus à Vallongnes Cantepye avecque moy, je trouve Denys desjeunant, je desjeune avecque luy et sa femme, puys m'en allé en ville à mes afferes. Richard Dossier me bailla ung extraict de registre touchant Guillaume Quentin et Jacquette sa femme du Teil et Michel Doulcet, puys m'en vins Jacques Cabart et maistre Gilles son filz, maistre Guillaume Langloys avecque moy, il estoyt vol de vitecocz quand j'arrive.

Le mercredy IIIe, je conte à Philippin Couppe de Brix pour huict jours qu'il a esté céans et quatre qu'il fault qu'il y soyt, je luy baille xviii sols, avant desjeuner. . . . . xviii sols.

VOYAGE.

Le dit jour, après disner, je party pour aller à Rouen Guillaume Langloys avecque moy, je souppe à Monstebourg chez Lanquetille maistre Jehan Le

Poyctevin avecque moy, qui me donna ung vitecoq et une perdrix, il me cousta pour le soupper. . . . . xx sols.

Le jeudy IIIIe, à six heures de matin, je party de Monstebourg et vins passer au grand Vay où survinst mon cousin du Quesnay qui passa quand et nous ; il me cousta pour la reppeue et passage v sols, je m'en vins à Russy où je trouve mon frère Louys que je n'avoys veu puys le caresme 1544 (1), je couche à Russy . . . . v sols.

Le Vendredy V^e, apprès disner, je party de Russy et m'en vins à Bayeulx, je fys ferrer mes chevaulx chez Gybert, il me cousta vi sols vi deniers, je souppe et couche chez ma seur, Monsr le lieutenant général y estoyt, Gathemo y souppa, maistre Ancelme Gouye estoyt fort malade, et en danger de mort, comme disoyent les médecins. . . . . vi sols vi deniers.

Le sabmedy VIe, dès le poinct du jour, je party de Bayeulx et vins disner au Pot d'Estain à Caen, où se trouva le curay de Mobec frère du viconte de Carentan, pour la disnée x sols, pour le passage au bac iiii deniers, à Dyve pour le passage i sol ; nous arrives à l'Ymage Notre Dame trouvasmes Monsr de Durescu et son train, St Jehan chef de barge, le filz Potier Morville et Benoyst Le Bryque, nous souppasmes avecque les dits sieurs, pour la souppée xviii sols . . . . xix sols iiii deniers.

Le dymenche VIIe, entre une et deux heures apprès mynuyct nous partismes de Dyve le dit Mobec et Morville, et ung sellier qui nous guydoyt par les grèves où je rencontre Symonnet qui revenoyt de Rouen, nous arrivasmes à Honnefleu à la Perruque (2) à six heures de matin, nous dormismes apprès, disnasmes et s'y trouvèrent maistre Thomas Oger, maistre Jehan Le Pelletier, le sergent Mouchel qui venoyent de Rouen. Il me cousta pour la disnée xiii sols et quatre sols pour ma part du salayre du guyde et pour le passage de Toque [la Touque]. . . . . xvii sols.

---

(1) Cette mention laconique dénote une certaine froideur entre les deux frères ; en voici assurément le motif. A la suite d'uue entreprise téméraire tentée de concert avec plusieurs autres gentilshommes contre le prieuré de Saint-Clément de Truitemer, près Vire, entreprise lors de laquelle le Prieur de ce monastère trouva la mort, Louys Picot, le frère de Gilles de Gouberville, avait été condamné, le 10 mars 1546, avec plusieurs de ses complices, « a avoir le « poing dextre couppé, par apres estre decapitez, leurs testes et poings estre afflches au lieu « le plus convenable, pres celuy ou le crime a este commis..... » Grâce sans doute à quelque puissante intervention, ce jugement ne reçut point son effet et la peine capitale put être évitée.

[Généalogie des sires de Russy de Gouberville et du Mesnil au Val. Notes complémentaires. Caen, 1892.]

(2) A la Perruche, sans doute ? ce qui n'aurait rien d'étonnant ; cet oiseau devant être rapporté fréquemment dans ce port de mer par les marins qui fréquentaient le Nouveau Monde.

Décembre 1550.

Le dit jour, nous allasmes soupper et coucher au Daulphin au Pontaudemer pour la souppée. . . . . xviii sols.

Le lundy VIIIe, jour Notre Dame, nous partismes de Pontaudemer au poinct du jour, le dit Mobec, Morville et le sieur de Manetot d'auprès de Bieville en Auge et vinsmes ouyr messe et disner à la Boulle, pour la disnée xiii sols, nous arrivasmes à Rouen viron iiii heures apprès mydy, je m'en allé loger à l'Esgle d'Argent, apprès que je fus débotté, je m'en allé chez Monsr le Prevost où je trouve le sieur de Beuvran et le cappitaine Soler et plusieurs aultres, je souppe avecque la compagnée, puys m'en revins couche à mon logys où estoyt le sieur de Martinbosc. . . . . xiii sols.

Le mardy IXe, je disne chez Tassin Laubier et maistre Jacques Thouroude, je paye x sols, je souppe chez le Prevost et Guillaume à nostre logis.   x sols.

Le mercredy X^e, je disne au Heaume, Mobec et son advocat et Laubier, et ung solliciteur du Palays nommé maistre Martin et maistre Jehan Paulmier. Apprès, nous allasmes au Franc Archer où estoyent logés les gens du sieur de Durescu, voyer ung cheval que vouloyt avoyr Mobec ; je m'en retourne à mon logys où je souppe, et le curay du Neuf Bourg et missire Georges vicaire de St Lo.

Le jeudy XIe, je disne au Pelerin, maistre Jacques Thouroude, Jehan Le Viel, nous despendismes xii sols que je paye. . . . . xii sols.

Le dit jour, pour deux peaulx d'ouffres viii livres et quatre manteaulx et demy de penne blanche, à xvii sols le manteau, somme xi livres xvi sols vi deniers pour fourrer une robe de damas. Je souppe à mon logis, le sieur de Martinbosc, le curay du Neuf Bourg et plusieurs aultres. xi liv. xvi s. vi den.

Le vendredy XIIe, je desjeune chez Le Prevost d'où s'en alla se jour le sieur de Beuvran, je disne au Pelerin maistre Jacques Thouroude et Jehan Le Viel, ix sols, le dit Thouroude souppa avecque nous à mon logis, le curay du Neuf-bourg et plusieurs aultres . . . . ix sols.

Le sabmedy XIIIe, nous dinasmes à la Croix Blanche, près la porte Cauchoyse, le curay de Mobec, le sieur de Martinbosc, le sieur des Cresnes, le curay de Agneville surnommé Fabien, Jehan du Bosc filz Fleury, Julian Basan seig^r de Gatteville et Chauvet son procureur et tous nos serviteurs. Les dits sieurs nous appoinctèrent le dit Basan et moy d'une appellation que j'avoye prinse *ab excessu* d'une taxe de despens attainctz par le père du dit Basan sur moy ; pour le prix de six vingtz dix escus sol pour demeurer quicte de la dite taxe et appellation en toutes quelque conques avecque l'escot montant liiii sols et xiii sols pour le poyscon que le dit Basan avoyt achatté que je paie présentement . . . . lxvii sols.

Le dit jour, apprès disner, pour une payre de souliers viii sols et pour une saincture de veloux xxx sols. Je souppe à mon logis, le sieur de Martinbosc,

 le curay du Neufbourg, maistre Jacques Thouroude et plusieurs aultres.
                                                                    xxxviii sols.

Le dymenche XIIIIe, je disne à mon logis, le sieur de Martinbosc, ung aultre gentilhomme nommé Monsr du Bosc, la mère de notre hostesse, le magister de ses enfans et plusieurs aultres. Apprès disner je m'en allé aulx Carmes où on tenoyt le Palinot et estoyt prince du Puy le seigneur de Soquences. Je y fus jusques à six heures de soyr, puys m'en vins soupper à mon logis, et y emmené Thouroude qui m'avoyt faict compagnée. Le dit jour au fourreur qui avoyt fourré ma robe . . . . xxv sols.

Le lundy XVe, nous dinasmes au Port de Salut, Martinbosc, le curay du Neufbourg, Thouroude et nos serviteurs, il me cousta. . xi sols vi deniers.

Le dit jour, je souppe à mon logis, il estoyt viron ix heures de soyr pour ce que j'avoye esté au jugement et distribution des prix du Palinot. Maistre Clement Lambert procureur en baliage heult la palme du chant Royal et ung nommé Poupet menevrier heult le debatu.

Le dit jour, baille au seigneur mon procureur xxiii sols, à son clerc v sols, à du Perron qui avoyt vu la production de Pretot et la mienne avec Lambert xxviii sols iiii deniers, au dit Lambert xxii sols v deniers. . . . lxix sols.

Le mardy XVIe, je disne à mon logis, le cappitaine Desse, Martinbosc et plusieurs aultres. Je y souppe et ung gentilhomme nommé Monsr du Fort, gascon et Thouroude.

Le mercredy XVIIe des quatre temps, nous dinasmes à la Teste Sarrasine les sieurs de Martinbosc, Desse, le curay du Neufbourg et plusieurs aultres vii sols vi deniers et la relevée au dit lieu pour chopine de vin et ung fagot, ung pain xx deniers. . . . . ix sols ii deniers.

Le dit jour, je souppe à mon logis avec les dits sieurs, puys conté mon hostesse de toute la despense que j'avoye faicte comprins mes chevaulx je luy debvoye. . . . . xi livres.

Le jeudy XVIIIe, dès le matin, je renvoye mes chevaulx par Guillaume Cantepye et luy baille xl sols. Je disne chez Monsr Trexot avecque maistre Olyvier Le Prevost, maistre Jehan Bunel de Bayeulx, je y envoye deux perdrix, ung counin et ung pot de vin qui coustèrent xiii sols. . xliiii sols.

Le dit jour, pour une saincture de soye noyre que j'envoye à ma seur de la Bigne et une paire de gantz de marroquin xv sols et une pomme de senteur vi sols que j'envoye à mon oncle par le dit Guillaume . . . . . lxi sols.

Le dit jour, je souppe à mon logis les sieurs Desse, Martinbosc, le sieur du Fort et Adam.

Le vendredy XIXe, nous dinasmes à la Teste Sarrazine, Cresne, Martinbosc, Thouroude et Jehan Le Viel, vii sols vi deniers. Apprès disner, nous allasmes au Palays, pour recouvrer Basan qui m'avoyt promys signer nostre appoinc-

Décembre 1550.

tement de sabmedy dernier, mays il s'en estoyt allé, il y avoyt viron ung quart d'heure, par derrière les jardins, contre l'honneur de sa promesse. . . . . vii sols vi deniers.

Le dit jour, pour ce qu'il estoyt les quatre temps je ne souppe poinct, mays je donne la collation au Pelerin à maistre Jehan de Lamare, Pierres le Boulenger, Jacques Thouroude, il me cousta ix sols vi deniers, puys je m'en vins à mon logis où je joue au Flus jusques à unze heures avecque les sieurs de Martinbosc et du Fort. . . . . ix sols vi deniers.

Le sabmedy XX⁰, je dines et souppe à mon logis, j'achatte ung petit bonnet de veloux pour mon oncle qui cousta. . . . . xliiii sols

Le dymenche XXI⁰, dès que fus levé, je m'en allé avecque Cresne chez Monsieur Anquetil pour le dit Cresne et de là à Notre Dame puys disner à mon logis.

Le dit jour, partit de nostre logis le sieur de Brevennes grand vicayre de Monsʳ de Bayeulx, je souppe à mon logis le sieur de Lamare et troys aultres de sa compagnée

Le lundy XXII⁰, je disne et souppe à mon logis, y souppèrent Martinbosc Lamare, le sieur du Fort, le Pert et maistre Jacques Thouroude.

Le mardy XXIII⁰, je disne au Pelerin, Le Pont, solliciteur au Palays, Thouroude et Jehan Le Viel . . . . xv sols vi deniers

Le dit jour, dès sept heures de matin, je m'en allé chez Monsʳ du Perron, où je fus deux heures pour luy monstrer des escriptures contre Basan, il heult un escu sol . . . . xlvi sols.

Le dit jour, je souppe à mon logis, le curay du Neuf Bourg, l'hoste et l'hostesse, le sieur de Martinbosc s'en alla se jour.

Le mercredy XXIIII⁰, vigille de Noël, apprès vespres, nous dinasmes à notre logis l'hoste et l'hostesse, Jehan Le Viel, et la Fourbisseresse. Je fus au service et à la messe de mynuyct à la prieuray de St Lo, Thouroude avecque moy. Y estoyt Monsieur de Baucquemare conseiller au grand conseil et Briselet conseiller en Parlement (1). Au retour du service, en trotins de mouton et ung pot de vin pour desjeuner. . . . . iii sols.

Le jeudy XXV⁰, jour de Noël, je disne et souppe en notre logis, Thouroude y disna et Jehan le Viel y souppa.

Le vendredy XXVI⁰, jour Sᵗ Estienne, je disne à la Tour Carrée, Le Viel et Thouroude avecque moy x sols vi deniers, je souppe à mon logis, et ung drappier prochain voysin nommé Guillaume Thierry et Jehan Le Viel.

---

(1) Jacques de Bauquemare, sieur de Bourdeny, et Robert Brislet, sieur de Jonville, avaient été pourvus de la charge de conseillers au Parlement de Rouen par lettres du 2 avril 1543, lors de la création de quinze conseillers.

[Farin, *Hist. de la ville de Rouen*].

17

Le sabmedy XXVIIe je conte à mon hostesse de tout ce que j'avoye despendu d'empuys le jour Notre Dame que j'arrive ceans, jusques au mercredy xviie de ce present moys que nous avions conté pour xi livres et d'empuys le dit mercredy jusques à présent, et tout conte et comprins le dit conte de xi livres et ung pistolet que Monville m'avoyt presté, je debvoye xx livres vii sols, sur quoy je luy baille. . . . . , ... , x livres tournois.

Le dit jour, je disne chez Papillon avecque Monsr le Prevost, pour ung pot de vin ii sols. Après disner viron sur les troys heures arriva le cappitaine Cadiot chez le dit Le Prevost, nous souppasmes tous chez Papillon, et Roumain Care et sa femme, pour ung pot de vin ii sols, après soupper le dit cappitaine et moy couchasmes chez Le Prevost. . . . . iiii sols.

Le dymenche XXVIIIe, je prins x dragmes de casse chez le dit Le Prevost et y disne le dit cappitaine Papillon et sa femme, puys jouasmes aulx quartes jusques à iii heures.

Le lundy XXIXe, au matin, je prins le premier cyrop de la decoction du dit Prevost et commence une diette pour mon plaisir et pour tenir compagnée au dit cappitaine. En disnant nous achattasmes checun ung bonnet de nuyct, ils coustèrent xxvii sols. . . . . xiii sols vi deniers.

Le dit jour, sur les unze heures de soyr, le dit cappitaine prinst des pilulles et ne sortismes poinct la maison.

Le mardy penultime, nous ne sortismes poinct, je joue au triquetrac toute la relevée avec le Prevost,

Le mercredy dernier jour, je disne et souppe chez le Prevost et le sieur de Caumont y disna.

Janvier 1550.

Le jeudy premier jour de l'an, je disne et souppe chez Le Prevost, je joue au triquetrac d'empuys disner jusques à soupper avecque le seygneur Horace. Apprès soupper les clercs de l'église S^{ct} Vyvian y vindrent jouer des virles.

Le vendredy IIe, nous ne sortismes poinct la maison. Après disner Jehan Le Viel me apporta une douzaine d'aygullettes et des esponges pour essuyer le visage et la teste, le tout cousta. . . . . viii sols.

Le sabmedy IIIe, je ne bouge de chez le Prevost, maistre Robert son frère disna avecque nous. Apprès soupper Guillaume serviteur de céans s'en alla sans dire adieu craignant estre batu, pour avoyr mangé une poule grasse que le dit Robert envoyet à son frère.

Le dymenche IIIIe, nous ne sortismes poinct, Papillon et sa femme, et maistre Robert dinèrent avecque nous. Madone et son filz Horacyo, furent disner chez Collin Grammare qui faisoyt le pain benist à la rue Estouppée, le bailly Marette y vinst apprès disner et la femme Care.

Le lundy V°, vigille des Roys, je ne sorty poinct, nous souppasmes le dit sieur cappitaine Cadiot, le Prevost et son frère maistre Robert, Madone et Horace. Marye fut Royne, Madone jeunoyt ce jour et ne mangea qu'un hareng sor.

Le mardy VI°, nous dinasmes et souppasmes chez Le Prevost le dit sieur cappitaine et moy tous ceulx.

Le mercredy VII°, ung peu avant soupper, je sorty jusques chez Papillon, je trouve sa femme qui avoyt mal aux yeulx et sa petite fille Marye aussy, puys m'en retourne chez Le Prevost, Jehan Le Viel m'apporta une main de papier . . . . x deniers.

Le jeudy VIII°, estant encore au lict, Collin Grammare m'apporta unes lettres que Cantepye m'escripvoyt par Guillaume Sansonnet de Cherebourg, nous dinasmes et souppasmes tous ceulx le dit sieur cappitaine et moy.

Le vendredy IX°, nous ne sortismes poinct, maistre Pierre Lachere bour geoys de Rouen y vinst à disner pour fayre la diette, à raison qu'il estoyt trop-repplet pour son aage qui n'estoyt que de xxvii ans. La relevée y vinst syre Thomas Le Ties, maistre du Pot d'Estain au hable neuf pour faire la diette pour une douleur de teste, il souppa avecque nous et après soupper sur les xi heures prinst des pilulles dont il en revomit une.

Le sabmedy X°, nous ne sortismes poinct la maison, le dit Lachere s'en alla en ville ung peu avant disner et revinst soupper avecque nous.

Le dymenche XI°, nous ne bougeasmes de la maison, le dit Lachere prinst au matin medicyne qu'il revomit.

Le lundy XII°, nous dinasmes et souppasmes chez Le Prevost, après disner le seigneur Horace nous amena ung fourbisseur, qui apporta six alumelles d'espées, dont le dit cappitaine en choysit une pour luy qui cousta xxv sols et pour ce qu'il n'y avoyt que ceste la bonne, il promist en rapporter demain d'aultres affin que j'en heusse une.

Le mardy XIII°, nous dinasmes et souppasmes chez Le Prevost le dit sieur cappitaine, Lachere et Le Ties, le dit fourbisseur rapporta d'aultres allumeles et pour ce qu'il n'y avoyt rien de bon, je n'en heu poinct, il promist en rap-porter encore d'aultres avec des daguettes.

Le mercredy XXIV°, vigille S^et Mor, nous ne sortismes poinct la maison, le dit fourbisseur revinst et rapporta troys aultres espèes et troys daguettes dont le dit cappitaine en choysit une et pour ce que le reste n'estoyt poinct à mon gré je n'en heu poinct.

Le dit jour pour cinq petites boytes de fer d'Alemagne pour mettre de la pommade que Jehan Le Viel m'apporta après disner. .   vii sols vi deniers.

Le jeudy XV°, jour S^et More, Guillaume Cantepye arriva qui me amena mes chevaulx, nous dinasmes et souppasmes chez Le Prevost le dit sieur cappitaine, Le Ties et Lachere.

Le dit jour apprès disner, Guillaume Cantepye me bailla unes lettres que son frère Thomas m'escripvoyt et deux doubles Ducatz, ung Angelot et demy et troys escus sol et du billon que le dit Thomas avoyt receu pour troys francs, sur quoy je rendy au dit Guillaume pour la despense qu'il avoyt faicte en amenant mes chevaulx LXV sols. . . . . XXII livres tournois IIII sols.

Le vendredy XVIe, dès le matin, vindrent deux gentilshommes de la compagnée du cappitaine Soler voyer le cappitaine Cadiot, ilz nous dirent qu'ilz avoyent esté bien XV jours devant Calays en ung petit bocqueteau et que ceulx de Calays leur avoyent demandé qu'ilz cherchoient aulxquelz fut respondu par le sieur de Urebon que le Roy vouloyt ravoir Calays. Apprès disner Guillaume Cantepye fut au Palays à la table de marbre, à l'expedition d'entre Aulbin Vaultier et moy.

Le sabmedy XVIIe, ung nommé Guillaume Ybleron du Hable Neuf disna avecque nous chez Le Prevost.

Le dymenche XVIIIe, avant disner, Guillaume Cantepye et Jehan Le Viel furent a Dernetal chez Nicollas Davary.

Le dit jour, nous ne bougeasmes de chez Le Prevost. Thomas Noblet et sa femme et le frère de la dite femme lequel venoyt faire la diette pour la verole y souppèrent.

Le lundy XIXe nous ne bougeasmes de la maison, il commença à neger sur le soyr. J'envoye par Guillaume Cantepie uncs missive à Laubien qui estoyt au Palays pour les porter au Mesnil.

Le mardy XXe, jour Sct Sebastian, nous dinasmes et souppasmes chez Le Prevost, pour une main de papier que Guillaume Cantepye acheta.   x deniers.

Le mercredi XXIe, nous ne sortismes poinct, le cappitaine Cadiot fut ventousé sur les deux espaulles sans scarification par Jehan Videt barbier, présent Chuquet appoticayre, il estoyt bien fort negé.

Le jeudy XXIIe, jour Sct Vincent, nous ne sortismes poinct, le dit cappitaine fut ventousé sur les deux espaulles avecque scarification par le dit Videt.

Le vendredy XXIIIe, nous ne sortismes poinct la maison.

Le sabmedy XXIII[I], le dit cappitaine fut ventousé au derrière de la teste avec scarification par le dit Videt, present Monsr le Prevost je disne et souppe chez Le Prevost.

Le dit jour, après disner, je m'en allé au Palays, pensant estre à l'expedition de la matière d'entre Aulbin Vaultier et le procureur du Roy à la table de marbre, mays elle fut mise à lundy. Monsr des Rousseaulx et Caradas procureur pour le Roy à la dite juridiction me demandèrent si le boys pour lequel j'avoye déclaré la forfaicture des harnoys du dit Vaultier estoyt sec comme le dit Vaultier disoyt, je respondis que le boys estoyt de l'essence et qualité contenue en mon procès verbal. Ce faict j'achatte une carlotte de soye pour le dit cappitaine Cadiot qui cousta xxvii sols vi deniers qu'il m'a rendus. Lorsque j'arrive au Palays, je y trouve Cresne, le jeune frère du viconte de Carenten, Richard de la Planque, Gratian Boullon et plusieurs aultres, je y fus jusques à cinq heures, puys m'en vins soupper et coucher chez Le Prevost.

Le dymenche XXVᵉ, apprès disner, nous allasmes le dit Cadiot et moy chez Papillon où nous trouvasmes le Prevost, de là le dit Prevost avecque nous allasmes chez Bettencourt scavoir qu'il estoyt de faire, touchant le dit cappitaine, qui avoyt accomply toutes les ordonnances de médecins qui ne luy avoyent rien proficté pour la fortification de sa veue. Sur les cinq heures je m'en allé chez Monsʳ des Rousseaulx, La Planque avecque moy, je luy parle de ce que m'avoyt dict à ce matin Caradas, procureur aulx forestz, en revenant de Bonnes Nouvelles où j'avoye esté chercher le dit Caradas, Jehan Le Viel et Guillaume Cantepye avecque moy.

Le lundy XXVIᵉ, je disne et souppe chez Le Prevost, apprès disner je fus chez Monsieur Lambert luy consulter et faire escripre en mon procès contre Aulbin Vaultier, il heult xxv sols et son clerc ii sols vi deniers.   xxvii sols vi den.

Le mardy XXVIIᵉ, de matinée et relevée, je fus au Palays et baille au clerc de Monsieur Lambert, qui avoyt escript soubz son maistre pour moy ii sols, je disne et souppe chez Le Prevost . . . .   ii sols.

Le mercredy XXVIIIᵉ, je disne et souppe chez Le Prevost, pour une payre de souliers de trippe de veloux xiiii sols et pour ung psalmes en françois iiii sols, je trouve Bissy au Pallays qui me dist qu'il avoyt passé par Russy.   xviii sols.

Le jeudy XXIXᵉ, je disne et souppe chez Le Prevost. Apprès disner je mène la Planque chez le dit Le Prevost pour voyer et prendre la mesure d'unes estuves de chambre, affin d'en faire unes pareilles quand nous serions au pays. Sur le soyr, le cappitaine Cadiot, Guillaume Langloys, Jacques Halle, fusmes chez le conseiller La Planquerie luy présenter une requeste pour ung nommé Le Serge de Varreville.

Le dit jour, je baille au seigneur mon procureur. . . . . . .   xi sols.

Le vendredy penultime, avant disner, je fus chez Monsieur des Rousseaulx et luy porte la mynute d'entre Aulbin Vaultier et moy affin qu'il l'accordast jouxte la vérité de notre playdoye puys vins disner chez Le Prevost.

Le dit jour, apprès disner, je retourne chez le dit sieur des Rousseaulx pour la cause que dessus. Il me dist qu'il s'en venoyt au Palays et qu'il verroyt nostre minute au dit lieu.

Le dit jour, pour une payre de mulles que Guillaume Cantepye achatta pour moy près l'Esgle d'Argent xiiii sols, je souppe chez Le Prevost.   xiiii sols.

Le sabmedy dernier jour, nous fusmes ouys devant le dit des Rousseaulx le dit Vaultier et moy. Pour l'acte du dit jour iii sols iiii deniers et pour aultre acte du vendredy xvie de ce présent moys iii sols vi deniers et pour une courraye de male iii sols. . . . .   ix sols x deniers.

Le dit jour, baillé à Monsr Lambert mon advocat pour avoir plaidé à la table de marbre. . . . .   xi sols iiii deniers.

Le dit jour, sur le soyr, baillé à Jeullain orfaivre pour avoyr remys en couleur xiiii ferois d'or et raccoutré ung ruby, et faict une bague de memoyre qu'il fist en ma présence xi sols et pour ferrer mes chevaulx vii sols.   .   xviii sols.

Le dit jour, je disne et souppe chez le Prevost, le cappitaine disna aulx troys Maries avecque le trésorier de Chause et Derc (1) nommé Bouville, lequel il amena soupper chez le dit Le Prevost et Papillon et sa femme.

Février 1550.

Le dymenche premier jour, dès le fin matin, je m'en allé chez Lambert qui n'estoyt encor levé faire dresser la minute d'une appellation contre Aulbin Vaultier, il heut x sols et son clerc iii sols ix deniers.   .   xiii sols ix deniers.

Le dit jour, le cappitaine s'en partit de Rouen avecque le dit trésorier Bouville. J'eume à disner chez Le Prevost Lamare de Caligny. Apprès disner je m'en allé à St Julian hors la ville voyer les conars, le dit Lamare et Adam avecque moy. Il fyst fort beau temps tout le jour, il estoyt soleil couchant avant que rentrissions à Rouen. J'emmène le dit Lamare à soupper et coucher chez Le Prevost. Je perdy au soyr à jouer tant contre luy que contre Horace
ii sols vi deniers.

Le lundy IIe, jour de la Chandeleur, je desjeune à l'Esgle d'Argent Guillaume Cantepye et Jehan Le Viel avecque moy ; je baille à la dame troys escus sol à rabattre sur dix libvres sept solz que je luy debvoys, et ung escu sol pour une espée que je achatte près le pont. . . . .   ix livres iiii sols.

Le dit jour, je disne chez le Prevost et Papillon et sa femme, apprès disner je prins congé de la compagnée, je donne à Marye, serviteure du dit Prevost, xx sols, aulx garsons v sols, aulx serviteurs de chez Papillon ii sols vi deniers, à la fille qui avoyt le plat xv deniers, et pour la despense de mes chevaulx d'empuys le jour S^{et} Mor viii livres iii sols. Somme. ix livres xi sols ix deniers.

Le dit jour, baille à Jehan Le Viel pour lever au sceau l'appellation contre Aulbin Vaultier. . . . .   xvii sols vi deniers.

Le dit jour, je conte à Monsr le Prevost de ce que je luy pouvoys debvoyr tant de despense faicte en sa maison que d'argent presté, je trouve que je luy

(1) De la Chaussée et d'Arques?

debvoye saizes escus sol dont je luy en baille troys, du reste je luy en fys scedule . . . . vi livres xviii sols.

Le dit jour, je party de Rouen viron une heure apprès mydy Guillaume Cantepye avecque moy, nous rencontrasmes l'official de Vallongnes Heuse entre Moulineaulx et Grand Couronne, je m'en vins coucher à Brestot où il me cousta. . . . ., ... xv sols

Le mardy IIIᵉ, à Hounefleu, pour la disnée ix sols, à Touque pour le passage i sol iii deniers, nous rencontrasmes aux Noyres Vaches Richard Lamache et Thomas Guesdon et plusieurs aultres de Cherebourg qui alloyent à Rouen, à Dyve pour la souppée xv sols. . . . . xxv sols iiii deniers.

Le mercredy IIIIᵉ, à Dyve, pour le passage i sol, au bac iiii deniers ; à Caen au Pot d'Estain, où je trouve Jacques du Tourp qui alloyt à Rouen contre maistre Pierres Collas x sols ix deniers et de là coucher à Bayeulx chez ma seur, j'ataygny Bras de Caen entre Vieulx Pont et le dit Bayeulx. xii sols i d.

Le jeudy Vᵉ, mon oncle et le sieur de La Verge (1) dinasmes chez ma seur à Bayeulx, apprès disner je m'en vins coucher à Russy.

Le vendredy VIᵉ, je ne bouge de Russy, Cantepye et Thomas de Russy furent à Sorteval, mon oncle et moy fusmes au Pas Heusé, où le Coq faisoyt des fagotz. Pour ung fer à ma haquenée que Guillemin Conart y mist. i sol.

Le Sabmedy VIIᵉ, apprès disner, je party de Russy et m'en vins coucher sur le grand Gay chez Denys Larcher, où je trouve Noël Le Bourg qui s'en retournoit à Vallongnes pour ce que la foyre de la Chandeleur estoyt retardée à Rouen, il n'avoyt poinct passé Bayeulx, nous souppasmes ensemble.

Le dymenche gras VIIIᵉ, chez le dit Larcher, pour la souppée et passage x sols vi deniers. Le dit Le Bourg se ravisa de retourner à Rouen pour ce qu'il avoyt oublié à Bayeulx avecque ses hardes à la Barge, ung sac d'escriptures pour Laubier sergent qu'il luy avoyt promis porter à Rouen. Il estoyt le poinct du jour quand j'entre au gay et passèrent quand et moy ung laques et ung aultre homme pour le sieur de Greneville, qui venoyent de Bayeulx de chez le chanoyne de Grysy, frère du dit sieur de Greneville. Je m'en vins disner à l'abbaye de Monstebourg avecque le bailly et le guernetier et le doyan de Vallongnes. Comme nous dynions vinst maistre Richard Le Gros, barbier, demeurant audit Monstebourg, qui me dist que missire Pierres Blondel jadis vicayre de Gouberville et à présent de Sainct Opportune estoyt mort ce jourd'huy au Mesnil. Incontinent je party et m'en vins au Mesnil et ne trouve que Raoul et Guillemette à la maison, le reste de mes gens estoyt à l'enter-

---

(1) Noël Picot dit La Verge, chevalier, seigʳ du Fresne, Percy, Grandval, Colleville, marié en 1566 à Françoise d'Avaines. Il était filz de Guillaume Picot, seigʳ de Colleville, et de Blanche Marguerye.

rement du dit vicayre. N'osant entrer dans la maison, pour ce qu'il estoyt mort à la chambre de dessus la sale, je me loge sur le fournil.

FIN DE VOYAGE.

Le dit jour, asses tost apprès que fus arrivé, vindrent le curay de Cherebourg et le sieur de Magny la Champagne me prier d'aller demain à l'enterrement de feu maistre Guillaume de Courcy en son vivant curay de Tourlaville à Tourlaville.

Le gras lundy IX°, dès le matin, je m'en allé à Tourlaville pour estre à l'enterrement du curay, Cantepye et son frère avecque moy. Le dit curay fut enterré viron sur les douze heures, le curay de Cherebourg fist le dit enterrement. Apprès nous dinasmes au presbitayre, le dit sieur de Magny et sa femme, le dit curay de Cherebourg maistre Jehan Boullon, le mareschal de la guarnison de Cherebourg, les vicayres du dit lieu, Thomas Boullon, Maturin Le Saulvage, Le Voyeur, La Marche et plusieurs aultres. Apprès avoyr prins congé de la compagnée je m'en vins, il estoyt nuyct quand j'arrive. Asses tost apprès arriva missire Michel Blondel, prebtre vicayre de S^cte Opportune avecque le dit deffunct, missire Pierres son cousin, Tassin Quentin vinst quand et luy qui l'estoyt allé quérir. Le dit missire Michel souppa et coucha céans.

Le mardy gras X°, je ne bouge de céans, maistre Gilles Cabart y vinst qui disna avecque moy sur le fournil ; ung peu devant disner estoyent arrivés Joret et Marguet de Gouberville qui avoyent ouy les nouvelles du décez du dit Blondel. Ung peu avant jour faillant arriva Guillaume Blondel nepveu du dit missire Pierres.

Le mercredy XI°, je ne bouge de céans et ne fus poinct au service pour ce que je me trouvoys mal disposé. Apprès disner, Joret et Marguet s'en retournèrent à Gouberville et le dit Blondel à S^ct Opportune.

Le dit jour, moy estant encor au lict à la chambre dessus le fournil, Janot Cauvin et Jehan Freret m'apportèrent deux peaulx de martres l'une fauve et l'austre à gorge jaulne, je leur baille à checun vii sols pour leur part. xiiii sols.

Le jeudy XII°, les neges estoyent jusques au genoul, sur le soyr Nicollas Auvré et Nicollas Drouet prindrent à la re saillant xxi cornaille à la Coulombière, je fus apprès disner chez Pivain à midiciner Raulette femme de Martin en une mammelle où elle a grand mal.

Le vendredy XIII°, je ne bouge de céans, les neyges estoyent fort grandes, Cantepye et Symonnet furent aulx lièvres et en prindrent quatre.

Le sabmedy XIIII°, je ne bouge de céans. Il recommença à neger. Symonnet fut à Cherebourg faire ferrer le petit cheval . . . . i sol.

Le dymenche des brandons XVᵉ, je ne bouge de céans, il nega au matin, et la relevée il se mit à plouvoyr.

Le lundy XVIᵉ, je ne bouge de céans, pour une libvre de figues, une libvre de raisins, de prunes et de ris, du sucre. du poyvre et une aulne de toyle pour faire ung bissac, que Cantepye apporta de Cherebourg.　　xvi sols iiii deniers.

· Le mardy XVIIᵉ, je fus à Vallongnes, Cantepye et son frère, et Chandeleur avecque moy, je disne chez Denys les dessus dits et maistre Gratian, Laisné et Richemont, il me cousta . . . . xvii sols.

Le dit jour, Cantepye s'en alla de Vallongnes chez son père et Guillaume s'en revinst avecque moy et maistre Guillaume et Gilles dictz Cabart. Il estoit nuyct quand j'arrive.

Le mercredy XVIIIᵉ, je ne bouge de céans, Symonnet fut à Cherebourg chez l'orfayvre quérir une aygulle et ung moule d'argent pour faire du ray seul, il nous rapporta que Claude Cabart et Jehan Le Fort s'estoyent hier battus et fort blessés, tellement que le dit Cabart estoyt en danger de mort. Monsieur l'escuyer Poton y arriva ce jour. Jehan Liot me demanda par ung de ses filz que j'envoyasse quérir ung poulain que j'avoye en ses herbages avecque une jument qui y estoyt morte durant ses neyges.

Le dit jour, baille au Monstre ung boisseau pour vii sols à rabattre sur ce que je luy puys debvoir saouf à conter entre nous.

Le jeudy XIXᵉ, je ne bouge de céans, tout le jour ne cessa de plouvoyr, Joret apporta de Gouberville deux potées de beurre et ung quart de harenc, Cantepye revinst de Triauville et apporta une petite potée de beurre frays. Monsieur de Digoville m'envoya deux grosses anguilles par ung de ses gens.

Le vendredy XXᵉ, je fus à Vallongnes, Cantepye et Thomas Drouet avecque moy, je disné chez le curay de Cherebourg, l'Esleu Borlande, Hault Moustier, le greffier Dyenys, Brisset et ung Augustin de Barfleu Cloppin (1). Pour ung pot de vin prins chez le trésorier Megret ii sols vi deniers et pour raccoustrer unes selles v sols . . . . vii sols vi deniers.

Le dit jour, La Broche me presta six journaulx de la recepte du domaine, dont luy baille scedule de les luy rendre, je party entre troys et quatre à m'en revenir.

Le sabmedy XXIᵉ, je ne bouge de céans, le cappitaine du Teil fyst emporter deux chesnes qu'il prinst aulx clos du presbitayre et qu'il avoyt faict abbattre au jour d'hier.

Le dit jour, Jacquet Feullye fut à Monstebourg quérir deux boisseaulx de

---

(1) Un autre religieux du couvent des Augustins de Barfleur, Frère Sanson Birette, a fait imprimer un livre intitulé : « Réfutation de l'erreur du vulgaire touchant les responces des « diables exorcizez ». Constances, Jean le Cartel, 1618, 1 vol. pet. in-8º.

febves et deux de poyx. Je fus au clos des Ventes faire rechausser à Guigars les entes, Cantepye avecque moy, Doisnard et le Marchant y estouppèrent tout le jour.

Le dymenche XXII⁰, je ne bouge de céans, la femme de Denys Lorion m'envoye six libvres de chandelle, je donne au garson qui l'apporta xii deniers.

Le lundy XXIII⁰, je fus à Cherebourg Cantepye et Symonnet avecque moy; je fus saluer Monsʳ l'escuyer Poton que je n'avoys encore veu : comme j'estoys au dangeon Monsʳ de St Naser et le sieur des Maresez parlans à luy, arryva le viconte de Vallongnes et le procureur du Roy et plusieurs aultres qui furent longtemps avecque luy.

Le dit jour, viron sur les troys heures, je m'en allé avec Monsʳ de St Naser Cantepye avecque moy à St Naser où je souppe et couche.

Le Mardy XXIIII⁰, Monsʳ des Maresez vinst à St Naser, nous desjeunasmes ensemble puys allasmes les Hachees et Cantepye avecque nous, à Beaumont au devant de la huée dont la tête estoyt en Varengron et conduysimes la dite huée jusques au dit lieu de Varengron où se trouva Monsʳ l'escuyer Potton qui ne fut pas content de ce qu'on avoyt terme la huée sans luy en parler, le baron de la Lutumière y estoyt et son frère Breuville et bien deux ou troys mille personnes. Je m'en retourne à Cherebourg quand et mon dit sieur l'escuyer. Ce mesme jour Gratian du Tourp et deux ou troys aultres hommes de Barfleu y avoyent amené ung navyre qu'ils avoyent trouvó seul emmy la mer abandonné et quelque vin dedens. Apprès que j'eus prins congé du dit sieur escuyer, je m'en vins, il estoyt nuyct quand j'arryve.

Le mercredy XXV⁰, je fus à Vallongnes, Cantepye, Chandeleur et Thomas Drouet avecque moy. Auprès de Sᶜᵗ Martin nous trouvasmes Maturin Le Saulvage avecque son harnoys et ung aultre harnoys chargés de vin qu'ils portoient à Vallongnes pour Hector Le Chevalier. Je disne chez Denys, il me cousta x sols et pour racoustrer les brides de mes chevaulx ii sols ; je party de Vallongnes entre troys et quatre, Cantepye avecque moy. . . . . xii sols.

Le dit jour, quand j'arrive céans, je trouve missire Michel et Guillaume dictz Blondel qui venoyent de Gouberville de recueillyr ce qui y restoyt de meubles pour deffunct missire Pierres Blondel. Ils couchèrent et souppèrent céans

Le jeudy XXVI⁰, je ne bouge de céans, les dits missire Michel et Guillaume dictz Blondel s'en allèrent apprès desjeuner, et Cantepye à Triauville. Viron soleil couchant je m'en allé chez Tupain, où je trouve Henry du Four de Gonneville et Guillaume Feullye son gendre et Gaulvain Quentin, qui vendit soubs son signe au dit Feullye, telle condition qu'il avoyt retenue en faisant la vente à Nicollas Quentin d'une pièce de terre nommée la Vielle Vente, dont le contract est passé devant Jehan le Valloys notayre à Cherebourg le xxviii⁰ d'octobre 1546, je fus là bien une heure.

Febvrier 1550.

Le dit jour, apprès soupper. je baille à François Doisnard ɪɪɪ sols vɪ deniers pour troys journées et demye tant de ceste sepmaine que de l'austre qu'il avoyt esté à estoupper. et à Denys Le Marchant v sols pour cinq aultres journées qu'il y avoyt esté avec le dit Doysnard. .   .   vɪɪɪ sols vɪ deniers.

Le dit jour, pour deux poules que le dit Doysnard debvoyt du terme St Michel 1549, je luy rabaty. . . . . ɪɪɪ sols.

Le vendredy XXVIIᵉ, je ne bouge de céans : je fys commencer à arer aulx avenes au clos au Couvert par Guigars et Le Sage. Baille à Jacques Gardin pour une libvre de chandelle. . . . . ɪɪ sols.

Le dit jour, sur le soyr, je fus chez Freret Thomas Drouet avecque moy faire faire une corde à tourneur que nous partismes par moytié le dit Thomas et moy.

Le sabmedy dernier jour je ne bouge de céans, dès le matin j'envoye Symonnet à Cherebourg, pour deux gros muletz et ung bars, et une chausseuse de fers à esseul . . . . xɪɪ sols.

Mars 1550.

Le dymenche premier jour, je ne bouge de céans, maistres Guillaume et Robert dictz Potet arrivèrent comme je dinoys, et disnèrent avecque moy, apprès disner s'en allèrent à vespres à Tourlaville prendre possession du déport du bénéfice.

Le dit jour, j'advance à Doysnard, au Marchand, à Toutdoulx, à checun vɪ sols sur l'essart qu'ilz avoyent prins de moy à la haulte vente au prix de traize solz la vergée. . . . . xvɪɪɪ sols.

Le lundy IIᵉ, je fus à Vallongnes Cantepye et Symonnet avecque moy. Incontinent que fus arrivé, je renvoye mes chevaulx par le dit Symonnet pour ce que j'avoye plusieurs afferes à l'assise. Je disne chez Denys, le cheles de l'abbaye de Cherebourg et missire Richard le Hochet. Comme nous dynyons vindrent Estienne et Guillaume dictz Vastel pour me parler touchant l'empeschement que j'avoye mys au dit Guillaume, qui veut clore le chemin au bout des chasses de Teville. Il nous cousta xɪɪ sols que je paye, je ne bouge de Vallongnes, je souppe ches Denys le sieur des Cresnes, et Thomas Godefre son senéchal, je couche au dit lieu. . . . . xɪɪɪ sols.

Le mardy IIIᵉ, je ne bouge de Vallongnes, Nicollas Quentin fut condempné en amende et aulx despens du promoteur et de François Harel pour l'insolence qu'il avoyt faicte à l'église du Mesnil le jour de la my aust dernier, nous dynasmes chez Denys, Richemont, Hault Galion, Boullante, et maistre Pierres Bouchar, pour xvɪɪɪ sols. Nous souppasmes Denys et moy tous ceulz en la petite chambrette pour six sols, je couche au dit lieu. Ce mesme jour j'euz expédition contre Gatteville qui demanda revoyer sa production.   xxiiii sols.

Le mercredy IIII, le recepveur du domaine me bailla quictance du terme de Pasques et St Michel derniers, Symonnet me ramena mes chevaulx, nous dynasmes chez Denys Cantepye Symonnet et Thomas Drouet. Après disner je fys signer mes actes de l'assise et recueilly la sentence de la court de l'église contre Quentin. Il estoyt nuyct quand j'arryve céans, notre disner me cousta
     x sols.

Le jeudy V^e, je ne bouge de céans, je fus voyer les essarteurs de la Haulte vente. Au soyr apprès soupper, je fys bailler à Doysnart ung boisseau d'orge pour vii sols, et partant je demeure quicte de l'essart d'une vergee de terre en la Haulte Vente . . . . vii sols.

Le dit jour baille au Sage saouf à conter entre nous . . . . . xx sols.

Le vendredy VIe, je ne bouge de céans, Mesnage et Thomas Drouet y souppèrent, baille à Philippin Hamel ung boisseau de blé pour vii sols, sur xiii sols qu'il doybt avoir pour essarter une vergee à la Haulte Vente
     vii sols.

Le sabmedy VIIe, je ne bouge de céans, je baille à Guigars qui s'en alloyt à Monstebourg sur ce que je luy puys debvoir de ses gages saouf à conter
     xx sols.

Le dit jour viron neuf heures de matin Cantepye s'en alla à sa maison mettre sa jument à l'herbe pour la raffreschir. Ung peu avant soupper François Dauge arriva de l'assise.

Le dymenche VIIIe, je ne bouge de céans, après vespres, je trouve Guillaume Rouxel au cymetière, apprès avoyr longtemps parlé à luy, il s'en retourna à Breteville. Pierrot Cauchon m'apporta ung calquin de harenc que missire Guillaume Le Selierre m'envoyet, Cantepye revinst de sa maison, ou il estoyt hier allé.

Le lundy IXe, je ne bouge de céans, toute la matinée il ne cessa de plouvoyr jusques à deux heures apprès mydy ; dès le matin Cantepye alla à Cherebourg pour mes affères contre Nicollas Quentin, il apporta du fil de soye et de la tourmentine pour deux sols : mes essarteurs ne furent point à leur tache pour ce qu'ils estoyent au vrec qu'on syoyet à Tourlaville, Michel le Brisses, Guillaume Parys avecque les serviteurs de céans vuydèrent l'estable à vaches, Guigars revinst de son pais de parler au sieur de la Haule.

Le mardy X^e, je fus à Vallongnes tenir les haults jours, nous dinasmes chez Noël Le Bourg, Aumeville, Brisset recepveur, le Verdier de Vallongnes, Vastel, Cossin, Demons, maistre Pierres Collas et plusieurs aultres, après disner nous taxames les amendes chez Denys et y fusmes jusques à sept heures, puys y souppasmes les dits Anneville, Brisset, Vastel, le Viel promoteur, Sault

Mars 1550.

Tondu et plusieurs aultres. Je couche céans le filz de Thierry, et Thomas Drouet s'y trouvèrent ; Rauville paya.

Le mercredy XIe, apprès avoir faict expedier en la court des Esleuz la matière d'entre Thomas Drouet et Nicollas Quentin, nous allasmes à Huberville, Vastel, le Verdier de Vallongnes, Gilles Cabart pour recolter certaine fieffe pour Baucquet (1) et pour·Guy Le Cappelain. Nous dynasmes chez le dict Bauquet, apprès disner nous allasmes sur les fieffes auquel lieu, les dits Baucquet et Cappelain estriverent longuement, et pendant que le dit Baucquet envoya quérir la lettre de sa fieffe, nous fusmes le dit Vastel et le Verdier, Cabart et Cantepye voyer la vente de Jacques Mart au boys de Monstebourg, où se trouva le dit Mart, auquel fut enjoynct apporter la lettre de sa vente de demain huyctaine à Vallongnes. Ce faict nous en revinsmes sur les dits fieffes ou estrivèrent plus que devant les dits Baucquet et Cappelain puys nous en vinsmes tous ensemble chez le dit Baucquet et de la céans : il estoyt une heure de nuyct quand j'arrive.

Le jeudy XIIe, je ne bouge de céans, Nicollas Auvre me bailla unes lettres que mon oncle m'envoyet.

Le dit jour sur la relevée baille au Marchant sur sa tasche de l'essart de la haulte vente v sols, Hamel et Doysnard vindrent soupper céans . . v sols.

Le dit jour baille à Philippin Hamel sur sa tasche de l'essart de la Haulte Vente ung boisseau d'orge pour. . . . . vii sols.

Le dit jour au matin Perrin Paris fut enterré.

Le vendredy XIIIe, je ne bouge de céans, je fys commencer les fosses au bout des croutes par dedens la Coulombière, par Guigars et Guillaume Parys le jambu pour y planter des pommiers.

Le sabmedy XIIIIe, je ne bouge de scéans, Guigars acheva de faire les dits fosses au portant des croutes. Sur le soyer je mesure ce que Le Marchant avoyt essarté à la Haulte Vente, présent Thomas Drouet, et le dit Le Marchant ; missire Jacques Auvre desjeuna céans ce jour.

Le dymenche de la Passion XVe, je ne bouge de céans, apprès disner Thomas Cantepye, la Harelle et Guillemette furent chez Guillaume Cabart, pour passer procuration audit Cantepye pour playder contre Nicollas Quentin. Ils trouvèrent au dit lieu des Essartz grande compagnee qui y avoyent disné, ou estoyent Monsr de Magny et sa femme.

Le dit jour baille à Toutdoux ung boisseau de blé pour vii sols sur sa tasche de la Haulte Vente . . . . vii sols.

Le lundy XVIe, je ne bouge de céans, Cantepye fut à Cherebourg qui

---

(1) Guillaume Bauquet, de la paroisse de Huberville, sergenterie et banlieue de Valognes, fils de Thomas, anobli par chartes de l'an 1543, registrées en la Chambre des Comptes de Paris, le 9 novembre 1545, et en la Cour des Aides à Rouen, le 5 février, au dit an.

[De Roissy. — Recherche de la noblesse, 1598-1599].

apporta du rys, des figues, des prunes, et du raisin et du poyvre, le tout pour xii sols vii deniers.

Le dit jour Barnavast vinst céans me dire que je ne pourroys avoyr qu'un cent d'estrain à Turqueteville chez Doysnel.

Le mardy XVIIe, dès le matin le procureur Vastel vinst céans, et apprès avoir desjeuné, nous allasmes Cantepye et Gilles Cabart avecque nous recoller la fieffe de Jehan Anquetil et de missire Jehan Curye à Octeville sur Cherebourg ou se trouva le Prieur de la Taille et Cler Gireur et Gauvain Andre, et de là nous allasmes à Flotemanville aulx fieffes du sieur du Couldre tant au long de Baudienlonde que de Varengron, et de là disner chez le dit sieur et de là à Cherebourg, il estoit cinq heures quand nous y arrivasmes je y fys ferrer le grand cheval pour ce et pour iii fers a ma haquenée et troys pour la jument viii sols vi deniers, il estoyt toute nuyct quand j'arrive céans. viii sols vi deniers.

Le mercredy XVIIIe je ne bouge de céans, le sieur de Magny envoya céans dès le matin une pippe de cydre en garde et sur le soyer, viron soleil couchant une aultre pippe et ung tonneau d'avene. Je fus jusques de la St Gabriel pour aller au service qu'on faisoyt se jour pour le curay de Tourlaville, on me dist qu'il estoyt faict pourquoy je m'en revins.

Le dit jour Cantepye, Guigars, Martin Pyvain, Tupain et plusieurs aultres furent à St Pierre Eglise, tant à la requeste de Thomas Drouet que de Gilles Auvre, pour estre examines contre Nicollas Quentin, pour injures par luy dictes aulx dits Drouet et Auvre.

Le dit jour apprès soupper baille à Denys Le Marchant ii sols restans de ce que luy avoye promis pour essarter une vergee à la Haulte Vente, et iii sols que je luy donne pour ce qu'il y gaygnoyt peu et ung sole pour une journée précédent le dit essart . . . . vi sols.

Le jendy XIXe, je fus à Vallongnes Cantepye avecque moy pour l'affere d'entre Baucquet et le Cappelain de Huberville touchant les fieffes, nous dynasmes chez le dit Baucquet, Le Viel promoteur, le sieur de Heroville, maistre Guy le Cappelain, le Verdier de Vallongnes et plusieurs aultres : Françoys Harel fut mys en prison pour y avoir voulu mettre ung des gens de Monsr de S^{cte} Marie du Mont (1) le prenant pour ung nommé Beau Denys et y eult grand bruit et tumulte, la cause en fut expédiée devant le viconte pour ce qu'il estoyt en syege lors de la commotion.

Le dit jour pour une payre de souliers que j'achatte de Bourguignoles ix sols, puys m'en vins, il estoyt soleil couché, quand j'arrive ; Le Parc s'en vint quand et moy d'empuys Cyfrevast . . . . ix sols.

____

(1) Aux Epaules Seig^r de Sainte Marie du Mont.

Le vendredy XXe, je ne bouge de céans, Monsieur de St Naser y vint à soupper pour aller le landemain à la Fleurye à Monstebourg. Il fyst fort beautemps pour quoy nos serviteurs fumèrent tout le jour et furent quérir quatre chartees de boys, apprès disner Cantepye avecque eulx, qui estoyt revenu de Cherebourg ou il estoyt allé à ce matin quérir du poyscon pour ce que mon oncle debvoit venir et ne vinst poinct ; en poyscon que le dit Cantepye apporta xiii sols ii deniers.

Le sabmedy de la Fleurye XXIe, je ne bouge de céans, Cantepye fut à Vallongnes chercher du poyscon et n'en trouva poinct. St Naser qui estoyt party à matin de céans revinst viron my relevée, il repeult son cheval puys s'en alla.

Le dit jour baille à Toultdoulx cinq sols pour le reste d'une vergée d'essart à la Haulte Vente, et xiii sols qu'il avoyt heulz a jour passés, lesquels xiii sols estoyent le prix du marché, mays pour ce qu'il n'y gaygnoyt poinct, je luy donne v sols d'avantage . . . . v sols.

Le dit jour baille à Philippin Hamel ii sols et deux sols que sa femme heult jeudy pour le reste de sa vergee d'essart, et troys blancs pour cinq perches d'avantage. . . . . v sols iii deniers.

Le dit jour rabatu à Jacquet xi sols qu'il debvoyt à Cantepye.

Le dit jour apprès soupper j'envoye Philippin Hamel à Gouberville, scavoyr sy mon oncle y estoyt poinct venu et luy promys deux sols tournois.

Le dymenche de Pasques Fleurie XXIIe, je ne bouge de céans Philippin Hamel revinst de Gouberville, (comme on lisoyt la Passion à la messe que disoyt Freret). Il, Hamel me dist que mon oncle n'estoyt poinct venu, je luy baille ii sols aynsy que luy avoye hier soyr promis . . . . . . ii sols.

Le lundy XXIIIe, je ne bouge de céans. Au soyer arrivèrent mon frère Louys et mon cousin du Quesne, et Houel serviteur des Cresnez, ilz souppèrent et couchèrent céans. Je fys ce jour semer dix boisseaulx de tremoys, tant à la vigne Liot, qu'à la Basse Vente par Henry Gardin.

Le mardy XXIIIIe, Vigille Notre [Dame], je ne bouge de céans, Le Quesne et mon frère Louys s'en allèrent au matin, viron neuf heures, incontinent apprès qu'ilz furent partis, arriva mon oncle et Harel.

Le dit jour apprès disner, mon oncle, et moy, allasmes voier Philippin Hamel qui essartoyt à la Haulte Vente, je luy bail v sols et i sol qu'il avoyt heu a jour passe, sur dix sept sols que je luy ay promys pour essarter ung champ à la Haulte Vente . . . . vi sols.

MIL CINQ CENTZ CINQUANTE ET UNG

Le mercredy XXVe, jour Notre Dame, je ne bouge de céans, apprès disner j'envoye Cantepye à Vallongnes dire aulx verdiers de Vallongnes et Cherebourg qu'ilz feissent publier que l'adjudication des ventes des boys du Roy se feroyt le sabmedy XVIIIe d'Apvril prochain venant à Cherebourg, jouxte le mandement que Monsr de Lery m'envoyet que je receu hier soyr par Jacques Cabart apprès soleil couchant.

Le dit jour baille à Guillaume Le Sage une aulne de bureau que Cantepye avoyt achatée xxx sols lundy à Cherebourg, sur quoy le dit Le Sage m'avoyt rendu xx sols que je luy avoye baillés a jour passe, et partant je ne lui bailloys a présent que x sols, car les dits xx sols demeurent en conte sur ce que je doys au dit Le Sage pour six moys de sa poyne dont j'ay accordé à luy par L sols tournoys . . . . x sols.

Le jeudy XXVIe, je ne bouge de céans. Apprès desjeuner mon oncle s'en alla à Gouberville et Cantepye a Triauville. J'euz Besle, Valot, Tahot, Doysnart et Hubert à essarter à la Haulte Vente. Ermict de Tamerville m'apporta quatre boisseaulx de veche et emporta quatre boisseaulx de tremoys.

Le dit jour sur le soyr Symonnet fut à St Gabriel et porta ii boisseaux de tremoys et rapporta ii boisseaux de veche.

Le vendredy ore XXVIIe, je ne bouge de céans, Symonnet reporta à St Gabriel la veche qu'il en avoyt hier apportée pour ce quelle n'estoyt poinct de bon Aust. Au soyer apprès tenebres missire Jehan Freret et Nicolas Quentin vindrent parler à moy pour les proces qui sont entre le dit Quentin et moy et plusieurs aultres qui plaident au dit Quentin, me priant le dit Quentin que je l'en vuydasse, Cantepye revint de chez son père comme je parloye au dit Quentin.

Le sabmedy XXVIIIe, vigile de Pasques, je ne bouge de céans, je fys semer par Henry Gardin dix boisseaulx de veche au clos au Couvert que Gilles Auvre et Tahot hercèrent de leur harnoys, Cantepye apporta de Cherebourg de la viande et de la chandelle, pour x sols, comprins la despense de son cheval
x sols.

Le dit jour baille a Philippin Hamel vi sols sur son champ de l'essart de la Haulte Vente. . . . . vi sols.

Le dit jour baille à Doisnard sur ses journées, saouf a conter. . . x sols.

Le dymenches de Pasques ·XXIXe, je ne bouge de céans, missire Jehan

Freret, nous administra à la chappelle, Cantepye, Mathieu, Raul, Symonnet, Guigars, Pasquet, Jacques Feullye, Thomas Paris, La Harelle, Guillemette, Jacquemine, la bonnefemme, et plusieurs aultres, je donne au dit Freret. v sols.

Le lundy férie de Pasques penultime jour, avant soleil levant je party de céans, et m'en allé à Gouberville a mon oncle Cantepye missire Jehan Freret et Thomas Paris avecque moy, comme nous dynions au presbitayre arriva mon frère Françoys, apprès disner je renvoye le dit Parys attout une somme de blé, le dit Fréret et Guigars (qui estoit venu pour parler a mon dit frère) s'en retournèrent quand et luy et emmenèrent ung matin que Guillaume et Richard Becquet me donnèrent. Je souppe et couche à Gouberville.

Le mardy dernier jour apprès la messe ouye à Gouberville, nous allasmes disner à Toqueville chez mon cousin, mon oncle et son vicayre, mon frère Françoys, Cantepie, Harel et Joret s'y trouvèrent, le curay d'Ausse et son frère Nicollas, maistre Raoul Dagier, Brucan sergent et plusieurs aultres. Apprès disner, Basan me feist faire sommation de déclarer s'y j'entendoye tenir l'accord que nous avions faict à Rouen. Ce faict nous en vinsmes coucher céans mon oncle, mon frère et moy, et nos gens. Il estoyt soleil couché quand nous arrivasmes.

Apvril 1551

Le mercredy premier jour d'apvril je ne bouge de céans, je fys semer par Henry Gardin iiii boysseaulx de veche et cinq boysseaulx de poys au clos au Couvert. Et comme j'estoys là y arriva, mon oncle, missire Jehan Freret et Nicollas Quentin qui nous vouloyent appoincter et le dit Quentin, ce qu'ilz ne feirent à raison qu'il Quentin, ne voulut en rien entendre à raison. Mon oncle s'en vinst disner, apprès disner il s'en alla à S\'-Naser Hérel et Nicollas Auvre avecque luy.

Le jeudy II\' la matinée Cantepye et Martin Pyvain furent au boys Trouchansier et fendirent ung arbre de ma livrée qu'ilz avoyent hier abbattu, apprès disner le dit Cantepye et moy, nous en allasmes coucher à Syouville chez le sieur de Boles, il estoit entre quatre et cinq quand nous y arrivasmes, je souppe et couche la dedens.

Le vendredy III\' apprès avoyr desjeune chez le dit sieur de Boles nous en allasmes aulx Pyeulx et dynasmes chez Georges Borel le prieur de Clitourp, le curay de Virandeville, Baudreville, Montaubert, maistre Richard Messent et plusieurs aultres, nous faillismes à appoincter le dit Montaubert, Baudreville et Cantepye, à raison que quand tout fut accordé et escript, le dit Montaubert se dedist comme ung villain, pour ce qu'il ne pouvoyt rien piller par le dict appoinctement.

Le dit jour apprès disner et l'appoinctement failly à faire (pour les raisons que dessus) je fys conter Cantepye, j'estoys à xi sols pour ma part que je paye, puys m'en vins, le curay de Virandeville s'en vinst quand et moy jusques endroict l'église de Couville. Il estoyt soleil couché quand j'arryve céans, je trouve mon oncle revenu de S¹-Naser et le sieur des Hachées quand et luy. Pour ung bars et ung lieu que Thomas achatta aulx Pieulx qu'il apporta pour nostre souppé . . . . ⅢⅠ sols ⅧⅠ deniers.

Le sabmedy ⅢⅠⅠ⁰ je ne bouge de céans, je fys semer par Henry Gardin sept boisseaulx de tremoys à la Basse vente au long la noee par devers le Brun. Apprès disner mon oncle s'en alla coucher au Quesne (comme il disoyt) et les Hachées s'en retourna à S¹-Nazer. Michel Douville qui estoyt venu comme nous dynions fut prins de la fiebvre, apprès l'accès, il s'en retourna sur la haquenée Bayarde à Cherebourg que Martin Hamel fut requérir et s'en alla quand et luy.

Le dymenche de Quasimodo V⁰ je ne bouge de céans, apprès vespres j'envoye Hubert Toutdoux à St Gabriel sçavoir quand j'auroye de l'estrain pour mes chevaulx.

Le lundy VI⁰, je ne bouge de céans. Cantepye fut à Cherebourg bailler deniers à Nicollas Quentin de la vente que j'ay retiree sur luy et pour aultres afferes que j'ay contre le dit Quentin. Deux jeunes hommes l'un nommé Charles et l'austre Jehan Le Febvre filz Gratian de Tourlaville vindrent coucher céans pour besongner de leur mestier de menevrier.

Le mardy VII⁰, je ne bouge de céans, je fys semer de l'avene a la Basse Vente par Henry Gardin, Cantepye fut à Vallongnes, Thomas Drouet et Françoys Dauge (qui estoyt hier soyr venu coucher céans) avecque luy. Le dit Cantepye apporta la moyctié d'un veau qui cousta avec la teste et la fresure

xi sols.

Le mercredy VIII⁰, je ne bouge de céans, j'envoye Cantepye à Vallongnes parler à Baucquet pour quelques afferes d'entre mademoiselle du Fresne et moy. Tout le jour, je ne bouge de la Haulte Vente faire renger ung essart, par Nicollas Drouet, Doysnar, Le Marchant, Hubert, Martin Pyvain. Robert Mesnage, Georget et Guillaume dictz Paris et plusieurs aultres, il estoyt plus d'une heure de nuyct quand nous en partismes, pour ce que nous attendismes qu'il fust tout brusle et comme il brusloyt y survinst Loys Margeneste et Gilles Auvre.

Le jeudy IX⁰, je ne bouge de céans. Je fys achever de semer nos avenes par Henry Gardin. Lucas Le Roux sergent vinst faire une signification a Cantepye au nom de Guillaume Vastel, pour ung gage plege que j'avoye faict mettre sur certaine pièce de terre appartenant au dit Vastel. Maistre Jacques Pilet de Bayeulx et Pierres Potevin filz Pierres arrivèrent céans viron a douze heures, ils disnèrent et s'en allèrent à ini heures apprès mydy. Ils venoyent de Cherebourg.

Apvril 1551.

Le vendredy X^e, apprès avoyr desjeuné céans, je m'en allé à Gouberville, Cantepye avecque moy, et de là incontinent à Barfleu parler à Gateville de nos afferes que je trouve chez Gillette la Blonde, avecque Aygremont, Beaurepayre, Thomas Godefre, Galetieres, Richard Becquet, Robert Liénard et plusieurs aultres et pour ce que nous ne peusmes accorder, je m'en revins à Gouberville où je souppe. Apprès soupper, je m'en vins coucher céans, je laisse Cantepye à Gouberville pour que j'avoye le landemain affere à Barfleu contre Guillaume Vastel devant le lieutenant de S^{et} Saulveur, il estoyt plus d'une heure de nuyct quand j'arrive céans.

Le sabmedy XIe, je ne bouge de céans, Cantepye revinst de Barfleu sur le soyr et maistre Richard vinst coucher céans, je fys achever de arer l'essart de la haulte Vente pour le trémoys.

Le dit jour au soyr, je baille à Philippin Hamel ii sols et ung boisseau de blé qu'il avoyt heu à jour passé pour viii sols et demeure quicte à luy de la tasche qu'il avoyt à la haulte Vente, et par nostre conte je luy donnoys v sols plus que ce que je luy avoye promys.

Le dit jour, je baille à Toutdoulx viii sols sur xiii journées qu'il avoit esté essarter à la Haulte Vente avecque Doysnard et Le Marchant.

Le dymenche XIIe je disne chez Thomas Drouet à la relevaille de sa femme, missire Jacques Auvre et missire Jehan Auvre, Le Vredonieur et plusieurs aultres, apprès disner je m'en revins céans le dit Verdonieur et Jehan Auvre prebtre et Mesnage avecque moy, puys m'en allé à vespres.

Le lundy XIIIe, la matinée, je fys semer par Guillaume Paris au bruslin de la Haulte Vente x boisseaulx de trémoys. Apprès disner, je monte à cheval pour aller à Monstebourg, Cantepye avecque moy, vers mes seigneurs de Lery et Hotot, comme je devaloys à Cherebourg, je trouve ung messager qui m'apportoyt lettres de mes dits seig^{rs} qu'ilz venoyent demain soupper et coucher céans parquoy je m'en retourne et envoye Cantepye à Vallongnes pour recouvrer quelque gibier et aultres choses qu'il me faloyt, il apporta ung quartier de mouton vii sols; iii quarterons de sucre vii sols vi deniers, en saffren ii sols, en clou de giroufle ii sols, en prunes x deniers, en gingembre x deniers pour deux bouteilles et deux potz de vin viii sols, en chandelle ii sols. Somme du total . . . . xxx sols ii deniers.

Le mardy XIIIIe, je ne bouge de céans, j'envoye Thomas à Vallongnes pour mes afferes. Il bailla à Richemont x sols pour faire les copples d'une information contre Nicollas Quentin.

Le dit jour, pour vii pots de vin que Symonnet apporta de Cherebourg et pour la despense de son cheval . . . . xviii sols.

Le dit jour, baillé au laqués de Toqueville qui m'avoyt hier apporté ii counins et ung lièvre ii sols, au laqués de Monsr l'escuyer Polton qui m'avoyt
envoyé par Chasteau Neuf et le dit laqués ung flascon de vin et ung quartier
de chevreul ii sols, au laqués du Vast qui m'avoyt aporté ii counins et ung
lièvre ii sols ; somme. . . . . vi sols.

Le dit jour au soyer, Messeigneurs de Lery, Hotot et Davernes et leur train
arrivèrent céans et y souppèrent et couchèrent.

Le mercredy XVe, les dits seigneurs y disnèrent, apprès disner nous allasmes
tous ensemble à Cherebourg où nous prinsmes notre vin, mon dit sieur
l'escuyer estoyt à la chasse, de là nous allasmes au fort d'Ommonville et puys
souper à Vauville, après souper je m'en vins coucher à St Naser, il estoyt
une heure de nuyct et plus quand j'arrivé, Cantepye estoyt avecque moy.

Le jeudy XVIe après desjeuner, je m'en retourne à Vauville, les Hachées
et Cantepye avecque moy, Monsieur l'escuyer y venoyt d'arriver, nous y
dynasmes tous.

Le dit jour après disner, nous allasmes à la chasse vers Byville et ques-
tasmes toutes les montagnes de Vauville et les mielles de Biville et ne trouvasmes james lièvre, parquoy nous en revinsmes soupper à Vauville, Monsr
l'escuyer s'en alla de Biville à Cherebourg. Apprès soupper je prins congé et
m'en revins coucher à St Naser.

Le vendredy XVIIe, après desjeuner, je m'en revins céans, il estoyt viron
une heure apprès mydy quand j'arrive. Asses tost apprès arriva Billon, qui
apporta ung turbot, il souppa et coucha céans. Brucan, sergent, me vinst faire
quelque sommation pour Basan, present le dit Billon et Haultecourt.

Le sabmedy XVIIIe apprès avoyr desjeuné céans, Billon et moy, nous
allasmes à Cherebourg attendre Monsr de Lery, qui venoyt vendre des boys ;
ilz arrivèrent entre unze et douze, nous dinasmes tous au chasteau. Apprès
disner, entre deux et troys, nous allasmes à la cohue faire l'adjudication des
dits boys viron sur les troys heures. Nous souppasmes tous au casteau, apprès
soupper, nous allasmes pourmener au jardin du cappitaine.

Ledit jour, en nous en retournant du jardin, je prins congé de mons^r de
Léry entre les deux portes, on nous ferma la porte aulx tallons, je m'en vins
coucher céans, le sieur de Barville s'en vinst quand et moy et Quantepye, qui
m'estoyt venu trouver à Cherebourg de Triauville ou il estoyt hier alle appres.

Le dymenche XIXe, je ne bouge de céans, comme nous alions à la messe,
le sieur de Barville et moy arriva Berteauville qui venoyt de Cherebourg.
Il s'en vinst quant et nous. Ils dinèrent céans puys s'en allèrent, je les convye
jusques au bas de la bergerye.

Le dit jour avant qu'aler à la messe je baille à Charles et Jehan menevrier
à checun xii sols sur ce qu'ilz avoyent esté céans. Puys s'en allèrent à Cherebourg et revindrent le soyr . . . . xxiiii sols.

Le dit jour au soyr baille à Doysnart ung boisseau de blé pour huyct sols, saouf à conter. . . . . v111 sols.

Le dit jour baille à la Touldouce ung boisseau d'orge, pour v111 sols sur les journées de Hubert, saouf à conter entre nous. . . . . v111 sols.

Le lundy XX° dès le matin, je fus à l'assise, Cantepye, Françoys Dauge et Gilles Cabart avecque moy. Je despesche mes causes devant le bailliage. Je fus à la court de l'église collationner les informations contre Nicollas Quentin qui présent y estoyt, et Monsieur de St Naser.

Le dit jour je souppe chez Bauquet, Monsr le lieutenant général, le sieur du Couldre, St Jehan Poytevin, Mad^{lle} du Fresney de Bayeulx et plusieurs aultres. La femme du dit sieur Bauquet estoyt en couche. Je couche chez Denys.

Le mardy XXI°, apprès avoyr despesché quelques affères, je disne chez Denys, puys m'en allé à la jaule pour examiner Jehan le Byes qui avoyt hier esté mys prisonnier à la requeste du procureur du Roy, lequel Byez n'y estoyt plus. Je party de Vallongnes entre troys et quatre apprès mydy, Cantepye avecque moy.

Le mercredy XXII° je ne bouge de céans, apprès disner je fys paver par Jacquet Feullye, Michel Le Brises, et Thomas Parys le chemin d'endroyt les Routeurs, de la froyde rue, ils y furent jusques à la nuyct.

Le jeudi XXIII°, jour S^{et} George, je ne bouge de céans, je fys porter huyct chartées de chaillous et de gravier au chemin que j'avoye hier faict paver. La relevée je m'en allé au Hamel Quentin, pour ce que je ne peuz recouvrer de sergent, je notiffye à Nicollas Quentin que la production que je debvoye faire contre luy estoyt remyse au greffe, tant en mon nom que de Guillemette et la Harelle, presens à ce Jacques Quentin, Jehan Lefevre menevrier, Nicollas Paulmier et Lorymier qui faisoyt ung fossé près de la maison du dit Jacques.

Le dit jour, Cantepye et Chandeleur qui estoyent à ce matin allés aux Pieulx, à la foyre, arrivèrent incontinent que fus revenu de faire la dite notification qui la reytererions au dit Quentin.

Le vendredy XXIIII°, je ne bouge de céans, dès le matin j'envoye Chandeleur et Cantepye à Gatteville faire quelque sommation à Basan, Jehan Le Fort de la guarnison de Chercbourg arryva et ung jeune homme nommé Loys serviteur de Monsr l'escuyer Poton, ils dinèrent puys allèrent au Couldre et Ventes du Teil voyer s'ils trouveroyent quelque chevreul puys s'en revindrent soupper et coucher céans Françoys Damours avecque eulx. Tout le jour je fys renger et brusler ung essart à la Haulte Vente, par Doysnart, Le Marchant, Toutdoulx, Collas, Drouet, Guillaume et Thomas dictz Parys, Michel le Brises et Jacquet Feullye et plusieurs aultres.

Le dit jour, viron neuf heures de matin, j'envoye Douart à Bayeulx porter à ma seur qui estoyt de nopces ung morceau de venaison que maistre Robert

Apvril 1551.

de Sottevast m'avoyt donné, je donne au serviteur qui me l'apporta III sols et baille au dit Douart pour faire son voyage VIII sols. . . . . XI sols.

Le sabmedy XXVe, jour S^{ct} Marc, je ne bouge de céans, il pleut la mattinée et gresla la relevée, parquoy la chasse entreprinse par Monsr Poton fut rompue, son valet de chiens nommé Gilles et ses chiens, Françoys Damours et Louys, serviteurs du dit sieur Poton, souppèrent et couchèrent, j'achatte pour les chiens du pain à. . . . . x sols.

Le dit jour, le dit Le Fort et Jacques de Couvers Damours et plusieurs aultres serviteurs du dit sieur Poton qui avoyent hier apporté les paneaulx chez Auvré dinèrent céans, puys s'en retournèrent aulcuns d'eulx pour la pluye.

Le dymenche XXVIe, je ne bouge de céans, Françoys et Gilles serviteurs de Monsr Potton disnèrent céans, puys s'en allèrent attout les chiens du dit sieur.

Le dit jour, je conte à Doysnard de toute sa poyne du précédent se jour, il se trouva à retour à moy de deux journées, néanlmoyns, je luy baille encore ung boisseau de blé pour. . . . . VIII sols

Le dit jour, baillé apprès souper à Philippin Hamel ung boisseau de blé pour VIII sols sur x journées que je luy doy précédent jour.

Le dit jour, je conte à Hubert Toutdoulx de toutes ses journées précédent se jourd'huy, il se trouva à retour d'un sole.

Le lundy XXVIIe, je ne bouge de céans, Monsr l'escuyer vinst courir ung chevreul qu'il prinst, puys s'en vinst soupper céans et sa compagnée. Il estoyt viron six heures quand il en partit, Cantepye revinst de Triauville où il estoyt allé hier de grant matin. Deux cordeliers de Bayeulx y souppèrent et couchèrent.

Le dit jour j'ay conté à Thomas Langloys escuyer de toutes les mises et receptes qu'il a faictes pour moy précédent ce jour, comprins tous aultres contes qui demeurent cassés par ce présent, je suys demeuré chargé de l'acquicter vers Esnault Gardin de Cherebourg de deux escus pistolets.

Le mardy XXVIIIe dès le matin je m'en allé à Vallongnes tenir les Haultz jours, Cantepye et maistre Gilles Cabart avecque moy; je disne chez Denys, maistre Pierres Collas, La Fosse, Demons, Fenart, Fresville, Ble, frère Marcouf de Barfleu, Guyon Binet et plusieurs aultres. Apprès disner nous allasmes tenir le reste des Haultz jours où nous fusmes jusques à six heures de soyr, puys m'en vins chez Denys où maistre Michel Le Pelletier devisa longtemps avecque moy. J'envoye Cantepye chez Bauquet pour parler à luy, il estoyt ja à table pour soupper par quoy n'y parla poinct; je monte à cheval entre sept et huyct, Cantepye, maistre Gilles Cabart, maistre Guillaume Gardin, Jacques Meslin des Pyeulx quand et moy. Il estoyt jour faillant quand nous arrivasmes

céans, le dit Gardin s'en alla quand et le dit Cabart ; je trouve Loys Margeneste, Jehan Quentin, Guillaume Feullye, Guillaume Freret qui souppoyent,
ils avoyent porté du fumier au clos des ventes.

Le mercredy pénultime jour je ne bouge de céans. Cantepye fut à Vallongues parler à Baucquet et Michel Douville quand et luy qui plaidoyt contre
les paroissiens de Douville. Je fys espandre le fumier à la Channevière devant
la grange de l'hostel Barrier par Jacquet et Thomas Parys ; comme j'estoys là
viron quatre heures apprès mydy Pierres Mahault vinst parler à moy pour
avoyr du boys pour racoustrer le navire de Mr Poton.

Le dit jour, je conte à Michel Le Brises de toutes les journées qu'il
m'avoyt faictes dempuys notre dernier conte et trouvasmes que je luy debvoye
trente journées à rabattre sur cinquante solz qu'il me doybt.

Le jeudy dernier jour, je ne bouge de céans, dès le fin matin, Cantepye s'en
alla à Sct-Saulveur-le-Viconte aulx assises contre Guillaume Vastel. Je luy
baille ix sols, il revinst le soyr comme nous souppions, Monsr de Sct Naser et
moy, qui estoyt revenu des assises de Bayeulx, il y avoyt viron II heures,
il coucha céans et son laques, il pleut fort, venta et gresla cejourd'huy. Je fys
tout le jour porter de la terre au planistre devant la grange Barrier pour faire
du chanbvre, on commence à mettre mes petits chevaulx au vert au clos des
ventes, sçavoir : Tommeville et le petit cheval . . . . ix sols.

May 1551.

Le vendredy premier jour, je ne bouge de céans, apprès la messe et disner, je
baille à Charles Le Chevalier, menevrier, XXX sols et XII sols qu'il avoyt heuz
à jour passé dont mention est faicte cy devant, et v sols à Jehan Le Febvre son
compagnon, ils avoient esté checun XX jours ouvrables céans, le dit Charles
me demeura en reste de deux journées et je demeure débiteur au dit Jehan
de xxiii sols. . . . . xxxv sols.

Le dit jour apprès disner, je m'en allé au moulin ; comme j'estoys devant
l'huys est passé Jacques Vaultier, barbier à Cherebourg, et Jehan Galye, je
les convye jusques à l'hostel Hamel pour voyer une jument sur quoy estoyt
le dit Vaultier ; estoyt avecque moy Cantepye, Jehan et Collas dictz Parys,
Jehan Groult filz Richard et plusieurs aultres.

Le dit jour, receu de Jehan Paris pour iii boisseaulx de fourment que je luy
vendy apprès disner. . . . . xxxiii sols.

Le dit jour apprès jour couché arriva Françoys Damours, au nom de Monsr
Poton, qui me pryoyest que demain soleil levant j'envoyasse une laisse de

May 1551.

levriers et ma chienne Mitaine à Sᵗ Mor, pour ce qu'il vouloyt voyer courir une levrette que Mademoiselle de Sᵗ Paul (1) lui avoyt envoyée.

Le sabmedy 11ᵉ, dès le poinct du jour, Cantepye, Symonnet et Damours partirent de céans atout troys levriers et Mytaine, et s'en allèrent pour trouver Monsʳ Poton à Sᵗ Mor. Ilz en revindrent entre quatre cinq, ilz furent jusques à Cherebourg, le dit sieur Poton retint ma chienne pour la voyer courir. Tout le jour je ne bouge de céans ; je fys semer par Guillaume Parys ix boisseaulx d'orge en brulin à la Haulte Vente, et achever de terrer devant l'hostel Barrier, que Loys Hubert Moussiere espandit, puys s'en vint disner et ayder à labourer ledit orge. Olyvier Quentin fut tout le jour céans pour ourdir lx aulnes de toylle de lin. J'estoys environ jour faillant au pré du clos au Couvert où Philippin Hamel essartoyt des saulseraulx et de petites aulnes. La femme Tahot acoucha d'ung filz ce mesme jour au matin, Perrine Janet amena ung petit toreau rouge dont j'achatte la moytié xxv sols. . xxv sols.

Le Dymenche IIIᵉ, je ne bouge de céans, celuy des verriers qui est manquet vinst avant la messe et m'apporta ung levrault, demandant quand je seroys appoinct de recoller certaine fieffe que son oncle Belleville avoyt myse à prix. Tout le jour ne cessa de plouvoyr, j'envoye dès le matin Thomas Parys à Gouberville quérir de l'orge pour semer.

Le dit jour, apprès que je fus revenu de vespres, je trouve céans missire Aubin Le Vacher de Brillevast, qui m'avoyt apporté ung levrault que Barville m'envoyet, et venoyt scavoir sy je luy presteroys mon cheval pour couvrir une jument, il souppa et coucha céans.

Le dit jour, baille au Marchant ung boisseau d'orge pour viii sols vi deniers pour dix journées que je luy debvoys et partant quicte à luy. viii sols vi den.

Le dit jour, je preste à Doysnard demy boisseau de fourment pour vi sols qu'il doybt gaigner . . . , ... vi sols.

VOYAGE A BAYEULX.

Le lundy des Rogations IIIIᵉ, viron vi heures de matin je party de céans, Symonnet avecque moy pour aller à Bayeulx. Je fys abrever et repaistre mes chevaulx à Monstebourg, pour ce iii sols. Apprès m'en allé au grand Vay où je trouve Jehan La Mache de Clitourp qui ne passa poinct. Il me cousta pour une gerbe de poys xv deniers et pour deux mesures d'avene et le passage iii sols ; nous trouvasmes emmy gay Fonteney Bercheur (2) et Jacquet le Gay de Che-

(1) Marie de Bourbon, qui par le décès de François de Bourbon, son frère, était appelée à devenir un jour duchesse d'Estouteville, comtesse de Saint-Paul ; mais elle ne laissait pas alors d'être fort jeune, étant née le 30 mai 1539.

(2) Thomas Le Berceur, seigʳ de Fontenay.

rebourg ; nous entrasmes en gay viron deux heures apprès mydy, je m'en allé soupper et coucher à Russy . . . .   iiii sols iii deniers.

Le mardy des Rogations V⁰, viron ix heures de matin, je m'en allé à Bayeulx, descendre à la Barge et de là chez Monsʳ le lieutenant général, où je disne l'Esleu Planquerye, le trésorier Megret et aultres.

Le dit jour je ne bouge de Bayeulx, je souppe et couche chez ma seur, le dit Mesgret, Gattemo, Pillon et aultres ; pour deux fers neufs au grand cheval, deux à la haquenée et ung relevé chez Gibert . . . .   viii sols vi deniers.

Le mercrédy des Rogations au matin, viron neuf heures, je m'en allé chez Pytet, sergent, Mommyre et Symonnet et Grandchamp avecque moy voyer une jument turque que le frère du dit Pilet avoyt amenée d'Angers ; apprès m'en retourne disne chez ma seur. Après disner, ma seur receult deux pièces de drap venantes de la taincture de Parys, et comme elle contoyt au voturier arriva Mons' de Sᶜᵗᵉ Marye Laumont qui avoyt affère au lieutenant. Ce faict je m'en vins monter à cheval à la Barge où il me cousta, pour la despense de mes chevaulx pour deux demys jours, x sols, puys allé soupper et coucher à Russy le trésorier Megret et Symonnet quand et moy. . . . . . .   x sols.

Le jeudy des Rouvaisons VII⁰, dès le matin, viron vi heures, nous partismes de Russy, le dit Megret quand et nous, et vinsme passer au petit gay, à repaistre à l'hostelerye qui est auprès en la paroisse d'Auville, ou le frère de Dalidan, il me cousta pour la reppeue et de nos chevaulx. . . . . .   ix sols.

Le dit jour, pendant qu'on accoustroit à disner, le dit Mesgret et moy allasmes à l'église pour ouyr messe, et pour ce qu'on avoyt hasté le service pour aller à une huee que faisoyt faire aulx loups le sieur de Mommartin, nous ne trouvasmes personne à l'église, fors ung prêbtre seullement qui nous dist qu'il avoyt chanté de grand matin. Après disner nous vinsmes soupper chez Montremblant à Bouteville, nous ne le trouvasmes poinct (pour ce qu'il estoyt à Coustances, à l'entrée de l'Évesque) (1), mais nous trouvasmes les damoyselles, sa belle seur et la damᶦˡᵉ de la Lande et plusieurs aultres qui nous firent grand chère. Apprès soupper nous vinsmes coucher à Monstebourg chez Lanquetille, il estoyt apprès ix heures quand nous arrivasmes.

Le vendredy VIII⁰, pour la souppée de mes chevaulx au dit Monstebourg et pour notre giste, v sols ; apprès nous en vinsmes à Vallongnes le dit Megret quand et moy, nous disnasmes chez Denys, Baudienville, Rosel, le dit Megret, nous despendismes xvi sols dont je paye la moytié à ung escot ; près de nous

(1) Payen Le Sueur d'Esquetot, chanoine de Rouen, garde des sceaux de la Chancellerie du Parlement de Normandie, succéda à Philippe de Cossé au siège épiscopal de Coutances. Monseigneur Payen avait fait prendre possession de son siège par procureur, le 16 mars 1548 ; il ne fit son entrée dans sa ville épiscopale que le 7 mai de l'année 1551.

[Rouault, curé de Saint-Pair.]

20

estoyt Rondemare Vaultier, à une aultre table estoyt S^{ct} Martin, La Place, S^{ct} Jehan Poytevin, Ratault et ung prêbtre qui appoinctoyt au dit de La Place avant que nous mettre à disner; j'avoye esté quérir le dit de Rosel aulx plès d'Alençon qu'on tenoyt en ung jardin à pommiers chez Marmion, là conte viii sols.

Le dit jour, viron quatre heures, je party à m'en venir, incontinent que j'arrive céans, j'envoye Cantepye (qui ne faisoyt qu'arriver de chez son père où il estoyt allé mardy apprès disner) à Gouberville porter unes lettres au vicayre de Toqueville que luy envoyet le bailly de l'abbaye de Monstebourg qui me les avoyt baillés à ce matin chez Lanquetille avant que j'en partisse.

FIN DE VOYAGE.

Le sabmedy IXe, je ne bouge de céans, viron unze heures de matin arriva Jehan Marye, s^r Dalefontaine, pour quelques affères qu'il avoyt avecque mon frère Françoys qui s'y debvoyt trouver ainsy qu'avions hier accordé à Vallongnes. Il ne vinst qu'il ne fust près de quatre heures. Asses tost apprès le dit Marye s'en retourna, mon dit frère souppa et coucha céans et ung serviteur du sieur de Magneville nommé Robert qui estoyt venu quand et mon dit frère. J'avoye envoyé apprès disner Jacquet et Thomas Paris quérir de l'estrain aulx Flouettes, je leur baille i sol pour bailler aulx batteurs.   i sol.

Le dit jour, dès le matin, j'envoye à Cantepye (qui se debvoyt trouver à Monstebourg) une beste fresche affin qu'il s'en allast de là à Bayeux pour mes affères. Georget Parys mena la dite beste, et ramena celle que Cantepye avoyt.

Le dymenche X^e, je ne bouge de céans, la relevée le filz du sieur des Vers Boys m'apporta deux oesons, je luy donne ii sols, comme je revenoye de la messe, Charles Le Chevalier et Jehan Le Fèvre menevriers arrivèrent; ils s'en retournèrent apprès disner, je baille au dit Jehan xv sols sur xxiii sols que je luy debvoye. . . . . xv sols.

Le lundy XIe, je ne bouge de céans, je fys abattre par Varin et Hamel cinq hestres secz au bout de la chasse Lambert, Symonnet fut à Cherebourg qui apporta ung quartier de veau et de la chandelle vii sols iiii deniers, Cantepye revinst dès neuf heures de Bayeulx, il avoyt couché à S^{cte} Marye du Mont. La relevée arriva Gabriel avecque son cheval Bourbon qui couvrit ma jument haquenée à la Bergerye apprès vespres . . . . vii sols iiii deniers.

Le mardy XIIe, dès le matin, je m'en allé à Vallongnes, Cantepye avecque moy, mon frère Françoys et Jehan Marye marchant accordèrent de vingt libvres de rente que mon dit frère luy debvoyt qui en retira sa schedule, presens maistre Pierres Le Poyctevin Saulz Tondu et Auville, tabellions, je disne chez Denys, le sieur de Beaumont à la Hague, Berteauville, maistre Pierres Collas, Cantepye, Pillet et plusieurs aultres, le dit Beaumont paya xxiiii sols. Je m'en revins le curay d'Agneville et maistre Gilles Cabart qui souppèrent céans, il estoyt soleil couché quand nous arrivasmes.

Le mercredy XIIIe, dès le matin, je m'en allé à Clitourp, Cantepye avecque moy, pour recoller les livrées du pryeur, du sieur de Brillevast, de Toqueville et des moynes de Barfleu, où se trouva le verdier de Vallongnes, Vastel, maistre Pierres Collas et ung des filz du sieur de Brillevast, nous dinasmes tous chez le dit pryeur, où se trouva frère Marcouf et le prieur de leur couvent, apprès disner vinst Potet, curay de Tourlaville par deport, maistre Pierres Le Febvre et plusieurs aultres, je m'en vins, il estoyt viron six heures quand j'arrive.

Le jeudy XIIIIe, je ne bouge de céans, dès le poinct du jour Cantepye et le Moussierre s'en allèrent à Vallongnes, ils ne revindrent qu'il ne fust près de six heures de soyr. J'envoye Symonnet à Cherebourg qui porta ung boisseau de fourment à Fourquette pour xii sols sur xv sols que je luy doy pour iii fourches de fer et deux pelles ferrées qu'il avoyt faictes a jour passé. Et ung boisseau de fourment qu'il porta aussy pour Jehan Le Fevre menevrier, pour xii sols sur ce que je luy puys debvoyr, saouf à conter . . . . xxiiii sols.

Le dit jour, je fys charier du boys prins près la grande vollée de la Vigne Lyot, les chartiers s'enboullongnèrent et coula une de leurs roes jusques au moyeul dès le russeau de la dite vollée et falut descharger la charrette; y estoyent Varin, Hamel, Michel, Doysnard, Toutdoulx et Tassin Quentin filz Villa. Jacquet Feullye sema en ung champ du clos des Ventes iii boisseaulx et demy d'orge.

Le vendredy XVe, dès le matin, je m'en allé à la voyerreryc à Brys, Cantepye avecque moy, j'arrive là viron viii heures de matin, apprès y avoir esté deux heures, nous en allasmes desjeuner chez Beleville l'aisné, et comme nous commencyons arriva Berteauville et le verdier de Vallongnes, nous desjeunasmes tous ensemble et missire Michel Pasquer et Demons. Apprès desjeuner, nous allasmes recoller une petite fieffe pour le dit Pasquier, puys nous en revinsmes par une aultre pour le sieur de Belleville et revinsmes à la voyerrerye, où nous fusmes encor quelque temps. Le dit verdier et Vastel me convièrent jusques à la Boussaye, il estoyt viron troys heures quand j'arrive céans.

Le sabmedy XVIe, vigille de Penthecouste, Cantepye fut à Cherebourg et achatta ung quartier de veau et ung cymier de beuf xiii sols vi deniers, ungz souliers pour Symonnet vii sols, et ungz pour Michelle iii sols et deux sols qu'il bailla encores à Pierres Fourquette pour de la ferreure d'huys et d'armoyres qu'il debvoyt faire . . . . xxv sols vi deniers.

Le dit jour je fus à Vallongnes pour Chandeleur qui avoyt affère à la recepte du domaine, apprès avoyr faict regard avecque Jelart je disne chez le curay de Cherebourg, l'Esleu Borlande, Hault-Moustiers, maistre André le Reverent, Dyenis greffier et le trésorier Megret; pour ung pot de vin . . .   iii sols.

Le dit jour, comme il sonnoyt une heure, nous partismes le dit Chandeleur et moy et nous en vinsmes céans.

Le dit jour baille à Jehan Lefebvre menevryer xi sols restans de toutes les journées qu'il avoyt faictes de son mestier céans.

Le dit jour baille à Doysnart ung boisseau d'orge pour viii sols, néanlmoins qu'il fust encore en reste vers moy de cinq journées . . . . .   viii sols.

Le dit jour je conte à Hamel, il avoyt heu ung boisseau de blé pour viii sols et ii sols vi deniers sur quoy il avoyt faict vi journées ceste sepmaine à ayder à Varin à faire de la buche, néanlmoins je luy preste ung boisseau de blé pour viii sols. . . . .   viii sols.

Le dit jour je baille à Douart xii sols pour ce qu'il avoyt esté céans à jardiner.
                                                                           xii sols.

Le dit jour, Symonnet fut à la chasse à la haye de Digoville avecque Garbiel qui estoyt hier soyr venu quérir le fille de Monsr Poton qui chassoyt ce jourdhuy à la dite haye.

Le dit jour, je trouve à Vallongnes, comme je m'en revenoye, mon frère de Sᵗ Naser qui me dist que ma seur estoyt malade.

Le dymenche XVIIᵉ, jour de la Penthecouste, je ne bouge de céans. Apprès la messe et le sermon, j'emmène deux cordeliers du couvent de Bayeux (l'un de Cainetours et l'austre de Beuseville sur le Vay) disner céans et maistre Gérard Durant. Apprès disner, Michellet Cauchon m'apporta iiii oesons, Jehan Le Noyr et Guillaume Becquet son gendre me vindrent communiquer les partages du dit Becquet et de son frère, où nous fusmes viron deux heures, puys m'en allé à vespres qui estoyt ja demy dictes.

Le dit jour apprès vespres, dedens l'église, Thomas Vaultier me bailla trente solz sur les arrérages des rentes qu'il doybt à ceste seigneurye, saouf à conter sur les paymens qu'il m'a par cy devant faictz d'empuis que je tiens mesnage. . . . .   xxx sols.

Le dit jour receu de Roger Mouchel lx sols pour iiii boisseaulx de tremoys que je luy avoye vendus à jour passé . . . .   lx sols.

Le dit jour baille à Denys Le Marchant viii sols vi deniers sur xi sols vi deniers que je debvoye à Estienne Le Marchant pour ferreure de chevaulx. Je demeure en reste au dit Denys de iii sols et de deux de ses journées qui valent ii sols. . . . . , ...   viii sols vi deniers.

Le lundy ferye de Penthecouste XVIIIᵉ, je ne bouge de céans; j'emmène de la messe maistre Guillaume Lyot, et Boulart de Cherebourg disner céans.

Apprès disner vinst missire Jehan le Sellierre, et Myault Gaillart de Gouber-
ville. Ils disnèrent céans, puys allasmes à la Boussaye voyer l'Esbat, le dit Le
Sellierre, Symonnet, La Harelle, Guillemette, Thomas Drouet et sa femme et
plusieurs aultres, nous n'y arrestasmes guères à raison qu'il commença à
plouvoyr et tonner. Apprès soupper arriva Chandeleur qui souppa et coucha
céans.

Le dit jour, au matin, s'en alla Çantepye chez son père pour ses affères et se
debvoyt retourner mercredy à Vallongnes; j'envoye par Jacquet, aulx herbages de Daneville, la jument de Bessin et son poullain, et la Birettesse et le
sien à Huberville chez Franqueterre par Guigars et Thomas Paris.

Le dit jour receu du dit Le Sellierre pour demye pippe de poyrey que je luy
avoye vendu à jour passé . . . . L sols.

Le dit jour, Nicollas Auvre et Thomas Drouet souppèrent céans, puys nous
en allasmes pourmener au clos des Ventes.

Le dit jour, Richard Lamache passa qui alloyt à Rouen comme j'estoys à la
Boussaye; on luy bailla ung teston et xxvi deniers pour mon procureur.
                                                    xiii sols vi deniers.

Le mardy ferye de Pentecouste, XIXe, dès le matin je m'en allé à Vallongnes,
Symonnet avecque moy, pour avoyr ung mandement d'opposition contre Basan,
que maistre Richard Grimot me feist avant disner, puys m'en vins disner chez
Denys, il me cousta viii sols pour la disnée et de mes chevaulx. Ce faict je monte
à cheval et m'en vins par Brys, ung jeune homme qui se disoyt estre à l'Evesque
d'Avrenches, vint quand et nous, et alloyt à l'abbaye de Cherebourg J'envoye
Symonnet par le Hault Brys et de là à Martinvast pour faire signer à Bastard,
lieutenant, le dit mandement, lequel lieutenant estoyt chez Le Fort au dit
Martinvast, je m'en vins jusques à la voyrrerye avecque le dit jeune homme,
que ung serviteur de chez Denys conduisoyt; quand j'arrive, je trouve encor
le dit Chandeleur qui m'attendoyt et Joret Gaillard qui avoyt apporté du blé;
il souppa et coucha céans. Apprès que fus arrivé, je m'en allé le dit Joret
avecque moy fere les partages de meubles entre Jehan Parys et ses frères, où
estoyt Yvon Mesnage, Raulet Vaultier, Jacques Gardin, et tous ceulx du
Hamel Parys et plusieurs aultres. Ce faict, je m'en vins soupper. Il estoyt iii
heures apprès mydy quand je revins de Vallongnes. . . . . . viii sols.

Le mercredy XXe, dès le matin je m'en allé à Vallongnes, Symonnet et
Gilles Cabart avecque moy. Je disne chez le verdier de Vallongnes, Vastel,
Bauquet et La Grange, pour ung pot de vin iii sols, pour ferrer ma jument
haquenée et pour une libvre de poinctes et de testes de clou iii sols, à Mademoyselle de Sureville (1) qui avoyt le plat des oeuvres de l'église ii sols,

____

(1) Sans doute l'épouse de Beauquet, sr de Surville.

pour une main de papier et ix aulnes de dentelle iii sols, puys m'en vins, le lacquès du Quesne avecque nous, qui venoyt quérir ung des petitz chiens de Bise, il estoyt viron cinq heures quand j'arrive céans . . . . . xii sols.

Le jeudy XXIe, je ne bouge de céans. Jehan Le Carpentier, dict garde de Jobourg, vinst céans pour Thomas Quatorze, il disna. Je renvoye Symonnet avecque luy porter cent solz au dict Quatorze. . . . . c sols.

Le dit jour sur les iii heures arrivèrent céans le Sénéchal de Sainct Lo, sa femme, son filz et leur bru, La Valette et ung des enfans Daigremont; ils souppèrent et couchèrent céans. maistre Gilles Cabart y vint devant souper, je luy baille la mynutte du recollement de la fieffe du curay d'Octeville sur Cherebourg.

Le vendredy XXIIe, je ne bouge de céans, après desjeuner le dit sieur Sénéchal de S^{ct} Lo et sa compagnée s'en allèrent à S^{ct} Aquayre et aulx Craquemesnilz voyer les lieux pour les partages de la femme de son filz. Raullet Vaultier les mena jusques au dit S^{ct} Aquaire, Cantepye revinst de chez son père par Cherebourg où les ples estoyent ce jourd'huy, pour le ferye de lundy dernier. Il me trouva chez Olivier Quentin, où sont ses mestiers à toyle, Mesnage, Thomas Drouet, Louys Margeneste, Tupain et plusieurs aultres avecque moy, je m'en vins de là par l'église; je trouve Pierres Quentin qui abattoyt ung chesne au bout de son clos sur le maresc.

Le sabmedy XXIIIe, dès le matin, je m'en allé à Monstebourg, Cantepye avecque moy pour voyer les halles qui estoyent ruynés par antiquité, où se trouva le verdier de Vallongnes, le procureur Vastel, maistre Pierres Collas, Jardel advocat, Lesperon, le sergent du lieu et le vicayre de l'abbaye, qui nous donna à disner chez Lanquetille. Le dit Lesperon baille ung exploict comme il avoyt trouvé des bestes dedens les ventes de Monstebourg, dont il y en avoyt quatre petitz aulmeaulx pour le promoteur qui furent appréciez à vi livres tournoys le tout. Il estoyt cinq heures sonnées quand je party à m'en venir. Pour deux libvres de chandelle que Cantepye achatta ii sols et pour racoutrer une crouppière, i sol . . . . iii sols.

Le dymenche de la Trinité XXIIIIe, je ne bouge de céans; au retour de la messe, je trouve Marin Germain qui m'avoyt apporté six flacons de voyrre que Belleville m'envoyet, je luy donne ii sols; après disner, je m'en allé tournier en grand camp, Guillaume Cauvin et Gaulvain Quentin avecque moy et Symonnet, pour voyer des jumentz que Herard Loys me voulloyt vendre. Quand j'en revins je trouve missire Pierres Groult de Digoville qui m'avoyt apporté deux oesons; il dist vespres puys s'en alla, Michel Douville et ung nommé Voysin arrivèrent comme j'estoys à vespres, ilz souppèrent et couchèrent céans; Cantepye fut à Cherebourg après disner . . . . ii sols.

Le lundy XXVe, dès le matin, Cantepye fut à Cherebourg; je y allé asses

tost apprès Symonnet avecque moy, je n'y beu ny menge, néanlmoyns que
Mons' Potton me prya tres fort d'aller disner avecque luy et le prieur de Hyauville, et Gruchy Le Bourgeoys (1), qui y disnèrent, j'en party une heure
apprès mydy, et m'en revins tout seul, avecque maistre Françoys Le Poyctevin et ung syen serviteur, ilz beurent ung coulp puys s'en retournèrent.

Le mardy XXVIe, je fus à Vallongnes, Cantepye avecque moy, nous dinasmes chez Denys, Mons' de S' Naser, Berteauville, maistre Pierres Collas,
Bartoles du Monchel et plusieurs aultres, nous veismes les franchises des
paroissiens de Jobourg; apprès ce faict, je trouve le sieur curay de Mobec,
nous allasmes, luy et moy voyer son nepveu, qui estoyt chez maistre Raul
Dager en pention avecque les enfans du baron de la Luthumière et ceulx du
s' de Pierreville, nous y fusmes plus d'une heure, le dit sieur de Mobec venoyt
pour marier ung nommé Godefroy de Carenten avecque la fille de Gratian
Allexandre. Il estoyt six heures quand je party de Vallongnes, pour ung fer au
grand cheval . . . . ' . . II sols.

Le mercredy XXVIIe, je ne bouge de céans, dès le matin j'envoye Thomas
à S' Pierre et de là à Reville chez de la Place ou il avoyt affere pour
moy, j'envoye Mathieu à l'abbaye de Cherebourg porter unes lettres à l'abbey
je fys bruler ung essart à la Haulte Vente sur le mydy craignant la pluye à
raison d'une extresme chaleur qu'il faisoyt; Doysnard, Hamel, Michel Le
Brises et Toultdoux rengèrent le boys pour bruller. Cantepye revinst de Reville, il estoyt presque soleil couchant; Richard La Mache revenant de Rouen
passa par céans, et me bailla unes missives de maistre Vincent Le Seigneur,
mon procureur.

Le jeudy, jour du Sacre, XXVIIIe, je ne bouge de céans; Françoys de Mont
de Fresville m'envoya ung chevreau par Remon de Mondesire, il disna céans,
je luy donne I sol. Apprès disner j'envoye Symonnet à Vallongnes quérir dix
dragmes de casse chez l'appoticayre, je luy baille x sols; Loys Quentin me
vinst emprunter une herche de fer, je l'en escondys . . . . xi sols.

Le dit jour je conte à Raullet Vaultier de tout ce qu'il avoyt faict pour moy
d'empuys le jour Sainct Denys 1544, tant en ferreures de chevaulx, cheruez,
charettes que aultrement qu'il voulut dire et des arrérages d'empuys le dit
temps jusques aujourdhuy, d'une mesure d'avène montante xv boisseaulx et
demy, pour mouton II sols, pour poul I sol, et III sols VI deniers deubz au terme
de Pasques, et III sols VI deniers deubz à la S' Michel, le tout à la seigneurye du
Mesnil, tant luy que Thomas Vaultier. Toutes choses amennées en conte, tant
de son payement que du dit Thomas, il s'est trouvé redebvable de six libvres

____

(1) Cette famille Le Bourgeois possédait les seigr^{ies} de Héauville et de Gruchy ; ce dernier
fief est un hameau de Gréville, sis près de la mer

tournoys, saouf sa rescompense et restour sur le dit Thomas, qui doybt la moytié des dites rentes à la dite seigneurie.

Le vendredy XXIXe, au matin, je m'en allé, Cantepye avecque moy à la Haye de Digoville, près la maison Jehan Noyon entre deux boscz ou se trouva Berteauville, le Verdier de Vallongnes, Gilles Cabart, Guillaume Gardin et plusieurs aultres, nous debvyons visiter la dite Haye, mays pour l'absence de Quentin Le Court, sergent du lieu, la dite visitation fut différée, nous allasmes disner chez Jacques Cabart ; comme nous dynyons, arriva Saulx Tondu ; apprès disner nous en vinsmes par céans, le dit Verdier et Saulx Tondu, ou nous trouvasmes le sieur de S^{ct} Vast et sa femme, madem^{lle} de Breteville, près Coustances, fille du sieur de Brillevast, qui avoyent disné et revenoyent de pélerinage de Brix, il estoyt viron iiii heures quand ils partirent à s'en retourner. J'envoye Cantepye à coucher au manoyr More, atout des bestes pour la foyre de la Pernelle.

Le sabmedy penultime, je fus à la foyre à la Pernelle, Mesnage et Loys Margeneste avecque moy, je disné à Escarbouville, S^{ct} Vast et Chandeleur avecque mon cousin, sa femme et plusieurs aultres. Il estoyt viron cinq heures quand je party de la dite foyre, nous en vinsmes Cantepye, Mesnage, Guillaume et Jacquet dictz Feuillye, Margeneste, Guillaume Parys, Sanson et Guillaume dictz Le Sage et plusieurs aultres de ceste ville.

Le dit jour, receu pour deux petitz toreaulz et ung aumel de deux ans qui furent vendus à la foyre ou estoyt mon cousin de La Verge et mon cousin du Quesney , ... x livres tournois.

Le dit jour au soyer apprès soupper je conte à Michel Le Brises et toutes ses journées en précédent se jour alouez. Il demeura quicte de tous les louages qu'il a de moy, en précédent la Marchesque dernière passée, mays il m'est demeuré en reste de viii sols pour ung boisseau de blé. Doysnard me demeura en reste de cinq journées et Hamel en reste de troys journées et demye.

Le dymenche dernier jour, je ne bouge de céans, Joret et Guillaume dicts Gaillard vindrent céans, je conte avecque eulx, et leur renouvele leur bayl pour cinq ans commencans à la S^{ct} Michel prochaine, ils disnèrent céans.

Le dit jour après disner vindrent Erard Loys Gaulvain Quentin et Pierres Birette, j'achatte du dit Erard une jument et ung poulain d'antan qu'il avoyt au boys, présens les dessus dits et Philippin Touraine qui soi y trouva.

vii livres x sols.

Le dit jour, Chandeleur souppa et coucha céans, apprès soupper nous allasmes à la vente de la haie de Digoville, Cantepye, Chandeleur, Symonnet, Gilles Auvre, Jacquet Feuillye et Loys Le Moussiere, voyer s'il y avoyt des bestes.

Le dit jour, après vespres, je m'en allé à la Haulte Vente, Mesnage, Doysnard, Hamel, Michel et Toutdoulx, voyer le reste de l'essart qui estoyt encore à faire, je marchande, présent le dit Mesnage aulx dessus dits de ce qui restoyt à essarter de landes comprins le dos du fossé de devers l'ostel Drouuet par le prix de LXX sols et debvoyent avoir les dits Doysnard , Hamel et Michel checun ung champ à faire du sarasin que je leur debvoye faire charrier, et debvoye avoyr pour ce de checun cinq journées, je leur donne II sols IX deniers pour le vin . . . . , . . . II sols IX deniers.

Le dit jour, je compte à Hubert Toutdoulx de toutes ses journées précédent ce jour et de ce qu'il a demeuray troys ans à la grange Barrier, et jouy d'un petit morceau de terre contenant viron troys cartz, il me demeure en reste de VI sols.

Juin 1551.

Le lundy premier jour de juin, je ne bouge de céans, dès une heure avant jour, Cantepye et Symonnet allèrent à Cherebourg pour quelques afferes et amenèrent quand et eulx Loys, homme de chambre de Monsr Poton et Damours, ils furent tout le jours céans, puys s'en allèrent coucher au Couldre à une ayre d'esperviers que le dit sieur Poton y faisoyt garder, Chandeleur ne bougea de céans tout le jour, apprès desjeuner, Cantepye retourna à Cherebourg et rapporta une longne de beuf et ung quartier de veau qui coustèrent XI sols, missire Jacques Auvre dixma la layne de céans et la ploya apprès disner. . . . . XI sols.

Le dit jour, baille à Doysnard, Hamel, Michel, Toutdoulx à checun XII sols sur la tasche d'essart que je leur baillé hier qui se monte à LXX sols: XLVIII sols.

Le dit jour au soyer, Estienne Cauchan vinst céans, on luy bailla à soupper pour le laques de Boytel qui estoyt aulx ditz esperviers et quand et le dit Cauchan s'en allèrent coucher au Couldre les dits Loys et Damours.

Le mardy IIe, je ne bouge de céans, Cantepye fut à Vallongnes, qui apporta une payre de souliers pour Guillemette, VI sols VI deniers, et une carreleure de cuyr, III sols. Et apprès qu'il fut revenu, je l'envoye avecque Chandeleur coucher à Gouberville pour aller demain à Gatteville pour parler à Basan de nos afferes ; je preste ung des harnoys de céans à Toutdoulx pour remuer mesnage, de la grange Barrier à l'hostel, où Tuppain soulloyt demeurer au maresc . . . . X sols VI deniers.

Le mercredy IIIe, je ne bouge de céans; le curay d'Ausse arriva comme je debvoye disner et disna avecque moy; apprès disner nous allasmes à la vente de dessus le fest Loys Margeneste avecque moy; Cantepye revinst d'où il estoyt hier allé. Apprès qu'il fut revenu, nous allasmes chez Jacques Cabart, Thomas Drouet avecque nous, pour scavoir du dit Cabart où estoyt passé le

Juin 1551.

contract de quelque Rente que Philippin Hamel luy avoyt vendue; il estoyt presque jour failly quand nous en revinsmes.

Le dit jour, receu de Raullet Vaultier comme j'aloye chez le dit Cabart vi sols restans de quarante sols tournoys qu'il me debvoyt pour sa part des six francz qui restoyent de nostre conte de jeudy dernier, car il m'avoyt hier baillé iii testons que j'avoye hier oubliez à escripre . . . . xl sols.

. Le dit jour receu de Marion, femme de Thomas Vaultier, xix sols vi deniers sur quatre frans que son mary doybt pour sa part du reste de six libvres tournoys du conte que je fys jeudy dernier avecque Raullet Vaultier.
                                                            xix sols vi deniers.

Le jour, receu de Bybet par la main de Cantepye lx sols sur une sedule de xi libres ix sols tournois qu'il me doybt pour du vin que je luy ay vendu. . . . . lx sols.

Le dit jour, comme j'alloye chez Jacques Cabart, je trouve maistre Gerard Durand au Closet Drouet qui venoyt céans, il y souppa et coucha ; ce mesme jour Thomas Drouet revinst de St Naser où il estoyt hier allé scavoir des nouvelles de ma seur qui estoyt malade, il rapporta du vin, des poyres et des orenges pour Nicollas Auvre qui estoyt malade. Missire Jehan Auvre fut à Sottevast quérir du sidre pour son père et revinst par la voyrrerye et apporta des fiolles.

Le jeudy IIIIe, je ne bouge de céans; dès le matin j'envoye Symonnet à Cherebourg pour avoir couronne (1), Monsieur de Coustances y estoyt, il n'apporta poinct sa lettre de couronne pour la presse qui y estoyt.

Le dit jour, Joret Gaillard et Françoyse, veuve de Symon Le Vagneur de Gouberville, vindrent céans ; je rendys à la dite veufve ung champ de terre que j'avoye retiré à droyct seigneurial de Lienard Faulconnet, auquel le dit Le Vagneur l'avoyt vendu à jour passé; René de Grosmesnil, serviteur du sieur de Gatteville, vinst céans pour voyer des bœufs qu'il vouloyt achatter, s'y trouva Gaultier Fourquette, mareschal, qui apporta une pentoure, ung gon et ung piton pour mettre au grand huys de céans, je luy baille xxiiii sols vi deniers pour la dite pentoure et gon, il remporta le pyton pour ce qu'il n'estoyt poinct bien, ilz disnèrent tous céans. . . . . xxiiii sols vi deniers.

---

(1) La *tonsure* ou *couronne cléricale* donnait droit de prétendre à certains bénéfices simples et les évêques, en vertu d'une autorisation du Pape, pouvaient dispenser les enfants illégitimes pour la tonsure ou couronne cléricale, les ordres mineurs et les bénéfices simples. Faut-il voir dans la démarche du demi-frère de Gilles de Gouberville, près Monseig^r de Coutances, la prétention de posséder quelques bénéfices simples, ou le désir d'obtenir une réhabilitation qui effaçât en quelque sorte sa tache originelle? Nous inclinons fortement pour cette dernière interprétation (*Généalogie des sires de Russy, de Gouberville et du Mesnil-au-Val*, p. 65).

Le vendredy V^e, dès le matin, je m'en allé à Vallongnes Cantepye et Thomas Drouet avecque moy pour ung examen que Nicollas Quentin faisoyt faire contre le dit Drouet asseyeur. Je disne chez Denys, le curay de Cherebourg, le Promoteur et Dienys greffier, nous despendismes xv sols que je paye ; le mesme jour j'envoye Jacquet et Collas Paris faire une lyee de mon harnoys au couvert pour le dit [nom effacé], je party de Vallongnes il estoyt viron deux heures, assés tost après que je fus revenu, Jehan Lefort et deux des gens du baron de la Lutumière arrivèrent, ilz souppèrent et couchèrent céans et Jacquet du chasteau de Cherebourg . . . . xv sols.

Le sabmedy VIe, je ne bouge de céans, Monsr Poton fist chasse au Couldre, pour Monsr de Fontaines Harecourt. On ne prinst rien, après la chasse faicte, il s'en vinst céans banqueter, le Mareschal, le Couldre, Jacques Le Fort et son frère, missire Guillaume Le Lievre, ung nommé Coliche, serviteur du dit sieur Poton, et plusieurs aultres. Cantepye estoyt allé à ce matin à Cherebourg avecque Berteauville, qui avoyt passé par ycy. Il revinst comme la compagnée s'en debvoyt aller, il apporta ung quartier de veau avecque les pieds et chaudin et deux maquereaulx, le tout cousta vi sols, ung peu avant soupper, je m'en allé mesurer deux petites venelles de terre que je baillye à Vallot, Cantepye et Thomas Drouet avecque moy ; Michel Douville demeura de la chasse à soupper et coucher céans . . . . xv sols.

Le dit jour, j'envoye par Cantepye ix libvres v sols à Nicollas Fouace, trésorier de l'église de Cherebourg, sur le louage du pray du trésor que je tiens à ferme pour viii libvres x sols par checun an, a rabattre sur les deux dernières années, le dit Cantepie m'apporta quictance du dit Fouace.
ix libvres v sols.

Le dymenche VIIe, je ne bouge de céans, missire Jehan Fournel dist la messe paroissiale pour ce que missire Jacques estoyt empesché pour Nicollas qui estoyt fort malade, Philippin Galie et sa femme vindrent après disner, je leur baille une missives à Vincent Philippes.

Le dit jour, receu de Thomas Vaultier sur lx sols qu'il me doybt d'arrérages (du conte d'entre Raullet Vaultier et moy aynsy qu'il est cy devant escript) ung escu sol près l'église présent missire Jacques Auvré Poygnant et Le Marchant et plusieurs aultres. . . . . xlvi sols.

Le dit jour après vespres, Martin Le Galloys de Saulsemesnil, m'apporta ung essaim de mouches, il souppa céans, comme je souppoys arrivèrent deux serviteurs pour Monsr de Magny la Champagne et une charette à quatre chevaulx qui venoyent quérir du cydre et de l'avene qu'ils avoyent à jour passé lessé céans. Dès le matin Cantepye alla à Cherebourg voyer les jeuz qu'on y faisoyt des douze filz de Jacob, il en revinst sur les six heures. Tout le soyer d'empuys soleil couchant il ne cessa de plouvoyr jusques près de mynuyct.

Le dit jour receu de Poignant pour ung boisseau de chenevieulx que je luy baille. . . . . IIII sols

Le lundy VIIIe dès le matin Cantepye s'en alla à Vallongnes à l'assise avecque Agneville et Gilles Cabart. Apprès desjeuner je m'en allé a Cherebourg Symonnet avecque moy, j'arrive la viron unze heures, Monsr Poton m'emmena a disner au chasteau, Belleville avecque nous qui avoyt lettres du sieur de Guehebert pour quelques arbres qu'on avoyt couppés au Craquemesnil au nom du dit sieur Poton. Je m'en allé à la boucherye, j'achatte de Pinart pour x sols de beuf et pour cinq maquereaulx que j'achatte à la porte II sols et pour III fers au petit cheval et deux aultres à la Bunelle et quatre remuez à la jument faulve a jour passe VII sols. Il estoyt quatre heures quand je party et quand j'arrive céans Cantepye ne faisoyt qu'arriver de Vallongnes et Pasquet d'Angleterre qui avoyt amené ung hongre gris et une poultre rouege venant a deux ans . . . . XIX sols.

Le dit jour en m'en revenant je trouve devant le pré du trésor une jument et ung poulain pour La Marche que je fys prendre et mener au parc, presens Helye Le Conte et sa femme Collin Doray de Montagu, Guillaume Paris et plusieurs aultres.

Le mardy IXe, dès le matin, je m'en allé à Vallongnes à l'assise, Cantepye avecque moy, je disne chez Denys, Monsr de S^{ot} Naser, le dit Cantepye, François Dauge et Thomas Drouet, nous despendismes XI sols que je paye, pour ung faulx fourreau et ung fourreau à mon espée v sols, et pour troys fers à la jument Bunelle III sols, je party à quatre heures, apprès qu'il heult tonné et pleu, et tout le chemin ne cessa de plouvoyr, quand j'arrive je trouve Vitecoq chatreur céans, il y souppa et coucha. . . . . XIX sols.

Le dit jour, j'envoye Symonnet à Cherebourg parler à Monsr le Mareschal touchant des portugoyses.

Le mercredy X^e, dès le matin, je m'en allé à Vallongnes Symonnet et Mesnage avecque moy parler au curay de Cherebourg pour quelque affere qui estoyt entre luy et Gatteville et de quelque aultre affere qui estoyt entre le dit Gatteville Basan et moy, je disne avecque le dit curay à l'officyalité, le s^r de Cyfrevast, S^{ot} Michel Basan, le sieur d'Ecauseville, le vicayre de Brucheville et plusieurs aultres, sur la fin arriva le sieur de Rosel, pour ung pot de vin III sols ; je party à une heure apprès mydy le dit Symonnet et Mesnage avecque moy. Quand j'arrive céans je trouve Tatte revenu de Rouen que je y avoye envoyé il y eult hier VIII jours et luy avoye baillé xx sols pour mon procureur et XXVII sols pour faire sa despense et dix sols que je luy ay donnés pour sa poyne . . . . LX sols.

Le dit jour au soyer apprès souper arrivèrent de l'assise de Vallongnes Françoys Dauge et le laques de St Naser, ils souppèrent et couchèrent céans ;

dès le matin Cantepye s'en alla à Cherebourg et de Cherebourg à S^{ct} Pierre Eglise d'où il revinst entre troys et quatre.

Le jeudy XIe, jour S^{ct} Barnabé, dès le matin, je m'en allé à Gouberville Cantepye avecque moy; Pierrot Cauchon et sa femme nous attaignirent à la maladerie de Teville, nous arrivasmes entre huyct et neuf, Gatteville et le jeune Reville Rene, Parys Mahault, Le More et plusieurs aultres y vindrent; nous dinasmes à Gouberville tous ensemble, je baille au dit Gateville LXV libres tournois sur nostre accord de six vingtz dix escus, et pour la revision qu'il disoyt avoyr faict faire d'empuys le dit accord nous en debvions attendre sentence de deux de nos amys sans en appeler; je baille la dite somme présens tous les dessus dits et Joret, nous partismes de là viron IIII heures; en nous en revenant rencontrasmes Robert Tybert aulx chasses de Gonneville, qui venoyt de voyer Nicollas Auvre qui est fort malade . . . . . LXV libvres tournois.

Le dit jour, Thomas Drouet fut à Vallongnes dès le matin et en revinst comme je souppoys; Joret vinst apprès nous pour aller demain à la foyre à St Naser.

Le vendredy XIIe, je ne bouge de céans; dès que je fus levé, je m'en allé au boys voyer des pourceaulx que je vouloys faire senner, Vitecoq chatreur, Ernoulf et Bloquet avecque moy. Dès le matin, Cantepye et Joret s'en allèrent à St Naser à la fère et revindrent sur les six heures, René de Grosmesnil et Paris de Gateville; ilz souppèrent céans, puys s'en allèrent. Joret achata ung cheval rouge qui luy cousta IIII escus sol, dont il y en a deux pour ma part.

Le sabmedy XIIIe, dès le matin, je m'en allé à Vallongnes, Cantepye et Gilles Cabart avecque moy, à la fin de l'assise l'ordonnance ou édict pour tenir d'or en avant les ples royaulx, nous dinasmes chez Denys, Sureville, Le Verdier de Vallongnes, Berteauville, maistre Pierres Collas, Haultgros, Esleu et Arreville qui survinst sur la fin, j'en party à deux heures, le dit Cantepye et Cabart et ung jeune garson filz Mygnot, nepveu de Claude Cabart avecque moy.

Le dymenche XIIIIe, je ne bouge de céans, la Harelle et son filz Robert furent au Miracle à Cherebourg, Thomas Drouet et sa femme et Pasquet, ils en revindrent entre six et sept. Dès le matin, avant la messe, j'envoye la jument de Bessin aulx herbages de Tournebu par Philippin Hamel; je luy baille II sols pour donner aulx serviteurs pour y prendre garde. . . II sols.

Le lundy XVe je ne bouge de céans, dès soleil soleil levant, Cantepye revinst de Saulsemesnil ou il estoyt hier soyr allé, apprès soupper, Loys Le Moussiere avecque luy pour avoyr l'argent que Guillaume Renel debvoyt au dit Loys, incontinent le dit Cantepye s'en alla à Cherebourg. Je fys mener des terrees de la chasse Lambert sur le varec à la Haulte-Vente, vers le clos au Sage. Appres disner, je fys estoupper au clos des Anges, pour y espargner l'herbe à faulcher, pour une libvre de chandelle . . . . II sols.

Le mardy XVI°, je fus à Vallongnes tenir les haultz jours, Cantepye et Gilles Cabart avecque moy, nous dinasmes chez Denys, le verdier de Vallongnes, Berteauville, La Fosse, La Planque, Demons, Mont de fresville et plusieurs aultres. Il fut conclud entre le dit Berteauville et moy d'aller demain au Pont Rilli voyer l'entreprinse du Viconte. Apprès disner nous fusmes chez Bertran Juillet banqueter avecque Gatteville pour parler de nos affères, y estoyt maistre Ambroys de Hanot, Fierville, Thomas Drouet, Jacques Rouxel, Guillaume Feullye et plusieurs aultres, je paye VIII sols, nous prinsmes conclusion de nous trouver le dit Gatteville et moy vendredy à Cherebourg, pour arrester de nos affères, il estoyt soleil couchant quand j'arryve céans.

Le dit jour a mon retour de Vallongnes on me dist que Nicollas Auvre avoyt esté enterré la relevée.

Le mercredy XVII° dès le matin je m'en allé au Pont Rilli Cantepye et Gilles Cabart et Pasquet avecque moy, suyvant ce qui avoyt esté ordonné a jour passé pour voyer sur l'exployct du sergent de la Haye de Vallongnes les delictz et entreprinses que le dit sergent disoyt avoyr esté faitz par le viconte de Vallongnes. Nous arrivasmes à VIII heures au dit lieu du Pont Rilly où je trouve Denys Auvre du mestier de charpentier et deux aultres avecque luy du dit mestier, Guillaume Le Chanoyne et plusieurs aultres qui remuoyent des terres, Denys Hault Bergeon et plusieurs aultres qui faisoyent des fossés, Berteauville s'y trouva, apprès avoir visité les lieulx des prétendues entreprinses, nous allasmes repaistre chez Pontperrin, puys nous en revinsmes le dit Berteauville et Fenart me convyerent jusques au vivyer de Clere, il estoyt viron six heures quand j'arrive. Au soyr, comme Symonnet ramenoyt le petit cheval du clos des ventes, en passant près la maison Margeneste, il se frappa la teste contre une branche de chesne qui luy fist troys plaez jusques à l'os.

Le jeudy XVIII°, je ne bouge de céans; apprès disner, je m'en allé au Couldre où on gardet des oeseaulx pour Mons' Poton, je y trouve Robert Boytel, Chandeleur, Damours, Loys. Mathieu Touffer et Thomas Drouet qui faisoient gaudeamus; je fus quelque temps avecque eulx, Cantepye et Symonnet que j'avoye menés quand et moy.

Le vendredy XIX°, dès le matin, je m'en allé à Cherebourg, Cantepye et Symonnet avecque moy, où se trouva maistre Richard Gonnot et le sieur de Gatteville et maistre Ambroys de Hanot; nous dinasmes chez Nicollas Symon, tous les dessus dits et Jehan Cauvin, drappier. Nous fisme quelque accord le Basan et moy, je paye XXII sols pour l'escot, et IIII sols à Fourquette pour ung fauque et quatre sols au sellier; nostre accord demeura entre les mains de Pierres Mahault, qui se y trouva devant l'huys Hamar aulx faulxbourgz où il fut signé; il estoyt près de six heures, Cantepye s'en alla coucher à sa maison et je m'en vins Symonnet avecque moy. . . . . XXX sols.

Le sabmedy XXe, je ne bouge de céans ; sur la relevée, j'envoye à Jehan Cauvin drapier deux oesons par Philippin Hamel qui alloyt à Cherebourg porter du charbon qu'il avoyt fait des jans de la Haulte Vente, Marye Harel et une aultre jeune femme de Vallongnes vindrent céans pour aller demain au myracle à Cherebourg.

Le dit jour, baille à Doysnard sur v sols vi deniers que je luy doybvez du reste de l'essart de la Haulte Vente. . . . . IIII sols.

Le dymenche XXIe, je ne bouge de céans, dès le matin Michault Baudet et ung sien voysin d'Ivetot nommé le Brises arrivèrent céans avant que je fusse levé ; ils furent à la messe et disnèrent céans, la Harel et sa fille, Symonnet, Pasquet, Françoys Drouet, Guigars, furent à Cherebourg au Miracle, Cantepye revinst de Triauville où il estoyt allé vendredy de Cherebourg, il estoyt viron mydy quand il est arrivé céans.

Le dit jour, après vespres au cymetière baillé à Michel Le Brises IIII sols sur v sols vi deniers que je luy debvoye pour le reste de sa tache de l'essart de la Haulte Vente et à Hamel II sols et II sols qu'il avoyt heuz à jour passé sur v sols vi deniers pour semblable reste et partant je ne doy plus aulx dits Doysnard, Brises et Hamel qu'à checun xviii deniers pour toute leur tasche.

VIII sols.

Le lundy XXIIe, je fus à Cherebourg Cantepye avecque moy et Robert Harel contre Nicollas Quentin auquel j'avoye faict faire assignation à ce jour pour retirer de luy à droyct seigneurial ce qu'il avoyt acquis de Philippin Hamel, je n'y beu, ne menge, j'achatte du beuf de Pinard pour v sols, je dis à Jacques Vaultier qu'il vinst demain céans, pour me seigner et Cantepye . . v sols.

Le mardy vigille St Jehan je ne bouge de céans, je me fys seigner au matin par Jacques Vaultier de Cherebourg qui me tira unze unses et demye de sang, dont je cuyde mourir, y estoyt missire Jacques Auvré, Mesnage, Thomas Drouet, Loys Margeneste, Jehan Freret, pour signer le papier des pauvres de ceste paroisse que le dit Auvré faisoyt pour envoyer vers Monsr de Coustances. Lequel papier fut présentement baillé à maistre Guillaume Potet, qui fut seigné en ma chambre de la veyne du chef par le dit Vaultier. Cantepye, après qu'il fut seigné, s'en alla à Vallongnes, Mesnage avecque luy, pour quelque affère que j'avoye avec le recepveur des tailles et Gatteville ; ilz en revindrent à soleil couchant et rapportèrent que Guillaume Baudet de Digoville avoyt esté pendu en leur présence.

Le mercredy XXIIIIe, jour S^{ct} Jehan, je ne sorty poinct ma maison pour ce que je me trouvoys fort mal de ma seignée d'hier. Monsr de Magny disna céans et Chandeleur sergent, le dit sieur disoyt s'en aller à Barfleu, je le fys convier par Pasquet jusques à Gonneville. Apprès vespres, j'envoye Jacquet et Guillaume ditz Feullye à coucher au manoyr More atout cinq beufs pour mener demain à Vicel à la foyre.

Le jeudy XXV·, dès le matin, Cantepye s'en alla à la fère à Vicel pour vendre les bœufs que j'avoye hier envoyés, ilz furent vendus iiii, xx, vi libvres tournois à Auberville, dont Gatteville receult par la main du dit Cantepie, lx libvres tournois sur l'accord d'entre luy et moi, le mesme jour arriva ung laques pour mon cousin de Conteville qui me venoyt demander de l'argent, je ne bouge de céans pour ce que je me trouvoys encor mal de ma seignée de mardy. . . . . lx libvres tournois.

Le vendredy XXVI·, je ne bouge de céans, je baille au dit laques de Conteville xx libvres tournois dont il me bailla quictance, puys s'en alla avecque Cantepye à Vallongnes.

Le dit jour, avant que Cantepye partist pour aller à Vallongnes, il me bailla vi libvres tournois restantz de la vente des bœufz qui avoyent esté vendus iiiixxvi libvres tournois, dont Basan en eult lx et Conteville xx et les vi libvres tournois qu'il Cantepye me bailla. . . . . vi libvres tournois.

Le sabmedy XXVII·, dès le matin, je m'en allé à la haye de Digoville, où se debvoyt trouver Vastel pour visiter le boys ; il ne s'y trouva poinct, mays bien plusieurs des paroissiens de Gonneville et Digoville et Guillaume Chandeleur, sergent, nous fusmes boyre chez Quentin Le Court, le dit Chandeleur et Symonnet que j'avoye mené avecque moy. Apprès vinst Gilles Cabart et maistre Gratian Lambert, lesquels s'en vindrent céans avecque moy et y furent jusques à troys heures apprès mydy, je fys bailler au bossu Corbrisse une pippe de cydre que le sieur de Magny luy avoyt vendue du cydre du feu curey de Tourlaville.

Le dit jour, apprès estre revenu de convier ledit Cabart et Lambert, je fys bruler à la Haulte-Vente par Thomas Vaultier deux champs d'essart pour faire encore du sarrasin. Cantepye s'en alla dès le matin à sa maison pour aller lundy prochain à la foyre a S^{ct} Paul des Sablons.

Le dymenche XXVIII·, je ne bouge de céans ; dès le matin avant que je fusse levé, arriva La Bute de Toqueville qui m'apporta deux counins que m'envoyet mon cousin. Il disna céans puis s'en alla. Je m'en allé au boys, Symonnet, Thomas Drouet, Guillaume et Richard dictz Cauvin avecque moy, voyer une ayre que les dits Cauvin avoyent trouvée sur le fossé du Quesney, mays il n'y avoyt rien dedens ; apprès nous en revinsmes à vespres, missire Jehan Freret s'en vinst soupper avecque moy. Apprès soupper vindrent Denys Sadare et Robert Fleury du Teil qui m'apportèrent une somme d'avène. Vaupail de Tourlaville vinst parler à moy pour ferrer ung tours ; j'achatte d'ung petit mercyer douzaine et demye d'escuelles et une douzaine de cuyllières, le tout de boys, ils coustèrent . . . . iii sols vi deniers.

Le dit jour, dès le matin, j'envoye Tahot à Fermanville porter unes lettres à mon cousin, et Toutdoulx à Brillevast en porter unes aultres au sieur du lieu.

Le lundy pénultime jour S¹ Pierre, je ne bouge de céans. Fortatenir de
Sottevast m'apporta ung morceau de gybier que le sieur de Sottevast m'envoyet, je luy donne ɪɪɪ sols, il disna céans; apprès disner il s'en alla à la Huee
que Monsʳ Potton faisoyt faire . . . .   ɪɪɪ sols.

Le dit jour baille à Mariette Pyvain sur ce que je luy puys debvoyr de ses
journées, saouf à conter . . . .   vɪɪɪ sols.

Le dit jour, Symonnet fut à Cherebourg qui apporta de la viande de beuf
qu'il heult de Pinart pour xv sols; apprès qu'il fut revenu, il s'en alla à la
dite Huee où on ne prinst rien, pour une libvre de chandelle ɪɪ sols. xvɪɪ sols

Le mardy dernier jour, je ne bouge de céans, dès le matin avant soleiȷ
levant, le sieur de Magny passa par céans, je luy baille ung lièvre et ce qu'on
m'avoyt hier envoyé de Sottevast. Incontinent Symonnet s'en alla a Vallongnes
excuser Chandeleur contre missire Guillaume Lenguelier de Gonneville,
La Croche et ung nommé Jehan Chardin et deux aultres faucheurs, vindrent
faucher à la petite campagne et au clos au Couvert. Au soyer viron soleil couchant Cantepye revinst de sa maison ou il estoyt allé sabmedy dernier. Joret
qui estoyt hier venu, fut au boys et rompit la noche de sa charrette.

Juillet 1551.

Le mercredy premier jour dès le matin je fus à Cherebourg aulx plés contre
Nicollas Quentin, pour ce que les dits plés n'avoyent esté lundy a raison qu'il
estoyt le jour Sᶜᵗ-Pierre. Nous dynasmes chez Nicollas Symon, le sieur Mareschal, La Panmerée, Demons et aultres. Je m'en revins tout seul jusques chez
le voyeur ou je trouve maistre Gratian son frère qui me donna deux fourmages et s'en vinst quand et moy jusques céans, où il souppa et Monsieur de
Magny qui y vinst au soupper et y coucha.

Le dit jour apprès que fus revenu de Cherebourg je baille à la Croche et a
ses troys compagnons faucheurs au prey Mesnage présent le dit Lambert
pour ung jour et demy qu'ilz avoyent esté a faucher tant a la petite Champagne que au clos au Couvert. . . . .   xvɪɪɪ sols.

Le jeudy IIᵉ, je ne bouge de céans, dès le poinct du jour, Monsʳ de Magny
partit de céans, Symonnet le convia jusques à Vallongnes qui luy portoyt du
gybier et ung chevreau que je luy avoye donné. Incontinent qu'il, Symonnet,
fut revenu, il alla à Cherebourg porter ung lappin, ung levrault et deux perdreaulx à Monsieur Poton.

Le dit jour, apprès desjeuner, Cantepye s'en alla à Vallongnes pour Chandeleur à la recepte des tailles et pour avoyr quelque acte en viconté entre le

dit Chandeleur et missire Guillaume Lenguelier ; il estoyt solleil couché
quand il revinst, je fus la relevée au Couldre.

Le vendredy IIIe, je ne bouge de céans, je fys charier le foyen de la petite
Champagne et enviellotter celluy du clos au Couvert. Au soyer, comme nous
souppions, Sandrin filz Mathieu arriva, il souppa et coucha céans.

Le dit jour, quand Mathieu fut revenu de la messe, il me dist que missire
Jacques etoyt tombé à l'enverce sur la fin de sa messe et qu'il s'estoyt cuye
tuer du sault qu'il eult.

Le sabmedy IIIIe, je ne bouge de céans, Cantepye fut à Cherebourg pour
mesurer nos praytz de Tourlaville, ce qu'il ne fist pour ce qu'il ne scavoyt
point le droyt d'entre le Prieur de l'ostel Dieu et nous. La Fosse vinst céans
dès le matin pour avoyr sa livrée. Il y desjeuna, je fys charier le fain du clos
au Couvert, il estoyt nuyct quand on acheva, Mesnage me presta une charrette
pour ayder à aporter le dit fain.

Le dymenche V^e, je ne bouge de céans, Langloys de Monsr Poton et maistre
Gerard Durand disnèrent céans, comme nous dynyons arriva La Butte de
Tocqueville et avecque luy Grismaresc. après disner vinst frère Marcouf du
couvent de Barfleu pour avoir sa livrée, après vespres je m'en allé a la prinse
à l'Englesque voyer ung essart que Philippin Hamel faisoyt au bout, Toutdoulx et Jacquet Feuillye avecque moy.

Le lundy VIe, dès le matin, je m'en allé à Cherebourg, apprès desjeuner,
Cantepye et Symonnet avecque moy, nous passames par nos prays où se
trouva Thomas de La Fontaine et son filz et Gaulvin Andre pour debvoyr mesurer nos dits prais, ce que nous ne peusmes faire à raison qu'on eult trop en-
dommagé l'herbe, je disne chez Nicollas Symon avecque luy sa femme et sa
bru et ung tresorier des commissayres de l'artillerye. Incontinent je m'en
allé aulx ples contre Nicollas Quentin, où se trouva l'advocat Verrier qui
playda pour le dit Quentin contre Gilles Auvre, et dist qu'il ne concluoyt
point pour le Roy à cause que le dit Quentin estoyt son allyé ; et quand vinst
à playder ma cause contre le dit Quentin, il Verrier dist qu'il ne seroyt pour
le dit Quentin et qu'il vouloyt conclure contre moy pour le Roy.

Le dit jour, j'achatte d'un nommé Le Fevre pour soyxante et unze sols de
fer que je fys porter chez Vaupail par missire Mathieu Gallye pour faire la
clousture d'une charette ferrée et m'en revins par chez le dit Vaupal Symonnet avecque moy. Cantepye demeura derrière à Cherebourg pour recueillyr
nos actes. . . . . LXXI sols.

Le mardy VIIe, je fus à Vallongnes, Gilles Cabart et Symonnet avecque moy,
Cantepie y estoyt allé devant viron deux heures, nous dinasmes chez Denys,
Berteauville, Guillaume Cabart le jeune, Gilles Cabart, Chandeleur et sa
seur Raulette. Le dit Chandeleur attaignit quelque vacation sur missire Guil-

Juillet 1551.

laume Lenguelier devant le lieutenant Bastard. Il estoyt iiii heures quand nous
partismes, le dit Cabart, Cantepye et Symonnet. La femme de maistre Jehan
Poulain cueilloyt pour les œuvres de l'église ; je luy baille. . . . ii sols.

Le mercredy VIII*, je ne bouge de céans ; dès le matin, Cantepye et Guillaume Feuillye allèrent à Brix quérir les royers et revindrent à mydy, appres
j'envoye le dit Cantepye à Cherebourg faire une production contre Nicollas
Quentin, et parler à des faucheurs, pour la production ii sols, il estoyt soleil
couché quand il revinst. Je fys cueillyr le lin de la Coulombiere . .   ii sols.

Le jeudy IX°, je ne bouge de céans, Raulet du Fay de Bris y vinst au matin
pour que je allasse à Vallongnes pour Belleville pour quelques afferes qu'il y
avoyt. Martin Pivain descendit l'orloge de dessus le vis du fournil, et y recou ·
vrit sur le fest, le dit du Fay ayda à mettre l'eschelle sur les estables par devers le jardin. Françoys Langevin et ung Jourdan et le fils à l'Eschauguet
vindrent céans dès le matin pour faire des roez et pour ce qu'ils ne trouvèrent
du boys ils s'en allèrent besongner chez Drouet.

Le vendredy X°, dès le matin, ung serviteur nommé Michel pour Mons' de
Magneville vinst céans pour avoyr la livrée de boys pour son mestre, et pour
qu'il n'avoyt poinct de mandement il s'en retourna. Je m'en allé à Tourlaville, Cantepye avecque moy chez Vaupail pour faire ferrer unes roeez, le dit
Cantepie alla à Cherebourg, je demeure là quelque temps, puys m'en revins
pour ce qu'on n'estoyt poinct prest de ferrer. A deux heures apprès mydy je
retourne chez le dit Vaupail, Cantepye avecque moy, qui estoyt revenu de
Cherebourg ; il s'en alla de là à Cherebourg porter deux sors muletz à Mons'
Poton, que frère Marcouf de Barfleu m'avoyt donnés, qui avoyt disné céans
avecque moy.

Le dit jour, je baille au dit Vaupail pour avoyr deux pots de vin iiii sols. Le
Landes et quatre aultres compagnons faucheurs vindrent dès le matin, je les
mys au clos des anges où ilz furent jusques à mydy, et de là au pray du clos
au Couvert . . . . . ? . . . .· iiii sols.

Le sabmedy XI°, je ne bouge de céans ; dès le matin Cantepye s'en alla à
Cherebourg et de là à sa maison, pour aller lundy à Coustances à l'assise pour
parler à S\u1d9c\u1d57 Germain touchant le procès d'entre luy et mon frère Françoys qui
estoyt pendent aulx assises de Vallongnes pour en appoincter. Loys, homme
de chambre de Monsieur Poton, disna et souppa céans, il charchoyt les Vers
Boys pour prendre les éperviers branches qui estoyent au Couldre. Je baille
au Landes et ses compagnons faucheurs pour checun deux jours qu'ils avoyent
esté céans à faucher xxv sols ; l'hoste des troys Crascaulx de Rouen vinst
céans pour quelque argent que mon père luy debvoyt . . . . . xxv sols.

Le dymenche XII° je ne bouge de céans, apprès vespres je m'en allé pourmener au clos des Ventes, Mesnage, Thomas Drouet, Loys Margeneste, et

Guillaume Feullye et m'en revins par chez le dit Mesnage. Apprès soupper arriva le lacqués de St-Nazer qui venoyt d'Ardaine et apporta unes lettres de mon frère Loys qui est à Russy qui m'escripvoyt qu'il s'en alloyt en Piémont.

Le lundy XIIIe je fus a Cherebourg contre Nicollas Quentin, je fys recoller les tesmoins qui avoyent esté examinés en court d'église contre luy. Apprès le recollement faict, je fus chez Thomas de La Fontaine leur faire donner a boyre, il m'en cousta vii sols pour ferreures en chevaulx chez Estienne Le Marchant viii sols, je party de Cherebourg viron iii heures apprès mydy.   xv sols.

Le mardy XIIIIe je ne bouge de céans, tout le jour il fist temps couvert par quoy on ne toucha au fain du pré du clos au couvert et de la Basse Vente. On commença à faucher a nos prays. J'envoye aulx faucheurs par Guigars x sols sur iiii libvres tournoys x sols que je leur ay promys pour leur poyne tant du pray du trésor que des notres. Thomas Parys fust querir les tours que j'avoye faict ferrer a Vaupail, il luy baille xxiii sols. . . . .   xxiii sols.

Le mercredy XVe, je ne bouge de céans, je fys tourner et mettre en petite viellotte le fain du Couvert et de la Basse Vente ; Cantepye revinst de Triauville viron mydy, qui avoyt esté lundy à l'assise de Coustances et estoyt party de céans sabmedy.

Le jeudy XVIe, je fys mettre en grand mullon le fain du clos au Couvert et de la Basse Vente. Apprès disner, je m'en allé à nos prays de Tourlaville où j'avoye des feneurs, il estoyt deux heures apprès mydy quand je party pour y aller ; pour du pain et de la bière que Richard Parys fut quérir à Cherebourg pour le disner des feneurs. . . . .   viii sols.

Le dit jour, Cantepye, Richard Paris et Jehan Groult filz Richard couchèrent au pray. La Butte et maistre Denys de la Planque souppèrent et couchèrent céans, ils venoyent quérir la livrée de leur chauffage.

Le vendredy XVIIe, je retourne au prays avecque xxvi personnes ; dès le matin, pour du pain et de la bière que Richard Paris fut quérir à Cherebourg, xii sols vi deniers. Philippin Hamel, Jehan Groult et le frère Pasquet couchèrent au pray ; pour le soupper de ceulx qui demeurèrent au pray et pour boyre en passant chez le Voyeur, vi sols. . . . . .   xvii sols vi deniers·

Le sabmedy XVIIIe, jour S^{ct} Clerc, je fus aulx prays avecque xxviii personnes, Cantepye et Symonnet avecque moy aynsy comme hier ils y avoyent esté ; en pain et bière pris à Cherebourg, xiii sols iiii deniers, et en espingues données aulx filles, vii sols vi deniers, chez le Voyeur en passant vi sols; Hamel, Toutdoulx et le frère Pasquet couchèrent au pray. . . . .   xxvi sols x deniers.

Le dit jour, Pierres Le Coeffe revinst d'Angleterre et passa près nos prays avecque six jumens et le nepveu de Raul, les Essars et La Marche passèrent apprès, les Cabart me dist qu'il viendroyt demain disner céans. Il estoyt presque soleil couchant quand nous partismes des prays.

Le dymenche XIXe, je ne bouge de céans. Les Essartz y vinst disner et le fllz au Pellay de Triauville, son clerc, me parler d'appoyncter au dit Quentin qui l'en avoyt prié de ce fayre. Apprès disner, la Harelle fût au Teil à en pélerinage, Jacquet Feullye avecque elle. Ilz revindrent apprès soleil couchant, la messe fut dicte fort matin affin d'y mener la procession. Un peu avant vespres fut baptisée une fllle pour Raullet Feullye que Lorymier nomma Mariette ; Cantepye revinst de Vallongnes viron ix heures où il estoyt hier soyr allé apprès soupper Jacquet avecque luy, pour faire faire une réplique contre Le Tertre ; pour deux pièces de beuf que Jacquet apporta dès le matin, bien matin. iii sols.

Juillet 1551.

Le dit jour, apprès vespres, en nous en revenant de vespres, Cantepye avecque moy, Bise trouva un levrault à la Péruque qui fut prins près le cymetière parmy la turbe des gens.

Le lundy XXe, dès le matin, Cantepye s'en alla à Vallongnes à l'assise pour mes affères ; je m'en allé à Tourlaville à nos praytz, xxviii personnes avecque moy, en pain et byère prins à Cherebourg pour le diner des feneurs xi sols. Il estoyt presque soleil couchant quand j'en party ; Cantepye revinst de Vallongnes il estoyt viron une heure de nuyct . . . . xi sols.

Le mardy XXIe, vigille de la Magdalaine, je retourne à nos praytz Cantepye avecque moy et quatorze aultres personnes que Symonnet emmena devant. Sur les dix heures, passa par ycy maistre Guillaume Cabart et Turgys, eulx présents nous prinsmes iii halbrens saulvages à la mare de Tourlaville, Cantepye, Symonnet, Hamel, Toutdoulx, Loys le Moussiere et plusieurs aultres ; je fys escluser une brèche entre le pray du trésor et nous, affin que l'eaue n'entrast par là dedens mes ditz praytz par les ditz Hamel, Toutdoulx, Moussiere et Collas Drouet.

Le dit jour, baille à la femme du Voyeur pour la despense que les faulcheurs avoyent faicte chez elle, ung escu sol de x libvres vi sols et viii sols que je luy demeure pour parpaye des dits faucheurs qui heurent vi sols viii deniers plus que je ne leur avoye promys. Il demeure encor en reste à la dite Voyeure de iiii sols, oultre ce que dessus pour despense baillée à ceulx qui gardoyent le fayn la nuyct. Poygnans s'en vinst quand et mes feneurs. Je m'en allé par Denneville voyer ung poullain qui estoyt aulx herbages de Claude Cabart, où Cantepye se trouva, que j'avoye renvoyé du pray pour bailler de la laine à des marchantz de S^{ct} Lo . . . . xlvi sols.

Le dit jour receu par Cantepye pour la dite laine qui se montoyt xxxii pièces ix libvres v sols. Il estoyt nuyct quand nous arrivasmes céans. ix libvres v sols.

Le dit jour missire Jehan Freret et Poygnant souppèrent avecque moy, j'achatte une jument du dit Poygnant, une chartée de fain et quarante sols qu'il avoyt heulz a jour passé tant en tremoys canevyeulx qu'aultre argent à rabatre a Mesnage pour luy . . . . iiii libvres.

Le mercredy jour de la Magdalaine je ne bouge de céans, le facteur de Bachelet de Rouen disna céans. Apprès disner je m'en allé a nos prays a Tourlaville ou je fus jusques à soleil couchant. Philippin Hamel qui y avoyt couché estoyt malade, il s'en revinst quand et Symonnet et moy. Jacquet Feullye, Thomas Parys et Toultdoulx y vindrent coucher a tout les harnoys de céans. Je fys mettre le reste du fain en petite viellotte pour ce que le temps s'empparoyt a plouvoyr.

Le jeudy XXIII⁰ dès le matin il se mist a plouvoyr. Cantepye s'en alla a Vallongnes à l'assise contre Quentin pour ce que nous avions hier soyr failly a continuer céans quand je revins des prays, apprès desjeuner je m'y en allé, je y trouve encor les dits Feullye, Drouet, Parys et Toultdoulx et nos harnoys, je les fys encor demeurer espérant que le temps changeast, Poygnant estoyt avecque eulx auquel ilz avoyent porté à ce matin une chartée de fain à Cherebourg. Je m'en revins incontinent, je trouve céans Loys Langloys de Monsʳ Poton endormy sur la table de la cuysine ung espervier sur sa main qu'il avoyt veille deux nuyctz, comme il disoyt.

Le dit jour Cantepye revinst de Vallongnes viron deux heures apprès mydy, puys s'en alla aulx forges a Gonneville, Loys Le Mousierre avecque luy, pour que Bachelet changeast au dit Loys de l'or qu'il luy avoyt baille qui n'estoyt poinct de myse.

Vendredy XXIIII⁰, dès le matin je m'en allé aulx prays à Tourlaville avecque quatorze personnes, Cantepye et Symonnet avecque moy. Incontinent que fus là arryvé, j'envoye Cantepye à Cherebourg, porter vii libvres tournoys à Guillaume Pinchon, trésorier de l'église, à rabattre sur le louage du pray du trésor, il apporta du pain pour iii sols et de la bière pour xvi deniers, je fys tourner la ryviere par endroyct nos prays par Collas Drouet, Jacquet Feullye, Thomas Parys, Toultdoulx, Michel Quentin, les dits Cantepye et Symonnet, mays à raison des sables mouvans, nous ne peusmes tenir l'eaue, comme notre escluse rompit passa Monsʳ de Couriac, Jehan Le Fort et ung aultre qui venoyent de la chasse. J'envoye une chartée de fain à Flamicho par Masset et Richard Berger, et une aultre à Thomas de La Fontayne et deux à Jehan Caulvin, par les harnoys de céans, et une chartée que Jehan Le Saulvage apporta céans, il estoyt solleil couché quand je party du pray. vii liv. iiii s. iiii d.

Le sabmedy XXV⁰, dès le matin Cantepye s'en alla à la fere à Sᶜᵗ Christofle du Fou, Guillaume Feullye et Loys Moussierre avecque luy mener une vache et une geniche. Incontinent je m'en allé à nos praytz à Tourlaville où je fys achever de vuyder la prayrye, Symonnet fut à Cherebourg pour du pain et à boyre qu'il apporta ii sols x deniers, Vincent Parys serviteur du dit Feullye vinst quérir une chartée de fain pour apporter céans, et pour ce qu'il estoyt seul, Jehan Boyte estoyt au pray et sa femme qui ratteloyent, j'envoye le dit

Boyte ayder au dit Parys à conduyre sa chartée, il estoyt apprès soleil couché quand je party du pray Symonnet avecque moy, Martin filz Mathieu et Thomas Quentin filz Tassin, je rencontray Jacquet Feullye et Collas Drouet qui alloyent querir la dernière chartée, je leur dys qu'ilz la laissassent chez le Voyeur, ce qu'ilz fisrent . . . . II sols x deniers.

Le dit jour receu par la main de Cantepye LXXV sols pour une geniche qu'il vendit à la dite fayre, la vache ne fut point vendue . . . . . . LXXV sols.

Le dymenche XXVIe, avant que me lever, je baille à Jacquet Feullye XXV sols sur ce que je luy puys debvoyr pour ses gages, je ne bouge de céans.
XXV sols.

Le dit jour Fortatenir m'apporta ung quartier de chevreul, je lui donne III sols il disna céans. . . . . III sols.

Le dit jour baille à Olyvier Quentin XXX sols sur cinquante solz que je luy doy pour la façon de LX aulnes de telle de lin qu'il a faictes. . . XXX sols.

Le dit jour viron deux heures apprès mydy, j'envoye Symonet chez Monsr de Montremblant a Bouteville porter la venayson que Fortatenir m'avoyt apportée ce jour et deux flascons de voyrre que j'envoye à Made^{lle} de Marmyon.

Le lundy XXVIIe, je fus à Cherebourg Cantepye avecque moy, je disne au chasteau avecque Monsr l'escuyer et Monsr de Couriac et S^{ct} Opportune, comme nous' dynyons arriva Monsr de Hotot qui y disna et le sieur du Couldre ; apprès disner nous allasmes en ville, il estoyt cinq heures quand je party, Cantepye vinst avecque moy jusques à l'ostel Vivier, puys s'en alla à Denneville quérir sa daguette qu'il avoyt prestée à jour passé à Claude Cabart ; pour la despense de mes chevaulx chez Robert de la Planque.
II sols.

Le mardy XXVIIIe, je fus à Vallongnes Cantepye avecque moy aulx Haultz jours ; nous dynasmes chez Denys, le Verdier de Vallongnes, Vastel, procureur, maistre Pierres Collas, La Fosse, Demons, La Planque, Fenart, Cossin, Pinel, Blanqueville, Bouteron et plusieurs aultres ; apprès disner nous despeschames le reste des dits Haults jours. En jugement, le sieur du Tourp en Sayre (qui avoyt disné avecque nous) demanda son chauffage qui luy fut contredict par le dit Vastel procureur, jusqu'à ce qu'on eult veu ses droyctures. Comme nous allions, nous attaignimes près Cyfrevast Jehan Potier de Tourlaville, Jehan Le Beurrier de Cherebourg et Briant Flamichon, qui alloyt plaider à la court de l'église contre la Brette. Il estoyt six heures sonnées quand nous partismes, les Essartz et son filz maistre Guillaume, Gilles Cabart, le procureur Brisenetz, le dit Potier, le lacquès du sieur des Essartz, et nous en vinsmes ensemble jusques au bout de la Coulombière ; le dit Brisenetz s'estoyt fort blessé le poulse de la main dextre, en tombant sur le pavé à Vallongnes, par des chiens qui se battoyent qui l'avoyent faict choyer ; pour racoutrer ma selle.
II sols.

Le mercredy XXIXe, je ne bouge de céans, dès le matin Cantepye fut à Cherebourg querir du treseau que Loys de la Mer luy debvoyt, il revinst à deux heures apprès mydy, puys partit incontinent à s'en aller à Sainct Saulveur le Viconte pour estre demain à l'Assise contre Guillaume Vastel de Teville. Je fys atteler la poultre Gardine (qui n'avoyt encor jamays tiray) pour fumer aux naveaulx à la Haulte Vente, elle fut blessée au fondement de la corne du beuf qui tiroyt derryère elle; il fist ce jour une merveilleuse chaleur.

Le jeudy XXXe, je ne bouge de céans, je fys tout ce jour fumer a la Haulte vente pour faire des naveaulx vers l'hostel Drouet. Ung peu avant soupper arriva la Bessyère qui souppa et coucha céans; comme nous souppions apprès jour failly Cantepye revinst de Sainct Saulveur.

Le vendredy dernier jour Cantepie fut a Cherebourg et apporta deux solles IIII sols , toute la relevée ne cessa de plouvoyer parquoy nos naveaulx demeurerent semés sans hercer, le dit La Bessière ne bougea de céans.

                                    IIII sols.

Août 1551.

Le sabmedy premier jour, je ne bouge de céans, apprès desjeuner la Bessière s'en alla. Dès le matin Cantepye fut à Cherebourg querir du poyscon, pour ce que Monsr Poton debvoyt disner céans, il n'arresta point, dès qu'il fut revenu nous en allasmes au Couldre ou le dit sieur Poton couroyt ung chevreul, je le trouve tout seul à son affust et ung peu plus bas le Couldre le Mareschal, Bescheron, Pierres du Hec, Jamot, Bordelan, Jacquet, Jacques de Couvers et plusieurs aultres. On ne prinst rien ; ledit sieur, le Mareschal et Bescheron et Le Lievre s'en vindrent disner céans. Apprès disner arriva Monsr de Couriac, Jacques Le Fort et Jehan son frère et plusieurs aultres qui ne descendirent point et s'en retournèrent tous ensemble. Harel vinst de Bessin pour vendre les pommes Marguerite, Loys Langloys coucha céans et les chiens du dit sieur Poton. Cantepye apporta du poysçon de Cherebourg pour dix et de la viande pour IX sols VI deniers.

                            XIX sols VI deniers.

Le dymenche IIe, les pommes de Margueritte de Russy (1) furent banyes à

---

(1) Ce passage du journal semblerait indiquer que cette Marguerite Le Berger, dont Jean Picot, seigneur temporel de Russy et curé de Gouberville, avait eu quatre enfants naturels, deux fils et deux filles, était originaire du Mesnil-au-Val, puisqu'elle y possédait quelque bien. Thoumine, l'une des filles, fut mariée à un serrurier de Russy, nommé Jean Chandeleur ; Isabeau, sa sœur, épousa un nommé Michelot Fontaine, aussi de Russy. Des deux fils, Jean fut

l'issue de la messe par xiii libvres à la main de Cantepye, ce faict je m'en vins disner et amène Herard Loys à disner et Merigot qui venoyt querir sa livrée pour son chauffage.

Le dit jour, apprès disner, je m'en allé à Daneville, Harel et Symonnet avecque moy voyer mon poulain haquenée qui est aulx herbages de Claude Cabart, il estoyt deux heures quand j'en revins, je fys la despesche de Harel pour s'en retourner coucher sur le Vay.

Le dit jour, apprès vespres, je m'en allé, Mesnage, Guillaume Berger, Guillaume Freret et Thomas Parys avecque moy, à la forest voyer les poulains, Jehanne Freret qui m'en vouloyt bailler ung, nous y fusmes jusques apprès soleil couchant. Apprès les dites vespres Cantepye s'en alla chez Raullet Feullye, luy attacher à faire des es de fau.

Le lundy IIIe, apprès desjeuner je m'en allé à Cherebourg Cantepye Symonnet et Mesnage avecque moy, le dit Mesnage portoyt soixante aulnes de toylle de lin pour moy à vendre qui ne fut point vendue. Nous banquetasmes chez Robine de la Mer les dessus dits et Cornette auquel je conte de ce que je luy avoys baille sur ce que je luy doy dont il a scedule. J'achatte de la viande de Pinart pour xii sols en ferreurs de chevaulx xii sols, pour ung contract delibvré chez Giffart touchant x sols et deux poulles que Nicollas Quentin doybt vi sols . . . . xxx sols.

Le dit jour viron quatre heures apprès mydy Cantepye partit de Cherebourg pour s'en aller coucher chez son père. Je party incontinent à m'en venir, Symonnet et Mesnage quand et moy, je passe par chez Maturin le Saulvage qui estoyt malade d'une flebvre et pour ce qu'il estoyt en sa flebvre je ne parle point à luy, mais seulement à sa fille et à sa femme, nous attaignismes à la place de Tourlaville Germain Drouet qui venoyt de Cherebourg faire manier sa cuisse à Perrin Roullant, il s'en vinst quand et nous jusques au viel bosc et Loyse Le Clerc de Fermanville sa serviteure avecque luy.

Le mardy IIIIe, je ne bouge de céans sur la relevée, la Bute (venant de S᷎ᵗ Saulveur) passa par ycy pour scavoir s'y je yroys a Gibre pour ce que ma

---

archer de la compagnie du comte de Saint-Pol ; Antoine épousa damoiselle de Sapincourt dont trois fils : Jean, Gilles et Jacques de Russy.

L'aîné, Jean de Russy, fut ambassadeur en Hollande sous Henry IV et chargé de mener, de concert avec le président Jeannin, les négociations entreprises avec Messieurs des États généraux des Provinces unies des Pays-Bas. Trente-deux lettres sont adressées collectivement à M. le président Jeannin et à M. de Russy par Henry IV.

     [Les Négociations de M. le président Jeannin. Paris, Pierre Le Petit, 1659, 2 vol.]

Quant aux deux autres fils d'Antoine de Russy : Gilles fut gentilhomme chez le Roy et Jacques chambellan sous Henry IV.

[Chartrier de Russy.]

cousine de Tocqueville y voulloyt faire achatter des draps Je soye ; Thomas Drouet achatta de Guigars un aumel cent solz tournoys.

Le mercredy V⁰, je ne bouge de céans ; dès le matin je fys commencer à sier par Olivier Le Valot et Richard Parys seulement, au tremoys versé de la Basse Vente. Viron mydy vinst René de Grosmesnil qui me bailla une missive de Basan, par laquelle il me demandoit de l'argent et une obligation du recepveur des tailles montante iiiixx libvres tournois. Je luy baille la dite obligation et me bailla quictance de la somme y contenue. Symonnet fut à Sᵗ Pierre faire recongnoystre le signe à Martin Birette ; il apporta ung congre qui cousta vii sols. Incontinent j'envoye à Cherebourg faire couvrire Bise à ung des chiens de Monsʳ Poton . . . . vii sols.

Le dit jour, viron jour faillant comme je souppoys, arriva Françoys Dauge qui s'en alloyt à Vallongnes demain à la court de l'église, et sur le mydy arriva Joret qui apporta iiii boisseaulx d'orge.

Le dit jour, après soupper long temps, Symonnet revinst de Cherebourg et ne fut point ma chienne couverte.

Le jeudy VI⁰, je ne bouge de céans. Jehan Birette filz Martin apporta iiii boisseaulx d'orge ; je fys achever de syer l'orge de la Haulte Vente par Guillaume et Richard dictz Paris, Valot et sa femme, Toulldoulx et sa femme Guigars Jacquet et Symonnet ; Thomas Drouet fut à Morville faire couvrir Bize.

Le vendredy VII⁰, je ne bouge de céans, j'euz trente personnes de ceste ville qui coupèrent les avenes de la Basse Vente et partye de celles du clos au Couvert.

Le sabmedy VIII⁰, je ne bouge de céans, j'envoye Jacquet et Richard Paris au Galle porter une charetée d'es de fau pour Monsʳ de Sᶜᵗ-Nazer ; ils rapportèrent une charetée d'estrain, il estoyt après soleil couché quand ils arrivèrent. Comme je souppoys, Chandeleur vinst de Sottevast comme il disoyt pour Denys Le Petit de Gonneville. Il souppa céans puys s'en alla. Je fys coupper l'advene de la Prinse aulx Fouquetz.

Le dymenche IX⁰, je ne bouge de céans, avant que je allasse à la messe, je sygne ung mandement à Gilles Le Faulconnier de Tournebu, présens Philippin Gallye et Jehan Cauvin du Teil. Le nepveu de Montgardon, drappier à Vallongnes, disna céans. Après vespres je m'en allé tournier au clos des Ventes Guillaume Berger avecque moy, en nous en revenant je trouve missire Jacques et Loys Freret, près la maison du dit Freret, et Gratian Mestrel qui venoyt de voyer Loys Margeneste qui estoyt fort malade. De là je m'en allé le dit Berger et Gaulvain à la Prinse Maubert voyer ung petit poulain à laict qui avoyt le farcin que le Coyffe avoyt achatté, et de là voyer mes poulains qui estoyent aulx longs champs, il estoyt presque nuyct quand j'en revins.

Le lundy X⁰ jour Sᶜᵗ·Laurens dès le matin après desjeuner je m'en allé à

Cherebourg, Symonnet avecque moy. Incontinent que j'arrive, monsieur
Poton m'emmena disner avecque luy au chasteau, et Arteney, y survinst
Jehan Le Fort et messire Guillaume Le Fordie qui apporta deux lepvraultz, il
disna avecque la compagnee, apprès disner je m'en allé à la boucherye,
S^et Gabriel et moy achattasmes de Tienot Rose ung demy beuf LV sols, Robert
Carreleur nous fist les partages, pour ma part XXVII sols VI deniers pour ung
quarteron de succre prins chez La Mache du bon homme III sols.

XXXIII sols VI deniers.

Le dit jour, apprès avoir faict mes affères nous en vinsmes St-Gabriel, son
serviteur, Symonnet et moy tous ensemble jusques près chez Boullon, nous
passasmes par chez Le Saulvage qui estoyt fort malade, nous ne parlasmes que
à sa femme à raison que nous ne descendismes point. Il estoyt viron cinq
heures ou six quand nous arrivasmes céans. Avant soupper, je m'en allé chez
Le Coyffe où je trouve Poygnant et Gaulvain où je fus viron une heure, puys
survinst missire Jehan Auvre qui venoyt des Essartz, Jehanne et Marye des
Essartz, missire Addam Huet et ung aultre serviteur de la maison avoyent
disné chez Auvre, ils étoyent venus en pelerinage à S^cte Avoye, comme dist le
dit Auvrey.

Le mardy XIe, je ne bouge de céans, j'avoye ung attelier de Digoville et
troys personnes de Breteville avecque les serviteurs de céans qui sièrent une
partye du fourment du clos des Ventes, missire Pierres Groult y vinst apprès
desjeuner, pour ce qu'il s'estoyt arresté à l'obyt du viel Cabart, d'empuys
neuf heures jusques au soyr je ne bouge d'avecque eulx.

Le mercredy XII^r, je ne bouge de céans, j'euz XXVIII personnes du Teil qui
achevèrent de syer le fourment du clos des Ventes, puys s'en vindrent desjeuner céans, apprès s'en allèrent achever leur journée aulx tremoys de la Basse-
Vente et à jerber l'orge de la Haulte-Vente, tout le jour je ne bouge d'avecque
eulx.

Le mercredi XIIIe, apprès desjeuner je m'en allé à Cherebourg Symonnet
avecque moy, dès que j'arrive Monsr Poton m'envoya quérir pour disner
avecque luy, je le trouve seul à table, son lieutenant avecque luy. Apprès
disner il sortit pour parler à ung cappitaine d'Egiptiens, aulx quelz il com-
manda s'en aller aulx Pieulx, pour mes chevaulx chez Nicollas Symon II sols
et I sol que je donne à ung Egiptian qui jouet de soupplesses. . .   III sols.

Le dit jour pour une pièce de toyle de LX aulnes que je vendy à Monsr le
Mareschal qu'il fist porter chez Renée Baudere. . .   XXIII libvres tournois.

Le dit jour viron quatre heures apprès mydy je party de Cherebourg Symonnet et Damours avecque moy pour demye rondelle de biere que Jacque
apporta de chez Carreleur . . . .   VII sols VI deniers.

Le dit jour incontinent que revins de Cherebourg, j'envoye Symonnet chez
fehan Liot, il estoyt une heure de nuyct quand il en revinst.

Aust 1551.

Le vendredy XIIIIe, je ne bouge de céans, dès le poinct du jour je renvoye Symonnet chez Jehan Liot qui me rapporta ix libvres iiii sols pour iiii castrix que je luy avoys vendus à jour passé . . . . ix libvres iiii sols.

Le dit jour je fys gerber tout le reste du fourment du clos des ventes et sier portion de l'orge qui y est, incontinent que Symonnet revinst de chez Jehan Liot, je l'envoye à Vallongnes porter xxx libvres tournois à Gratian Alexandre que je luy debvoys encore dès l'an 1543 pour des draps de soye du mariage de ma seur de Sainct Naser (1). . . . . xxx livres tournois.

Le samedy XVe jour Notre-Dame je ne bouge de céans, La Harelle alla à Vallongnes, Jacquet la mena jusques à la priore. Et pour ce que le temps se changea je fys gerber apprès disner le tremoys de la basse Vente, par mes serviteurs par Collas et Francoys dictz Drouet, Gilles Auvre, Jehanne et Hélène fille de Raoullet Vautier, la Danielle, la Doysnard et plusieurs aultres. Apprès disner j'envoye Symonnet chez Montremblant porter ung morceau de venayson qu'on m'avoyt donné.

Le dymenche XVIe je ne bouge de céans, avant jour je me lève et Thomas Drouet (qui estoyt couché en ma chambre) pour ce que la haquenée Bayarde estoyt sortye de l'estable et estoyt allée avecque le haras aux longs champs.

Le jour venu j'envoye Jacques et Guillaume Parys à Gouberville quérir des liens, comme je dinoys Symonnet revinst de chez Montremblant, apprès disner pour ce que le temps menacoyt fort de plouvoyr, je fys charier le tremoys qu'on avoyt hier gerbé, ung peu avant soleil couchant vinst Chandeleur sergent, qui ayda à gerber des pois au clos au couvert, lesquels je fys charier et incontinent vinst la pluye. Sohier du Teil et ung nommé Groult m'apportèrent IIII pouletz et aydèrent à tasser une chartée de tremoys.

Le lundy XVIIe apprès desjeuner je m'en allé à Cherebourg Symonnet avecque moy à la sortie des Jonquetz, je rencontre Cantepye qui revenoyt de chez son père, où il estoyt allé il y a aujourd'huy quinze jour. Je me mys à piquer mon petit cheval et le courir et quand je le deubz arrester la gourmette rompit, parquoy ne cessa de courir droyct à la ryvière qui estoyt plaine de mer et craignant qu'il ne me mist dedens je me jette à terre, en tombant je me blesse le nez des gardes de mon espée présens, le dit Cantepye, Symonnet et Nicollas Lévesque.

Le dit jour, apprès que j'euz mys de la Tourmentine sur mon nez chez ung mareschal du bout du pont, je m'en allé faire ferrer ma haquenée chez Es-

---

(1) Le traité de mariage de Jacques du Moncel, s^r de Saint-Nazer, et de Renée de Gouberville, sœur de Gilles, fut fait sous-seing privé le 4 novembre 1543 ; mais il ne fut reconnu devant les tabellions de Cherbourg que le 6 juillet 1551.

[Chartrier de Saint-Pierre-Eglise.]

tienne Le Marchant ɪɪ sols, de là à la boucherye, pour de la viande xɪɪ sols.   Aust 1551.
puys m'en vins, il estoyt xɪɪ heures comme je passoys sur le pont de la grève
et m'en vins voyer le Saulvage en sa maison où il estoyt fort malade
                                                                  xɪɪɪɪ sols.

Le mardy XVIIIᵉ, je ne bouge de céans j'avoys huyct hommes de Saulsemesnil et quatorze personnes de Tourlaville qui sièrent l'orge du clos des Ventes et du tremoys à la vigne Liot, puys apprès desjeuner ils jerbèrent tout le
reste du jour de l'avene tant au clos au couvert que à la Basse Vente. Viron
mydy arriva Monsᵣ de Cresne, le filz aysné de Lambosne, Bourgneuf et leurs
serviteurs, ilz avoyent deux tierceletz et ung espervier, force espagneulx et lé-
vriers, ilz prindrent ung levrault et deux perdreaulx.

Le mercredy XIXᵉ, je ne bouge de céans, apprès desjeuner Cresne s'en alla à
Montferville, j'avoys Marc Laguette de Tourlaville et Jacquet Besnard de
Breteville qui m'aydèrent à auster, Thomas mareschal du Teil m'apporta
IIII pouletz dès le matin.

Le dit jour rendu à Cantepye XI solz pour deux potz de vin, ung quartier de
mouton et du pain blanc qu'il apporta hier de Cherebourg, ou je l'avoye
envoyé quand les dits sieurs de Cresney et Lambosne arrivèrent.

Le jeudy XXᵉ, je ne bouge de céans, apprès desjeuner Cantepie s'en alla
chez son père pour faire amener par mer à Cherebourg les matz qui estoyent
à Siautot et à Dierette. Apprès disner Symonnet alla à St-Naser porter des
poyres à ma seur. Je fys gerber le reste de l'avene du clos au Couvert et les
poyx et une partye de l'orge du clos des Ventes, j'avoye ung nommé Collas
Besnard et ung aultre Besnard de Breteville et Valot et sa femme, Hubert et
sa femme, Richard et Guillaume ditz Parys et mes aultres serviteurs. Ung
des harnoys de céans charia le fourment du dit Guillaume Parys, l'avene du
dit Hubert qui estoyt au clos Doysnard et du tremoys qui estoyt près l'hostel
Barrier, par le dit Hubert et Parys.

Le vendredy XXIᵉ, je ne bouge de céans, dès le matin Robert d'Angleterre
vinst, il disna, souppa et coucha céans, je fys charier le reste des poys du
clos au Couvert, Symonnet revinst de St Naser viron neuf heures de
matin.

Le sabmedy XXIIᵉ, je ne bouge de céans, dès le matin soleil levant Jacques
Goguelin et son filz Jacques vindrent céans, j'achatte des ses de luy pour
couler les cydres et ung crible, le tout cousta v sols, j'envoye Symonnet à
Cherebourg quérir du poyvre et du succre pour cinq solz, je fys syer le tremoys
de la Haulte Vente et le reste de l'orge du clos des Ventes par Richard Parys
et sa femme, Valot et la sienne, Hubert et la sienne, la Vidagnette, la
Danielle, la Marchande, la Buigne, Renée Gardin, Loyse Parys et plusieurs
aultres, Cantepye revinst de chez son père viron soleil couchant, au soyer

apprès soupper vinst François Damours (1) qui ne souppa point pour ce qu'il avoyt souppé à Cherebourg, comme il disoyt. . . . . x sols.

Le dymenche XXIIIᵉ je ne bouge de céans, je ne fus poinct à la messe pour ce que je me trouvoys mal et ne menge jusques au soupper après lequel arriva René de Grosmesnil et ung nommé Thienot de Gatteville. Ils alloyent à la fere de Sᶜᵗ-Barthelemy, ils souppèrent et couchèrent céans et Chandeleur aussy.

Le lundy XXIIIIᵉ jour Sᶜᵗ-Bartélemi je ne bouge de céans, dès le matin Cantepye et le dit René et Tienot s'en allèrent à la fere à Hardinvast et de la le dit Cantepye s'en alle à Cherebourg recueillyr les matz qu'il avoyt fait venir du Hable de Dierette, ils estoyt toute nuyct quand il en revinst, ledit René et son homme souppèrent et couchèrent céans. Pour deux libvres de chandelle ɪɪɪ sols. Douart et le laques de Sᵗ-Naser qui revenoyt de Gybre arrivèrent apprès soupper . . . . ɪɪɪɪ sols.

Le mardy XXVᵉ je ne bouge de céans le dit René et son Thiénot attendirent jusques à unze heures à leur en aller à Gatteville pour ce qu'ilz ne peurent trouver ung beuf qu'il avoyt hier achatté de Tahot à la fere et fut accordé que le dit Tahot le meneroyt demain chez Vert Cappel à Carneuville. J'euz XXIII personnes de ceste ville avecque mes serviteurs pour coupper la veche du clos au couvert et le reste de l'orge de la basse Vente. Sur le soyr j'envoye Le Coyffe chez Guillaume Cabart scavoir sy son fils estoyt revenu des nopces de sa sœur aysnée qui s'estoyt maryé chez Tostain prèsle Pont-l'abbé, Guigars raccoutra le pressoyr, la pille du pressoyr pour piller des pommes de Clerel, que j'avoye hier faict cueullyr tant au cymetière que au jardin Margueritte Berger ou je fus jusques à Vespres.

Le mercredy XXVIᵉ, je ne bouge de céans, dès le matin Cantepye fut à Vallongnes pour Guillaume Feullye contre Cossin. Il apporta ung quartier de mouton ɪɪɪ sols, viron soleil couchant monsʳ de Cresne et son nepveu de Lambosne et Bourgneuf arrivèrent venant de Montferville. Ilz souppèrent et couchèrent céans, La Croche, Berot et ung aultre compagnon fauchèrent le reste de l'herbe du clos au Couvert, et de là allèrent faucher au clos des Ventes où ilz achevèrent leur journée . . . . ɪɪ sols.

Le jeudy XXVIIᵉ, je ne bouge de céans, Cresney et sa compagnée desjeunèrent de grand matin puys s'en allèrent disner à Roville près la chasse de Hemeves comme ils disoyent, je les convye jusques au delà de Sᶜᵗ Martin à l'If. Sur la relevée Cantepye fut à Cherebourg parler à Bertelot Vauchys qui vouloyt avoir ung mast que j'avoye à Gouberville. Il estoyt tout nuyct quand il revinst. J'envoye Symonnet à Daneville porter deux pigeonnaulx à

(1) François Damours, écuyer, archer de la garnison de Cherbourg.

Aust 1551.

Claude Cabart pour peupler une volière, maistre Guillaume Cabart et le bastard de Jacques Rencralz de Vallongnes passèrent par ycy, Cantepye et Symonnet s'en allèrent quand et eulx.

Le vendredy XXVIII°, je ne bouge de céans, je fys tourner la veche du clos au couvert et jerber le reste du trémoys sié de la Haulte Vente et assembler et charier le fain du clos au Couvert qui avoyt esté fauché mercredy dernier, Cantepye fut à Cherebourg qui vendit à Bartelot Vauchys le mast que j'avoye à Gouberville par cent sols tournoys à la charge que le dit Vauchys le feroyt venyr à Cherebourg à ses despens, périlz et fortunes. . . . . . c sols.

Le sabmedy XXIX°, jour de la décollation S°ᵗ Jehan, je ne bouge de céans, dès le matin j'envoye Symonnet à Cherebourg quérir de la viande, pour ung chymier de beuf x sols, pour ung quartier de mouton III sols VI deniers, et pour la despense de son cheval VI deniers et pour une payre de souliers pour luy VIII sols VI deniers, après desjeuner je m'en allé à la vente de la Fosse au Roux, Cantepye Le Coyfflye Jehan et Raullet dictz Feullye avecque moy, tronchonner des pièces de fau que le dit Cantepye avoyt achattées de Helye Le Conte et de Bachelet, lesquelles pièces Guillaume Feuillye et Jacques charièrent de leur harnoys, je m'en vins quand et les premiers chartiers, je fys charier deux chartées de fain du clos des Ventes qu'on tassa à la charterye pour ce que la grange et tous les fenilz estoyent plains, ont myst deux chartées de fougère à la grange Barryer, Mathieu et Thomas Drouet furent à Monstebourg. XXIII sols VI deniers.

Le dymenche penultime jour je ne bouge de céans, apprès disner Jehan Cossin sergent des ventes du Teil vinst céans et bailla à Cantepye VI libvres XII sols pour acquicter Guillaume Feullye d'une amende montante la dite somme, taxée par le Verdier de Vallongnes sur l'exployct du dit Cossin à tort baillé sur le dit Feullye et fy promesse le dit Cossin garantir le dit Feullye de l'amende de l'inscription que le dit Feullye avoyt mise sur le dit exployct, presens Jehan Çauchon (qui estoyt venu avecque le dit Cossin), Symonnet, Mathieu, Thomas Drouet et aultres et fut ce faict apprès que Cantepye fut revenu de chez Aygremont pour les informations contre Nicollas Quentin.

Le lundy dernier jour, je ne bouge de céans, je fys gerber la veche du clos au Couvert par mes serviteurs Loys Pivain, Philippes Mesnage, Vincent Burnel, Jehanne Berger, La Liot, Philippine et Mariette dictes Parys, Valot et sa femme, Jehan Groult filz Richard et aultres. Cantepye fut à Cherebourg qui apporta du beuf pour xVIII sols, du poyvre et succre pour v solz, il estoyt viron six heures quand il revinst. Je fus à vespres à la chapelle de céans que dist missire Jehan Freret, missire Jacques et Jehan dictz Auvre et les cleres et n'y eult aulx dits vespres que Mathieu et la femme de Loys Margueneste.
XXIII sols.

Le dit jour, Douart qui estoyt hier revenu de S^{et} Naser sema des espinars au jardin et tua ung mouton pour demain à mon S^{et} Gille.

Septembre 1551

Le mardy jour S^{et} Gille, je ne bouge de céans Sohier du Teil cordelier à Vallongnes fist le Sermon et dist la messe. Claude Cabart et sa femme, Jehan Liot, Madem^{lle} des Vertz boys, la femme St Gabriel,, celles des Essartz et de Jacques Cabart, leurs filles, Anthoynette Boulon, Michelette Gohel, ung des enfans de Brillevast et plusieurs aultres disnèrent céans. Apprès disner j'achatte des espingues que je donne aulx filles de ceste ville, du Teil et de Digoville qui avoient resté céans pour xxv sols, apprès disner vinst ung des enfans de Belleville et le cappitaine du Teil qui disnèrent, Chandeleur et Françoys Dauge souppèrent et couchèrent céans . . . . xxv sols.

Le mercredy IIe, dès le matin, je m'en allé à Vallongnes, Cantepye, Symonnet, maistre Guillaume Cabart, Michel le Pelle, maistre Gilles Cabart avecque moy nous dinasmes tous les dessus dits, le recepveur des tailles, maistre Claude Le Cauf. Guillaume Oger, Thomas Drouet, Guillaume Chandeleur, Jehan Potier, Gilles Auvre, et Nicollas Quentin pour nous appoincter le dit Quentin et moy et le dit Auvre et Drouet avecque le dit Quentin ce que ne peusmes fayre, en partant nous payasmes le dit Quentin et moy l'escot par moytié checun xxv sols, au sellier iii sols. . . . . xxviii sols.

Le dit jour, apprès disner et que nous heusmes failly a appoincter je monte à cheval et m'en allé à la carrière d'Yvetot, Cantepye, Symonnet, maistre Gilles Cabart, Thomas Drouet, Gilles Auvre, Guillaume Feullye avecque moy nous passasmes par chez le baron de la Lutumyère ou nous prinsmes nostre vin avecque luy et la damoyselle sa femme puys nous en vinsmes chez Renard et de là à la carrière puys céans. Il estoyt viron iiii heures quand nous partismes de Vallongnes et presque nuyct quand nous arrivasmes céans.

Le jeudy IIIe, je ne bouge de céans, Cantepye fut à Vallongnes et revinst viron mydy, Chandeleur avecque luy. Au soyr arriva céans, Jacquet du chasteau de Cherebourg et Moysson et leurs chiens pour chasser demain au Couldre, comme ils disoyent, ils souppèrent et couchèrent céans et Damours qui y estoyt venu viron mydy. Cossin sergent des Ventes du Teil vinst au matin céans et desjeuna avecque moy, il venoyt pour que je le vuydasse de l'inscription que Feullye avoyt myse sur son exployct.

Le vendredy IIIIe, je ne bouge de céans, j'envoye Cantepye à Gouberville. Il ne fut que jusques à la mare du Sic où il trouva Bybet auquel il avoyt affere, il revinst viron deux heures apprès mydy, Philippin Tocque vinst céans et apporta ung bars, j'envoye par luy du cydre à Suzanne qui estoyt malade.

Le sabmedy V^e, je ne bouge de céans, dès le matin Cantepye fut à Vallongnes pour parler Bauquet touchant l'affere d'entre madem^{lle} de Fresney et moy. Il revinst viron mydy, incontinent remonta à cheval et alla à Cherebourg d'ou il revinst il estoyt nuyct. J'envoye Symonnet à Cherebourg quérir du vin pour cuyre pour ung reusme que j'ay. Il apporta un quartier de castrix qui cousta vii solz vi deniers de Jehan Lyot. . . . . . . vii sols vi deniers.

Le dymenche VIe je ne bouge de céans, je ne fus poinct à la messe pour ce que je me trouvoys fort mal d'un reusme que j'ay ; apprès disner, je m'en allé près l'église où je fys cueillyr des poyres, y survinst missire Jehan Potet, incontinent allasmes mesurer le jardin au Coyffye et le Tassin Quentin dont ils estoyent en discort, le dit Potet le mesura présens le dit Coyffye, Quentin, Loys Margeneste, Guillaume Caulvin, Guillaume Berger, Richard Collin, Jacques Burnel, Symonnet, Jehan Groult filz Richard, Françoys Drouet et plusieurs aultres ; ce faict ramène le dit Potet céans à boyre, puys m'en allé à Vespres où preschoyt Sohier cordelier, il souppa et coucha céans et son compagnon, Myaulx Gaillard apporta deux pigeons de Gouberville.

Le dit jour apprès disner, Noelle de Couvert, veuve de Mathieu Harel, laquelle avoyt esté céans servante cinq ans passés dès le commencement du moys d'aust dernier, à cent solz par chacun an, sur lesquelles cinq années je luy ay baillé ung escu pistolet seullement pour xliiii sols et dix solz à jour passé, je luy doy le reste. . . . . liiii sols.

Le lundy VIIe je ne bouge de céans, dès le poinct du jour Cantepye s'en alla au boys de Hayneville, en faire abbattre pour son batteau, il revinst par Cherebourg et estoyt nuyct quand il arriva céans. Je fys cueillyr des pommes de Bosc au clos au Couvert par devers la maison Valot, par la Çroche, Hubert, Symonnet, Jacquet, Thomas Drouet, Jehan Gardin filz Henry, Arnoulf (1) et plusieurs aultres ; sur le mydy arriva maistre Vital chez Germain Drouet que Thomas Drouet estoyt allé quérir à Cherebourg pour luy manyer une cuysse où il estoyt blessé, ce qu'il fist en ma présence, puys le mené disner céans où se trouva missire Jehan Freret et le cordelier compagnon de Sohier ; après disner je m'en retourne faire cueillyr encor des pommes de Bosc au dit clos.

Le mardy VIIIe jour Notre-Dame dès le matin avant que je me levasse arryva le sieur du Perron près Coustances nomme maistre Loys Davy (2), son serviteur et ung lacques avecque luy pour avoyr lettres adressantes à Monsr. le lieutenant général du bailli de Caen pour quelque affere qu'il avoyt aulx assises de Bayeulx contre l'advocat pour le Roy à Periers nommé Pettiot. Incontinent apprès Cantepye s'en alla à Monstebourg porter mon estat au Lorey,

(1) Arnoulf, frère de Guillemette et de Symonnet.
(2) C'est de cette famille Davy du Perron qu'était le fameux Cardinal de ce nom.

24

qu'il ne trouva poinct, il revinst du dit Monstebourg viron II heures apprès mydy. Tout le jour je ne bouge de céans, je ne fus ny à messe ny à vespres pour ce que j'estoys fort malade d'ung reusme. Un nommé Thomas de Hanot et Cocart de S\ :sup:-Pierre Eglise estoyent arrivés comme j'escripvoys pour le dit sieur du Perron ; ils demandoyent du boys pour le sieur de Sane (1).

Le mercredy IX\ :sup:, je ne bouge de céans. Jacquet Maresquier et son nepveu et ung nommé Maryveaulx. tous de Gonneville vindrent céans, relier des vesseaulx, ilz heurent au soyr checun II solz pour leur journée puys s'en allèrent . . .   . vi solz.

Le dit jour Cantepye et Jacquet Feullye partirent dès le mattin pour aller à la foyre à Vallongnes. Le dit Cantepye bailla à Baucquet trois bagues d'or : scavoir ung ruby, ung Saphy et une cornaline et quatre chaines d'or en gage et surte de XXXI libvres XV solz, restans d'un obligation de IIII\ :sup:xx libvres que mon père debvoyt à Conteville. laquelle obligation le dit Feullye m'a rapportée et le dit Cantepye s'en est allé à sa maison pour faire charier le boys de son bateau.

Le dit jour receu quatre francz de Jacquet Feullye pour une vache qu'il avoyt vendue à la foyre . . . . iiii libvres.

Le dit jour Thomas Cantepye bailla à Baucquet viii libvres qui sont endossés sur l'obligation qui m'a esté rendue et de laquelle il reste encore lesdits xxxi libvres xv sols pourquoy mes bagues sont en gage aulx mains du dit Bauquet.

viii libvres.

Le jeudy X\ :sup:, je ne bouge de céans, je fys tirer et entonner du verd jus Hacouville pausse par auprès de céans avecque neuf chartées de branches de fau pour le sieur de Sasne, comme il disoyt.

Le vendredy XI\ :sup:, je ne bouge de céans, je fys cueillir toute la matinée des pommes près l'église au jardin de Margueritte Berger par Valot, Richard Parys, Hubert, Symonnet, Massee Pivain et Jacquet Feullye, toute la relevée ne cessa de plouvoyr.

Le sabmedy XII\ :sup:, je ne bouge de céans, je fys cueillyr des pommes au cymetyère, par les dessus dits, Cantepye revinst de chez son père, viron ii heures apprès mydy, il y estoyt mercredy de Vallongnes.

Le dit jour Monsieur de St-Naser s'en partit au matin de céans, il y estoyt venu her soyr, j'escripvy à Mons\ :sup:r le lieutenant mon beau frère à Bayeulx par le Bunetel de Gonneville, pour le sieur de Briqueville en Bessin présent le sieur de Saint-Naser.

Le dymenche XIII\ :sup:, je ne bouge de céans, je ne fus point à vespres pour ce qu'il pleut toute la relevée et que j'estoys mal à mon ayse, Symonnet fut à

(1) Jean de Clamorgan, s\ :sup:r de Saasne et de S\ :sup:t-Pierre Eglise : se reporter à la note suprà.

Gonneville et ne trouva poinct le viconte, quand il fut revenu je l'envoye à Cherebourg porter à Mons' le Mareschal ung morceau de venayson qu'on m'avoyt donné.

Le dit jour, Thomas Maresc du Teil amena céans apprès disner Margueritte sa cousine pour servir céans autour du bestial, nous accordasmes qu'elle seroyt céans viron quinze jours pour voyer qu'elle soyt faire. Jacquet Feullye et Richard Parys allèrent à Gouberville porter des chevrons pour la maison Picot et quérir des poyres, toute la relevée ne cessa de plouvoyr. Maistre Gerard Durand disna céans, puys partit pour aller à Turqueteville a la Hague, puys revinst au soyr comme nous souppions.

Le dit jour je conte de Yvon Mesnage de tous les arrérages des rentes qu'il doybt céans, d'empuys nostre dernier conte qui fut le sabmedy XXIIIᵉ jour de novembre 1549, et me demeura en reste en précédent ce jourd'huy pour tous les termes escheuz du passé toutes choses qu'il a voulu amener en conte deduytes et rabattues, de la somme de quarante neuf solz tournoys J'avoye oublié faire mention en ce présent libvre d'un escu sol et cinquante et ung solz vɪ deniers qu'il m'avoyt baillés u jour passé, qui luy ont esté rabattus en ce présent conte.

Le lundy XIIIIᵉ, jour Sᶜᵗᵉ Croix, je ne bouge de céans, Cantepye fut à Cherebourg pour recueillyr des mémoriaulx contre Nicollas. Il en revinst viron ɪɪɪɪ heures. Sur les deux heures, missire Jehan et Gilles dicts Auvre, vindrent de Magneville qui m'amenèrent deux tonneliers, l'un nommé Robert et l'austre Jehan. Ils disnèrent tous céans, puys le dit missire Jehan s'en alla à Quetehou comme il disoyt; le dit Gilles fut le reste du jour céans et y souppa et Thomas Drouet, qui avoyt esté à Cherebourg et apporta du succre pour ɪɪ solz vɪ deniers.

Le dit jour, sur le mydy, Jehan Binet de Tourlaville m'apporta ung mandement à signer pour le viconte de Vallongnes contre Helye Le Conte touchant les forges et les boys qui se usoyent aulx dites forges.

Le mardy XVᵉ, je ne bouge de céans d'avecque mes tonneliers qui fisrent une cuve à pressoyer toute neufve; je fys piller et tirer le poyré tant des poyres qui estoyent hier venues de Gouberville par Jacquet Feullye et Richard Parys, avecque ung des harnoys de céans. Dès le matin, Cantepye s'en alla à Vallongnes à l'assise pour mes affères, tant contre Basan que Nicollas Quentin. Il en revinst apprès soleil couchant. Françoys Damours et Loys Langloys serviteur de feu Mons' Poton disnèrent céans.

Le mercredy XVIᵉ je ne bouge de céans, dès le poinct du jour Cantepye s'en alla à Vallongnes à l'assise pour mes affères, tant contre Basan que contre Quentin, et pour mon frère Françoys contre Sᶜᵗ Germain. Il ne revinst poinct ce jour. Au soyr jour faillant, Michel Lefebvre arriva céans qui y souppa et coucha. Il venoyt de charcher (comme il disoyt) le Vredonieur pour le prendre, il avoyt mandement à ceste fin. Je fus fort malade d'empuys que fus couché. Je despesche Symonnet pour aller demain de grand matin porter mon estat au Lorey à Monstebourg.

Le jeudy XVIIe, je ne sorty poinct de ma chambre. Dès le matin j'envoye Symonnet a Monstebourg porter mon estat au Lorey. Il ne le trouva poinct. Pour deux libvres de chandelle iiii solz, pour la reppeue de son cheval i sol et iiii solz qu'il bailla à Tassin Quentin, qui alloyt à la foyre à la S^{ct} Flessel, pour luy apporter du cuyr, il revinst viron deux heures apprès mydy. J'envoye Jacquet Feullye à Cherebourg achatter deux baricques qui luy coustèrent viii sols . . . . xvii sols.

Le dit jour au soyr, Cantepye revinst de Vallongnes où il estoyt hier matin allé, il me conta en despense tant pour luy que son cheval, pour le salere des advocats et quelques collations d'escripture qu'il fist, et pour une libvre de chandelle . . . . xxiii sols.

Le vendredy XVIIIe, je ne sorty poinct de céans pour mon reusme ; Raullin Michel me vinst signifier une appellation pour Nicollas Quentin. Apprès vinst maistre Richard Le Gros qui venoyt de Neville penser ung homme qui estoyt blessé d'un coup de cousteau et me dist que ce avoyt esté ung prêtre, il disna céans puys s'en alla.

Le dit jour dès le matin Cantepye s'en alla à Gouberville et Jacquet avecque luy pour avoyr de l'argent de Bybet et pour apporter de l'osier de Toqueville et les poyres de Louet de Gouberville.

Le dit jour Jacques Cabart, Le Parc, maistre Guillaume et Gilles dictz Cabart rappassèrent par céans revenantz de l'assise, ilz beurent puys s'en allèrent. Incontinent arriva Cantepye et Jacquet qui venoyent de Gouberville.

Le dit jour receu de Margrin Fortin xv solz par la main du dit Cantepye, sur ce qu'il doybt des termes ou terme passés et soyxante et xv solz de Bibet à rabattre sur ce qu'il doybt de vente de vin et de poyret. . iiii libvres x sols.

Le sabmedy XIXe je ne bouge de ma chambre, dès le matin Cantepye alla à Cherebourg et revinst, il estoyt nuyct. Il apporta ung quartier de mouton et deux membres de beuf et seize piedz de mouton, le tout cousta xv sols v deniers.

Le dit jour, viron mydy, baille à Robin Le Goupillot et son compagnon tonneliers, pour checun cinq jours qu'ilz avoyent esté céans à besongner de leur mestier. . . . . xx sols.

Le dit jour, j'envoye Symonnet et Jacques à Cherebourg mener le grand cheval, la haquenée et le petit cheval à ferrer, ilz coustèrent viii solz et x deniers pour une main de pappier. Ils revindrent viron à iiii heures apprès mydy.
viii sols x deniers.

Le dymenche XXe je ne bouge de céans, je ne fus ny a la messe ny a Vespres pour ce que j'estoys malade, apprès disner Cantepye, Guigars, Valot.

Septembre 1551.

Gilles Auvre, Gauvain et plusieurs aultres furent à la haye de Digoville, querir des vaches que jay avecque les bestes folles affin que Philippin Le Grabey les achatast qui estoyt venu apprès disner pour les voyer ; je ne luy vendy rien par quoy on les laissa retourner.

Le lundy jour S^{ct} Lo et S^{ct} Mathieu XXIe, je ne sorty poinct de ma chambre, dès le matin Cantepye s'en alla a Cherebourg, pour mes affères, pour 1 quarteron de succre qu'il apporta III sols. Symonnet fut a Monstebourg porter mon esta au Lorey qu'il ne trouva poinct, on luy dist qu'il estoyt allé à ce matin à Blanchelande pour l'abbay. Mon cousin de Tournebu vinst céans viron x heures de matin, il y disna puys s'en retourna a Fourneville. . . . . III sols.

Le mardy XXIIe, je ne bouge de ma chambre la femme Martin Pyvain m'amena son filz Noël pour scavoyr la cause et le remède d'une douleur qu'il avoyt à faire son urine, nous trouvasmes que c'estoyt gravelle, Tassine Quentin y estoyt. Dès le matin Cantepye s'en alla a Vallongnes pour ce que les Haultz jours debvoyent estre ce jourd'huy. Symonnet, Chandeleur et Jacquet s'en allèrent a Cherebourg apprès desjeuner, le dit Symonnet pour faire ferrer la haquenée Bayarde et Jacquet querir deux futz de poinson que le sieur Mareschal luy bailla, pour la ferreure de la dite Haquenée et de la jument faulve VI sols. Thomas Drouet ne bougea hier et ennuyct tous les deux jours d'avecque moy pour me tenir compagnée. Viron dix heures de matin S^{cte} Catharine filz de Brillevast me vinst voyer pour ce que missire Aulbin Le Vacher (qui estoyt hier venu céans, en revenant de Sottevast) luy avoyt dict que j'estoys malade, il disna céans, puys s'en alla. Cantepye revinst de Vallongnes à jour faillant, il m'apporta une payre de souliers qui coustèrent x sols .   XVI sols.

Le mercredy XXIIIe, je ne bouge de ma chambre, dès le matin Cantepye fut à Cherebourg aulx ples contre Quentin. Tant pour sa despense qu'en salayre d'escripture IIII sols, Jacquet fut chez Guillaume Luce quérir ung fust de poinçon . . . . IIII sols.

Le dit jour receu de la femme au Bragneur XIII sols pour ung boysseau de tremoys que je luy avoye vendu ceste esté, dont je donne ung teston à Symonnet pour avoyr de la toyle a faire une chemyse . . . . XIII sols.

Le jeudy XXIIIIe, dès une heure ou deux apprès mynuyct Cantepye partit pour aller aulx assises à Saint Saulveur contre Guillaume Vastel. Je ne sorty point de ma chambre, comme j'achevoys de disner arrivèrent Jehan Lyot et Cossin sergent des ventes du Teil qui furent quelque temps avecque moy. Chandeleur avoyt passé au matin par ycy qui alloyt à Vallongnes porter de l'argent à la recepte des tailles. Il me dist qu'il avoyt ung personnage de la farce qu'on debvoyt jouer dymenche aulx nopces de André Rouxel et de la fille Jehan Liot. Cantepye revinst de S^{ct} Saulveur viron soleil couchant : il luy cousta tant en despense que salaire d'advocatz. , ... v sols.

Le vendredy XXVᵉ, je ne bouge de céans, toute la matinée Cantepye ne bouge d'escripre de ma chambre, apprès disner, il s'en alla Guillaume Feullye avecque luy a Daneville chez Claude Cabart , il estoyt nuyct quand il en revinst. Hestrehan (1) et Gilles Cabart avoyent souppé céans et Georges du Quesney qui avoyt ung austour qui pendoyt une esle.

Le sabmedy XXVIᵉ, je ne bouge de céans, dès le matin avant que je me levasse, Cossin vinst céans pour l'inscription d'entre Feullye et luy. Apprès Cantepye s'en alla à Cherebourg, pour ung cartier de mouton qu'il apporta et la despense de son cheval. . . . . v sols.
. Le dit jour je fys serrer le reste du sarrasin de la Haulte Vente.

Le dymenche XXVIIᵉ, je ne sorty poinct de ma chambre pour ce que je me trouvoys fort mal, aussy qu'il faisoyt grand tempeste de vent d'amont avecque pluye qui dura d'empuys devant le jour jusques apprès III heures de relevée. J'envoye dès le matin Jacquet Feullye et le vicayre a Vallongnes porter six douzaines de sercles à Dienys greffier de la court de l'église. Jacques et Benest furent a Gouberville querir du blé, il estoyt apprès soleil couchant quand ilz revindrent. Avant que je me levasse, Robert Cabart des Essartz me vinst prier des nopces de sa seur Marye à dymenche prochain au Pont Labey chez Avice. Cantepye et Symonnet ne bougèrent d'apprès moy. La relevée, missire Pierres Groult et Loys Margeneste vindrent céans pour appoincter le dit Groult avecque Guillaume Feullye, qui estoyt allé à ce matin à Virandeville parler à Édouart Hoston. Apprès soleil couché, Richard Berger vinst à ma chambre, auquel je baille la volée de la grange Barrier pour IX vitecos.

Le lundy XXVIIIᵉ, vigille Sᵗ Michel, je ne bouge de céans ; il ne cessa de venter tout le jour et gresler sur le soir. Dès le matin, Cantepye s'en alla à Cherebourg pour mes procès contre Quentin, il ne revinst poinct, il s'en alla coucher chez son père. Il envoya une libvre de chandelle par Thomas Drouet ; comme je dynoys en ma chambre, arriva Thomas de la Fontayne, et ung sergent nommé Le Tellier, de Sᶜᵗᵉ Croix en la Hague ; il fist arrest de ce que je pouvoys debvoyr à mon frère Françoys en vertu de certaine sentence desnommée en l'exployct y recours. Je sorty au grand jardin et fys cueillir par Symonnet des pommes de Vanfre, et pour ce qu'il faisoyt grand vent et froyt, il m'empyra bien fort de ma touss. Comme je souppoys arriva Thomas Drouet de Cherebourg à jour failly. . . . . II sols.

Le mardy, jour Sᵉᵗ Michel, je ne sorty poinct de céans, pour ce que je me trouvoys mal, et ne cessa tout le jour de faire des undées de gresle et de pluye ; missire Jehan Freret vinst céans et Guillaume Totain et ung aultre de Turqueteville au boscage, pour avoyr des fleffes de moy, je ne parle que au dit Freret.

---

(1) A l'époque où Gilles de Gouberville écrivait son Journal, c'était les Le Hérissy qui étaient seigneurs d'Estréhan ; et on sait qu'Estréhan était paroisse voisine de Russy.

Le dit jour au soyr, viron soleil couchant, Guillaume Bachelet, Pierres Varin et Guillaume Feullye vindrent céans; le dit Bachelet y souppa et coucha et maistre Gerard Durand et son filz, ilz me apportèrent des poyres et alloient à Turqueteville à la Hague où il tient les escolles. Pierres Robin du Rousle vinst céans au matin, je ne parle poinct à luy, je luy fys response par Symonnet.

Le mercredy dernier jour, je ne bouge de céans; sur les III heures de relevée je m'en allé chez Drouet, y vinst le frère Jehan Besnard de Digoville auquel Thomas Drouet vendit des sercles à pippe que nous luy fusmes livrer au presbitayre; de là je m'en allé au clos des Ventes, le dit Drouet avecque moy, où mes serviteurs cueilloyent des pommes de Bosc, Thoumine, Jehanne, Tassine, dictes Cauvin, Hélène Vaultier, Claude Quentin, Jehan Gardin, filz Henry et plusieurs aultres, je m'en revins viron soleil couchant, je trouve Margot Sorel qui ne faisoyt que venir de Carneville. Apprès soupper, viron huyct heures de soyr, Cantepye revinst de Triauville qui me dist que la mère du sieur de Beauchamp se mouroyt. Viron une heure apprès mydy, je donne congé à Guillemette (1) d'aller aulx Essartz, son frère Jacques et Jehanne la Mareschalle avecque elle, ilz en revindrent à soleil couchant; Symonnet partit quand et elles pour aller à Cherebourg quérir du levain, il n'en trouva poinct.

Octobre 1551

Le jeudy premier jour d'octobre, je ne bouge de céans, dés le matin Cantepye alla à Vallongnes pour Martin Pyvain et Cosinet Parys contre Breart du Teil, il en revinst a soleil couchant. Pour une estrille et une gragette qu'il apporta v sols vi deniers et pour sa despense de lundi dernier à Cherebourg à la journée des tesmoings recollés contre Quentin et en salayre d'escripture et advocalz, xiii sols. . . . . xviii solz vi deniers.

Le dit jour Chandeleur disna céans, apprès disner m'en allé pourmener au clos au Couvert Mesnage avecque moy, y survinst Jehan Le Noyr de Gonneville qui venoyt de faire ourdir du coustil chez Olivier Quentin. Il disna à la relevaille de la femme Nicollas Quentin comme il nous dist. Le dit Mesnage venoyt de Vallongnes de payer le monneage, il me trouva a nostre pressoyer où Thomas Drouet et son frère Françoys pilloyent des pommes pour eulx. Apprès soleil couchant Gilles Cabart me vinst prier de donner congé à Guillemette d'aller dymenche aulx nopces de la fille des Essartz, et que le dit sieur des Essartz et sa femme m'en prioyent bien fort.

(1) Sœur de Symonnet et demi-sœur naturelle de Gilles de Gouberville.

Le vendredy IIe, je ne bouge de céans, dès le matin j'envoye Cantepye à S^{ct} Saulveur le Viconte pour parler à Galoppin et pour aultres afferes que j'avoye au bailly Hequet, il despensa ɪɪɪɪ sols. Il estoyt soleil couchant quant il revinst; l'apprés disner, je fys cueillir le reste des pommes d'apprès l'église dont j'en donne une rasière à Henrye pour ce qu'elle et ses gens nous avoyent toute la saison aydé à les cueillyr . . . . ɪɪɪɪ sols.

Le sabmedy IIIe, je ne bouge de céans, Cantepye fut à Cherebourg pour recueillir les actes de lundi contre Quentin. Il apporta ung membre de beuf qui cousta vɪ sols. Apprès disner j'envoye Symonnet à Saulsemesnil chez les potiers pour qu'ilz me fassent des chaudières plombées. Thomas Drouet tira son cydre qu'il avoyt pillé jeudy. . . . . vɪ sols.

Le dymenche IIIIe, je ne bouge de céans ; avant que je sortisse de ma chambre Lienard Castel de Gouberville et Joret vindrent céans et y disnèrent. Receu du dit Castel ʟv sols tant pour le louage qu'il tient escheu de la St Michel derniere. . . . . ʟv sols.

Le dit jour receu de messire Gaultier Fortin xx sols sur le louage qu'il tient des deux champz de soubs le Senet et de celluy de la brecque Jouenne, il en reste cinq sols tournois par la main du dit Joret . . . . xx sols.

Le dit jour receu de Jacquet du Bosc sur xʟvɪ solz qu'il doybt de la S^{ct} Michel derniere pour le louage des escluses par la main du dit Joret . . xxx sols.

Le dit jour receu de Thomas et Marion dictz Fortin xxv solz restans du terme S^{ct} Michel 1550, par la main du dit Joret, reste le terme de la dernière S^{ct} Michel.
xxv sols.

Le dit jour receu de Michel Le Brises xvɪɪɪ solz sur ce qu'il doybt de son louage y recours . . . . xvɪɪɪ solz.

Le dit jour apprès vespres Cossin Mesnage, Barnavast vindrent céans le dit Barnavast nous trouva au pressoyr et apporta une somme de pommes, la Bellee et ung surnommé Mahiet qui plaident ensemble y survindrent qui me contèrent leurs différentz, Jehan Le Noire s'y trouva et Melent.

Le lundy V^e, je ne bouge de céans, dès le matin Cantepye alla a Cherebourg pour mes affères contre Quentin, il estoyt nuyct quand il revinst, pour ung quartier de mouton et pour le salaire de mes escriptures et sa despense
vɪɪɪ solz.

· Le dit jour receu du dit Cantepye xɪɪɪ libvres tournoys pour huyct pourceaulx qu'il vendit cor nette que Jacquet et Benest y avoyent menés ce jourd'huy. . . . . xɪɪɪ libvres.

Le mardy VIe, je ne bouge de céans. Dès avant jour Cantepye s'en alla à Vallongnes pour la matière des asseyeurs contre Quentin. Je fys percher une des volées du grand jardin par Symonnet, Jacquet et Benest, il estoyt nuyct quand ilz achevèrent. Cantepye ne revinst poinct de Vallongnes, maistre

Guillaume Pottet vinst céans avant que je me levasse, il y disna et ung nommé Denys Jehan, serviteur de Jehan Lefebvre de Neville qui me pria d'aler mardy prochain aulx nopces de sa fille avecque le sieur de Courcy. Appres que le dit Pottet s'en fut allé, Mesnage vinst, je m'en allé pourmener luy avecque moy à la bergerie au clos au couvert, chez Drouet à la Haulte vente et portions du bénéfice de ceste ville que le dit Pottet vouloyt bailler au dit Mesnage.

Le mercredy VIIe, je ne bouge de céans, quand Thomas Drouet m'eut dict qu'il n'avoyt point hier veu Cantepye à Vallongnes, j'envoye Symonnet tout incontinent chez Denys à Vallongnes scavoir sy on luy avoyt point veu, il me rapporta que il Cantepye estoyt allé à Triauville pour la mort de Beauchamp, qui trespassa lundy dernier.

Le dit jour je fys ung marc de deux pippes de Haye et mettre le cydre dedens ung tonneau neuf que les tonneliers de Magneville m'avoyent faict. Sur la relevée je m'en allé Noël (1) avecque moy faire abreuver le haras du clos des Ventes, comme ils estoyent à l'eau vinst Gauvain Quentin et Loys Margeneste lesquelz furent longtemps avecque puys me vindrent convier jusques céans ; ils beurent du viel cydre. Cantepye arriva après soupper. Guillaume Feullye souppa céans, il avoyt esté ce jourdhuy a S^{ct} Pierre et avoyt apporté des pigeons et de l'osier que Joret Gaillard luy avoyt baillés.

Le jeudy VIIIe, je ne bouge de céans, dès le matin Cantepye s'en alla à Vallongnes pour Feullye contre Cossin, pour deux libvres de chandelle qu'il apporta IIII solz, il estoyt soleil couché quand il revinst. Estrehan envoya céans quérir par un sien oncle du viel cydre de Tostonnet, je luy en envoye et ung levrault. La relevée je m'en allé pourmener chez Henry Gardin que je trouve menant ung poulain boyre qu'il vouloyt vendre demain à la S^{ct} Denys, de là je m'en allé chez Mesnage.

Le vendredy IXe jour, S^{ct} Denys je ne bouge de céans, avant·que je me levasse, Michel Le Febvre vinst céans et parla a moy estant encor au lict, après desjeuner, il s'en alla à la foyre avecque Cantepie et Symonnet qui en revindrent des my relevée, et asses tost après arriva le cousin de la Valette et Jehan Levesque avecque luy et ung laques.

Le dit jour receu d'une jument et de son petit poulain (laquelle j'avoye antan achattée à la dite foyre) par la main de Cantepye x libvres; viron vol de vitecocz Tassin Quentin et Marin son frère m'apportèrent une somme de pommes, lequel Tassin souppa. . . . .   x libvres tournoys.

Le sabmedy X^e, je ne bouge de céans, Cantepye alla dès le matin à Cherebourg, pour recueillyr mes actes de lundi contre Quentin, il estoyt soleil cou-

___

(1) Noël, frère de Symonnet.

chant, quand il revinst. Je fys tirer ung marc de Haye (1). Tout le jour ne cessa de plouvoyr jusques viron soleil couchant. Symonnet et Thomas Drouet allèrent chercher les jumentz que j'avoye achattées de Hérart Loys pour voyer sy elles estoyent encore ensemble, pour ce qu'on les avoyt courues jeudi dernier pour en prendre une rouge a crins fauves pour Hommetz, que le Moussierre achatta.

Le dit jour apprès disner receu de Françoys Doysnart x sols et deux poulles restans de la S^ct Michel 1550 et trente sols sur le terme S^ct Michel dernier, dont je luy ay baillé quictance . . . . xliii sols.

Le dimenche XIe, je ne bouge de céans, je ne fus poinct à la messe pour ce que je me trouvoys mal. François sellier à Monstebourg vinst céans à disner pour voyer mes chevaulx. Il s'en retourna apprès disner et me promist qu'il reviendroyt demain coucher céans. Après disner Cantepye s'en alla chez Claude Cabart, il ne le trouva poinct, il estoyt au recroc des nopces chez Jehan Liot à Breteville. Je examine Robert Bihel et Guyon le Coq de Gonneville pour le différent d'entre la Beslee et Michel Mahiet.

Le dit jour receu du dit Guion le Coq filz Robin iii sols vi deniers pour Pasques et S^ct Michel derniers xxi deniers pour checun terme dont je luy baille quictance. . . . . iii sols vi deniers.

Le dit jour receu de Sanson Le Sage v sols qu'il doybt à la Seigneurie de céans, et deux poulles pour deux années d'arrerages deubz comme dessus.

v sols.

Le dit jour sur le soyr Cossin m'envoya une somme de pommes de Longpied (2) par ung nommé Gilles.

Le dit jour avant la messe j'envoye Symonnet à Neville chez Jehan Le Febvre porter mon présent des nopces de sa fille Tassine qui doybvent estre mardy avecque le sieur de Courcy. Il en revinst entre troys et iiii heures apprès mydy.

Le lundy XIIe, je ne bouge de céans, dès le matin Cantepye fut à Cherebourg pour mes procès contre Nicollas Quentin. Je fys tirer ung marc de Haye de deux pippes et laver des peppins par Guigars Benest, de Jurques, Michel Le Brises, et Jacquet Feullye, Cantepye apporta ung quartier de mouton et deux membres de beuf qui coustèrent x sols. Comme je me debvoys coucher arriva Chandeleur. Il ne cessa de plouvoyr d'empuys dix heures de matin jusques à soleil couchant . . . . x sols.

---

(1) Dans le Traité du vin et du Cidre traduit de Julien Le Paulmier par Cahaignes, il n'est fait mention que de la pomme de *Haze* longue et jaune très odoriférante.

(2) Sans doute la pomme de Longpommier décrite par Cahaigne dans le traité que nous venons de citer.

Octobre 1551.

Le mardy XIIIe, je ne bouge de céans, Cantepye fut à Vallongnes pour Thomas Drouet et ses compagnons asseyeurs de la taille contre Quentin, il en revinst viron à une heure de soleil et me dist que les selliers debvoyent venir.

Le mercredy XIIIIe, je ne bouge de céans, dès le matin, avant que je me levasse, François le sellier de Monstebourg, Benesville et deux serviteurs vindrent céans pour me faire des selles. Cantepye et le dit Françoys apprès disner à Vallongnes pour quérir du clou et de la trippe de veloux et des boucles doubles, ilz apportèrent pour deux solz de clou et troys solz qu'on bailla pour Benesville. Ilz n'arrestèrent point à Vallongnes, missire Gaultier Fortin de Gouberville vinst céans pour avoir des terres à louage. Il m'apporta six beccasses, il disna céans . . . . v sols.

Le jeudy XVe, je ne bouge de céans, dès le matin, Cantepye s'en alla à Vallongnes et Toutdoulx quand et luy pour apporter du cuyr pour faire les harnoys des selles. Le dit Toutdoulx s'en revinst et Cantepye s'en alla à Triauville.

Le dit jour, baille à Mariette Pivain pour son austage xxvi solz et sept solz pour le temps qu'elle avoyt esté céans d'empuys aust jusques aujourd'huy.
                                                            xxxiii sols.

Le vendredi XVIe, je ne bouge de céans, missire Clément Rouxel de Breteville vinst avant disner et disna avecque moy, Martin Pivain fut toute la matinée au guernier à pourgecter et boucher les pertuys des murailles pour les sourys.

Ledit jour, receu de la femme Jehan Le Clerc, sur le terme S[ct] Michel dernier, xxiiii solz . . . . xxiiii solz.

Le sabmedy XVIIe, je ne bouge de céans, dès une heure avant jour, j'envoye Collas, serviteur du sellier à la foire de Boutteville porter unes lettres à Madem[lle] de Marmion, je luy baille iiii sols. Dès que je fus levé arriva Robert, Faulconnier (1) en Angleterre, et son filz Jehan, ilz disnèrent, souppèrent et couchèrent céans. Viron soleil couchant, Cantepye revinst de chez son père. Claude et Gilles dictz Cabart, Vertboys me trouvèrent au pressoyr ou je faisoys laver des pépins.

Le dymenche XVIIIe, je fus à la messe ou je n'avoys esté puys la S[ct] Gille, a raison de ma maladie. Apprès disner, Robert Faulconnier en Angleterre, François le sellier et Benesville, s'en allèrent à la taverne chez Le Coyffye ; a leur retour ilz nous disrent qu'il avoyt battu sa femme. Incontinent vinst La Varine et la Chigorne, me dire que la Coiffié me priet que je envoyasse quelque ung de céans et que son mary avoyt presque assommée ; Cantepye, Thomas Drouet et le sellier y allèrent.

(1) Voir *Mémoires de la Société des Antiquaires de Normandie*, t. XXXI, p. 38.

Le dit jour receu de Jacques Le Clerc vi sols restans de trente sols dont la femme de Jehan son frère m'en avoyt baillé vendredi xxiiii, aynsy que cy devant est escript. . . . . vi sols.

Le dit jour pour deux peaulx de marroquin xxvii sols, ii libvres de chandelle, ung quartier de mouton, du fil de soye, du fil droyct noyr, du clou a sellier et des boucles que Cantepye m'avoyt jeudi envoyes de Vallongnes par Toutdoux et il Cantepye s'en alla à Triauville . . . . xlv sols.

Le dit jour, de relevée, receu de Mesnage soubs les chesnes de la Froyde rue ung escu sol sur ce qu'il me debvoyt de nostre dernier conte qui fut le xiiie de septembre dernier . . . . xlvi sols.

Le lundy XIXe, je ne bouge de céans d'avecque les selliers, dès le matin Cantepie fut à Cherebourg pour mes afferes contre Quentin, tant en viande que chandelle, des esgulettes et du clou pour les selliers et deux memoriaulx xiiii sols.

Le mardy XXe, dès le matin Cantepye fut à Vallongnes pour les asseyeurrs contre Quentin. Robert d'Angleterre (qui estoyt hier revenu de Cherebourg pour ce qu'il n'avoyt peu embarquer) s'en alla à Ommonville pour passer en Angleterre et Martin fils Mathieu quand et luy.

Le dit jour je ne bouge de céans, je fys curer apprès disner le puys, par le petit Angloys qu'on y descendit dedens le seau, Martin Pivain pilla a nostre pressoyer, les selliers aydèrent à retirer du puys celluy qui y estoyt descendu, le lacques de Sainct Naser vinst viron mydy pour quérir les selliers pour aller à Set Naser. J'envoye Jacquet à Daneville quérir le poulain qui estoyt malade de sa gourme, il estoyt nuyct quand il en revinst et l'emmena.

Le mercredy XXIe, je ne bouge de céans, apprès desjeuner Cantepye s'en alla chez Chandeleur et de là à Cherebourg et au boys de Haineville; il estoyt nuyct quand il revinst. Symonnet et Noël furent tirer de l'arbaleste et ne tuèrent rien, au soyer apprès soupper les selliers fisrent ung coussin pour tirer qu'ils couvrirent de la peau d'une chèvre noyre avecque le poil.

Le dit jour au soyr apprès soupper, baillé à Françoys le sellier xx sols vi deniers et à Benesville v sols sur ce que je leur pourray debvoyr, saouf à conter mays qu'ilz soyent de retour de St Naser et aulx deux garsons à checun ii sols vi deniers pour leur vin . . . . xxx sols vi deniers.

Le jeudy XXIIe, je ne bouge de céans, de grand matin Francoys le Sellier, Benesville, leur deux serviteurs et le lacques de Set Naser partirent pour aller au dit lieu faire des selles ; incontinent Cantepie alla à Valongnes pour avoir des journaulx de la recepte de Vallongnes pour produire contre Nicollas Quentin, il estoyt nuyct quand il en revinst.

Le dit jour, la relevée Joret et Myaulx Gaillard, Le fllz Pasquette, et Nicollas le Hott apportèrent deux charttées d'orge montantes lxviii libvres tournoys ; ilz souppèrent et couchèrent céans.

Le dit jour receu de la veufve Collas Gaillard dict Talebot, par la main du dit Joret viii sols iiii deniers du nombre de xii sols vi deniers que les enfans du dit Collas doibvent avecque leurs cohéritiers. Les dits viii sols iiii deniers pour les deux termes S^{et} Michel derniers pour la part des dits enfans.

viii sols iiii deniers.

Le dit jour, Jacquet Feullye fut à Brys avecque ung de mes harnois quérir ung tref pour la veufve Nicollas Freret que les du Pont luy avoyent vendu, il estoyt presque soleil couché quand il revinst.

Le vendredy XXIIIe je ne bouge de céans, tout le jour ne cessa de plouvoyr et la nuyct précédente fist une grosse tempeste. Incontinent que fus levé et comme Joret et ses compagnons s'en retournoyent arriva Gaulvain Quentin et Richard Cauvin qui me disrent qu'ilz avoyent trouvé ung cerf mort aulx Sicquetz de la Boussaye. Je y envoye Cantepie et Symonnet avecque les dessus dits et apprès qu'ilz furent partys arriva Nicollas Le Mareschal qui me dist qu'il avoyt trouvé ung cerf mort aulx Sicquetz de la Boussaye auquel je dictz que je y avoys ja envoyé et que Gaulvain m'en avoyt adverty. Tantost appres revindrent les dits Cantepye, Symonnet, Gaulvain, Cauvin et Loys Margeneste, qui apportèrent le dit cerf, qui estoyt jà passé et puant et en avoyent mengé les corbins soubz une espaulle et en une fesse a checun endroict aussy gros que le ventre d'un pot d'estain ; il fut distribué aulxdits Quentin, Caulvin et Margeneste et à Jehan Feullye, Jehanne Berger, Guillemine Valot qui besongnoient céans à Olivier Le Valot, à Toutdoulx qui battoyent en la grange. Le machacre m'en demeura qui portoyt huict cors.

Le sabmedy XXIIIIe, je ne bouge de céans, dès le matin Cantepye, Symonnet, Gauvain, Richard Cauvin, Margeneste, Jacquet et aultres allèrent quérir les vaches de la haye de Digoville pour en tuer une, ilz les amenèrent on les retinst et laissa en les aultres bestes.

Le dit jour pour une libvre de chandelle que Jacques apporta de Cherebourg

ii solz.

Le dymenche XXVe, je ne bouge de céans, je emmène de la messe deux cordeliers, ung surnommé Donnele et frère Jacques Freret, comme nous disnyons arrivèrent maistre Jehan Anquetil de Cherebourg et Gilles Cabart, qui disnèrent avec nous, Collin Besnard disna céans et Gaulvain qui tuèrent et abillèrent une des vaches que j'avoye hier faict amener de la haye de Digoville. Cantepie fut à Breteville pour parler a Jehan Liot qui estoyt à Fermanville et de la à Daneville chez Cabard, il revinst comme nous dynions.

Le lundi XXVIe, je ne bouge de céans, de grand matin Cantepye s'en alla à Vallongnes a l'assise pour mes affères contre Quentin et Basan. J'envoye Jacquet et Thomas Drouet a Cherebourg porter ung poinson de cydre à Monsieur le Mareschal et Symonnet et le petit Anglois faire ferrer deux de mes chevaulx pour ce viii sols vi deniers et pour deux demyes pippes que le dit Drouet apporta en la charrette viii sols. Il estoit nuyct quand ils revindrent et quand le dit Cantepye revinst aussy ; je fus la relevée chez Margeneste ou Jacquet Maresquier et ses varlets faisoyent une botte neufve. .   xvi sols vi deniers.

Le mardy XXVIIe, je ne bouge de céans, dès le matin Cantepie retourna à Vallongnes pour mes affères, Collin Besnard vinst saler et dépecer la vache qu'il avoyt dimenche tuée. Il disna céans, après disner Symonnet fut à Cherebourg en porter une longne à Monsieur le Mareschal. Je baille au dit Besnard pour sa poyne deux pièces de viande et deux sols . . . . . ii sols.

Le mercredy XXVIIIe jour S^{ct} Simon et Jude, je ne bouge de céans, dès le matin j'envoye Cantepye chez Esgremont (1) a Valcanville pour deux falsites que Raullin Michel et Nicolas Quentin avoyent hier faictes à Vallongnes, l'une contre Gilles Auvre et l'austre contre moy. Il ne trouva point le dit Esgremont, il estoyt à Tollevast. Comme je debvoys disner arriva Charles le Nepveu et ung jeune prebtre de S^{ct} Croix en la Hague pour quelques procès qu'ils avoyent aulx haultz jours. Ils disnèrent céans. Apprès disner arriva Guillaume Bachelet et Pierres Varin, incontinent m'en allé à la vente de Digoville les dessus dits Varin et Bachelet, Symonnet et Thomas Drouet avecque moy. De là j'envoye le dit Drouet et Symonnet chez Le Four pour faire délivrance d'une jument que Quentin Le Court avoyt baillé à la Bellée, je m'en revins le dit Bachelet et Varin et Denys Quentin avecque moy, lequel venoyt de Quieneville.

Le dit jour en me revenant de la haye de Digoville les dessus dits avecque moy, je trouve au clos des Ventes toutes les brebys de la Froide Rue et six pourceaulx pour Nicollas Quentin que je fys amener en prison, Guillaume Feullye se trouva au dit clos qui ayda a les amener. Le dit Bachelet souppa et coucha céans.

Le dit jour, baille à Benest qui s'en retournoyt à Jurques pour cinq sepmaines qu'il avoyt esté céans . . . . x sols.

Le dit jour, receu de Vincent Paris sur le terme S^{ct} Michel dernier x sols du nombre de quarante troys sols qu'il et ses cousins doybvent à la seigneurie du Mesnil. . . . . x sols.

Le jeudy XXIXe, je ne bouge de céans, j'envoye par Jacquet et le petit Anglois les pourceaulx Nicollas Quentin au parc à Tourlaville.

La relevée Henry du Four vinst céans, pour faire délivrance des dits pour-

---

(1) Cette famille qui a un arrêt de maintenue du 26 may 1574 descendait d'anciens tabellions et était originaire de la Pernelle. Celui dont il s'agit doit être Guy d'Egremont lieutenant du Vicomte de Valognes.

ceaulx ce qu'il ne fist pour ce qu'ilz estoyent desjà au parc. Je rendys à Thoumine Margeneste ses brebys present le dit Le Four.

Le dit jour Thomas Drouet et Françoys son frère pillèrent cent quinze rasieres de pommes au pressoyr de céans et comme ilz y estoyent vinst le frère missire Pierres Groult qui demandoyt une hache à Cantepye, qui estoyt allé dès le poinct du jour a Vallongnes pour mes affères, il estoyt nuyct quand il en revinst.

Le vendredi penultime, je ne bouge de céans, dès le matin Cantepye, Martin Pivain Jehan et Raullet dictz Feullye furent à la forest et abbatirent ung arbre fau qui avoyt pie et demy de pourry dedens tout amont l'arbre plus de vingt piedz en hault, il pleut toute la relevée. Jacques et le petit Anglóys furent à Cherebourg quérir demye libvre de succre pour Mathieu qui est enreusmé pour ce v sols. La relevée je m'en allé au clos des ventes et de là m'en revins par chez Mesnage, où il survinst ung mercyer, duquel j'achatte une douzaine d'aguillettes que je donne a Guillaume et Philippes dictz Mesnage et deux centz d'eplingues dont j'en donne ung cent à la Mangonne et l'austre a Jehanne Birette qui y cousoyt, le tout me cousta xviii deniers. vi sols vi deniers.

Le sabmedy vigille de Toussainctz, je ne bouge de céans, viron sept heures de matin, Cantepye alla à Vallongnes le petit Angloys avecque luy. Incontinent arriva Cossin qui apporta deux vitecos, il me trouva au pressoyr ou Thomas Drouet faisoyt coucher son marc.

Le dit jour viron neuf heures missire Guillaume Le Flamenc vinst céans et apporta une trouelte saulmonnière, des lieux et des barsseteaulx, il ne voulut disner céans pour ce qu'il avoyt promys à Harcla s'en retourner disner avecque luy, comme il disoyt. Cantepye et le petit Angloys revindrent de Vallongnes sur les quatre heures apprès mydi ; Incontinent nous mysmes à desjeuner.

Novembre 1551

Le dymenche jour de Toussainctz, je ne bouge, au soyr apprès soupper arrivèrent Françoys Le Buhottel sellier à Monstebourg, Benesville et leurs deux serviteurs qui venoyent de S^{ct} Naser de faire des selles ; Cantepye partit asses tost apprès pour s'en aller a Triauville, pour ce que son frère le mandoyt en dilligence.

Le lundi IIᵉ jour des trespassés, apprès le service et disner, je conte aulx dits Le Buhotel et Benesville pour sept journées qu'il avoyent esté céans avant que aller a S^{ct} Naser, et pour les étoffes de deux selles, je leur debvoye vii libvres xvii sols vi déniers, que je paye contant et xl sols vi deniers qu'ilz

Novembre 1551.

avoyent heuz a jour passé dont j'ay faict memoyre cy dessus.   vii libvres xvii sols vi deniers.

Le dit jour au matin avant le service, Martin Drouet, Martin Loyr, Martin Le Galloys et Thienot Voysin tous de Saulsemesnil vindrent parler a moy pour les fleffes et apprès Vespres revinst le dit Voysin qui me apporta une somme de pommes. Jacquet fut au moulin a Tourlaville et à Cherebourg quérir une libvre de chandelle. . . . . ii sols.

Le dit jour au soyr apprès soupper je fys estuver la teste du poulain pie de ceste année de ma jument haquenée, lequel a le raclet et pensé la jambe de Collas serviteur du Sellier de Monstebourg lequel Collas estoyt demeuré céans pour ce qu'il ne pouvoyt aller.

Le mardy IIIe, dès le matin je m'en allé à Vallongnes, Cantepye, Symonnet, et Gilles Cabart avecque moy aulx haultz jours, nous dinasmes chez Denys le Verdier de Vallongnes, le procureur Vastel, maistre Pierres Collas, Blanqueville, Cossin, Demons, La Planque, Thierrye, Quentin Le Court et plusieurs aultres, après la jurisdiction tenue, je m'en vins, il estoyt iiii heures quand je party, Le Parc, et le voyeur s'en vindrent quand et nous.

Le mercredy IIIIe, je ne bouge de céans d'avecque les tonneliers de Manneville, qui y estoyent venus du jour d'hier pendent que j'estoys à Vallongnes.

Le dit jour, dès le matin, Cantepye s'en alla à Vallongnes pour mes affères, pour de là s'en aller coucher à S^{ct} Saulveur, aulx assises qui estoyent demain, Guillaume Feuillye alla à Vallongnes quand et luy. Après desjeuner, Symonnet s'en alla pour quérir maistre Gilles Cabart et s'en allèrent leurs deux à Sainct Pierre Église ou le dit Cabart et Bristenez le viel examinèrent Raullette Laustour de Clitourp contre Nicollas Quentin à la requeste du procureur du Roy. Il estoyt nuyct quand le dit Symonnet revinst.

Le jeudi V^e, avant disner, Cantepye revinst de Vallongnes et ne fut poinct à S^{ct} Saulveur, les assises en estoyent différées, pour unes bottes qu'il m'apporta lii solz et pour sa despense du jour d'hier, et le salayre du clerc à la Croche qui escripvit ung propos contre Nicollas Quentin, x sols, après disner je m'en allé à la Verrerye à Bris Cantepye avecque moy ou je n'arreste guères pour ce que le curay auquel j'avoys affère n'y estoyt poinct, nous en revinsmes par chez Robert Burnouf . . . . lxi sols.

Le dit jour les tonneliers fisrent une botte pour Guillaume Feullye toute preste d'enfoncer, il leur ayda tout le jour.

Le vendredi VIe, de grand matin, Cantepye s'en alla aulx plès à Cherebourg contre Quentin. A soleil levant, je m'en allé à Gouberville, Symonnet avecque moy, missire Guillaume Le Flamenc y vinst viron mydy, nous disnasmes ensemble, apprès avoyr devisé de nos affères touchant le clos à jans. Avant que le dit Flamenc vinst, je fus voyer le couvreur qui besongnoyt sur la maison

Piquot. En revenant de là je bœuz du cydre chez Guillaume Becquet, que Marguerite sa femme nous donna, dont je fus malade et Symonnet qui en beut, Joret et Marguet y estoyent. Nous partismes de Gouberville entre troys et quattre, il estoyt nuyct quand nous revinsmes. Apprès soupper, les tonneliers s'en allèrent enfonser ung vesseau chez Auvre.

Le dit jour, receu de Jacques Burnel sur le terme S^{ct} Michel et Pasques derniers ung pistolet pour xliiii sols, par la main de Olivier le Valot son gendre en la grange de céans . . . . xliiii sols.

Le dit jour, receu de Germain Drouet, par la main de Loyse sa chamberière, ung escu sol, pour cinq boisseaulx de fourment dont y en a ii boisseaulx pour le terme S^{ct} Michel dernier, et l'austre je luy avoye presté cest esté. . xlvi s.

Le sabmedy VIIe, dès le matin, Cantepye s'en alla à Cherebourg pour recueullyr les expéditions d'hier contre Nicollas Quentin, et moy quand et quand à Vallongnes, Symonnet avecque moy, pour parler au recepveur des tailles touchant les deniers des fleffes, lequel je trouve en sa maison et y survinst maistre Pierres le Poyctevin et Nicollas Lhermitte, sergent de Blanqueville ; de là je m'en allé chez le curay de Cherebourg où je fus quelque temps, puys m'en revins chez Denys où je trouve Monsr Le Viconte et le lieutenant Bastard, et le sieur du Desert qui s'en alloyt coucher au Pont Joliman comme il disoyt, le dit sieur viconte me dist qu'il avoyt prins la pasture au brebys de Thomas Hurel et qu'il l'avoyt faict seullement pour avoir le boys qui est dessus, auquel viconte je respondis qu'elle estoyt à moy et que je l'avoye achattée et payée. Puys il me dist qu'il ne le scavoyt rien et qu'il ne l'avoyt pas faict, et que quand elle seroyt à luy qu'il me la bailleroyt et qu'il n'avoyt affère que du boys. Le tout présent le dit Bastard et Françoise, femme du dit Denys, et sur la fin des propos arriva le dit sieur du Desert ; je monte à cheval entre deux et troys.

Le dit jour baille aulx tonneliers de Magneville pour cinq journées qu'ilz avoyent besongné céans xx sols et ii sols que je leur donne . . xxii sols.

Le dymenche VIIIe, je ne bouge de céans, Joret et Martin Birette vindrent céans et y disnèrent, après vespres je m'en allé à la haye de Digoville, Cantepye, Symonnet, Mesnage et Guillaume Feullye avecque moy, en passant par le Bordel Besle et Maslard s'en vindrent avecque nous jusques à la pasture aulx brebys ; de la Cantepye et Feullye s'en allèrent chez Jacques Cabart, et je m'en revins avecque les aultres les dits Besle et Boudin nous convièrent jusques au pré Pinel.

Le dit jour pour ung quartier de mouton que Jacquet Feullye apporta de Tourlaville avant la messe, de chez Binet. . . . . iiii sols.

Le lundy IXe, dès le matin Cantepye s'en alla à Cherebourg pour mes afferes contre Quentin, et Symonnet et moy après desjeuner je n'y beu ny menge, Monsr le Mareschal estoyt aulx nopces chez Pierres Groult apprès qu'il y eust disné, je parle à luy. J'achatte de la Motte une aulne de blanchet pour Mathieu, et de Jehan Caulvin troys aulnes de foutin et une aulne de doubleure rouge ; pour ii libvres de chandelle que Symonnet achatta et pour mes chevaulx chez Nicollas Symon ii sols . . . . vi sols.

Le dit jour avant que aller à Cherebourg Sandrin arriva céans, le fils Jehan Anquetil de Tevillie et Hélène fille du dit Sandrin avecque luy. Je luy fys tailler unes chausses et ung pourpoinct pour le petit Angloys. Comme je sortoys de la porte de Cherebourg sur les quatre heures pour m'en venir, je trouve Messieurs de Couriac à la porte qui me arrestèrent une grand heure à deviser avecque eulx. Dedens la cohue durant les ples que Monsr le Viconte tenoyt, Jehan Potier de Tourlaville procureur des paroissiens me promist bailler les lettres comme Basan avoyt vendu à Monsr le trésorier Laquette dix libvres de rente, pour les voyer.

Le mardy X^e, je ne bouge de céans d'avecque Sandrin qui besougnoyt pour Mathieu. Quand je me lève, je trouve Jehan Luce qui m'avoyt apporté les lettres dont mention est cy-dessus faicte, après les avoyr leuz, je les luy rendy, après disner, Cantepye s'en alla à Cherebourg et s'en revinst par Breteville pour parler à Chandeleur qu'il ne trouva poinct. Jacques Meslin, de Triauville, vinst apporter unes lettres au dit Cantepye, comme il estoyt cyte pour se trouver le xviiie de ce moys au presbitaire de Baudreville. La relevée, je m'en allé à la carrière de la Briayre, où Hamel tiroyt de la pierre pour Thomas Drouet qui y estoyt aussy, le mareschal pensa la jument haquenée qui a mal à la mammelle.

Le mercredy XIe jour S^{ct} Martin, dès le matin, nous partismes de céans, Cantepye et moy, pour aller à S^{ct} Saulveur le Viconte, aulx assises qui sont demain, nous passames par Vallongnes ou mes chevaulx repeurent ii sols et pour une payre d'esperons iiii sols et ii sols que je donne à Benesville devant chez Fenard. Nous partismes ung peu avant xii heures, nous attaignismes au moulin de Coulomby Richard Becquet et Thomas Fortin de Gouberville. J'arrive à S^{ct} Saulveur entre une et ii heures apprès mydy chez une femme hostesse nommée Regnaulde en la basse cour du dit S^{ct} Saulveur, et asses tost apprès arrivèrent les dits Becquet et Fortin qui souppèrent avecque nous. Je ne bouge tout le reste du jour du logis à raison que les advocats du lieu estoyent à la Haye du Puys. Comme nous souppions vinst ung des frères Vauppepin me prier d'aller souper à sa maison, ce que ne fys pour ce qu'avions jà commencé à soupper.

Le jeudy XIIe, après avoir desjeuner avecque le bailly de S^{ct} Saulveur le viconte le procureur La Cauchonnère, Vaupepin, Beaurepayre, Guillaume Vastel et plusieurs aultres, il me cousta vi sols, après disner nous allasmes tous à l'àssise, apprès ma cause expédiée contre le dit Vastel je m'en vins à mon logis . . . . vi sols.

Le dit jour apprès estre revenu de la cohue, je trouve à mon logis, Jacques Le Chevalier serviteur de Madem^{lle} de Beauchamp et Blaise Mouryce sergent de la forest et Cantepie qui banquetoyent. Je conte à mon hostesse, je luy delivoys xxi sols que je paye, puys monte a cheval et nous en vinsmes, je passe par Vallongnes a soleil couchant et parle à Monsieur de Cherebourg present Les Vaulx greffier à l'officialité de dedens la salle. Je baille a Françoyse x sols pour avoyr du poyscon et qu'elle me l'envoyast demain pour ce que je debvoye avoir le lieutenant Esgremont et le greffier pour recoller tesmoings contre Nicollas Quentin. Il estoyt nuyct quand nous arrivasmes . . . . . xxi sols.

Le vendredy XIIIe, je ne bouge de céans, Esgremont Flamichon, maistre Jehan Binet vindrent confronter les tesmoings contre Quentin ce qui fut faict au presbitayre, y survinst Guillaume Cabart. Apprès la confrontation faicte les dessus dits s'en vindrent disner céans et en partirent viron iii heures apprès mydy.

Le dit jour pour du pain et du vin que Symonnet apporta de Cherebourg.
                                                                viii sols.

Le dit jour le sieur des Hachées vinst coucher céans pour aller le landemain à Monstebourg achatter du gibier pour ung banquet qui debvoyt estre dymenche a S^{et} Nazer. Apprès soupper je m'en allé chez Drouet, Symonnet et Jacquet et le petit Angloys avecque moy pour ce que Thomas avoyt esté contrainct pour les Brehelles.

Le sabmedy XIIIIe, je ne bouge de céans, plus de deux heures avant jour le dit sieur des Hachées partit pour aller à Monstebourg, Symonnet le convia jusques à Tamerville, quand il fut jour, Cantepye s'en alla a Cherebourg et en revinst viron i heure apprès mydy et les Hachées sur les iii heures. Sur le soyr Chandeleur vinst qui fist arrest entre mes mains de quelques deniers en quoy je puys estre redebvable a Gatteville à la requeste du sieur de Magny et des prêbtres et clercs et des trésoriers de Tourlaville, il souppa céans. Je fys piller liiii rasières de pommes de Barbarye (1) par Jacquet et Guigars, je baille a Philippin Hamel au soyr ung boysseau d'orge pour vi sols pour des journées qu'il avoyt faictes céans. . . . . vi sols.

Le dymenche XVe, je ne bouge de céans, apprès la messe arrivèrent Joret

---

(1) Pomme de Barbarie de Biscaye ; cette espèce était déjà fort répandue dans la Manche, car le Docteur Cahaignes la signale dans son traité du Vin et du Cidre comme se trouvant à Piquauville chez Monsieur de la Haulle, près le Bourg-l'Abbé en Costentin. Comme on va le voir tout à l'heure, le s^r de la Haulle était Jacques Davy grand bailly du Cotentin.

 et Richard Becquet de Gouberville. Ils disnèrent le dit Becquet me transporta une obligation de XLV livres tournoys sur Gatteville. Apprès disner arriva Gilles Lenfant arpenteur, il disna. Ce faict je m'en allé à Cherebourg le dit harpenteur et Symonnet avecque moy pour ce que j'estoys du gué avant mynuyct et le landemain de la porte ; je souppe chez Monsieur le Ma-, reschal et Douville avec nous. Apprès soupper, nous allasmes sur la muraille pour deux potz de vin aulx compagnons IIII sols. Sur les douze heures, je m'en vins coucher chez Nicollas Symon . . . . IIII sols.

Le dit jour, avant qu'aller à Cherebourg, j'appoincte Jacques Burnel et Raullet Feullye pour le reste du mariage de la femme du dit Raullet, et receu du dit Burnel, pour le reste des termes Pasques et S^{ct} Michel derniers, XXX sols, dont je luy baille quictance. Cantepye demeura céans pour opposer contre Gatteville s'il me venoyt contraindre pendent que je seray à Cherebourg. XXX sols.

Le lundy XVIe, apprès six heures de matin, je me trouve à l'ouverture de la porte avecque les portiers et gens d'armes de la Place, et fys la porte tout le jour ; je disne au chasteau avecque Messieurs de Couriac. Apprès disner, pour le vin de ma porte aulx compagnons, en vin VI sols, pour une journée de mes chevaulx chez Nicollas Symon VIII sols, baille à Symonnet pour avoyr du cuyr à racoutrer ses bottes IIII sols. Apprès IIII heures, je demande congé au cappitaine et nous en vinsmes l'arpenteur et Symonnet soupper et coucher céans. XX sols.

Le mardy XVIIe, dès le matin, je m'en allé à Vallongnes le dit arpenteur, Cantepye, Gilles Cabart avecque moy, pour parler à Monsr Trexot qui y estoyt. En allant, le dit arpenteur et Cantepye appoinctèrent le différent qu'ils debvoyent avoyr pour ung louage qu'il avoyt faict au dit Cantepie ; nous dynasmes chez Denys, le procureur Vastel, maistre Pierre Collas, Lesperon, le dit Cabart et Bellot, procureur du commandeur de Valcanville. Apprès disner, je m'en allé voyer le dit sieur Trexot ou je fus jusques à soupper, nous souppasmes nous deux tous seulx, pour II pots de vin IIII sols, puys m'en vins à mon logis, pour la journée de mes chevaulx, VIII sols, je monte à cheval à dix heures et nous en vinsmes au cler de lune Symonnet avecque moy . . . . XII sols.

Le dit jour, viron mydi, Cantepie partit de Vallongnes pour estre le landemain à Baudreville, au presbitayre, pour voyer apprécier les réparations. Il me dist qu'il s'en alloyt coucher à S^{ct} Saulveur, ou à la Haye du Puys. Symonnet arriva sur les quatre heures, pour s'en revenir quand et moy, il estoyt demeuré à ce matin pour faire raccoutrer ses bottes.

Le mercredy XVIIIe, apprès desjeuner, je m'en allé à Cherebourg, Symonnet avecque moy pour avoyr attestation du cappitaine de mon guet et de ma porte pour porter sabmedy à Coustances à la monstre de l'arrière ban, pour mon exemption. Je trouve Monsr le Mareschal et Pierres de St Jehan au banquet, nous allasmes chez Gabriel Symon ou trouvasmes Georges Giffart, le Parc, Flamichon et le jeune les Essarts, qui jouent au flus. Le dit Giffard escripvit mon attestation, puys m'en vins à la porte ou le cappitaine me la signa puys aulx faulx bourgz pour ferrer le grand cheval et la haquenée et pour d'aultres fers de jour passé, xii solz, et ung pot de vin que je paye chez Gabrielle ii solz, je party à deux heures apprès mydi. . . . . . xiiii sols.

Le jeudy XIXe, apprès desjeuner, comme je debvoys monter à cheval pour aller à Vallongnes Symonnet avec moy arryva le sieur de Gatteville et son more auquel sieur je baille soyxante libvres tournoys, sur ce qui est entre luy et moy. Sur ses entrefaictes arriva Cantepye qui revenoyt de Baudreville où il estoyt allé mardy de Vallongnes, puys nous en allasmes coucher à Vallongnes les dits Cantepye et Symonnet avecque moy, nous y arrivasmes entre deux et troys. . . . . lx libvres tournoys.

Le dit jour apprès nous arrives à Vallongnes chez Denys, je fys escripre à Nicollas Basan la lettre de la fleffe de la bryayre et de la fleffe du maresc de la Froyde Rue et aultres, il heult pour sa poyne xii sols et pour nostre soupper et de mes troys chevaulx xxii sols, et à Richard, serviteur de Monsr Trexot qui me scella mes lettres viii sols. . . . . . . , ... xlii sols.

- Le vendredy XXe, apprès avoyr faict signer mes lettres à Monsr Trexot, estant encore en son lict, nous partismes de Vallongnes entre huyct et neuf, le sieur de S^{et} Naser avecque nous pour aller à Coustances à la monstre de l'arrière ban qui y estoyt termée à demain. Nous dynasmes au Pont Labbé, pour ce ix sols et pour le passage i sol, et de là coucher à Coustances au Daulphin; il estoyt vi heures quand nous y arrivasmes. Sans Monsieur de Fontayne qui nous presta sa chambre, nous n'y eussions poinct logé pour la presse qui y estoyt . . . . x solz.

Le sabmedy XXIe, tout le jour, nous ne bougeasmes de Coustances et dynasmes au Daulphin S^{et} Naser et les Hachees, Omonville-la-Jouan, Le Tourp à la Hague, Beaumont et ung serviteur de Senoville. Incontinent allasmes à la monstre qui se tenoyt à la cohue par Monsr le bailly (1) et Monsr de S^{ote} Marye du Mont qui estrivoyent pour qui la tiendroyct. Apprès la viconté de Vallongnes appelee nous nous en vinsmes à l'église, ou nous trouvasmes Monsr le grand vicayre avecque lequel je me pourmene longtemps, puys nous fist monstre la lanterne par ung des cousteurs et montasmes jusques au

- (1) Jacques Davy, chev^r seig^r du Bois, de la Haulle, de Lolif, Montviron, la Belière, le Breuil, Villiers, Sortoville et Gourbesville, conseiller et chambellan du Roy et grand bailli du Cotentin, 1538-1559.

[de Chantereyne.]

couppeau, Cantepye et Symonnet avecque moy, où nous fusmes viron demye heure. Apprès nous en allasmes vers les Jaccobins ou devant l'église d'iceulx Auxes et Pretot cuyderent avoyr querelle qui fut appoinctée par le sieur de Fontaynes. Ce faict, je m'en vins soupper chez Monsieur le grand vicayre, ou je trouve Monsr de Magneville, le fllz de Gratot, Sottevast, le frère des Mousties et plusieurs aultres qui y souppèrent, pour ung gallon de vin v sols, Symonnet et Cantepye souppèrent au Daulphin avecque Monsr de S^{ct} Naser et aultres. Comme nous achevions de soupper chez le dit sieur grand vicayre y arriva le sieur de Grattot. . . . . v sols.

Le dymenche XXIIe, dès le poinct du jour nous sortismes de nostre logis le sieur de Fontaines et moy et allasmes à l'église pour ouyr messe, ou se trouvèrent les sieurs de S^{cte} Marye du Mont, de Pretot, le viconte de Carenten et le sieur de S^{ct} Germain et prindrent conclusion de soy trouver mercredy prochain chez le dit sieur viconte pour appoincter les dits sieurs de S^{ct} Germain et Pretot ; le sieur de Fontaines et nos serviteurs allasmes desjeuner à la croix blanche pour checun v sols. Puys m'en allé conter a mon hostesse ; il me cousta pour notre soupper, de vendredi, nostre disner de sabmedi, et le soupper de Cantepye et Symonnet, et pour la journée et soupper de mes troys chevaulx L sols que je paye contant. Comme nous debvions monter a cheval vindrent le sieur de S^{cte} Marie, Pretot, le dit Viconte, Audouville, Fontaines pour nous appoincter Pretot et moy, ce qui fut escript, par L ducats sol. Cependent Pretot s'en alla à Grattot, je laisse l'escript à Cantepye qui s'en alla quand et le dit s^r de S^{cte} Marie à Grattot, pour que Pretot signast le dit accord. Nous vinsmes le dit sieur de Fontaines et moy disner au Pont Joliman, pour ce IX sols, passe au Pont L'abbé I sol ; nous atteignismes a Orglandes Rattauld, l'advocat Verrier, Arreville et plusieurs aultres. Le dit sieur de Fontaines me pria de demeurer chez luy à Urville, ce que ne fys, et m'en vins coucher céans, Symonnet quand et moy. Il estoyt six heures quand nous passasmes par Vallongnes et neuf quand nous partismes de Coustances . . LXV sols.

Le lundi XXIIIe, je ne bouge de céans, au soyr viron III heures Olivier le Valot avecque moy je trouve Pierres Magnen et son fllz le prêbtre qui abbattoyent ung estoc de chesne encor verd près la lesquelles par devers la forest, je leur oste leur haches, le dit Olivier les apporta céans.

Le mardy XXIIIIe dès le matin je m'en allé à Vallongnes produyre mon exemption de ban au greffier de bailliage, le petit Angloys avecque moy. Nous attaignismes missire Jehan Auvre près la Vente sur le fest, qui portoyt des eaues distillées a maistre Jehan Poullain appoticayre, à Beaumont, nous attaignismes le procureur Brisenes et Jehan Pottier de Tourlaville. Nous dynasmes chez Denys, les dits Brisenes et Potier, le fllz Perrin Roulland, maistre Nicolle Basan et Symonnet qui s'en estoyt venu apprès moy. Comme achevions de disner entre unze et douze arriva Cantepye qui revenoyt de Coustances et avoyt couché à Besneville chez Bellée ou il estoyt arrivé lundy à disner comme il disoyt, nous despendismes xviii sols que je paye. . .   xviii sols.

Le dit jour Nicollas Quentin perdit sa cause en Eslection contre Thomas Drouet, Louys Pyvain et Vincent Paris asseyeurs de la taille du Mesnil, presens les dits Pyvain et Parys, Drouet estoyt malade de la goutte en sa maison. Je party de Vallongnes apprès iiii heures les dits Brisenes et Potier quand et nous.

Le mercredy XXV° jour, S^{cte} Catharine je ne bouge de céans apprès une pettite messe que missire Jehan Auvre dist devant la grande, je m'en allé voyer Thomas Drouet, malade de la goutte, Symonnet avecque moy où nous fusmes bien une heure, puys m'en vins disner. La relevée j'envoye Gillette Troys sepmaines chez Tibert porter ung petit chien courant à nourryr, il estoyt nuyct quand elle revinst.

Le jeudi XXVI°, je ne bouge de céans, dès le matin Cantepie s'en alla à Cherebourg pour recuellir des actes contre Nicollas Quentin, pour deux libvres de chandelle et pour les dits actes vii sols. Il estoyt viron iii heures quand il revinst; je fys semer iiii boisseaulx de fourment par Jacquet Feullye. Au soyer apprèr soleil couchant passèrent par céans le curay de Agneville qui revenoyt de Rouen, et maistre Gilles Cabart qui revenoyt de Vallongnes, je les convie jusques emmy la champagne de ceste ville où je rencontre Guillaume Feullye qui s'en revinst quand et moy céans et y souppa.

vii sols.

Le vendredi XXVII°, je ne bouge de céans d'avecque Doysnard, Hamel, Valot, Toultdoulx, Guillaume Parys, qui essartèrent soubz l'ostel Valot pour voyer par où l'eau du moulin que je veulx faire faire doybt passer. Cantepye fut aulx ples à Cherebourg contre Quentin pour les expéditions, et la journée de Douart Oston qui fut confronté . . . .   viii sols.

Le sabmedi XXVIII°, je ne bouge de céans, comme je m'en alloys à mes essarteurs soubz la bryayre Symonnet avecque moy Henry du Four et Bachelet, nous attaignirent au clos au Couvert, ils s'en revindrent desjeuner céans avec Symonnet et je tiray oultre à mes essarteurs. Cantepie fut à Cherebourg pour recueillyr les actes des expéditions du jour d'hier, pour ung quartier de mouton et ung quarteron de pouldre à canon, de linyment pour la jambe de Raoul et pour ung mémorial . . . .   x sols.

Le dit jour comme je m'en alloye de mes essarteurs desjeuner, je rencontre au grand chemin devant la maison Hamel Loys Margeneste, Guillaume Freret, Gaulvain Quentin, Margot, Perrette, Marie et Thoumine dictes Cauvin, Jehanne et Giron Lasnier, Jehanne Freret qui s'en alloyent au Teil, aulx nopces de la dite Thoumine qui se marie avecque Jehan Galie.

Le dymenche pénultime je ne bouge de céans Les Essartz y disna et Cardin Julien filz Cardin son clerc. Le dit des Essartz ne nous peult appoincter Nicollas Quentin avecque moy, apprès disner je fus convier les Essartz jusques en grand camp, Cantepye avecque moy.

Le lundi dernier jour S^{ct} André je fus à Cherebourg, Cantepie avecque moy pour accorder le sieur du Couldre avecque les paroissiens d'Agneville et Flotemanville ce que je fiz et dynasmes chez Nicollas Symon le dit sieur Charles Le Nepveu, Robert Le Nepveu, Bertran Murdrac escuyer et plusieurs aultres jusques à nombre de trente quatre. J'atasche à faire deux barres de fer à Collas la Galle a xII deniers pour libvre et luy baille vIII sols d'arres, presens les dessus dits. J'achatte de Jehanne Carreleur une libvre d'acyer en barre IIII sols pour mettre aulx dites barres, puys nous en vinsmes les Essartz avecque moy jusques à la Croix Boullon, il estoyt nuyct quand nous arrivasmes .　xII sols.

Décembre 1551

Le mardi premier jour apprès desjeuner je m'en allé à Vallongnes Cantepye avecque moy, nous arrivasmes à xII heures, tout le reste du jour je fys extrayre par Basan des journaulx de la recepte du domaine les lignes dont j'avoys affere pour produyre contre Nicollas Quentin, puys m'en allé soupper chez le Verdier, le viconte, La grange et sa femme y souppèrent pour ung gallon de vin v sol. Apprès je m'en vins Cantepye avecque moy qui avoyt souppé, coucher chez Denys.

Le mercredy IIᵉ dès le matin le dit maistre Nicolle Basan revinst pour achever d'extrayre des dits journaulx, nous dynasmes léans le procureur Vastel, le sieur du Couldre, le sergent Boys Regis, le sergent Pelerin, missire Jehan Masse et plusieurs aultres, je paye le banquet de xxv sols puys fys collationner sur les originaulx par Ratault qui disna chez Denys et Cantepye.

vIII sols.

Puys conté à Françoyse je luy debvoys comprins ce que dessus xL sols que je paye, puys m'en vins, il estoyt nuyct quand nous partismes maistre Gilles Cabart s'en [vinst] quand et nous et souppa céans. . . . . . .　xL sols.

Le jeudi IIIᵉ, je ne bouge de céans d'avecque Doysnard et Hamel qui essartoyent à la bryayre, de la Henry Gardin me mena (Gilles Auvre avecque moy) voyer son cheval qui avoyt une jambe rompue, près les Ventes Busnel, apprès que nous l'esmes veu, je m'en revins à mes essarteurs où je fus jusques à jour faillant, pendent lequel temps y vinst Mesnage.

Le vendredy IIIIᵉ, dès le matin, avant jour, je m'en allé à Cherebourg, aulx ples contre Nicollas Quentin, Cantepie avecque moy, nous y arrivasmes avant porte ouvrante, parquoy descendismes aulx faulxbourgs chez Robert de la Planque, avant que les ples allassent en siège, maistre Thomas Hurel récolla et confronta les tesmoings de la truye du pasnage contre Nicollas Quentin, puys mist le dit Quentin entre les mains de Chandeleur, sergent, pour ce que le dit Quentin se trouva attainct de parjure et larresin. Je fys achever à Nicollas La Galle en ma présence deux barres de fer pour carreyer de la pierre. On fermoyt la porte quand nous partismes; pour deux libvres de chandelle que le petit Angloys vinst quérir, iiii sols, et pour mes chevaulx chez le dit la Planque, ii sols . . . . vi sols.

Le dit jour, Thomas Alexandre, Marin Flamenc, Guillaume Gaillard, Guillaume Becquet, et Nicollas Le Hot de Gouberville, m'apportèrent deux quartz de harenc. Et lundi dernier, comme je revins de Cherebourg, je trouve le dit Gaillard et Lienard Castel qui m'avoyent apporté ung aultre quart de harenc.

Le sabmedi V°, dès le matin, je m'en allé à Vallongnes, maistre Gilles Cabart et Symonnet avecque moy, nous dinasmes chez Denys, Roger le Coustelier et Bertran Abaquesne (1) avecque nous, duquel j'achatte une usserye pour xv sols dont je luy en baille viii sols, nous despendismes xiii sols que je paye; comme je debvoys monter à cheval pour m'en venir, arrivèrent Chandeleur et Françoys Damours (2) qui amenoyent Nicollas Quentin prisonnier. Je baille à Symonnet v sols, pour accoustrer son espée, pour ung mors que j'achatte viii sols, puys partismes tous ensemble, les dits Cabart, Chandeleur, Damours et Symonnet, après soleil couchant et rencontrasmes le viconte de Vallongnes et Jehan Girard près Cyfrevast qui venoient de voyer les mineurs de la Ferrière qui besoignent pour le dit sieur viconte. . . . xxxiii sols.

Le dit jour, Cantepye partit de céans quand et moy pour aller à Hayneville recueillr de la cheville à navire que Perrin Vigot luy debvoyt libvrer, il en revinst viron solleil couchant, comme il disoyt.

Le dit jour, les dits Damours et Chandeleur souppèrent et couchèrent céans.

Le dymenche VI°, je ne bouge de céans; avant la messe j'envoye Jacquet Feullye à Cherebourg quérir chez La Galle les barres de fer que j'avoye faict acérer vendredi et lui baille xxviii sols. Après que fus revenu de la messe, je trouve Françoys Dauge céans qui venoyt de Vallongnes comme il disoyt. Après disner je m'en allé pourmener vers l'ostel Valot, Cantepye, le dit Dauge, Hamel et Doysnard avecque moy, nous rencontrasmes Mesnage aulx Croultes qui rapportoyt les cribles que je luy avoys preslés à jour passé, il

(1) Abaquesne, nom patronymique de la famille de Parfouru actuelle, qui est originaire des environs de Valognes.

(2) Françoys Damours, écuyer, archer de la garnison de Cherbourg, était le neveu de Marguerite le Berger qui a été précédemment l'objet d'une note. Voir le dimanche 2 août de cette même année 1551.

 s'en vinst avecque nous. Près la maison du dit Vallot (présens tous les dessus dits) j'accorde le dit Valot et sa seur Guillemine, lequel laissoyt à sa dite seur sa part de la succession de leur père par IIII libvres tournois, tant pour elle que pour son aùltre seur. De là nous allasmes tous voyer Thomas Drouet qui a la goutte et de là à vespres. Pour une libvre de chandelle achattée à ce matin II sols.

XXX sols.

Le dit jour, avant la messe, Honnoré du Pont, Robert Burnouf et plusieurs aultres de Brix vindrent céans pour avoyr des fieffes de moy, je leur mys terme à ung aultre jour, Monsr de Cyfrevast envoya ung petit chien à Cantepye.

Le lundy VIIe, vigille Notre-Dame, je ne bouge de céans, je heuz Doysnar, Hamel et Jacques Le Clerc à essarte près la maison Valot. Dès le matin, Cantepye, Chandeleur, maistre Gilles Cabart, partirent de céans pour aller à l'assise à Vallongnes, le dit Cantepie ne revinst poinct, le dit Cabart et Chandeleur passèrent par céans et y souppèrent et apportèrent pour III sols de poyscon que Cantepie leur bailla . . . . III sols.

Le mardi VIIIe jour Notre Dame, je ne bouge de céans, quand je revins de la messe, je trouve Robin Troys sepmaines de Gonneville qui disna céans et me loua Girette sa fille ung an à commencer le premier jour de ce présent moys par XLVI sols, une payre de souliers et troys pièces de linge.

Le mercredi IXe dès le matin je m'en allé à Vallongnes à l'assise maistre Gilles Cabart, Symonnet et le petit Angloys qui menoit ung cheval pour rapporter Cantepye, qui y estoyt encore de lundi ; je fys porter une elle d'oye a Denys mon oste dont nous desjeunasmes luy et moy. Apprès disner je renvoie Symonnet et le petit Angloys et Jacquet qui avoyt apporté deux quartz de harenc, nous demeurasmes Cantepye et moy à coucher à Vallongnes.

Le dit jour nous souppasmes chez Denys, le procureur Vastel, maistre Pierres Collas, le Parc, maistres Guillaume et Gilles dictz Cabart, la Barberye, Cantepye et Bachelet, le procureur Brisenes qui coucha avecque moy, nous despendismes checun IIII sols VI deniers, apprès soupper Cantepye, Dabillon et le jeune Essartz allèrent chez Noël le Bourg porter ung Mommon à Quetot qui avoyt se jourdhuy gaigne la Révérence du bénéfice de Montagu contre Frican . . . . IIII sols VI deniers.

Le jeudi Xe avant que sortir du logis nous desjeunasmes des Saulsiches et du mouton, puys allasmes à la cohue, le procureur Vastel nous appoincta Nicollas Quentin et moy de tous nos différentz, il estoyt quasi soleil couché quand nous partismes Cantepye et le petit Angloys avecque moy lequel avoyt se jourdhuy ramené mes chevaulx. Tant pour mon soupper d'hier soyr, desjeuner d'amatin et pour mes chevaulx . . . . x sols.

Le vendredi XIe, je ne bouge de céans des plus de deux heures avant jour Cantepye partit pour aller à l'assise et en revinst au soyer, j'envoye Jacquet avant le jour à Tourlaville chez Potier faire forger les fers à cherue pour III solz, je fys sur la relevée commencer une carrier à la bryayre par Hamel et par Doysnard présent Symonnet et Gilles Auvrey . . . . . .   iii sols.

Le dit jour pour la despense de Cantepye à Vallongnes tant dujourdhuy que de lundi et pour nos memoryaulx tant de mercredi contre Quentin avant notre appoinctement que dujourdhuy contre Basan. . . . . . .   xvi sols.

Le sabmedi XIIᵉ, je ne bouge de céans, je fys tirer par Doysnard et Philippin Hamel des roches du hault de la bryayre et rouller au bas. Cantepye fut à Cherebourg pour ung demy mouton, une longne de beuf, la langue et les trippes xviii sols, pour ung pied de cuyr xviii sols, pour ii potz de vin iiii sols et une payre de gants iii sols que Cantepye apporta de Cherebourg.
XLIII sols.

Le dymenche XIIIᵉ, je ne bouge de céans, comme on disoyt la messe y arrivèrent le doyen du Val de Sere Missire Richard Hochet et ung aultre prebtre qui prindrent possession du bénéfice pour ung nommé maistre Roc de Monpeslier. Jacques Cabart et Gilles son fils disnèrent céans, Thierry Burnel et Nicollas Quentin. Après disner vinst Thomas Maresc du Teil, Thomas Hamel demeurant à Digoville parler à moy pour quelques afferes qu'ils avoyent.

Le dit jour le dit Quentin me bailla presens les dits Cabart xvi escus sol sur le contenu en l'appoinctement de xlvi escus que nous fismes jeudi dernier à Vallongnes . . . .   xxx libvres t. xvi sols.

Le dit jour baille au dit Jacques Cabart i escu sol et a son fils ung teston, à Cantepye i escu sol à Symonnet xx sols le tout de distribution du dit appoinctement et à la Harelle ii escus sol pour ses intérets des jurnées que le dit Quentin luy avoyt dictes dont nous estions en procès contre le dit Quentin.
x libvres xv sols iiii deniers.

Le dit jour baille à Jacquet Feullye sur ses gages . . . . .   xxx sols.

Le dit jour après disner et que le dit Quentin m'eust payé, il me demanda presens les dits Cabart et Symonnet et Cantepye et le dit Burnel que je luy rendisse sa hacquebutte, ce que ne voulu faire et luy respondi que mays qu'on feist les monstres, s'il estoyt cappitaine que je luy rendroye.

Le lundi XIIIIᵉ, je ne bouge de céans, tout le jour je ne bouge de la carrière de la bryayre ou Philippin Hamel et François Doysnard besongnoyent et ne desjeune qu'il ne fust nuyct. Cantepye fut à Cherebourg et en revinst il estoyt quasi nuyct, il y estoyt allé pour Livraye contre les héritiers de Beauchamp en tesmoignage.

Le mardi XVᵉ, dès le matin je allé à Vallongnes aulx haultz jours Cantepye et Symonnet avecque moy nous dynasmes cher Denys le Verdier de Vallongnes, Berteauville, maistre Pierres Collas, Cossin, Demons, La Planque, Mont de Fresville, La Fosse et plusieurs aultres nous heusmes entre aultres choses, une longne de veau qui n'estoyt assez cuycte. Après disner nous fusmes parachever le reste des haultz jours en l'auditoyre de baillage, où messieurs les Esleuz vuydèrent la matière d'entre missire Richard Gallye et ses frères. Il estoyt toute nuyct quand nous arrivasmes céans, je trouve Joret Gaillard qui venoyt demander du conseil contre Gatteville qui l'avoyt fait adjourner, pour des brebys qu'un chien avoyt tuées.

Le mercredi XVIe, je ne bouge de céans, Gilles Auvre me apporta à la carryère du cydre du pain et du beurre et des œufs de quoy déjeuné, présens Guigars. Hamel et Doysnard, Cantepie fut à Equerdreville et porta ung calquin vuyde, il rapporta ung pot de vin, ung quatron de succre pour que j'estoys enreusmé .... IIII sols VI deniers.

Le jeudi XVIIe, je ne bouge de céans, Hamel et Doysnard commencèrent à essarter les boullots de la banque de la prinse es Fouquets, Symonnet fut à Cherebourg quérir du vin de Françoys Moniau pour mon reusme, et ung gros marteau que Cantepye avoyt lundi porté chez La Galle pour acerer. De la dentelle et de la neuffille pour le tout . . . . VII sols.

Le vendredi XVIIIe, je ne bouge de céans d'avecque Doysnard, Hamel, Tahot, et Georget Parys qui essartoyent à la prinse aulx Fouquets ; au soir, quand j'en revins, je trouve Michel Le Febvre de Neville qui souppa et coucha céans et me communiqua des lettres des partages de Jouennes de Gouberville.

Le dit jour baillé à Guigars sur ses gages. . . . . LX sols.

Le sabmedi des quatre temps XIXe, je ne bouge de céans, j'envoye Hamel, Doysnard, Georget Parys, Le Coyffe, Jacques Le Clerc, (auquel tomba une rance sur la teste qui le blessa) a essarter à la prinse es Fouquetz. J'envoye Cantepye à Cherebourg (qui avoyt hier esté à Vallongnes chercher du camelot sans undes) voyer s'il trouveroyt du dit camelot, il alla par Daneville. Symonnet fut à Cherebourg faire ferrer mes chevaulx qui ont cousté XII sols et en viande XI sols. . . . . XXIII sols.

Le dit jour au soyer quand je revins de mes essarteurs, je trouve deux Cordeliers de Vallongnes qui couchèrent céans.

Le dymenche XXe je ne bouge de céans, apprès disner vinst Jehan Boytte de Cherebourg quérir ung levrier que j'avoie donné à Monsr. de Couriac, puys, vinst le laques de Berteauville m'apporter unes missives de Guillaume Vastel. Apprès soupper Cantepye et Symonnet allèrent aulx ramiers de la Coulombière, puys apprès au Boullot.

Le dit jour baillé à Philippin Hamel sur IX journées, ung boisseau d'orge pour VI sols. . . . . VI sols.

Le dit jour baillé à Doysnard ung boisseau de fourment pour X sols sur quoy il m'a fait XI journées, il en doybt encor une . . . . . . X sols.

Le lundi XXIe, dès le matin je m'en allé à Cherebourg Symonnet et le petit Angloys avecque moy, et fys mener cinq levriers pour qu'il en choisist ung, aynsy que luy avoys promis à jour passé. Toutesfoys il n'en prinst poinct d'aultre que c'il que je luy avoys hier envoyé par Boytte. Pour ung quartier de mouton et une langue de beuf. . . . . vi sols.

Le dit jour pour cinq quartiers de blanchet prins de Jehan Caulvin pour Symonnet, L sols. Pour ung chappeau pour Mathieu vi sols, pour ferrer mes chevaulx vi sols vi deniers, je ne beuz, ne mange à Cherebourg et quand nous en partismes, il plouvoit comme mer. . . . . . . LXII sols vi deniers.

Le dit jour qui estoyt le jour Sᶜᵗ-Thomas, Cantepye partit quand et nous pour aller coucher à Sᵗ-Saulveur le Viconte pour les Assises qui sont demain, pour ce que Beaumont son frère y a affère. Comme nous debvions soupper Mesnage arriva de Vallongnes par lequel Cantepye me mandoit que le Pelletier ne viendroit poinct, le dit Mesnage souppa céans.

Le mardy XXII°, je ne bouge de céans d'avecque Hamel, Doysnard, Guillaume Feullye et Tahot qui essartoyent à la prinse aulx Fouquetz. Au soyer quand j'en revins, je trouve Jehan Le Fort, missire Guillaume Le Lièvre, Damours, Jacquet et Moisson qui souppèrent et couchèrent céans. Comme nous souppions arriva Cleriadus de Rouville et ung des Belleville son beau frère qui souppèrent et couchèrent céans. Cantepye revinst de Sᶜᵗ Saulveur ou il estoyt hier allé. Jacques et le petit Angloys furent à Cherebourg quérir le drap Symonnet, et apportèrent deux libvres de chandelle. . . . IIII sols.

Le mercredi XXIII°, je ne bouge de céans, dès le matin Jehan Le Fort, Le Lièvre, Jacquet, Damours, Moisson s'en allèrent. Cleriadus et Belleville disnèrent céans puys s'en allèrent, je m'en allé à Doysnard, Hamel, a Georget Parys qui essartoyent à la prinse aulx Fouquetz je fus tout le jour, fors que j'allé voyer Thomas Drouet qui est d'empuis malade de la goute, le renardier s'en alla après disner, je luy donne II sols. Sandrin, deux serviteurs et sa fille vindrent faire unes chausses à Symonnet et ung soye à Ernouf (1) pour sa journée. . . . . vi sols.

Le jeudi Vigille de Noël viron deux heures après midi, je m'en allé à Cherebourg Cantepie et Symonnet avecque moy, sur le bort de Divette nous attaignismes le cappitaine, Jehan Le Fort et Jacquet qui venoyent des lièvres. Pour ung quartier de mouton et du beuf xvi sols; je renvoye Symonnet avecque la viande, je m'en allé disner au chasteau avecque le dit sieur cappitaine, le dit Le Fort, Damours et aultres. Ce faict, je m'en vins chez Nicollas Symon où ilz n'avoient encor poinct commencé a desjeuner, nous y couchasmes jusques a mynuict.

Le vendredi XXV° jour de Noel entre une et deux heures après mynuyct je m'en allé à la messe de mynuyct, Cantepye avecque moy, nous ouysmes deux messes à nostre chappele, présens Nicollas Fouace, Nicollas Ranault,

____

(1) Ernouf, frère de Symonnet et de Guillemette.

 Guyon La Mache et plusieurs aultres, apprès nous en retournasmes coucher.

Le dit jour au matin sur les neuf heures nous retournasmes au service de la messe du jour, sur la fin Pierres Mahault me vinst quérir pour aller disner avecque le dit sieur cappitaine ce que je fys, y disna le dit Lefort et Pierres Mahault. Apprès disner je m'en retourne au sermon. Apprès le dit sermon et vespres m'en [vins] chez Nicollas Symon ou je paye xvi sols, pour la despense de mes chevaulx et de Cantepye, puys monté a cheval et m'en vins céans. Il estoyt nuict quand nous arivasmes, je passe par chez Guillaume Feullye qui estoyt malade de la pleuresie prins de mercredy la nuyct. . . . xvi sols.

Le sabmedi jour S^{ct} Estienne je ne bouge de céans, Cantepie s'en alla chez son père, et Symonnet à Cherebourg, qui apporta du poyscon et de la morue pour . . . . v sols.

Le dit jour au soyer comme je faisoyes lever une eschelle sur le coulombier pour le couvrir (pour prendre des estourneaulx) par Loys Margeneste, Doysnard, Valot, Symonnet, Jacques le Clerc, Jacquet Feullye, Collas serviteur du Sellier de Monstebourg, qui estoyt céans ; dès le jour de Noel arrivèrent le sieur des Hachées ma seur et leur train, ils souppèrent et couchèrent céans.

Le dymenche XXVIIe, apprès la messe, nous allasmes tous disner aulx Essartz où se trouvèrent plusieurs des gendres et filles de léans, comme la Sagerye, Vaupepin, et sa femme, Le Parc et sa femme, Thomas Bouillon, Jacques Cabart et sa femme, la femme S^{ct}-Gabriel, la femme Collin Dancel, Jehan Liot et plusieurs aultres; Symonnet et Guillemette y vindrent quand et nous. Apprès avoyr disné et prins congé de la compagnée nous en revinsmes.

Le dit jour apprès la messe avant que partissions pour aller aulx Essartz, Sanson Le Sage, Jehan Quentin et Guillaume Berger furent esleuz pour assoyer la taille par les aultres paroissiens.

Le lundi jour des Innocentz je m'en allé Symonnet avecque moy disner chez Barnavast au Teil en passant qar le Couldre au deça de Carbec, un grand cerf sortant en fureur d'un buysson faillit à m'emporter et mon cheval parterre à raison qu'il estoyt ja eslevé en l'ayr pour prendre son sault premier que je lavisasse. Se trouvèrent chez le dit Gohel Barnavast, Bertheauville et sa femme, le cappitainie du Teil, Pierres Gohel, missire Michel Doulcet et plusieurs aultres. Apprès disner nous en revinsmes, il estoyt nuyct quand nous arrivasmes, je trouve missire Clément céans. Les Hachées et ma seur et Guillemette estoient allées à Saulsemesnil, ils y couchèrent. Je fus fort malade au soyer apprès soupper, à peu que je ne m'évanouy, cela ne me dura guère, grâces à Dieu.

Le dit jour pour deux libvres de chandelle et ung quartier de mouton que Jacquet Feullye apporta de Cherebourg. . . . . viii sols.

Le mardi XXIXe, je ne bouge de céans, apprès disner le sieur des Hachées et ma seur et leur bende revindrent de Saulsemesnil. Sanson Pinel et un Greart disnèrent céans. Missire Clément ne bougea de céans tout ce jour.

Le dit jour, j'accorde Loys et Gilles dictz Margeneste avecque Jehan Groult fils Richard leur frère de mère, presens Yvon Mesnage et Thomas Drouet en la grange du dit Margeneste touchant les meubles que le dit Jehan demandoyt à ses dits frères pour sa communité. Ce faict nous allasmes les dits Mesnage et Drouet voyer la carrière que j'avoye faict ouvrir à la bryayre.

Le mercredi penultime je ne bouge de céans, apprès disner ma seur et sa compagnée s'en retournèrent à S^{ct} Naser. Cantepie revinst de chez son père où il estoyt allé sabmedy et rencontra devant la porte de Cherebourg la compagnée partie de céans. Dès le matin Symonnet s'en alla vers la fosse du grand chemin où il trouva ung regnard prins en ung piège qu'il avoyt hier tendu. Guillaume Feullye fut enterré ce jour d'huy. Chandeleur souppa et coucha céans.

Le dit jour receu de Michelet Gardin xxx sols restans du terme S^{ct} Michel dernier. . . . . xxx sols.

Le dit jour baille à Jacquet Feullye sur ses gages saouf a conter xxiiii sols qu'il voulloit prester (comme il disoit) a la femme de son feu frère Guillaume pour faire l'enterrement d'icelluy. . . . . xxiiii sols.

Le jeudi dernier jour apprès disner, nous partismes de céans, Chandeleur, sergent, Cantepye et Symonnet avecque moy et allasmes à Vallongnes pour estre aulx baulx des quatriesmes où nous fusmes jusques à la fin. Apprès nous en vinsmes soupper chez Denys les dessus dits et maistre Gilles Cabart, il estoyt viron dix heures et s'y trouva Bibet de Gouberville et couchasmes tous léans.

Janvier 1551

Le vendredi premier jour de l'an, viron deux heures avant jour je me trouve en mon lict fort malade d'une doulleur de teste et de rains et m'en vins (lesdits Cabart, Chandeleur, Cantepie et Symonnet avecque moy) a grande difficulté céans. Apprès avoir payé chez le dit Denys xxx sols que nous avions despendus hier soyr tant nous que nos chevaulx. On revenoyt de la messe quand nous arrivasmes céans, je fus tout le jour et la nuyct extrêmement malade. . . . . xxx sols.

Le sabmedi IIe, je ne bouge de céans, au poinct du jour il m'amenda quelque peu je envoye Cantepye à Vallongnes quérir de la bière et du succre et de la chandelle pour v sols, il en revinst avant mydi. Sur les iii heures arrivèrent Noel Cadabe et Bourguignolles de Vallongnes qui venoyent de chez

La Marche de Tourlaville où ils avoyent couché ils souppèrent et couchèrent céans.

Le dit jour apprès soupper baille a Philippin Hamel xviii deniers restans de ses journées et v sols pour vi journées du nombre de vii journées qu'il a faictes à la carrière, je luy doy du précédent ce jour x deniers.   vi sols vi deniers.

Le dymenche IIIᵉ de grand matin les dits Cadabe et Bourguignolles s'en allèrent. Je ne bouge de céans, avant que je allasse à la messe Chandeleur arriva, qui à l'issue de la dite messe fist quelque sommation aulx communs et paroissiens de ceste ville, à la requeste de Guillaume Berger, Sanson le Sage, et Jehan Quentin Esleuz pour assoier la taille pour l'année qu'on contera 1552 le dit Chandeleur disna céans, puys s'en alla.

Le dit jour au soyer arriva Guillaume serviteur de Denys Lorion qui m'apporta de la gelée, il souppa et coucha céans, je luy donne . . . .   ii sols.

Le lundi IIIIᵉ, je ne bouge de céans, dès le matin j'envoye Symonnet à Monstebourg porter mon estat au médecin pour ce que je me trouvoys fort mal, Cantepye aussy alla à Cherebourg de grand mattin porter ung chevreau à Monsʳ de Couriac, pour de la viande, du vin, du sucre, de la chandelle qu'il apporta de Cherebourg . . . .   xxii sols.

Le dit jour au soyer apprès soupper, Sanson Le Sage, Guillaume Berger, Jehan Quentin asseyeurs de la taille, vindrent céans et fisrent le regard de leur assiette à la salle en ma présence.

Le mardi vigille des Roys je ne bouge de céans, j'envoye Cantepye à Vallongnes porter ung chevreau au viconte, qu'il trouva prest à partir pour faire ses Roys à Magneville Symonnet fut a Cherebourg et le petit Angloys mener ung cheval pour apporter Douville et sçavoir sy Philippin Le Monnier m'avoyt faict de la double bier, et pour ce qu'il ne se trouva poinct de quart elle demeura, il apporta ung gasteau et Douville s'en vinst quand et eulx, Guigars fut Roy.

Le dit jour Martin Birette m'envoya ung gatteau et une somme d'avene par Christofle, filz Jehan Birette, je luy [donne] une pièce de. .   xv deniers.

Le mercredi VIᵉ jour des Roys je ne bouge de céans, je ne fus poinct à la messe pour ce que je me trouvoys mal, comme je me levoys arriva Monsieur du Lorey médecin et maistre Richard. Ils disnèrent, souppèrent et couchèrent céans. Joret Gaillard, Castel, et Philippin Tocque s'y trouvèrent à disner le dit Joret me prya des fiancealles de son frère Myaulx a dymenche prochain. Ils s'en retournèrent apprès disner.

Le dit jour receu de Philippin Tocque II Ducats sol sur dix libvres qu'il me doyt, tant à cause de louage de terre que aultrement. .   iiii libvres xii sols.

Le jeudi VIIᵉ, je ne bouge de céans, apprès disner Monsʳ. du Lorey s'en retourna et le barbier, le dit sieur du Lorey heult deux escus sol et son serviteur une Realle de iiii sols et maistre Richard une Realle de xvi sols ; apprès je m'en allé à la carrière de la Bruyère Cantepye avecque moy. . .   cxii sols.

Janvier 1551.

Le vendredi VIIIe, je ne bouge de céans tout le jour ne cessa de plouvoyr et faire tourmente, Philippin Hamel fist des fosses au jardin à poyriers pour y planter des poyriers.

Le sabmedi IXe, je ne bouge de céans, Cantepye fut a Cherebourg et apporta de la viande pour x sols. Apprès desjeuner Douville s'en retourna et le petit Angloys quand et luy pour ramener le cheval. Viron jour faillant arriva les Hachées qui s'en alloyt en Bessin et de la à la court pour le bénéfice de Branville, s'il trouvoyt par conseil. Doysnard et Philippin Hamel fisrent des fossés au jardin à la Blanche pour y planter des pommiers. . . . . . .   x sols.

Le dymenche Xe, je ne bouge de céans, dès une heure avant jour, Les Hachées partit et son laques pour aller passer au grand gay, je ne fus ny à la messe ny à vespres pour ce que je me trouvoys fort mal. Avant disner arrivèrent maistre Noël Coldabey et Jacques Mylory, ils disnèrent, soupprèrent et couchèrent céans. Cantepye envoya son Jacques Meslin et ung petit lacques (qu'il envoyet à Madlle de Beauchamp) coucher à Vallongnes.

Le dit jour baille à Doysnard v sols pour six journées, et demeure quicte à luy de tout le précédent ce jourdhuy . . . .   v sols.

Le lundy XIe, je ne bouge de céans, dès le matin Cantepie fut à Cherebourg pour ung quartier de mouton IIII sols. Apprès desjeuner Coldabey et Mylory s'en retournèrent à Vallongnes, je les convie jusques à Carbec. Tout le jour Doysnard et Hamel furent a arracher deux chesnes au bout de hault du jardin à la Blanche, encor les dits chesnes demeurèrent debout. Joret Gaillard et Laurens Castel (qui avoyent apporté XII boisseaulx d'orge) se trouvèrent pour tirer a la corde qui estoyt attachée à l'un des dits chesnes, néanlmoins il ne tomba poinct . . . .   IIII sols.

Le mardi XIIe, dès le matin je m'en allé à Vallongnes Cantepie avecque moy, nous trouvasmes missire Jacques Auvré à la Ferrière qui alloyt à Vallongnes payer des decymes. Nous dynasmes chez Denys, maistre Robert Vastel, Thomas Marye, Nicollas Gohel et ung marchant gascon, le dit Gohel paya. Pour mes chevaulx II sols, pour coppier deux lettres touchant les partages des Jouennes de Gouberville, à l'advocat Blanc III sols, et deux sols que je donne à ung compagnon qui charchoyt maistre, je party à III heures, toute la nuyct ne cessa de faire grosse tourmente. . . . .   VII sols.

Le mercredi XIIIe, je ne bouge de céans, la tourmente cessa viron VIII heures de matin. Doysnard et Hamel fisrent des fosses au jardin à la Blanche. Sur le soyer je fys charier ung chesne qu'ilz avoyent hier arraché au dit jardin et se trouvèrent à le charger les dits Hamel et Doysnard, Pierres Varin, Georget Paris, Toutdoulx, et Olivier Le Valot, Jacquet Feullye et Cantepye. Apprès soupper Chandeleur vinst céans qui y souppa et coucha. Gohel en partit au

matin, qui avoyt hier besongné, au moulin. Apprès desjeuner j'envoye Thomas
Drouet à Brillevast chez Heulin porter les fers et marteaulx du moulin, il
bailla vi sols, le dit Heulin doybt rapporter dymenche les dits fers.   vi sols.

Le jeudy XIIII⁰ je ne bouge de céans, tout le jour Hamel et Doysnard flsrent
des fosses au jardin à la Blanche. Je fus chez Le Coyffe, Cantepie avecque moy
apprès qu'il fut revenu de Vallongne où je l'avoys envoyé retirer d'André
Le Conte une submission que le dit Le Conte avoyt faict faire à Jehan
Quentin et a plusieurs aultres qu'il avoyt trouvés à la forest chargeans le
boys d'un cable que le vent avoyt abattu. Je fus chez Poignant que je
trouve battant en sa grange.

Le dit jour apprès soupper baillé à Hamel x sols sur quoy il a faict huyct
journées, il disoyt que c'estoyt pour avoir demain des soulier à la Sᶜᵗ-Mor.
                                                                      x sols.

Le vendredi XV⁰, Jour Sᶜᵗ-Mor apprès desjeuner je party de céans, Cantepye,
Symonnet, Merigot et Coldabe qui estoyent venus à ce matin, le dit Merigot
m'avoyt apporté des barres à chartil, nous allasmes tous ensemble à Sainct
Mor et fusmes le reste du jour à la choule, qui dura jusques à jour faillant,
y estoyt le sieur de Couriac cappitaine de Cherebourg, le sieur Mareschal,
Pierres de Sᶜᵗ. Jehan et plus de cinq centz aultres personnes tant d'un costé
que d'aultre. Cantepye heult ung sault à l'enreverse, missire Guillaume Le
Lièvre, sur luy cul en gron, par la faulte de Jehan Roger de Cherebourg. Le
dit Cantepye en cuyda mourir, et demeura longtemps presque evany. Il estoyt
une heure demye quand nous arrivasmes céans. Coldabe s'en alla chez La
Marche, Merigot s'en revinst et moy, Le Coyfie, missire Jehan Auvre et plusieurs aultres.

Le sabmedi XVI⁰, je ne bouge de céans, dès le matin Cantepie alla à Barfleu,
pour ce que Galletières sergent avoyt prins la jument Chandeleur il estoyt
nuyct quand il en revinst, j'envoye Symonnet à Bouteville porter ung chevreau au sieur de Montremblant, et ung morceau de venaison salée. Liénard
Castel et Laurens son filz arrivèrent céans avant que fusse levé, je leur vendy
ung beuf noir var xi libvres tournois lequel il emmenèrent quand et eulx.
Jacquet et Thomas Parys charuèrent à la Basse Vente, de la charue de Rouen.
Gohel besongna au moulin et s'en alla apprès soupper.   xi libvres tournois.

Le dit jour j'envoye le petit Angloys à Cherebourg quérir du poyscon et de
la chandelle, et remener le cheval Jehan Potier qui avoyt her soyr apporté
Cantepye qui ne pouvoyt plus aller . . . .   vii sols.

Le dymenche XVII⁰, je ne bouge de céans, je ne fus ny à Vespres, ny à la
Messe pour ce que j'estoys tant las de la choule de Sᶜᵗ Mor que je ne me pouvoys ayder. Mesnage et Levesque vindrent céans, apprès disner le dit Levesque
me fist plaincte que Cantepye l'avoyt frappé d'un balton en sortant de céans.

Le lundi XVIIIe, je ne bouge de céans; il fist fort beau solleil tout le jour, je ne bouge de ma pépinière d'avecque Hamel et Doysnart qui y dressoyent la terre. Cantepye fut à Vallongnes à l'assise et en revinst au soyer ; pour sa despense iii sols. Thomas Drouet y fut quérir du plastre. Je fus dès le matin à la pasture aulx brebis, Noël avecque moy et merche de mon marteau les arbres que je y vouloys retenir en tant qu'il y en avoyt encore debout, et mys mon dit martheau aulx arbres qu'il ne falloit poinct coupper autour de la dite pasture, y estoyt presens la Bellée, Belley, Berot, Le Landes, de S^{ct}-Poys, Verdelet et son frère et plusieurs aultres bucherons que je ne congnoys poinct qui besongnoyent pour le viconte de Vallongnes. Je m'en revins desjeuner céans. . . . . iii sols. ·

Le mardi XIXe, dès le matin je m'en allé à Vallongnes à l'assise contre Bazan, nous dynasmes chez Denys, le sieur du Couldre, maistre Pierres Collas, Richart Becquet, Travail, Cantepie et plusieurs aultres, je paye le banquet.
xviii sols.

Le dit jour le dit Becquet et le curey de Cherebourg recongneurent leurs signes de quelques transpors qu'ilz m'avoyent faictz sur le dit Basan devant Jobart et Tende et paye pour les dites recongnoyscances. . . .   vi sols.

Je party de Vallongnes à iii heures, Brisenes procureur, Jehan Potier, Jehan Le Saulvage fils Maturin, et Cantepye avecque moy. Le dit Saulvage avoyt heu devant les Esleuz iiii libvres tournois de rabat pour la mort de son père. . . . . vi sols.

Le mercredi jour S^{ct}-Sébastien XXe, dès le matin je retourne a Vallongnes, Cantepye avecque moy le lieutenant général faisoyt les cotisemens du ban des gentilz hommes, je disne avecque luy chez Laubier, le procureur du Roy, La Grange, le greffier, Rattault, Ommonville, Doyssey et plusieurs aultres, pour ung gallon de vin v sols, pour le disner de Cantepye à mon logis et pour mes chevaulx iiii sols vi deniers, j'en party à deux heures   ix sols vi deniers.

Le jeudi XXIe, je ne bouge de céans, Cantepye fut à Vallongnes pour parler à mon frère Françoys qui s'y debvoyt trouver, comme il m'avoyt hiere rescript par Toutdoulx qui lui avoyt porté des lettres à la Brysette.

Le dit jour baille à Cantepie en l'acquict de Jacquet Feullye xxv sols. Apprès desjeuner je m'en allé à la pasture à brebys, Symonnet et Thomas Drouet avecque moy, pensant y trouver Monsr. Le Viconte (1), mays il n'y estoyt poinct,

(1) Thomas La Guette dont Mangon du Houguet nous rapporte la fondation suivante en faveur du trésor de l'église de Valognes : « Monseigneur Thomas La Guette, seig^r et patron de « Quinéville, Morville et St Quentin, Pont Rilly, la Vacquerie, et capitaine du Plat pays au « bailliage de Costentin, viconte et capitaine de Valongnes, et Jenne Faucon, Dame des dits « lieux ,et épouse du dit seigneur, ont voulu, du consentement des bourgeois du dit lieu « de Vallongnes, qu'il soit dit et célébré en l'église Monsieur St Malo, par chacun an à perpé-

parquoy, nous en allasmes au manoyr de Gonneville pensant luy trouver, à la porte duquel trouvasmes la petite Croche et Gilles Boyvin qui nous disrent qu'il venoyt de partir pour s'en aller aulx forges mademoiselle la Vicontesse et sa compagnée avecqueluy. Nous le fusmes trouver entre le Vey Coulombel et les forges, et de la m'en allé avecque luy jusques au fourneau des dites forges où nous fusmes plus d'une heure et estoyent avecque luy Les Verdboys, maistre Regnauld, Collin Pierres et plusieurs aultres. Je prins congé de luy et m'en vins, il estoyt soleil couchant quand nous arrivasmes. . . xxv sols.

Le vendredi XXIIe, dès le matin je m'en allé à la campagne aulx brebis. Pierres Varin, Tassin, Le Coyffe, Raulte Feullye avecque moy doller iii chesnes que nous emportasmes jusques entre l'hostel Quentin et l'hostel Berger ou la nuyct nous surprinst parquoy il fallut desteler.

Le dit jour apprès avoir destelé j'emmème chez Le Coyffe, la Bellée, Belley Verdelet, Raullet Feullye, Robert Mesnage, le varlet Auvrey, Tassin Quentin et ung nommé Noël bucheron qui avoyt aydé à conduyre les harnoys et leur délivre à [*quelque mot oublié*] a xv sols de vin, Doysnard, Hamel Varin Jacquet Feullye et Thomas Parys s'en vindrent soupper céans, quand nous arrivasmes

« tuité aux samedy de Pasques et Pentecoste, un obit à l'intention des dits sieur et damoiselle
« donateurs, et de feu Mr Jean La Guette, en son vivant seig^r du lieu, chastelain de Gonne-
« ville, Tourlaville, Monceaux..... secrétaire de feu, de très excellente et immortelle mémoire,
« François premier de ce nom, Roy de France ; et trésorier général des finances d'iceluy Sei-
« gneur, frère aisné du dit capitaine et viconte.....

« Et ont voulu qu'à perpétuité il soit dit et célébré en la dite église, ou la chapelle du Saint
« Sacrement, chacun jour de l'an une messe à notes du jour ordinaire. La dite messe sera dite
« en bas les jours auxquels le curé doit la messe ordinaire, et les jours où il y a sermon. Les
« jours où il y aurait service fondé de Matines, vespres et messes, tant pour le présent que
« pour l'avenir, la dite Messe sera dite des Trèpassés solennellement : et seront les dites
« messes en haut toujours dites à diacre et soubs diacre revestus de chapes. Laquelle messe
« sera sonnée chacun jour avec la cloche avec laquelle on sonne le salut. . . . . . .

Cette fondation pour laquelle Thomas La Guette et son épouse donnèrent au trésor de l'église « Une pièce de terre en closture appelée l'herbage ou clos à Lours » fut publiée après la procession de la grand'Messe le jour de Noël 25 décembre 1559 ; et ratifiée par « Messire « Guillaume Binguet et Jean Lucas, vicaires soubs vénérable et discrète personne Maître « Bertin Mangon (de ma famille ajoute Mangon du Houguet), Guillaume Heuzé, prestre curé « de Querqueville, pénitentiaire, confesseur et official de Vallongnes. Yves Le Bailly, prestre « curé de Cherbourg, vice-gérant du dit official, Guillame Bricet, prestre, curé de Carantilly « et de St-Sauveur de Caen, promoteur de Monseigneur l'évêque de Coutances au dit lieu de « Vallongnes.... Guillaume Bastard, lieutenant de Monsr. le bailly de Costentin, Pierre Jenne « procureur du Roy.... »

Jean La Guette notaire et secrétaire du Roy, seigneur de Gonneville dont il est fait mention dans la fondation précédente avait épousé Marie Saligot. Il avait un office de trésorier des finances : il fit de mauvaises affaires et fut forcé de vendre la terre de Gonneville ; 30 mai 1555.

Janvier 1551.

je trouve Roger le Bourg et Marin son fils qui estoyent venus voyer Mathieu et avoyent affere à luy, ils souppèrent et couchèrent céans. . . . xv sols.

Le dit jour Cantepye partit pour aller chez son père, affin d'aller dymenche à S^ct-Saulveur, je luy donne ung chevreau que Jacques Meslin emporta qui avoyt hier apporté ung pot de beurre frays.

Le sabmedi XXIIIe, je ne bouge de céans, dès le matin nous allasmes quérir les cherretés qui estoyent hier demeurées devant l'huys Lasnier et Berger et sy trouvèrent Mesnage, Loys Margeneste, Le Coyfe, Soup, Hamel, Doysnard, Poignant, Guillaume Berger, Guigars, Varin, et les serviteurs de céans et plusieurs aultres, le bras d'un des chartilz de céans fut rompu près la chappelle.

Le dit jour comme nous arrivions à tout nos charrettes, je trouve Pierres du Tertre sieur de Longueville qui me venoyt demander de l'argent pour les arrérages de traize libvres de rente. Je luy baille xiiii libvres tournois v sols dont il me baille quictance escripte et signée de sa main.. Maurason de Saulsemesnil estoyt avecque luy, ils desjeunèrent céans et mangèrent du harenc sor, Roger Le Bourg et son fils qui estoyent a matin partys de céans pour aller a Monstebourg y revindrent soupper et coucher pour ce qu'ilz avoyent encore affère a Mathieu. . . . . xiiii libres v sols.

Le dit jour pour de la viande et de la chandelle que Symonnet apporta de Cherebourg xiii sols. Il nous dist qu'on voyet de grand navire a la mer et qu'on doubtoyt que ce fust navire de guerre de Flandres. Incontinent qu'il fut revenu je l'envoye a Gonneville porter ung chevreau a Monsr Le Viconte, il estoyt nuyct quand il en revinst. . . . . xiii sols.

Le dit jour baille a Doysnard viii sols iiii deniers, a Hamel xx deniers et suys quicte de tout le précédent ce jourd'huy. . . . . x sols.

Le dymenche XXIIIIe, je ne bouge de céans, apprès la messe et disner je monte a cheval pour aller voyer les Monstres du plat pays a Tourlaville Symonnet avecque moy. Devant le viel Bosc je trouve Boytard et la femme Henry Feullye qui nous disrent que les dites Monstres avoyent esté différées. Nous allasmes devant l'hostel Grindel, où trouvasmes plusieurs gens assemblés, comme Thomas Drouet, Henry Gardin, Georget Paris, Yvon Mesnage, Gaultier Birette, Olivier Quentin, Pierres Le Corps serviteur chez Auvre, Nicollas Levesque tenant taverne au dit Hamel Grindel et plusieurs aultres qui nous asseurèrent que la dite monstre estoyt différée parquoy nous en revinsmes, et trouve céans Robert Tibert qui recepvoyt quelques contractz entre Mathieu Le Pelletier et Roger Le Bourg de Turqueville, assez tost apprès vinst Nicollas Gohel adjoinct du dit Tibert. Vindrent apprès Nicollas Groult et Denys Sadare machons du Teil, auxquels je monstre des chymenées que je voulloys faire raccouttrer. Puys s'en retournèrent quand et le dit

Janvier 1551.

Gohel et le dit Tibert s'en alla a Gonneville, comme il disoyt. Il estoyt viron quatre heures apprès mydi.

Le dit jour au matin quand je descendi de ma chambre je trouve Nicollas Quentin qui me prya que je luy rendisse ou prestasse la haquebutte que a jour passé je lui avoye ostée (pour ce que je l'avoy trouvé en tirant contre l'ordonnance) pour aller aulx monstres à Tourlaville, ce que je fys moyennant une cédule qu'il me fist de me la rendre toutes les foys qu'il me playroit et s'en obligea par le corps, présens missire Aulbin Le Vacher de Brillevast (qui m'avoyt apporté ung morceau de sengler que le sieur du lieu m'envoyet), Tassin Quentin filz Villa, Françoys Doysnard, Pierres Le Corps de Saulsemesnil à présent serviteur chez Auvre, Roger et Marin dictz Le Bourg de Turqueville et recongnoyscoyt le dit Quentin par la cédule qu'il me fist, que je luy avoye osté la dit haquebute pour ce qu'il en avoyt tiré au contrayre de l'ordonnance. Pierres Vannoc estoyt présent quand je luy rendi la dite haquebute mays il ne luy vit poinct signer la dite cedule, parquoy il fut raié en la dite scedule. Henry Germain y estoyt aussy et ung sien frère dont je ne scay le nom.

Le lundi XXVᵉ, jour de la conversion Sainct Paul, viron viii ou ix heures de mattin, Mesnage et Guillaume Navet son beau frère d'Yvetot vindrent céans, je les mène où je doy faire mon moulin, puys nous en revinsmes, ils desjenèrent céans. Incontinent je m'en allé Symonnet et Gilles Cabart avecque moy au Couret (1) ou se trouva le Verdier de Vallongnes et le procureur Vastel, Denys Lorion et sa femme et Henry leur filz et plusieurs aultres, nous y dynasmes et nous fist le dit Lorion grand chère, puys nous en revinsmes, il estoyt viron iii heures.

Le dit jour avant que je partisse à aller au Couret Barthole Thierrye sergent du Mont du Roc m'apporta six poulets et Michelet Cauchon ung sac de corbel qu'il apporta en ma chambre avant que j'en descendisse.

Le dit jour quand je revins du Couret je trouve Cantepye revenu de Sᵗ-Saulveur comme il disoyt.

Le mardi XXVIᵉ, dès le matin je m'en allé à Vallongnes tenir les haultz jours, Cantepye et Gilles Cabart avecque moy, nous dynasmes chez Denys, Berteauville, Demons, Cossin, La Planque, Gohel, Thierrye, La Tour, et plusieurs aultres, puys m'en retourné achever le reste des dits haultz jours.

Le dit jour je party de Vallongnes viron soleil couchant, les Essarts et son clerc Cardin Julian, La Marche, Gilles Cabart et Cantepye, les dessus dits s'en vindrent par céans.

(1) *Courroye* ou *Couret* était une franche sergenterie noble, tenue du Roy, sise en la vicomté de Valognes ; Gilles de Gouberville en avait hérité de sa mère. Cette sergenterie était d'une valeur, communs ans, de 10 livres.

(Manuscrit de Mangon du Houguet).

Le mercredi XXVIIe, je ne bouge de céans, dès le matin je m'en allé chez Le Coyffe où je trouve Aubin Le Rivager du Becquet, qui avoyt apporté des vratz dont il me voulut donner. Apprès disner j'envoye le petit Angloys quérir de la chandelle et du papier à Cherebourg v sols. Symonnet et Thomas Drouet allèrent tendre troys pièges pour regnard près l'hostel Secques aureilles. Il estoyt nuyct quand ilz revindrent je ne bouge d'avec Doysnard et Hamel en ma pepynière, ils y prindrent nne taulpe que Gilles Auvrey emporta. Ilz heurent x deniers pour la prinse. . . . . v sols x deniers.

Le jeudy XXVIIIe, je ne bouge de céans, avant que je me levasse Symonnet estoyt revenu et avoyt prins une regnarde. Je ne bouge de ma pepinière.

Le dit jour au soyr Castel et Laurens son fils et Joret vindrent attout du bled en leur charrette pour remporter demain une quille a batteau que j'avoye mardi faict venir de la vente Helye Le Conte. Cantepye et Thomas Drouet estoyent avecque moy près l'hostel Barrier quand les dessus dits y passèrent. Le dit Drouet a planté ce jourd'huy quatre poyriers près sa maison sur les fontaines derrière ses estables.

Le dit jour receu de Jehanne Tocque par la main de Joret Gaillard xx sols sur ce qu'elle me peult debvoyr de louages saouf a conter, et de Jacquet du Bosc par la main du dit Joret xv sols, saouf a conter. . . . . . xxxv sols.

Le vendredi XXIXe, je ne bouge de céans, dès le matin Cantepye fut aulx ples a Cherebourg, et me dist qu'on y faisoyt les cotisations pour avitailler Cherebourg et le fort d'Ommonville. Apprès desjeuner Castel et sa bande s'en allèrent a tout leur quille. Je fys mener au chemin des Routeurs cinq chartées de menues pierre qu'on avoyt tirée de ma pépinière près le vivier.

Le sabmedi penultime jour dès le matin je m'en allé à la vente de Digoville pour voyer sy ceulx qui ont hees abutissantes sur la dite Vente avoyent faict leur debvoyr de clorre, suyvant ce qui leur avoyt esté ordonné a jour passé, nous venus là, trouvasmes Quentin Le Court sergent de la haye de Digoville et fusmes la longtemps attendant ceulx qu'il avoyt adjournés à ce dit jour et le procureur Vastel, mays il ne s'y trouva personne fors maistre Gilles Cabart qui vinst là comme nous en retournysmes et nous dist que le dit Vastel n'estoyt encor revenu de Cherebourg où il estoyt hier pour les cotisations des pourvisions du dit lieu. Au soyr arrivérent Roger Le Bourg et Sandrin fils Mathieu pour quelque affère qu'ils avoyent au dit Mathieu. Ils apportèrent ung boisseau de febves et l'austre de poys, ils souppèrent et couchèrent céans.

Le dymenche dernier jour je ne bouge de céans, Robine de la Mer de Cherebourg s'y trouva a disner et charchoyt mon frère Françoys pour parler a luy, il n'y estoyt elle s'en alla a la Brisette et a Tournebu où elle trouva et parla a luy, puys s'en revinst souper et coucher céans, Thomas Paris la mena et ramena avecque le serviteur de Davyd Richer qui estoyt avecque elle.

Febvrier 1551

Le lundi premier jour de febvrier je ne bouge de céans. Dès le matin Cantepye fut a Cherebourg aulx ples. Apprès desjeuner arriva les Hachées qui revenoyt de Parys. Il disna céans puys s'en alla a S^{ct}-Naser ; pour ung chymier de beuf et ung quartier de mouton que le dit Cantepye apporta xvi sols et ii libvres de chandelle iiii sols. Je fys arracher des suretz au jardin de la Coulombière et replanter à la pepinière près le vivier. . . . . xx sols.

Le dit jour au matin Guillemine veufve de Denys Feullye et mère de Henry et feu Guillaume Vincent et Jacquet ditz Feullye, fut enterrée.

Le mardi jour de Chandeleur IIe, je ne bouge de céans, avant la grand messe Guillaume Caulvin fut enterré. Chandeleur sergent disna céans. Le Vacher Cordelier a Vallongnes prescha a Vespres, Lesperon, Denys Patin et ung laques ses serviteurs souppèrent et couchèrent céans, au sortir de Vespres je parle a Denys Le Bryque du Teil que j'avoye mandé par Hamel pour avoyr une Haquebutte de luy. Ung serviteur de Sainct-Naser m'apporta xiiii poyriers pour planter.

Le mercredi IIIe je ne bouge de céans, je fys planter des poyriers qu'on m'avoyt hier apportes de St-Naser par Doysnard et Hamel, et donne au servi-teur qui les apporta ii sols, il remporta ung chevreau.

Le dit jour Symonnet et Thomas Drouet furent tout le jour a la Basse Vente pour essayer a prendre des ramyers qui y hantent, vendredi, sabmedi, dymenche, lundi et hier ne cessayrent de les chevaler pour les prendre au ret saillant et ne prindrent rien.

Le jeudi IIIIe, je ne bouge de céans, dès le matin avant que fusse levé vindrent Nicollas Groult et Denys Sadarey du Teil qui radoubèrent la chymenée de dessus la salle et partye de celle de dessus le fournil ; vinst ung jeune homme de Fermanville surnommé Le Clerc parler a Mathieu pour avoyr de l'unguent, il desjeuna céans. Ce mesme jour le dit Mathieu alla coucher a la chambre neufve pour ce qu'il se trouvoyt mal.

Le vendredi V^e, je ne bouge de céans, les dits Groult et Sadarey besongnèrent a la chymenée de dessus le four et a la chambre neufve, Doysnard et Hamel achevèrent de fouyr a ma pepinière.

Le dit jour Cantepye (qui estoyt hier allè a S^{ct}-Saulveur et revinst au soyer) fut avecque moy toute la matinée a ma pepinière. Symonnet et Thomas Drouet furent tout le jour apprès les ramiers de la Basse Vente et ne prindrent rien. Je fys asssembler les caillous d'aulcuns champs de la Haulte Vente par Arnoulf, Jacques, Noël (1) et le petit Angloys.

Febvrier 1551.

Le sabmedi VIᵉ, je ne bouge de céans au matin comme je m'abilloys devant le feu de la cuysine arriva Loys Bon homme fermier du sieur de Digoville qui m'apporta deux grosses anguilles sallées que le dit sieur m'envoyet, il desjeuna céans du harenc soret. Pour une aulne de toyle que Tassin Quentin apporta de Monstebourg. . . . . ɪɪɪ sols ɪx deniers.

Le dit jour baille a Nicollas Groult et Sadarcy pour III journées qu'ils ont esté céans à racoustrer les chymenées a checun vɪ sols . . . xɪɪ sols.

Le dymenche VIIᵉ, je ne bouge de céans, Pettricot et Nicollas Gohel vindrent avant la messe pour faire quelque brevet de mestayrie pour les Pivaines. Ils furent a la messe puys s'en vindrent disner céans. Au matin avant que le dit Gohel et Pettricot vinsent, estoyent venus Denys et Rolet dictz Le Brique du Teil, qui m'avoyent apporté une haquebutte à voyer, Jehan Luce de Tourlaville s'y trouva quand et eulx qui demandoyt les lettres de la rente que Monsʳ le trésorier La Guette avait donnée à leur église. Apprès disner les dits Pivaines vendirent à Thomas Drouet leur héritage et maison devant les dits Tibert et Gohel. Dès le matin au poinct du jour Symonnet partit sur le grand cheval pour aller a Russy et porta deux chevreaulx, je luy baille ung ducat de . . . .- xlvɪɪ sols.

Le lundi VIIIᵉ, je ne bouge de céans, je fys vuyder partye de l'estable aulx moutons par Doysnard et Hamel pour qu'il plouvoyt et qu'il ne peurent besongner a la pépinière. Cantepye fut a Cherebourg pour ung quartier de veau et une boutaille de vin qu'il apporta pour Mathieu. . . . . . . vɪɪ sols.

Le mardi IXᵉ jour, Sᶜᵗᵉ Appoline, Je ne bouge de ceans, il pleut tout le jour; je fys achever de vuyder l'estable aulx moutons. Apprès disner je m'en allé Cantepye avecque moy chez Ricart Collin et chez Girin Lasnier leur dire qu'ils me feissent du corbel. Au soyr apprès soupper Guillaume et Philippe dictz Mesnage me vindrent demander de l'unguent pour Gilles fils Yvon qui s'estoyt couppé une jambe de la besaguée de Philippin Couppe qui y besongnoyt, je party le dit Cantepye, Doysnard et les dits Mesnage avecque moy et pense la jambe du dit Gilles, puys m'en revins. Comme je me debvoye aller coucher Symonnet revinst de Russy et m'apporta lettres de mon oncle et de ma seur. Il despendit en son voyage . . . . x sols.

Le dit jour le dit Symonnet me rendit xxxvɪɪ sols du ducat que je luy avoye baillé pour faire son voyage. . . . . xxxvɪɪ sols.

Le mercredi Xᵉ, je ne bouge de céans, dès le matin Cantepye fut à Vallon-

(1) Arnouf, Jacques et Noël étaient tous les trois frères de Symonnet et de Guillemette et frères naturels de Gilles de Gouberville, ainsi qu'il a été dit précédemment.

gnes parler a mon frère Françoys et y trouva mon frère Loys. Il en revinst viron mydy.

Le jeudi XIe, je ne bouge de céans, je fys planter à ma pépinière près le vivier V^{cc} L pépins que nous arrachasmes au jardin à mouches, Cantepie et Thomas Drouet, et les planta ledit Drouet, Doysnart essarta des ronches à la Haulte Vente, Hamel estoyt malade. Dès le matin j'envoye Symonnet et le petit Angloys à Cherebourg et menèrent ma haquenée pour rapporter Douville, qui s'en vint et son fils, ils souppèrent et couchèrent céans, pour deux libvres de chandelle et deux pains blancz que Symonnet rapporta. . v sols

Le dit jour au soyer après soupper, le laques de St-Nazer revinst de Vallongnes qui nous dist que mon frère Loys avoyt esté blessé et qu'ils s'estoyent battus Barnaville et luy, je baille au dit laques une male d'écliche que son maistre me demandoyt a prester, pour aller à la bienvenue de a Senoville.

Le vendredi XIIe, je ne bouge de céans, dès le matin j'envoye Cantepye à Vallongnes scavoyr des nouvelles de mon frère Loys, il en revinst sur le soyer. J'envoye le petit Angloys à Cherebourg quérir du poyscon, il apporta pour ii sols de morue. . . . . ii sols.

Le dit jour Symonnet et Thomas Drouet arrachèrent II^{cc} L. pépins au jardin à mouches que je fys encore planter à ma pepinière par eulx et le fils Douville. Ce faict, nous allasmes le dit Drouet, Doysnard et Hamel arracher saise suretz à ma pepinière de l'hostel Barrier que nous plantasmes au jardin à la Blanche au premier reng de vers la perruque, il estoyt nuyct quand nous achevasmes.

Le sabmedi XIIIe, je ne bouge de céans. Je fys planter ung reng de suretz au jardin à la Blanche par Thomas Drouet et Doysnard. Dès le matin Cantepye alla à Cherebourg et fist porter de la vèche et des febves pour envoyer à sa maison. Il en revinst au soyer et amena ung serviteur de sa maison nommé Guyon qui venna cinq boisseaulx de tremoys chez Mesnage, que le dit Cantepye achatta ung escu sol. Je renvoye Symonnet à Vallongnes scavoyr des nouvelles de mon frère Loys, il en revinst au soyer. Pour ung quartier de veau que Cantepie apporta de Cherebourg. . . . . vi sols.

Le dymenche XIIIIe, je ne bouge de céans, tout le jour ne cessa de plouvoyr, après la messe je m'en allé disner chez Mesnage, Cantepye avecque moy, ou se trouva missire Guillaume du Bosc et Nycollas son nepveu, après disner je m'en revins et trouve céans deux jeunes hommes que Jehan Marye sieur de La Fontayne y avoyt enviés quérir deux cochons et ung bouc que je luy avoys donnés. Ils n'emmenèrent que les cochons pour ce que les chèvres estoyent aulx champs.

Le lundi XVe, je ne bouge de céans, dès le matin Cantepye s'en alla à Cherebourg aulx plés et Symonnet assez tost après pour faire refaire ung pisto-

let de haquebutte que Raffoville luy avoyt baillé sabmedi a Vallongnes. Il
estoyt apprès soupper quand il revinst de Cherebourg. Pour ung quartier de
mouton que Cantepie apporta de Cherebourg vi sols, Doisnard couvrit des
fosses qui estoyent demeurées de sabmedi au jardin à la Blanche.   vi sols.

Le mardi XVI°, je ne bouge de céans, je fys arracher des suretz à la pépinière de l'ostel Barrier par Doysnard et Hamel et ne furent poinct plantés
pour ce qu'il plouvoyt trop. Michel Douville revinst de Cherebourg dès le
matin et rapporta le pistolet que Symonnet y avoyt hier laissé à Symon Hébert
pour racoustrer. Je fys porter des challous de la Haulte Vente aulx faists de la
chasse Lambert par Thomas Paris et Jacquet.

Le mercredi XVII°, je ne bouge de céans dès le matin Mesnage et Guillemin Le Clerc de Fermanville vindrent céans pour ce qu'ils avoyent affere a
moy. Douville et son filz s'en allèrent et le petit Angloys s'en alla quand et
eulx pour ramener le cheval que Douville avoyt mené, et rapporta II libvres
de chandelle IIII sols ; je fys planter XXVI suretz par Thomas Drouet, Doysnar
et Hamel et y fusmes jusques a la nuyct. . . . .   IIII sols.

Le dit jour baille à Tassin Quentin (qui estoyt hier soyer apprès soupper revenu de Russy où je l'avoys envoyé sabmedi) VIII sols pour sa poyne et XII sols
qu'il despensa pour aller et venir, il ramena une levrette pour le viconte de
Vallongnes que Douart y avoyt menée passé a longtemps pour faire couvrir a
Chandiou . . . .   XX sols.

Le jeudy XVIII°, je ne bouge de céans. Je fys arracher ce qu'il restoit de
suretz pour achever de planter le jardin à la Blanche. Au soyer vinst Harel de
Russy, et Sandrin fils Mathieu.

Le dit jour au matin le procureur Brisenetz passa par céans allant à Vallongne, et me dist que mon frère Loys mandoyt à Symonnet qu'il luy renvoyast à
Reville le pistolet qu'il luy avait baillé dymenche.

Le vendredi XIX°, je ne bouge de céans, je fys achever de planter le dit jardin par Doysnard, Hamel et Le Marchant et Thomas Drouet. Comme nous
plantions arriva missire Jacques Auvrey et Guillaume Tybert qui me pryèrent
de nommer ung fils que la femme de Gilles avoyt heu hier soyer. Gaulvain
Fleury estoyt au dit jardin, il s'en vinst desjeuner céans. Cantepie et Harel
s'en allèrent apprès desjeuner à Gouberville, Cantepye revinst au soyer ; au
matin Symonnet et Sandrin allèrent à Cherebourg, Damours vinst quand et
eulx. Comme je desjeunoys le renardier arriva, il fut céans tout le jour. Le
laques de S\^t-Nazer rapporta ma male ; puys s'en alla à Vallongnes, et revinst
coucher cé ns, et nous dist que maistre françoys Le Courtoys (1) promoteur
estoyt mort de la peste.

(1) François Le Courtois promoteur appartenait sans doute à cette famille Le Courtois dont
un membre Thomas Le Courtois fut anobli en 1580. Cette famille Le Courtois était représen-

Le sabmedy XXe, je ne bouge de céans, je fys commencer a planter les Croutes par devers les Longchamps par Thomas Drouet, Françoys Doysnard, Denys Le Marchant et Philippin Hamel, Chandeleur s'y trouva qui s'en alla apprès disner, Cantepye fut à Cherebourg, pour ung quartier, le chaudin et les pieds d'un veau qu'il apporta vii sols vi deniers. Le renardier s'en alla apprès desjeuner à Fourneville, comme il disoyt, je luy donne ii sols. Damours et Symonnet furent presque tout le jour à charcher des ramiers et ne tuèrent rien
ix sols vi deniers.

Le dymenche XXIe, je ne bouge de céans, apprès disner vindreut céans la femme de Richard le Barbenchon et Perrine femme de   Barbenchon qui m'amenèrent ung ran noyr, je leur fys bailler une gerche blanche pour leur ran. Apprès vespres vinst maistre Gerard Durand, il souppa et coucha céans. Dès le matin Symonnet partit pour aller à Bayeulx porter du gybier à ma seur qui estoyt des nopces de la fille de Monsr Morlon procureur général à la court de Parlement.

Le lundy XXIIe jour de la chayre S^{ct} Pierre, je ne bouge de céans, Cantepye fut a Cherebourg ; il apporta iiii aulnes de toyle pour faire une pouche et ung bissac xiiii sols viii deniers. Le laques de S^{ct} Naser vinst coucher céans pour aller demain à S^{ct} Saulveur, Jacques Meslin vinst apporter des lettres à Cantepye qui ne revinst de Cherebourg qu'il ne fust apprès soupper, maistre Gerard s'en alla dès le matin . . . .   xiiii sols viii deniers.

Le mardi XXIIIe, je ne bouge de céans, je fys achever de planter troys rengs de suretz aulx Croutes vers les Longz champs par Thomas Drouet, Doysnard, Hamel et Denys Le Marchant et Cantepye qui a se matin a renvoyé son Jacques Meslin avecque une levrette que je luy ay donnée, nommée courette, le lacques de S^{ct} Naser revinst de S^{ct} Saulveur.

Le mercredi XXIIIIe, je ne bouge de céans, je fys arracher xxxi suretz à la pépinière derrière la grange et planter en saincture à la coulombière vers les Croutes par Thomas Drouet, Doysnard, Hamel et Denys Le Marchant. Cantepye fut à Quierqueville faire charger du cydre pour envoyer chez son père.

<hr>

tée au Siècle dernier par Jean-Baptiste Le Courtois seig^r et patron de Ste Colombe, Meurville Lingreville et Tonneville, marié à Léonore Ambroisine Henriette de la Houssaye d'Ourville. De ce mariage sont nés :

1° Charles Le Courtois de Ste Colombe, officier dans le Régiment des dragons de la Reine, lequel a épousé Mademoiselle de Briges ; sœur du Marquis de Briges marié à Mademoiselle de Longaunay. De cette alliance sont sortis Charles Alfred Le Courtois de Ste Colombe né en 1802 marié à Mlle de la Gonnivière et mort en 1869 et Ida de Ste Colombe mariée à Adolphe René de la Gonnivière, décédé à St-Eny au château de Boisgrimot le 8 mars 1888 dans sa 86e année.

2° Anne Gabrielle Hyacinthe de Ste Colombe mariée au chevalier du Mesnildot.

3° Jeanne Henriette de Ste Colombe mariée au baron Fremin du Mesnil.

Febvrier 1551.

Le jeudi XXVe, jour S^{ct} Mathias avant que je descendisse de ma chambre, je conte à Jacquet Feullye, de deux ans fynys le jour S^{ct} Denys dernier qu'il m'a servy et trouve (tous paymens précédent se jour rabattus) que j'estoys quicte a luy de la première année, et que sur la seconde finye le dit jour S^{ct} Denys dernier montante vii libvres tournoys il n'avoyt heu que lv sols ix deniers.

Le dit jour comme je contoye à Jacquet, Symonnet revinst de Bessin ou il estoyt allé dymenche et a despendu tant pour son voyage que pour ferrer son cheval xx sols, il avoyt couché à Vallongnes. . . . . xx sols.

Le vendredi XXVIe, je ne bouge de céans, Doysnard, Hamel et Le Marchant fisrent des fosses aulx Croultes pour planter ; et pour que la pluye les surprinst, ils vindrent vuyder l'estable aulx chevres, puys allèrent arracher des suretz.

Le sabmedy XXVIIe, dès le matin je m'en allé à Saulsemesnil, Symonnet avecque moy recoller une petite fieffe pour le curay de Cherebourg près la maison aulx Vallongnes où se trouva le procureur Vastel, le dit Curay, Jehan Vallongnes et plusieurs aultres, nous ne descendismes poinct. Je m'en revins par le moulin du curay de Saulsemesnil où je trouve le monnier et Richard Paris qui le battoyent, apprès avoyr veu le dit moulin, je m'en revins. Je fys achever de planter le cinquième reng des Croultes en venant des Longschamps en deça, par Thomas Drouet, Doysnar, Hamel et le Marchant ; quand j'en revins je trouve Roger Le Bourg de Turqueville qui estoyt venu voyer Mathieu. Cantepye fut à Cherebourg et apporta ung membre de beuf qui cousta. x sols.

Le dymenche gras XXVIIIe, je ne bouge de céans, je fus disner à la feste chez Auvre, où se trouva Robert Tibert, Nicollas Gohel, (qui avoyt passé à ce mattin ung contract d'eschange entre Mathieu et Roger Le Bourg son beau frère).

Le dit jour apprès avoyr disné à la feste chez Auvrey d'un filz dont la femme de Gilles estoyt accouchée je m'en revins. Estoyent à la feste, Yvon Mesnage et sa femme, Loys Margeneste et sa femme, Guillaume Tibert et sa femme, Jacquemine La Mareschale, Guillaume Le Renel de Saulsemesnil et sa femme et plusieurs aultres.

Le dit jour baille au Marchant pour viii jours de sa poyne . . vi s. viii d.

Le gras lundi dernier jour je ne bouge de céans, dès le matin Cantepye s'en alla à Cherebourg pour aller chez son père. Je fys planter par Doysnard viron IIII^{cc} pépins à la pépinière, près le vivier au bout de bas. Sur le soyer Damours et Bachelet s'en vindrent soupper et coucher céans et ung lacques de Pretot qui charchoyt mon frère Loys. Hamel et le Marchant ne furent poinct céans, ilz furent besongner chez Drouet à charier du boys. Nicollas Quentin et Marin Freret dérobèrent deux chartées de boys à Guillaume Berger et les misrent au clos du dit Quentin.

Mars 1551.

Le mafdy gras premier jour de mars, je ne bouge de céans, viron unze heures de matin mon frère Loys arriva céans son more Jourdan et la Joye (1) avecque luy. Ils avoyent couché chez Raffoville. Au soyer revinst le lacques de Pretot qui l'estoyt allé charcher à Reville chez le cappitaine Françoys Le Clerc.

Le mercredi de la Cendre IIe, je ne bouge de céans. Comme nous debvions disner arriva Joachim Feullye et Floquet qui s'en alloyent en Bessin. Je rescripvis à mon oncle par eulx. Apprès disner, arriva ung homme de cheval qui disoyt estre à Fonteney le Bercheur, il apportoyt unes lettres à mon frère Loys pour avoyr son cheval. Arriva aussy ung nommé Thomas serviteur du sieur du Couldre qui s'en alloit à Quetehou ; Hamel et Doysnard parèrent les fosses de la pépinière de l'hostel Varin. Jacquet fut à Cherebourg et apporta pour vii sols de poyscon. Mon frère Loys et Symonnet s'en allèrent apprès disner sur mes chevaulx coucher à sainct Naser. . . . . vii sols.

Le jeudi IIIe, je ne bouge de céans, je fys planter par Doysnar et Hamel des pépins à la pépinière du vivier et y en semer ; au soyer Cantepye revinst de chez son père où il estoyt allé lundy et mon frère Loys et Symonnet revindrent de Sainct Naser, il estoyt nuyct.

Le vendredi IIIIe, dès le matin je m'en allé à Vallongnes Cantepye avecque moy où se trouva le sieur des Cresnez, nous dynasmes ensemble ; apprès disner arriva Gatteville, puys apprès mon frère Loys, nous prinsmes terme de nous trouver le XVe jour de ce moys à Ysigny chez la Roumaine pour appoincter de nos afferes, pour nostre despense xx sols ; nous partismes viron soleil couchant, nous beusmes chez St-Jehan ; en passant nous trouvasmes des poyscon-

---

(1) C'est la première fois qu'il est fait mention de ce personnage qui dans la suite aura la confiance de Gilles de Gouberville au point de l'accompagner dans nombre de ses déplacements, mais que le sire ne désignera jamais que par ce surnom de *La Joye*, tandis que de son véritable nom il s'appelait *Jacques Maillard* ; c'est ce qui résulte d'un document que nous a obligeamment communiqué Monsr Amiot, bibliothécaire archiviste de la ville de Cherbourg. D'après ce même document il paraîtrait que ce Jacques Maillard avait épousé « *la fille bastarde* « *de defunct de Gouberville!* » Mais quelle fille bâtarde?... Car des trois filles naturelles avouées par Gilles de Gouberville, Louise avait épousé Jean Noyon, Tassine Jean Bourdet et Jacqueline Michel du Bosc. Ce serait donc sans doute une quatrième fille bâtarde nommée *Michelle*, laquelle fut accusée d'avoir soustrait des papiers importants, lors du décès de son père et d'en avoir saisi la dame de Crux...

niers près la priore desquels nous heusmes du poyscon pour ii sols. Il estoyt
nuyct toute noyre quand nous arrivasmes céans . . . . xxii sols.

Le sabmedi V^e, dès le matin je m'en allé à Cherebourg, Cantepye avecque
moy pour quelque affère que j'avoye au Couldre touchant ses fieffes ; pour
du rys, des prunes, du poyscon, de la chandelle x sols iiii deniers, et pour la
ferrure de mes chevaulx ix sols et i sol pour leur despense chez Robert de la
Planque. Mon frère S^{ct} Nazer s'en vinst coucher et soupper céans quand et
nous. . . . . xx sols iiii deniers.

Le dymenche des brandons je ne bouge de céans, dès le matin avant la
messe, mon frère Loys envoya Denys Le Marchant à Reville porter unes lettres
chez le cappitaine Françoys Le Clerc. Après disner, Thomas Gohel, filz Nicollas m'apporta unes lettres de son père. Je y envoye Thomas Drouet porter de
bouche la response et de l'argent, que je prestoys au dit Gohel pour faire ung
conquest de Marin Quentin, Joachim Feullye et Floquet revindrent de Bessin
et apportèrent des greffes de Marin Onfrey (1), baille au dit Le Marchant pour
sa poyne . . . . ii sols.

Le dit jour en revenant de vespres receu de Michel Le Brises sur ses louages xvi sols saouf à conter entre nous . . . . xvi sols.

Le dit jour baille à Doysnart boisseau et demy d'orge et à Hamel autant à
vi sols le boisseau, saouf à conter . . . . xviii sols.

Le lundi VIIe, je ne bouge de céans, dès le matin Cantepye alla à l'assise à
Vallongnes pour mes affères, il estoyt nuyct quand il revinst, Chandeleur
avecque luy qui souppa et coucha céans. Doisnard, Hamel et le Marchant
estouppèrent tout le jour au clos au Couvert. Thomas Drouet fut à Cherebourg
quérir son drap ; avant que partir, il arracha des pepins au jardin à mouches
pour Mesnage présent le dit Mesnages : et Toutdoulx pour le Valot.

Le mercredi VIIIe je ne bouge de céans, dès le matin Cantepye et Chandeleur
s'en retournèrent à l'assise pour du poyscon que le dit Cantepie apporta et sa
despense d'hier et du jourd'hui viii sols. Il estoyt nuyct quand il revinst. Au
matin Thomas Drouet mercha des fosses aulx Croutes, puys s'en vinst desjeuner céans. Après disner nous allasmes chez Floquet quórir la ferreure d'un
devideur qu'il avoyt faict pour Cantepye . . . . viii sols.

Le dit jour Jehan Auvre de Valcanville vinst céans me demander des
aulmeaulx a moytié. Jacques alla à Cherebourg et apporta ung lieu sale et des
petits mulletz qui coustèrent. . . . . v sols.

(1) M^r l'abbé de la Rue dans ses Recherches inédites rapporte que le pommier appelé Marin
Onfroy est du « à Marin Onfroy seigneur de St-Laurent sur Mer et de Veret qui l'apporta de
« la Biscaye dans le Bessin il y a plusieurs siècles et qui, après l'avoir cultivé sur ses terres,
» le répandit dans toute la Normandie. »

Le mercredi IX⁰, je ne bouge de céans, Cantepye fut à Sᶜᵗ-Pierre, je preste Doysnard, Hamel et le Marchant à Thomas Drouet pour lui parer une place à faire une pépinière au bout du clos près la maison au Sage par devers le boys. Le dit Cantepye alloyt à Sᶜᵗ-Pierre pour faire avoyr à Guillaume Berger du bled de missire Guillaume le Flamenc.

Le jeudi X⁰, je ne bouge de céans, Doysnard, Hamel et Le Marchant fisrent des fosses aulx Croultes pour planter, Symonnet fut à Cherebourg faire ferrer ma haquenée. Au soyr arriva le lacques de Cresney qui m'apporta unes lettres de son maistre et unes aultres à Gatteville par lesquelles il nous escripvoyt qu'il ne se pourroyt trouver mardi prochain à Ysigny néanlmoins que nous l'eussions conclud vendredi dernier à Vallongnes. Je baille à Thomas Girard pour iiii jours de ceste sepmaine et ung jour de l'austre qu'il avoyt besongné céans pour mon frère Loys . . . . xii sols.

Le vendredi XI⁰, je ne bouge de céans, Doysnard, Hamel et Le Marchant fisrent des fosses et plantayrent aulx Croutes avecque Thomas Drouet. Apprès desjeuner Cantepye alla à Sᵗ Naser porter unes lettres pour mon frère Louys pour avoir le cheval du dit sieur de Sᵗ-Naser, il revinst apprès soupper. Avant que je me levasse Chandeleur vinst à ma chambre me demander sy je voulloys rien mander à l'assise. Au soyer vinst ung garson de l'abbaye d'Ardaine qui alloyt à Sᵗ Naser, il coucha céans.

Le sabmedi XII⁰, je ne bouge de céans. Apprès desjeuner, mon frère Loys (qui estoyt venu céans le jour du mardi gras dernier, s'en alla au Quesne, comme il disoyt; je luy baille deux escus sol valantz xxiii libvres; au soyer au retour de l'assise vindrent céans Françoys Dauge. Chandeleur et ung nepveu de sa femme nommé Laurens et souppèrent. . . . . xxxii sols.

Le dit jour au soyer, après soupper, baille au Marchant pour xi journées ix sols ii deniers, à Doysnard pour xv journées xii sols vi deniers, à Hamel pour xvii journées xiiii sols ii deniers et demeure quicte à eulx de tout le passé précédent ce jour. . . . . xxxv sols x deniers.

Le dymenche XIII⁰, avant que je descendisse de ma chambre baille à Jacquet Feullye sur ce que je luy doy xxx sols, présens Cantepie et Françoys Dauge.
                                                                        xxx sols.

Le dit jour je ne bouge de céans, Jacquet Rouxel fut à la messe en ceste ville et apporta des gouflques et des ouystres. Apprès vespres Cantepye et Symonnet s'entre battirent près l'église. Dès le matin, j'envoye Philippin Hamel au Quesney porter unes lettres à mon frère Loys, il en revinst au soyer.

Le lundi XIIII⁰, je ne bouge de céans. Cantepye et Françoys Dauge allèrent apprès desjeuner à Cherebourg, pour ii libvres de chandelle que le dit Cantepye rapporta, iiii sols viii deniers. Doysnard et Hamel fisrent des fosses aulx Croultes. Le Marchant fut à Cherebourg . . . . . iiii sols viii deniers.

Le mardy XVe, je ne bouge de céans, Thomas Drouet, Doysnard, Le Marchant et Hamel plantèrent aulx fosses qui furent hier faictes. Apprès nous en vinsmes Thomas Drouet et Doysnard greffer au jardin de la chapelle des poyriers, Symonnet y estoyt.

Le dit jour apprès disner, Cantepye et Jacques furent à Cherebourg faire ferrer mes chevaulx. De grand matin partit de céans ung garson de l'Abbaye d'Ardaine qui estoyt hier venu de Sct Naser et remmenoyt la haquenée Bayarde (que j'avoye donnée au dit sieur de Sct Naser) pour le Religieulx frère du dit sieur (1).

Le mercredy XVIe, je ne bouge de céans. Tout le jour Doysnard, Hamel et Le Marchant arrachèrent des suretz francz au jardin de la grange. Thomas Drouet fut à Sct Pierre achatter des poys et des febves pour luy.

Le jeudy XVIIe, je ne bouge de céans, je fys planter aulx Croutes les arbres que j'avoye hier faict arracher à la pépinière de la grange. Comme nous les plantions y arrivèrent maistre Gilles Cabart et Loys Bonhomme ; le dit Loys m'apporta des poires et du poyscon. La relevée, Thomas Drouet et Symonnet greffasmes au jardin de la grange, pendent que Doysnard et ses compagnons couvroyent ce qu'ils avoyent planté.

Le dit jour, viron sur le mydi, Thomas Drouet et moy allasmes chez Mesnage où trouvasmes Françoys Damours et sa femme aulxquels Thomas vendit troys bottes de fort bon cydre.

VOYAGE EN BESSIN

Le vendredi XVIIIe, viron dix heures de mattin, je party de céans Cantepye avecque moy et passasmes par Moustebourg ou je fys relever ung fer au grand cheval qui clochoyt et se trouva encloué, pour rassoyer le dit fer et pour médiciner le cheval ıı sols ; nous allasmes coucher chez Montremblant à Boutteville où estoyt le dit sieur et la Murdraquière chanoyne à Coustances. .　ıı sols.

Le sabmedi XIXe, apprès desjeuner, nous partismes de Boutteville (où je donne dix sols aulx serviteurs) et vinsmes passer au grand vay, entre neuf et dix heures de mattin, et passa quand et nous le chanoyne Grisi de Bayeulx

---

(1) Nous ne résistons pas à détacher ce passage d'une lettre du Religieux de l'Abbaye d'Ardenne à son frère Monsr de Saint-Nazair, parce qu'il témoigne de l'intérêt que ce saint homme portait au bon fonctionnement de l'Université de Caen. « Je suis marry que la commodicté ne s'offre que je vous fusses allé voyr, mais nous faisons ce jourd'huy ellection de Recteur à « notre Université et attendons Messieurs les Présidents de Lisors et Courvaudon qui viennent « comme commissaires pour refformer et donner ordre aux affaires de la dite Université ; « joinct ensemble que je ney poinct de cheval reservé celuy que mon frere m'envoy ayde . . « . . . . De la maison de Caen, ce premier jour d'octobre 1583. »

qui venoyt de Greneville voyer son nepveu qui s'estoyt blessé le pied d'une fourche ferré. Pour le passage au dit gay où nous ne descendismes poinct II sols et de là à Russy, où je trouve mon frère Loys qui y estoyt d'hier

                XII sols.

Le dit jour nous ne bougeasmes de Russy, Harel revinst de Bayeulx qui me dist que ma seur n'y estoyt poinct et qu'elle estoyt aulx Essartz, pour ce que la damoyselle du dit lieu estoyt trespassée puys naguères.

Le dymenche XX°, je ne bouge de Russy. Harel fut dès le matin à Bayeulx qui nous dist que ma seur n'estoyt encore revenue des Essartz et qu'on ne scavoyt quand elle reviendroyt pourquoy je conclus n'aller poinct à Bayeulx.

Le lundi XXI°, avant que partir de Russy, mon oncle me presta XXVII libvres que je baille à mon frère Loys (1) qui m'en fist une cédule montante cinquante libvres comprins dix escus sol que je luy avoys baillés à jour passé, qui faisoyent la dite somme de cinquante libvres avecque les dits XXVII libvres. Puys monte à cheval et m'en vins passer au grand gay. Passèrent quand et nous maistre Michel Le Pelletier, deux merciers de Vallongnes et Thomas Troude filz Estienne et plusieurs aultres. Tant pour le passage que pour la reppeue V sols, nous vinsmes par Quineville à Montagu, il estoyt nuyct quand nous arrivasmes.

Le mardi XXII°, dès le matin, je m'en allé à Vallongnes, Cantepye avecque moy, tenir les Haultz jours, nous dynasmes chez Denys, le procureur Vastel. maistre Pierres Collas, La Fosse, de Mons, Cossin, Pynel, Jehan Ble, Le Poyctevin et plusieurs aultres ; après disner la matière d'entre le dit Cossin et Collon Bourdet fut vuydée. Pour ungz gandz, du saffran et de la cyre rouge que Cantepye achatta pour moy V sols, puys nous en vinsmes, maistre Gilles Cabart et le fils de Quentin Le Court quand et nous. Il estoyt nuyct quand nous arrivasmes. Pour quatre fers neufs que Cantepye fist mettre à la jument faulve qu'il avoyt menée IIII sols. . . . . IX sols.

Le mercredy XXIII°, je ne bouge de céans, Cantepye partit après desjeuner et s'en alla chez son père. Roumaine vinst quérir du laict de chèvre et du cildre pour Douville qui estoyt malade. Le sergent Pelerin, Verd Capel, le fermier de Tollevast et ung cousturier de Vallongnes que j'appelle Paris passèrent par céans et beurent. Ils venoyent de chez Claude Cabart pour des vaches que le dit Cabart avoyt achattées à la vendue. Thomas Drouet fut à S^{ct} Pierre. Damours souppa et coucha céans.

---

(1) Contrat de vente par Loys de Gouberville à Gilles de Gouberville son frère de la succession à lui échue de Guillaume de Gouberville et Jeanne du Fou ses père et mère passé en reconnaissance devant France et Le Blond tabellions à Tour près Bayeux le 21 mars 1551, signé des dits tabellions.

Le jeudy XXIIIIe vigille Notre-Dame, je ne bouge de céans, dès le matin maistre Gilles Cabart vinst céans me dire qu'on ne pourrion aller recoller la fieffe Loys Bonhomme pour ce que le procureur Vastel ne s'y pourroyt trouver. Je fys arracher quarante suretz au jardin de la grange par Doysnard, Le Marchant et Hamel, et les planter par les dessus dits, sçavoir est XII au hault parc, XXIIII au jardin Barrier et IIII aulx chaussées. Il estoyt nuyct quand nous achevasmes. Thomas Drouet fut à Cherebourg porter une botte de cydre à Françoys Damours.

MIL CINQ CENTZ CINQUANTE-DEULX

Le vendredy XXVe, jour Notre-Dame, je ne bouge de céans, dès le matin Symonnet fut à Cherebourg voyer Douville qui estoyt malade, pour II libvres de chandelle qu'il apporta, V sols. Quand je revins de la messe, je trouvé Joret Gaillard qui avoyt apporté VIII boisseaulx d'orge et deulx vracz. Il disna céans, puys s'en retourna à Gouberville . . . . V sols.

Le dit jour après disner je m'en allé chez Mesnage qui estoyt allé à Vallongnes chez Josset comme on me dist, je y trouve Jehan Noyon d'entre des Boscz. Comme je sortissoyes de chez le dit Mesnage, je trouve à la court missires Jacques et Jehan dictz Auvre et Thomas Drouet. De là nous en allasmes à Vespres tous ensemble, en y allant missire Jacques me rendit deux jucondales et ung teston que je luy avoys prestes mardi à Vallongnes.

Le sabmedi XXVIe, je fys semer la matinée par Jacquet IX boisseaulx de tremoys au clos au Couvert, puys desjeuné et m'en allé à Cherebourg Symonnet et Langloys avecque moy qui mena Bisette que je donne au cappitaine ; il estoyt à la chasse quand j'arrivasmes. Je m'en allé voyer Douville qui est malade, monsieur de S^{ct}-Naser vinst quand et moy ; ce faict je m'en allé chez Monsr le Mareschal où je trouve Pierres de S^{ct}-Jehan, Basselin (qui estoyt yvre) et le prescheur qui disnoyent. Cependant le cappitaine revinst de la chasse je m'en allé au chasteau et luy donné ma chienne. Je baille à Symon Hébert V sols sur XLVI que je luy promy pour me faire ung rouet de Haquebutte
V sols.

Le dit jour pour la reppeue de mes chevaulx chez Robert de la Planque II sols, Monsieur le Mareschal me donna ung demy saulmon et Robinne de la Mer ung feuttre d'Espengne. Nous fusmes chez Jacques Vaultier faire penser Symonnet du coup de dague que Cantepye luy avoyt donné l'austre jour ; comme nous estions la y survindrent Loys de la Mer, Richard Drouet et plusieurs aultres ; le barbier eult IIII sols ; il estoyt viron IIII heures quand nous partismes et s'en vindrent quand et nous, Guillaume Cabart, le procureur Brisenes et Pierres Groult de S^{et}·Gabriel, qui nous convia Les Essarts et moy jusques au fournel à caulx. Avant que partir des faulxbourgs pour une bouteille de vin sec prins chez Hamon v sols ; il estoyt presque soleil couché quand nous arrivasmes. Thomas Drouet fut chez les Essartz tout le jour faire des sercles. Quand j'arrive céans je trouve Cantepye qui estoyt revenu de chez son père ou il estoyt allé mercredi . . . . xi sols.

Le dymenche XXVIIe, je ne bouge de céans, je fys greffer cinq ou six greffes par Thomas Drouet que le Verdier de Vallongnes m'avoyt hier envoyés par le fils Guillaume Pottier pour ce qu'elles ne se pouvoyent plus garder ; Douart Hoston disna céans.

Le dit jour après disner je louay Jehan Hoston fils du dit Douart jusques au jour de la Marchesque prochaine venante par le prix de deux escus sol et une payre de soulliers, presens Thomas Drouet, et Philippin Hamel en la pepinière de l'hostel Barrier.

Le dit jour, baillé à Philippin Hamel pour viii journées que je luy debvoys vi sols viii deniers et partant quicte à luy de tout le passé. vi sols viii deniers.

Le dict jour au soyer arrivèrent Françoys Dauge et Jehan Le Chevallier preneur de taulpes, et deux cordeliers de Bayeulx, l'un nommé frère Jacques Parrée et l'austre frère Paul qui est de Yvetot. Ilz souppèrent et couchèrent céans.

Le lundi XXVIIIe, je ne bouge de céans. Cantepye fut à Cherebourg pour ses affères, Thomas Drouet porta une botte de cydre chez Damours ; je fys semer par Françoys Dauge et Jacquet xiiii boisseaulx de veche au clos des Ventes. Apprès disner nous ettestasmes les suretz de la pépinière de l'hostel Barrier ; Doysnard, Hamel et Le Marchant y fouissèrent. Jehanne Freret fist commencer sa maison par Jacquet Mosquet et Joachim Feullye, je leur donné i sol de vin en passant, comme j'alloye au clos des Ventes . . i sol.

Le mardy XXIXe, je ne bouge de céans, nous greffasmes à ma pépinière de l'hostel Barrier des greffes de Groum en Gatte et de Marin Onfrey (1) ; Thomas Drouet et Françoys Dauge, Symonnet qui accoutroyt les preupied pour assoyer les greffes se couppa la jambe d'un cousteau à deux manches ; Cantepie fut à Denneville apprès disner.

Le mercredy penultime jour, je ne bouge de céans, dès le matin j'envoye le petit Angloys à Cherebourg quérir ung barbier pour penser Symonnet, le dit barbier eult v sols. Au soyer vinst Collas, serviteur du sellier de Monstebourg, qui m'apporta des pommes de renettes que Monsr de Moutremblant

(1) Cette dernière espèce est seule mentionnée dans le *Traité du Vin et du Cidre*, de Julien Le Paulmier, traduit par Cahaignes.

m'envoyet : je luy donne v sols. Tout le jour nous ne cessasmes de greffer ; je heuz chez Freret des greffes de Rousée et de Clitourp (1). . . . . . x sols.

Le jeudi dernier jour, je ne bouge de céans, tout le jour ne cessasmes de greffer, Cantepie fut à Cherebourg faire ferrer sa haquebutte, je fys semer par Jacquet xlii rasiers d'avene au clos des Ventes par Jacquet Feullye.

Apvril 1552.

Le vendredi premier jour d'apvril je ne bouge de céans, je nomme au matin ung filz pour Yvon Mesnage qui eult nom Marc. Tout le jour ne cessasmes de greffer à la pépinière de l'hostel Barrier et l'achevasmes, Cantepie, Thomas Drouet, Françoys Dauge, Doysnard, Hamel et Le Marchant ; comme nous achevions arriva Robert Douzouville le jeune qui m'apporta lettres de Persigny pour avoyr du boys pour son chauffage au fort d'Ommonville. Apprès que heusmes achevé nous allasmes chez Drouet, Thomas Drouet et Dauge et y greffasmes des pommiers de Renette et de Marin Onfrey à la pépinière du dit Thomas.

Le sabmedi IIᵉ, je ne bouge de céans, je fys greffer par Françoys Dauge quelques arbres au jardin de la grange dont la pluye nous chassa. Cantepye et l'Angloys furent à Cherebourg à pied, pour ii libvres de chandelle v sols vi deniers. Thomas Drouet fut à Cherebourg avecques Gilles Auvrey porter ung tonneau de cydre chez Damours : il estoyt presque nuyct quand le dit Cantepye et l'Angloys revindrent de Cherebourg, pour une payre de souliers pour Michelle iii sols vi deniers . . . . ix sols.

Le dit jour je baille à Philippin Hamel pour vi jours de ceste sepmaine v sols Au soyer apprès soupper je luy baille troys haches à porter demain chez Hullin à Brillevast à racouttrer et luy envoye du saulmon et du harenc sor. . . . . v sols.

Le dit jour baille à Doysnard ung boisseau d'orge pour vii sols sur xv jours que je luy doy. . . . . vii sols.

Le dymenche IIIᵉ, je ne bouge de céans, quand je revins de la messe, je trouve Joret Gaillard qui avoyt apporté ii boisseaulx de febves que Jacques Fouquet m'envoyet. Apprès disner Jehan Le Chevalier (que Françoys Dauge avoyt amené dymenche dernier pour prendre des tauppes) s'en alla, je luy baille xxi sols pour xliii taulpes qu'il avoyt prinses ceste sepmaine. Avant la messe Cantepye alla chez son père. Viron ii heures apprès mydi Mesnage fist les

____

(1) Ces deux espèces ne sont pas mentionnées dans le Traité dont il est parlé ci-dessus.

monstres de ceste paroisse près l'église : Thomas Drouet souppa céans.

xxi sols.

Le dit jour après disner baille à Philippin Couppe pour ii journées qu'il a esté céans. . . . . iiii sols.

Le dit jour baille au père de Gillette Troys sepmaines ung boisseau de ligneux pour. . . . . viii sols.

Le lundi IIIIe, je ne bouge de céans, avant desjeuner je fys greffer par Françoys Dauge partye des suretz qui sont près le closet Drouet dedens le grand jardin au bout de bas, puys le dit Dauge s'en alla. Viron deux heures après arrivèrent Billon et deux aultres gentilshommes qui sont à madame la Duchesse (1) ils disnèrent céans puys s'en allèrent à Briquebec. Je les convye jusques à la fosse du Quesney. Au soyer Cantepye revinst de chez son père ou il estoyt hier matin allé.

Le mardi V^e, je ne bouge de céans, je fys semer par Henry Gardin neuf boysseaulx de poys à la Basse Vente au costé de devers le Buysson. Au matin avant que me levasse, Cossin vinst parler à moy, je l'avoye mandé par Philippin Hamel et estoyt pour luy parler des procès d'entre luy et Hullin. De grand matin Cantepye alla à Tourlaville pour faire rendre au Coyffe deux potz d'estain que les esgrangeurs avoyent hier prins en sa maison. Nous fusmes chez Tahot la relevée Cantepie et moy, et le trouvasmes criblant du ligneulx.

Le mercredi VIe, je ne bouge de céans. Dès le matin Cantepie fut à Vallongnes et apporta deux libvres de chandelle v sols et deux clutz a quies iii sols vi deniers. Il estoyt solleil couché quand il en revinst et vinst quand et luy Pierres Groult qui ne se voulut arrester et soupper céans. Doysnard, Hamel et Le Marchant achevèrent de fouyr le jardin de la Grange, puis allèrent achever leur journée à fouyr au jardin de la chappelle et Doysnard s'en alla houer des febves à la peppinière d'emprès le vivier. La matinée Thomas Drouet acheva de greffer ce que Françoys Dauge avoyt laissé lundi. Puys desjeuna, puys nous greffasmes troys suretz de Doulx Cappendu (2) au jardin de la Grange : ce faict il s'en alla. Sur les iiii heures vinst missire Aulbin Le Vachet de Brillevast scavoyr se je scauroys différer jusques à lundi à appoincter Cossin et Hullin.

viii sols vi deniers.

Le jeudi VIIe, je ne bouge de céans, je fys semer par Henry Gardin unze boysseaulx de tremoys à la Haulte Vente entre le Capplier et le clos au Sage. Cossin vinst céans, il y desjeuna, Hullin debvoyt venir et ne vinst poinct.

---

(1) Adrienne d'Estouteville.

(2) Cette espèce figure dans la nomenclature donnée par J. de Cahaignes dans sa traduction du *Traité* de Julien le Paulmier.

Apvril 1552

Le vendredi VIIIe, je ne bouge de céans, je fys semer dès le matin par Jacquet Feullye du lin saulvage et du tremoys à la Haulte Vente vers l'hostel Drouet sur le pray. Et la relevée je fys semer par Doysnard deux boisseaulx de poys au jardin à la Blanche parmy les suretz que je y ay faict planter. Au soyer viron jour faillant monsieur de S^{ct} Naser arriva, il souppa et coucha céans. Doysnard, Hamel et Le Marchant achevèrent de fouyr et semer les poys et febves du jardin de la chappelle. Tahot hersa le tremoys et le lin saulvage que j'avoye faict semer au mattin.

Le sabmedi IXe, je ne bouge de céans, de grand mattin S^{ct}-Naser et Cantepye partirent pour aller à la Fleurye à Monstebourg. Avant que je descendisse de ma chambre vinst Olivier Quentin et Guillaume Picot de Digoville, le dit Picot alloyt à la foyre à Monstebourg. J'achatte de luy IIII aulnes de grosse toille pour faire des pouches XII sols. Robert Mesnage et Guillaume Freret avecque leurs harnoys fumèrent à la Haulte Vente . . . . . . XII sols.

Le dit jour Monsieur de S^{ct}-Naser revinst de la Fleurye viron III heures apprès mydy, puys s'en alla à S^{ct}-Naser ; sur les cinq heures vinst Georget et son fils et le Jacques de S^{ct}-Naser qui remmenoyt XII Aulmeaulx de la foyre.

Le dit jour Houel arriva quand et le dit Georget et me bailla des lettres de Cresney ; Cantepie revinst de la foyre viron solleil couchant. Le dit Georget et sa bende et Houel souppèrent et couchèrent céans.

Le dit jour au soyer apprès souper baille à Philippin Hamel pour sa sepmaine v sols et partant quicte à luy ; baille à Doysnard x sols vi deniers restans de tout ce que je luy doy précédent ce jour et au Marchant pour xx journées XVI sols IIII deniers, et quicte à luy du précédent conte . XXXI sols x deniers.

Le dit jour baille à Philippin Couppé pour IX journées XVIII sols et deux sols que je luy ay prestes sur ce qu'il me fera la sepmaine qui vient . . XX sols.

Le dit jour pour ung pot de beurre et ung quarteron de sucre que le dit Cantepie apporta de Monstebourg . . . . VIII sols.

Le dymenche de Pasques Fleurye, je ne bouge de céans, apprès la messe Houel s'en alla à Monferville et les serviteurs de S^{ct} Naser s'en allèrent à tout leurs aulmeaulx à S^{ct} Naser.

Le lundi XIe, dès le matin je allé à Cherebourg Cantepye et Symonnet avecque moy, baille à Jehan Travers v sols pour le guet et porte que son père avoyt faict pour moy les moys de décembre, janvier et febvrier derniers. Pour ung coupple de pain I sol. Je fys rendre à Roumaine XL sols que Estienne Gallie luy debvoyt qui s'en fist mettre en prison. Nous fusmes chez Tranchys, Jehan Caulvin le drappier, Jehan Caulvin l'audiencyer, Cantepye, Symonnet et Moisson pour boyre ung coulp ; il nous cousta VI sols que je paye. VI sols.

Le dit jour receu de Jehan Caulvin audiencyer pour ung an de la sergenterye courraye fyni le XIIe jour de janvier dernier en tant qu'est la portion de la sergenterye de Tollevast, neuf libvres iiii sols dont je luy baille quictance et sy l'endosse sur le baille et ne vallent la dite quictance et endossement que pour ung. . . . . ix libvres iiii sols.

Le dit jour pour demye aulne et demy quart d'estament incarnat et demy aulne de doubleure prins chez Jehan Caulvin pour unes chausses à Symonnet l sols et pour iii quartiers de taffetas violet pour les dites chausses prins chez Bertelot xviii sols . . . . lxviii sols.

Le dit jour pour mes chevaulx chez Robert de la Planque ii sols, puys montasmes à cheval viron iiii heures maistre Pierres Groult s'en vinst quand et nous jusques endroyct S^{ct} Gabriel et Thomas Drouet qui souppa céans, et le lacques de S^{ct}-Nazer qui venoyt de Vallongnes de quérir de l'estamet orenge et du taffetas verd pour les Hachées. . . . . ii sols.

Le mardi XIIe, je ne bouge de céans, tout le jour Doysnard, Le Marchant et Hamel espandirent le fumier, que le harnoys Auvrey, Margeneste, Thomas Vautier et ceulx de céans avoyent hier porté à la Haulte Vente. Dès le matin avant disner Symonnet et Thomas Drouet avecque moy allasmes chez Tahot, duquel Symonnet achatta ii aulnes de blanchet qu'il changea pour ii aulnes de bureau à Thomas Drouet. Sur les iiii heures arriva céans mon cousin de Hoeville qui souppa et coucha céans.

Le dit jour Cantepye fut à Vallongnes dès le matin et revinst apprès que nous heusmes souppé mon dit cousin et moy. Il m'apporta une payre de souliers qui coustèrent x sols.

Le mercredi XIIIe, je ne bouge de ceans, apprès desjeuner mon cousin de Houeville s'en alla à Tocqueville voyer son frère.

Le dit jour Thomas Drouet et le petit Angloys allèrent à Cherebourg et en revindrent sur les quattre heures. Pour du succre, des prunes et du rys que le dit Thomas apporta de Cherebourg iiii sols. Le dit Angloys apporta deux pettis chiens de Mittaine que le cappitaine m'envoyet. Dès le matin Cantepye partit pour aller chez son père et de là à Coutances pour parler (comme il disoyt) à la grosse Margot. . . . . iiii sols.

Le jeudi absolut XIIIIe, je ne bouge de céans. Dès le matin j'envoye Symonnet à Cherebourg quérir deux bouteilles de vin pour porter chez Mesnage. Il revinst avant la messe, apprès laquelle dicte, nous allasmes disner chez le dit Mesnage à la relevaille de sa femme qui avoyt heu ung fils que je nomme Marc, le premier jour de ce moys. Estoyent à la feste Missires Jacques et Jehan dictz Auvrey, missire Jehan Freret, Tupain, Jehan Boytel de Cosqueville, Thoumine Margeneste et sa bru, Olive Gardin, Tassine Quentin, Thomas Drouet et sa femme et plusieurs aultres. Apprès je m'en revins céans Symonnet et le dit Drouet avecque moy, pour le vin et deux bars que Symonnet apporta ix sols. Je fys tuer deux pourceaulx gras noyrs, par Collin Besnard avant que d'aller à la messe . . . . ix sols.

Apvril 1552.

Le vendredi sainct XVe, je ne bouge de céans, dès le matin arriva Thomas Girard et deux garsons avecque luy pour faire le manteau et chausses à Symonnet. Françoys Damours et Thomas Drouet qui avoyent hier souppé chez Mesnage couchèrent céans ; ledit Damours fut malade la nuyct. Le dit Thomas amena au matin sa fille Renée à laquelle le dit Girard tailla ung blanchet. Comme je revins de Tenèbres, je trouve Loys Quentin filz Jacquet qui avoyt apporté deux ruches, et venoyt quérir du cydre pour la mère de Claude Cabart qui estoyt fort malade, je luy en envoyé deux bouteilles.

Le sabmedi XVIe, Vigille de Pasques, apprès desjeuner, je m'en allé à Cherebourg Symonnet avecque moy, pour troys membres de beuf et ung quartier de veau xxIIII sols pour unes fières que Gattier me fist IX sols et baillé à Simon Hébert sur le roet de Haquebutte qu'il me faict x sols. Je parle à missire Guillaume Le Flamenc et à Marin qui estoyent à la boucherye; pour XVI aulnes de teurtin noyr pour le manteau de Symonnet II sols VI deniers. Puys m'en vins, il estoyt très soleil couché quand j'arryvé, je trouvé Collin Besnard qui saloyt les pourceaulx qu'il avoyt tués jeudi. . . .   XLV sols VI deniers.

Le dit jour au soyr baillé à Denys Le Marchant pour sa sepmaine v sols.

v sols.

Le dymenche de Pasques XVIIe, je ne bouge de céans, apprès avoyr faict nos Pasques à la chappelle je m'en allé à la messe à l'église. Au retour de Vespres je trouve Cantepye qui estoyt revenu de chez son père où il estoyt allé mercredi.   .

Le lundy XVIIIe, je ne bouge de céans, apprès la messe en l'église Thomas Drouet rendit ses contes de la trésorerye et comme nous estions sur les dits contes arriva Noel Codabey qui disna céans, comme nous achevions de disner arriva Monsr de St-Naser qui s'en alloyt à Bayeulx : et quand et luy arriva Cantepye qui estoyt allé à ce mattin à Cherebourg, apprès que le dit sieur eult disné, il s'en alla coucher à Monstebourg et je m'en allé à la forest Symonnet, Thomas Drouet, Tassin Quentin et Richard Caulvin, nous prinsmes une pettite poultre pour Thomas Drouet.

Le dit jour quand je revins de la forest je trouve Harel (qui venoyt de Gouberville où il estoyt dès sabmedi, comme il me dist); et le frère Françoys Dauge qui m'avoyt apporté des pouletz, ils souppèrent et couchèrent céans et ung serviteur pour Cantepie nommé Guyon qui venoyt requérir le cheval que Cantepye avoyt amené hier.

Le mardy XIXe, je ne bouge de céans, apprès vespres, je m'en allé au clos des Ventes, Cantepye et Thomas Drouet avecque moy. Au retour, je emmène missire Jacques Auvre à soupper céans. J'avoye grand douleur de teste qui m'avoyt prins hier la relevée à la forest.

Le dit jour, receu de Tassine Quentin xxxvI sols vIII deniers sur les deux

31

dernières S^{ct} Michel de ce que les hoers de feu Gilles Quentin peuvent debvoir à la seigneurye du Mesnil. . . . . . . xxxvi sols viii deniers.

Le dit jour, Jehan Le Chevalier et son nepveu qui estoyent hier venus s'en retournèrent apprès disner.

Le mercredy XXe, apprès disner, le cappitaine de Cherebourg, Jehan Le Fort, Jehan Girard et Moisson vindrent céans attout leurs chiens. Ils venoyent de Gonneville. Apprès qu'ils heurent reppeu nous allasmes au relevé, où je fus viron ii heures, Cantepie et Symonnet avecque moy. Puys m'en allé seul aulx prays à Tourlaville où Doisnard, Hamel, Jacquet et Jehan Douart estouppoirent, puys m'en revins malade à la teste de la douleur qui m'avoyt prins lundi.

Le dit jour au soyer en mon lict, je fys la despesche à Cantepie pour partir demain de grand mattin pour aller à Rouen pour mes affères vers Monsr Trexot, je luy baille . . . . xi libvres.

Le jeudi XXIe, je ne bouge de céans, dès le poinct du jour Cantepye partit pour aller à Rouen et l'Angloys avecque luy pour ramener de Bayeulx le cheval que le dit Cantepye menoyt ; Symonnet partit quand et eulx pour porter mon estat au médecin, il revinst avant mydi et me dist que le Lorey luy avoyt dit que mon mal n'estoyt rien et qu'il se pourroyt passer san midicine, pour la despense de son cheval . . . . xii deniers.

Le vendredi XXIIe, je ne bougé de céans, je fus fort malade.

Le sabmedi XXIIIe, je ne bougé de céans, y vindrent frère Robert Lesne et frère Lienard, Mesnage qui y disnèrent. La relevée vinst Monsr de S^{ct} Naser qui venoyt de Bayeulx. Son cheval reppeult puys s'en alla coucher à sa maison. Incontinent qu'il fut party ma doulleur de teste se augmenta grandement tant qu'il me fallut prendre le lict. Assez tost apprès arriva maistre Martin bien bas ferré de sa santé et son cheval encor plus.

Le dymenche XXIIIIe, je ne bouge du lict, dès le matin, j'envoye Symonnet à Vallongnes quérir maistre Raoul Dager qu'il ne trouva poinct, il estoyt à Briquebec.

Le lundi XXVe jour S^{ct}-Marc, je ne bouge du lict, j'envoye dès le matin Symonnet à Vallongnes quérir maistre Raoul Dagier qu'il amena et disna céans puys s'en retourna et ne voulut poinct prendre d'argent.

Le dit jour au soyer arriva Le Lorey et maistre Richard qui souppèrent et couchèrent céans.

Le mardy XXVIe, je ne bouge du lict, le Lorey alla à Vallongnes faire faire une médicine pour moy et revinst au soier. Le dit maistre Richard avecque luy. Apprès arriva Monsieur de S^{ct}-Naser, ils souppèrent et couchèrent céans.

Le mercredi XXVIIe, une heure avant jour je prins la médicine que le Lorey m'avoyt ordonnée ; laquelle me cuyda faire mourir à raison de sa vehémence ; je fus fort malade tout le jour. Apprès disner le dit sieur de sainct Naser s'en retourna et le dit Lorey auquel Symonnet bailla troys escus sol pour ses vacations . . . . vi libvres xviii sols.

Le jeudi XXVIIIe, je ne bouge du lict, je fus fort malade, dès le matin j'envoye Symonnet à Vallongnes quérir maistre Raoul qu'il amena, il disna céans, il m'ordonna ung restaurant puys s'en retourna et ne prinst point d'argent.

Le vendredi penultime je ne bouge du lict et fus fort malade a raison de la medicine de mercredi qui operoyt encore. J'envoye Symonnet à Vallongnes à l'assise pour aulcunes [de] mes affères et au médicin.

Le sabmedi dernier jour je ne ne bouge du lict, je fus fort malade.

May 1552.

Le dymenche premier jour, je ne bouge de ma chambre, la femme de Jacques Cabart, Gilles et Charlotte ses enfans me vindrent voyer et furent viron ii heures avec moy et Barnavast aussy que j'avoye mandé. J'envoye maistre Martin à Vallongnes, Symonnet avecque luy pour parler à Monsieur Le Viconte touchant les plés Royaulx, Symonnet s'en revinst devant avecque le restaurent que maistre Jehan Poulain m'avoyt faict par l'ordonnance de maistre Raoul, je n'en use poinct pour ce qu'il avoyt l'odeur trop forte.

Le lundi IIe, je ne bouge de ma chambre, il commença ung peu à m'amender. Viron ii heures après mydi Cantepye revinst de Rouen où il estoyt allé pour mes affères vers Monsr Trexot, et estoyt party le jeudi prochain après Pasques.

Le mardi IIIe jour, S^{cte}-Croix je ne bouge de ma chambre, la femme des Essartz me vinst voier sur la relevée, et maistre Gilles Cabart. Maistre Martin fut à Gonneville et disna avecque Monsr Le Viconte et mademoiselle lesquels m'envoyèrent par luy la moyctié d'un fort bon chevreau avecque la teste et une douzaine de poyres.

Le mercredi IIIIe, je ne bouge de ma chambre, dès le matin Cantepye fut à Vallongnes monstrer son estat au médicin pour ce qu'il avoyt la flebvre. Il en revinst sur la relevée.

Le jeudi V^e. je ne sorty poinct de ma chambre, Monsr de sainct-Naser me vinst voyer, il souppa et coucha céans.

Le vendredi VIe, je ne sorty poinct de ma chambre. Apprès disner mons^r de S^{ct}-Naser s'en alla. Joret, Marguet, missire Jehan Le Sellière et le monnier de Gouberville me vindrent voyer et le sergent de Boutteron, Thomasse seur de Henry Gardin, et la femme Poygnant qui m'apportèrent des pommes.

Le sabmedi VII*, je ne sorty poinct ma chambre, François Dauge me vinst voyer qui me apporta des poulletz, Symonnet fut à Cherebourg quérir de la viande.

Le dymenche VIII*, je ne sorty poinct de ma chambre, la femme de S^ct Gabriel, la femme des Verds Boys et la femme Jehan du Bosc, la femme Pierres Byrette, Birette me vindrent voyer et furent céans longue pause, et Gaulvain Fleury, que j'avoye mandé pour voyer si en ung chesne (qu'Henry Gardin avoyt faict abattre ceste yver à son clos) il y avoyt poinct iiii tors bras pour la la roe d'un moulin.

Le dit jour, François Dauge fut prins d'une colique pation et d'un bout au costey dont il cuyda mourir et luy prinst pour avoyr lucte à Symonnet et Thomas Drouet. Missire Clément s'en alla dès le matin à Breteville et revinst incontinent apprès mydi.

Le lundy IX*, je ne sorty poinct ma chambre, dès le matin, j'envoye Symonnet à Vallongnes quérir maistre Raoul pour voyer Françoys Dauge, et luy ordonner quelque chose, il vinst incontinent, il disna céans et ne voulut prendre argent, il s'en retourna et Cayn quand et luy pour ramener ma haquenée.

Le mardi X*, je ne sorty poinct de ma chambre, Billon et sa femme en revenant de Briquebec me vindrent voyer et disnèrent céans et Jehan Levesque de Tocqueville qui m'apporta des lappins. Apprès disner, ils s'en retournèrent tous. Cossin s'y trouva qui m'apporta ung lièvre.

Le mercredi XI* (1), je ne sorty poinct de ma chambre, avant que je me levasse, Raullet Feullye et Ricard Collin vindrent parler à moy pour ung XIII*, que le dit Feully avoyt payé à Gaultier Viel, lequel m'appartenoyt. Gaulvain Fleury et son fils vindrent habiller un chesne au clos Henry Gardin, pour que je y eusse des tors bras pour la roe d'un moullin. Olivier Le Valot fut à S^ct-Pierre, qui apporta deux ruches qui coustèrent . . .   xx deniers.

Le jeudi XII*, je ne bouge de ma chambre, baillé à Gaulvain Fleury pour sa journée d'hier et de son fils qu'ils furent à sier deux payre de tors bras pour roe à moulin . . . . iiii sols.

Le vendredy XIII*, dès le matin j'envoye Symonnet à Vallongnes porter l'eaue, Françoys Dauge au médecin qui lui ordonna des pillules, que Symonnet apporta quand et luy. Cantepie fut aulx plés à Cherebourg qui apporta deux

---

(1) Aveu par Gilles de Gouberville pour lui et ses frères, au Roy, de la maison de Cherbourg le 11 mai 1552.

[Signé Cauvin].

Cette formalité dut être remplie par Cantepie qui, comme on le verra plus loin, avait fait le voyage de Rouen.

May 1552.

pains, et une peàu de parchemin, le tout cousta iii sols ii deniers. Il estoyt revenu à mydi, je commence à sortir de ma chambre. . iii sols ii deniers.

Le sabmedi XIIIIe, je ne sorty poinct de ma chambre qu'il ne fust apprès dix heures. Michel Lefebvre vinst céans ung peu apprès mydy ; il y disna, puys s'en alla sur le iiii heures. Nous heusmes ce jour trois essains de mouches, l'Angloys et Jacques furent à Cherebourg quérir deux quartz de byere, l'un à l'abbaye et l'autre chez le Fourdrey.

Le dit jour baillé à Sandrin pour deux jours qu'il a esté céans luy et sa fille, à me faire ung soye et aultres hardes. . . . . iiii sols.

Le dit jour je contey à Cantepye de unze francz que je luy avoye baillé pour aller à Rouen et ung escu sol d'empuys qu'il en est revenu, et trouvasmes qu'il avoyt employé oultre les dictz unze francs . . . xxiii sols vi deniers.

Le dymenche XVe, je ne sorty poinct ma chambre qu'il ne fust apprès disner, nostre maistre Nicollas Lhermite sergent de Blanqueville disna céans et Joret et le lacques de Tocqueville qui m'apporta troys lappins. Je fus jusques à la pépinière de l'hostel Barrier. De vespres vindrent des Cordeliers soupper céans, dont frère Jacques Freret en estoyt ung.

Le dit jour Symonnet me tint conte de huyct libvres i sol, x deniers qu'il avoyt employez de mon argent d'empuys que je suys malade.

viii libvres i sol x deniers.

Le dit jour maistre Martin Tilly fut disner à Gonneville avecque madem^{lle} la Vicontesse qui m'envoya par luy des poyres, des pommes, des cytrons et des orenges. Monsr Le Viconte estoyt à Barfleu tenir les monstres.

Le lundy XVIe, je ne sorty poinct de ma chambre jusques apprès disner, le reste du jour je ne bouge de céans ; dès le matin Cantepye fut à Cherebourg et revinst à iiii heures et apporta ung quartier de veau qui cousta iiii sols vi deniers et pour la despense de son cheval vi deniers. . . . . vi sols.

Le dit jour nous fusmes recueillyr ung essain de mouches au boys, missire Clément, Symonnet, Jacquet, Philippin Hamel, Jacques, Noel et l'Angloys ; il estoyt deux heures de nuyct quand nous en revinsmes.

Le mardy XVIIe, je ne bouge de céans, dès le matin, Cantepye et maistre Gilles Cabart allèrent à Vallongnes faire renvier les haultz jours. Pour du fil de soye xx deniers et de l'ongnongnette et pourette pour i sol que Cantepye apporta de Vallongnes et des soulliers pour Guillemette vi sols

viii sols viii deniers.

Le dit jour, comme je souppoye, arriva Tuppain que j'avoye mandé pour ce qu'on m'avoyt dict qu'il voulloyt vendre son héritage et s'en aller demeurer à Cherebourg. Je fus à la bergerye, missire Clément et Symonnet avecque moy, et trouvasmes qu'on avoyt desrobey ung essain de mouches qui estoyt en ung chesne au jardin qui est près la grange. Au soyer, viron dix heures, Symonnet fut prins d'un mal de costey.

Le mercredy XVIII°, dès le matin, j'envoye Cantepye à Vallongnes porter l'estat de Symonnet à maistre Raoul Dager qu'il amena quand et luy et maistre Étienne Couvert, barbier, pour le seygner. Puys, quand ils l'heurent veu, ils ne furent poinct d'avys qu'il fust seygné. Ils disnèrent céans ; je baille au dit Couvert VIII sols. Joret apporta des pigeons, de l'orge et de l'avene.

VIII sols.

Le dit jour, je donne congé à Jacquet Feuillye, pour ce qu'il ne m'avoyt poinct dict qu'il heust trouvé l'essain de mouches qui estoyt à la bergerye avant qu'on le desrobast et pour ce qu'il avoyt essayé à l'avoyr et n'avoyt peu, comme il disoyt, Jehan Douart et Doysnard furent chez Jehan Lyot quérir du du senvre d'orge (1) pour les lictz.

Le jeudy XIX$_e$, je ne bouge de céans. Ung peu apprès mydy, Monsieur de Saincte Marye du Mont, Audouville, mon cousin de Hoesville arrivèrent céans venans de Gonneville où ils pensoient trouver Monsr le Viconte qui estoyt à Vallongnes, pourquoy disnèrent céans, et viron quatre heures apprès mydi s'en allèrent à Vallongnes, Jacques (2) leur fut monstrer le chemin.

Le dit jour Tilly et Symonnet estoyent fort malades, à raison des médicines qu'ils avoyent prinses, scavoyr le dit Symonnet des pillules hier soyr à dix heures et le dit Tilly une potion se jourd'huy, une heure avant jour. Cantepye fut à Cherebourg pour faire seigner mon petit cheval de la vene du col, ce qu'il ne fist pour ce que les mareschaulx ne la congnoyscoyent poinct. Henri Gardin senna XXII agneaulx céans.

Le vendredi XX°, je ne bouge de céans, avant que je fusse levé, missire Jacques Auvre vinst céans pour dixmer la layne, ce qu'il fist, et puys ploya ce qui m'en demeura. Il estoyt après mydi quand il heult faict ; il disna, puys nous en allasmes ensemble par la prinse es Fouquetz jusques à l'escalier de la Basse Vente. Au soyer je fys chasser à Philippin Hamel ung vesseau de mouches à miel. Cantepie fut à Tourlaville et Mesnage pour leur moys de may.

Le sabmedy XXI°, je ne bouge de céans, avant que je me levasse vinst maistre Jehan Le Chevalier et son nepveu Loys qui prinst quinze taulpes. Vinst aussy avant mon lever le serviteur du bailly de l'abbaye de Monstebourg quérir les délibvrances de leur chauffage. Arnouf (3) fut à Monstebourg vendre sa laine. Thomas Drouet arriva de Rouen (comme je faisoye chasser ung vesseau de mouches à Hamel) où il estoyt allé, il y eust jeudy dernier huyct jours. La relevée je m'en allé Cantepie avecque moy à la carrière de la bryayre où nous trouvasmes Martin Pyvain et Robert Mesnage qui tiroyent de la pierre pour le

(1) *Du chanvre d'orge*, c'est-à-dire de *la paille d'orge*.
(2) Frère de Symonnet, de Noel, d'Arnoulf et de Jehan le jeune.
(3) Frère de Symonnet et de Guillemette.

dit Mesnage et ses frères ; de là nous en revinsmes par chez Drouet, et puys soupper céans.

Le dit jour je baille au Marchant x sols sur quinze journées que je luy doy. Apprès soupper Symounet et Françoys Dauge s'en allèrent au clos des Ventes, d'où le dit Symounet revinst malade . . . . x sols.

Le dymenche XXIIᵉ, je ne bouge de céans, avant que je me levasse vinst le serviteur des moynes de Barfleu, quérir la livrée de leur chauffage, que je luy baille et celle de mon cousin de Billon.

Le dit jour avant que je sortisse du lict Monsʳ le Mareschal, Pierres Dosses, et maistre Georges Giffard et ung nommé Poureau arrivèrent céans, ilz alloyent comme ilz me disrent qu'ilz au hable neuf vers Monsʳ de la Melleraye, ilz disnèrent céans, je prestay ma haquenée au dit sieur Mareschal, qui partit viron à dix heures. Apprès que j'euz disné Jehan Le Chevalier et son nepveu Loys s'en allèrent ; je baille au dit Loys vi sols pour xxi taulpes qu'ilz avoyent prinses tant hier que aujourd'huy . . . . vi sols.

Le dit jour ung peu avant Vespres missire Jacques Auvre et ung de Tollevast nommé Des Landes me monstrèrent au jardin à mouches (présens Tassin Quentin filz Villa, Françoys Doysnard et Philippin Hamel) une lettre faisant mention des franchises de la vaccerye de Tollevast.

Le lundi des Rogations XXIIIᵉ, je ne bouge de céans, dès le matin François Dauge et Cantepye allèrent à Cherebourg, pour le piton du grand huys vi sols vi deniers et pour iii roussettes que le dit Cantepye apporta. vii sols vi deniers.

Le dit jour apprès soupper je m'en allé au clos des Ventes, Cantepye avecque moy, nous passasmes par chez Loys Freret que nous trouvasmes à sa corderye, et son filz Guillaume ; il nous dist que Jehan son filz estoyt allé aux Cordeliers à Vallongnes voyer son frère qui estoyt malade ; quand nous revinsmes nous trouvasmes Françoys Dauge qui estoyt revenu de Cherebourg.

Le dit jour avant que me levasse vinst Syre Thomas Quatozze marchant à Parys et ung appelé Gaude avecque luy. Je luy baillé xxx toysons de layne pour ix libvres viii sols vi deniers, en rabattant sur xx escus sol que mon frere Guillaume luy doybt.

Le dit jour baillé à Tassin Quentin pour ung boisseau de chanevyeulx qu'il achatta sabmedy à Monstebourg. . . . . ix sols.

Le mardi XXIIIIᵉ, je ne bouge de céans, avant que je me levasse, maistre Guillaume Bourdet de Teville, tabellion vinst céans pour raccoustrer les contractz d'entre Guillaume Parys et Olivier Le Valot, je l'avoye mandé à jour passé, il heult pour sa poyne d'estre venu ii sols vi deniers, il desjeuna céans
ii sols vi deniers.

Le dit jour avant que nous dynassions arriva Nicollas Groult de Sᶜᵗ-Gabriel et son frère Gilles mon filleul, après plusieurs propos de la marine (où le dit

Nicollas avoyt esté avecque le cappitaine Françoys Le Clerc) nous dynasmes, puys s'en retourna son frère quand et luy. Maistre Martin Tilly, dès le matin alla à Vallongnes, son nepveu Richard quand et luy et Yvon Mesnage. Le dit Tilly porta mon estat le sien et le Symonnet à maistre Raoul Dager. Sur la relevée, je m'en allé pourmener à la carryère de la bruyayre (Cantepye avecque moy) où je trouvé Martin Pyvain, Robert et Guillaume dictz Mesnage, de là nous en vinsmes par la Froyde-Rue et vers l'hostel Berger, nous nous [mot oublié] devant l'huys Poygnant, missire Jacques Auvre, le dit Poygnant, Gaulvain Quentin, Françoys Damours et Bartelot du Four, lequel Damours cueulloyt le guet, il s'en vint quand et moy avecque le dit du Four boyre ung coup céans, et missire Jacques s'en alla dixmer la laine du dit Poygnant.

Le dit jour au soyer, viron soleil couchant, fut baptysée une fille pour Thomas Drouet, laquelle fut nommée Loyse par Loyse Leclerc de Fermanville. serviteure de Germain Drouet, et maistre Martin Tilly la tinst sur les fons ; missire Jacques la baptisa. Y estoyent Cantepye, Thoumine Margeneste et sa bru, Catharine Auvre, Loyse Leclerc et Loyse, femme de Sanson Le Sage. De là nous en allasmes, le dit Cantepye et moy, au hamel Berger, où je merche à l'oreille une genyce de la maystayrye d'entre Jehanne Lasnier, veufve de feu Richard Lasnier, et moy, présens : Poygnant, Tuppain et Gérin. François Dauge fut à la pépinière de l'hostel Barrier viron III heures pour oster les jetons du pied des greffes. Doysnard et Hamel furent estoupper aulx prays à Tourlaville.

Le mercredi XXVᵉ, je ne bouge de céans, j'envoye Cantepye à Sᵗ Pierre pour recueillir les lettres que j'avoye hier faict raccoustrer à Bourdet, tabellion ; il estoyt quattre heures quand il en revinst.

Le dit jour, dès le matin, Joret Gaillard partit de céans, qui y estoyt hier venu me prier du banquet des nopces de son frère Myaulx. Apprès disner, arrivèrent missire Jehan Roger et Jehan Le Valloys, de Cherebourg, trésorier de l'église du dit lieu, je luy baillé VII livres xv sols sur le loage du prey du trésor de l'annee fynye à la Marchesque dernière, présens le dit Roger, Françoys Vasse, et Thomas Drouet et Richard Le Roux escuyer, jadys sieur de Neville
VII libvres xv sols.

Le dit jour françoys Dauge s'en retourna qui avoyt esté malade cèans d'empuys le dymenche VIIIᵉ jour de ce présent moys.

Le jeudy des Rouvaisons XXVIᵉ, je ne bouge de céans, je ne fut poinct à l'église pour ce que je me trouvoys fort mal. Dès le matin Cantepie fut à Vallongnes pour quérir ung barbier pour seigner Guillemette (1). Il n'en amena poinct pour ce que le temps estoyt trop rude

____

(1) Sœur de Symonnet.

May 1552.

pour faire seygnee. Il revinst à disner, et Françoyse femme de Denys Loryou et sa serviteure quand et luy, ils disnèrent céans.

Le dit jour comme la dite Françoyse s'en debvoyt retourner arriva ung jeune homme nommé Frigot de Tamerville qui apporta sept ruches. Il eult v sols. Il remena la dite Françoyse jusques à Saulsemesnil pour luy monstrer le chemin à s'en aller au Couret. Avant que je me levasse arriva Chandeleur sergent qui alloyt à Vallongnes, il en revinst au soyer et souppa céans. J'envoye par Philippin Hamel ung levrier à nourrir chez le Saulvage à Tourlaville et ung aultre que Gilles Auvrey emporta. . . . . v sols.

Le vendredi XXVIIe, je ne bouge de céans, dès le matin poinct du jour j'envoye Symonnet à Reville porter unes lettres au cappitaine Françoys (1). Il en revinst viron xı heures de matin. Viron ıx heures de matin, La Fosse, Gaultier Viel et Berot fermier de la commanderye de Valcanville vindrent céans et y disnèrent avecque Tilly et maistre Estienne Lo que j'avoye mandé pour seigner Guillemette, qui ne le fut poinct à raison qu'on n'en peult avoyr de sang. Je ne parle poinct au dit Lesperon ny à sa compagnée, pour ce que dormoys. Apprès disner j'envoye Chandeleur, Cantepye, Symonnet, l'Angloys et Hamel à la Haye de Digoville pour des brebys qui despouilloyent mes fieffes.

Le dit jour baille au dit maistre Estienne Lo x sols pour sa poyne d'estre venu céans, comme je souppoys arrivèrent Jehan Liot et André Rouxel, ils souppèrent avecque moy, et venoyent pour les brebis du dit Rouxel qui avoyent esté prinses à mes fieffes. Il estoyt après solleil couchant quand ceulx que je y avoys envoyes revindrent, pour ce qu'ilz menèrent au parc à Tourlaville ce qu'ilz y avoyent prins. . . . . x sols.

Le sabmedy XXVIIIe, je ne bouge de céans, avant que je fusse levé vindrent Jehan Noyon et sa femme, Jehan Le Monnier fılz Michel de Breteville et la femme Hurlyna pour leurs brebis qui avoyent hier esté prinses à mes fieffes de la Haye de Digoville. Apprès avoyr attaché leurs brebis a mes dictes fieffes. Ils s'en retournèrent. Cantepie, Chandeleur et Symonnet s'en allèrent à Cherebourg. Le dit Cantepye s'en alla de là coucher chez son père, il estoyt nuyct quand Symonnet revinst ; pour l'affust de ma haquebutte que Pierres Gilles m'avoyt faict de mon boys, et pour la verge du cureur . . . xx sols.

Le dymenche XXIXe, je ne bouge de céans, Tilly dist messe à la chapelle, où je fus. Apprès disner je m'en allé Thomas Drouet et Symonnet avecque moy, voyer une ayre d'esperviers, qui estoyt près le Pont Perrin es Ventes du Teil, puys m'en revins souper, deux Cordeliers de Bayeulx dont frère Paul en estoyt ung souppèrent céans et n'y couchèrent poinct, pour ce que Rou-

(1) François Le Clerc capitaine de la marine.

maine et Bissy (qui estoyt hier revenus de Bessin et m'avoyent apporté deux levrons que mon oncle m'envoyet) nous dirent qu'on se mouroyt de la peste aulx Cordeliers de Bayeulx.

Le lundy penultime je ne bouge de céans, j'envoye l'Angloys à Cherebourg, mener ung cheval à Cantepy qui s'y trouva et s'en revinst coucher céans. Il estoyt viron iiii heures quand il arriva et apporta ung membre de beuf qui luy cousta vi sols et de la viande pour Thomas Drouet. Apprès souper arriva les Hachées qui souppa et coucha céans, il venoyt pour aller le lendemain à la foyre de la Pernelle où il avoyt envoyé ses gens et douze aulmeaulx, qui allèrent coucher à Toqueville. . . . . vi sols.

Le mardi dernier jour dès le matin le dit sieur des Hachées et Mesnage partirent de céans pour aller à la foyre de la Pernelle, je ne bouge de céans. J'envoye Cantepye à Vallongnes faire faire ma lettre d'exemption du ban que je n'avoye poinct recueullye encore ; il luy cousta v sols tant pour la minutte et escripture de la dite lettre que la reppeue de son cheval. Sur la relevée m'en allé à la Froyde Rue, Thomas Drouet avecque moy, on nous dist que la Foumoquesse et la Braguerresse s'estoyent bien entre frottées pour ung essain de mouches que Perrette avoyt trouvées à la commune et s'estoyent alliés au jardin de la dicte Moquesses. Loys Freret me donna ung essain à choisir sur xxiii vesseaulx qu'il ha, puys m'en vins soupper. Comme nous souppions viron vii heures le dit sieur des Hachées revinst de Pernelle et incontinent apprès Monsr de Sct-Nazer, nous souppasmes tous ensemble. Apprès soupper je m'en allé Symonnet et Thomas Drouet avecque moy choysir l'essain que le dit Loys m'avoyt donné, Jehan Freret l'apporta céans, Symonnet et Thomas s'en allèrent coucher aulx esperviers. . . . . v sols.

Le dit jour au soyr arriva Georget de Sct-Naser et deux aultres serviteurs de la maison qui avoyent remené les xii aulmeaulx de la fere ; ilz souppèrent et couchèrent céans ; je donne au dit Freret pour son essain ung boisseau de fourment. La dite Moquesse et Perrette Cauvin me donnèrent l'essain pour lequel la dite querelle avoyt esté meue.

Juin 1552.

Le mercredi premier jour ne bouge de céans, de grand matin Sct-Naser s'en retourna à Cherebourg et les Hachées à Coutances pour la monstre de l'arryère ban qui y estoyt le landemain. Apprès disner Cantepye alla à Cherebourg pour quérir deux aulnes d'estamet noyer pour faire une robe à Guillemette qu'il prinst chez Jehan Caulvin, il apporta deux maquereaulx qui coustèrent xvi deniers . . . . xvi deniers.

Le jeudy IIe, je ne bouge de céans, Tilly et Mathieu furent à Monstebourg à la foyre de Rouvaysons, apprès disner j'envoye Symonnet à Vallongnes. La Fosse fut céans pour avoyr sa livrée.

Le dit jour apprès mydi, je m'en allé Philippin Hamel avecque moy, aulx esperviers que le petit Angloys gardoyt aulx Ventes du Teil près le Pont Perrin, et de là au hamel Gallye, chez missire Richard, qui estoyt à Vallongnes pour bailler ses terres par déclaration, comme me dist la femme de son frère. Quand j'en revins, je trouve mon oncle qui estoyt venu de Russy et souppoyt; il arriva céans quand et luy Pierres Dosses qui venoyt de dehors et n'arresta poinct céans pour ce qu'il voulloyt arriver à Cherebourg avant la porte fermante, je souppe quand et mon oncle.

Le vendredi IIIe, je ne bouge de céans, dès le matin j'envoye Cantepye à Cherebourg querir du poyscon, il apporta ung congre, du maquereau, deux bresmes iiii sols vi deniers. Apprès disner mon oncle s'en alla à Gouberville faire sa Penthecouste; je le convye jusques au pray Pinel, puys m'en revins par chez Mesnage où je beu ung coup. J'envoye Cantepie à Vallongnes porter dix escus sol à S^{et} Jehan Le Poyctevin, qu'il m'avoyt prestés pour bailler à mon frère Loys; il estoyt nuyct quand il revinst . xxiiii livres iiii sols vi den.

Le sabmedi IIIIe, je ne bouge de céans, dès le matin Cantepye fut à Cherebourg querir de la viande, pour ung membre de beuf et ung quartier de veau avecque les pieds et le chaudin, xiii sols iiii deniers, la relevée vindrent des Egiptiens céans me demander congé de loger en ceste ville qui leur fut escondit, je leur fys donner à boyre et du pain et v sols, comme ils s'en retournoyent, Cantepye [revenant de Cherebourg] les rencontra à l'hostel Barrier. Apprès j'envoye Symonnet à Vallongnes pour mes afferes, il apporta ungs souliers pour luy qui coustèrent vii sols. Au matin je fus à une basse messe que Tilly dist et n'astendi poinct le service. . . xxv sols iiii deniers.

Le dit jour, je fus chez Jehan Le Clerc, qui me raconvia jusque céans, et au soyer m'apporta ung essain de mouches à miel. Viron iiii heures passa par céans le curay de Cherebourg qui s'y en alloyt; je le convie jusques au viel Bosc. Il me consta troys ou quattre hystoyres du quart libvre de Rabelays et me promist me le prester à ceste assise.

Le dymenche V^e jour de la Penthecouste, je fus à la messe, dès le matin Thomas Drouet partit pour aller à Rouen contre Nicollas Quentin aulx generaulx, apprès je m'en allé à la forest voyer mon haras, Cantepye, Symonnet, Jehan Le Clerc, et Denys Le Marchant avecque moy, nous le trouvasmes près le chemin de Vallongnes dedens les marescz de Grandcamp, puys nous en revinsmes à vespres que Tilly dist. Au soyer je fus choisir ung essain chez Jehanne Freret, Guigars avecque moy, qui luy porta ung boisseau de fourment. Apprès disner, j'envoye Hubert à Brillevast querir ung furet, et Hamel chez Jehan Laguette porter ung levron à nourrir.

Le dit jour baille au dit Hamel et au Marchant à checun v sols pour cinq journées de ceste sepmaine passée. . . . . x sols.

Le lundi VIe, ferie de Penthecouste je ne bouge de céans, ma seur de S^{ct}-Naser vinst apprès disner et avant disner estoyt venu le nepveu de Monsieur le Maistre Thybault qui disna avecque nous. Ma seur alla à la Boussaye, Cantepye, Symonnet, Guillemette et Margot Caulvin et plusieurs aultres.

Le dit jour pendant que ma seur et les Hachées et leur compagnée estoient à la Boussaye mon oncle vinst de Gouberville, ilz souppèrent et couchèrent céans.

Le mardi VIIe, je ne bouge de céans, dès le matin Les Hachées alla à Toqueville dont il ne revinst jusques au soyer. A neuf heures de matin mon oncle partit pour s'en aller à Russy, je luy baille cinquante libvres pour envoyer à mon frère Guillaume. . . . . L libvres tournois.

Le mercredi VIIIe, je ne bouge de céans, dès le matin Cantepie fut à l'assise et en revinst au soyer, ma seur s'en alla apprès disner, Guigars et Jehan Douart furent à la carrière du Boys à Tourlaville quérir de la pierre, j'envoye aulx carreurs . . . . II sols.

Le jeudi IXe, je ne bouge de céans, je fus à la relevaille chez Drouet, Cantepye retourna à Vallongnes, Symonnet fut à Cherebourg quérir troys quartiers d'estament pour parfournir la robe de Guillemette, il bailla à Estienne Le Marchant XIII sols qu'on luy debvoyt et XX deniers pour a La Mache pour II mains de papier. . . . . XIIII sols VIII deniers.

Le vendredi X^e, Vigille S^{ct}-Barnabé, je ne bouge de céans, je fys semer par Henri Gardin IIII boisseaulx de sarrasin tant au matin que au soyer à la Haulte Vente. Cantepie fut à Digoville pour recueullyr son moys de may. Je fys sercler les fourmens du clos au Couvert par mes serviteurs et plusieurs aultres.

Le sabmedi XIe jour S^{ct}-Barnabe je ne bouge de céans, Cantepye fut à Digoville et à Breteville porter unes monitores, Symonnet, Arnouf et Guillemette furent chez Jehan Le Gay à Gonneville partir (1) une mestayre de brebis apprès disner. J'emmène de la messe Poygnant à disner céans : Henry Gardin fut à Monstebourg, monstrer son filz au barbier, lequel filz a le commencement d'une louppe en la joe. Gilles Auvré fut à la fère à S^{ct}-Naser qui me dist que le viel homme de Russy y estoyt et le vit chez Monsr de S^{ct}-Naser.

Le dymenche XIIe jour de la Trinité, je ne bouge de céans dès le matin j'envoye Hubert à Turqueteville repporter ung furet que j'avoye emprunté à à S^{ct}-Vaast Lermitte. Au soyer Henry Gardin me chassa deux ruches, présent Gilles Auvré. Chandeleur souppa avecque nous, il avoyt disné à Gonneville, chez Monsr Le Viconte qui est malade en son lict. La relevée Pierrot Le Noyr

____

(1) Partager.

vinst parler à moy pour la taille de la veufve Baril : je l'avoye mandé à ce matin.

Le lundi XIIIe, je ne bouge de céans, dès le matin Cantepye fut à Cherebourg pour [ung] quartier de veau v sols et pour une clef au buffet de la garderobe de ma chambre xv deniers . . . .   vi sols iii deniers.

Le mardy XIIIIe, dès le matin je m'en allé à Vallongnes tenir les haultz jours, Cantepye, Tilly et maistre Gilles Cabart avecque moy, nous dynasmes chez Denys (sa femme estoyt en couche d'hier) le prieur d'Englesqueville, ung des Belleville, Vastel procureur, maistre Pierres Collas, Françoys Lhermitte, escuyer, Pinel, Bastillon, Demons, La Tour et aultres. Il estoyt solleil couché quand j'arrive céans. Apprès arriva Pont Perrin qui me dist qu'il venoyt de Gonneville de parler au Viconte, il souppa et coucha céans.

Le mercredi XVe, apprès disner j'envoye Cantepye à Cherebourg et je m'en allé à Gonneville Tilly et Symonnet avecque moy voyer Monsieur Le Viconte, nous y souppasmes, le dit Cantepie estoyt allé au dit Cherebourg pour avoyr ung extraict d'un contract passé devant les Giffartz entre mon frère Françoys et Marye de la Fontayne, mays il ne s'en trouva poinct.

Le jeudi XVIe, jour du sacre, je ne bouge de céans, apprès vespres je m'en allé pourmener à la Froyde Rue, Cantepye et Symonnet furent aulx lièvres.

Le vendredi XVIIe, je ne bouge de céans, apprès desjeuner Cantepie fut à Cherebourg quérir demye aulne de drap pour Symonnet, à mettre soubz ung hault de cuyr ; le dit symonnet et Tilly furent à Gonneville porter à Monsr Le Viconte deux petiltz chiens de ma Bise que je luy envoyes. Incontinent que le dit Symonnet en fut revenu, je luy renvoye porter des artichaulx. Je ne bouge de céans. Au soyer Thomas Drouet revinst de Rouen.

Le samedi XVIIIe, dès le matin je m'en allé Cantepie et Symonnet avecque moy à Briquebec vers madame la Duchesse (1). En allant nous attaignymes nostre maistre Textoris et La Fosse entre la Boussaye et la Creniere, qui alloyent au dit Briquebec, nous y arrivasmes au lever de Madame, laquelle apprès disner fist faire la curée aulx chiens d'un cerf qui avoyt esté prins le jour, duquel elle me fist donner ung morceau. Il estoyt viron iii heures quand nous en partismes. Nous passames par Sottevast où trouvasmes les troys frères et S^{et} Opportune, Rataut et Thomas Oger, greffier du bailly, qui estoyent là assemblés pour quelque différend d'entre les dits frères. Pour la despense de mes chevaulx à Briquebec. . . . . , ... v sols.

Le dymenche XIXe, je ne bouge de céans, je fus à la messe à la chappelle que Tilly dist, Taste, serviteur de Symon Herbert, vinst emprunter une Haque-

(1) Adrienne d'Estouteville.

butte pour la Monstre de Cherebourg qui debvoyt estre se jour. Huet de Ne-greville m'apporta la Venayson qu'on m'avoyt hier donnée à Briquebec.

Le lundi XXᵉ, je ne bouge de céans, dès le matin Cantepye fut à Chere-bourg qui apporta ung quartier de veau et du clou pour v sols vi deniers. L'Angloys revinst fort malade de Cherebourg et falut que Nicollas Drouet le fist apporter d'empuys le hamel de Sᵗ-Jehan jusques céans. v sols vi deniers.

Le mardi XXIᵉ, dès le matin je m'en allé à Vallongnes Cantepie avecque moy pour taxer les amendes, nous dinasmes chez Denys, Aumeville, maistre Pierres Collas, maistre Gilles Cabart et plusieurs aultres, après disner nous taxasmes ; ce faict m'en allé achatter chez Pierres Beneste, quattre aulnes de taffetas noyer, et une aulne de veloux pour ma seur de Sᵉᵗ-Naser, le tout me cousta xxv libvres tournois dont j'en payé xx libvres contant du reste je luy baille scedule. Nous partismes après vi heures à nous en venir, mon oncle et ma cousine de Toqueville avoyent disné ce jour à Cyfrevast, comme on me dist à Vallongnes. xx libvres.

Le mercredi XXIIᵉ, je ne bouge de céans, après disner j'envoye Symonnet à Gonneville pour parler au sieur des Verdz boys, je m'en allé au clos des Ventes, Tylly et Cantepye avecque moy. Comme nous estions là Cayn me vinst dire que Monsʳ de Cyfrevast (1) estoyt céans, je m'en vinst incontinent. Ils y souppèrent, après s'en alla le dit sieur et ma cousine et ses gens y couchèrent.

Le jeudi XXIIIᵉ vigille Sᵉᵗ Jehan dès le matin, je m'en allé Cantepye et Gilles Cabart avecque moy au boys du Rabbey, aynsy qu'il avoyt esté ordonné mardy dernier à Vallongnes, pour ung procès qui estoyt entre Olivier Pilet et Loys Le Guest. Nous y arryvasmes avant neuf heures ; s'y trouva le sieur de Cyfrevast (qui avoyt affère à Berteauville, qui n'y estoyt, à maistre Pierres Collas et à moy pour que allassions dymenche à sa maison) y estoyent les dites parties, Beaugrand et son filz aysné, Tybouville, Bastillon et plusieurs aultres. Après les avoyr appoinctées sur le lieu descordable, nous en allasmes disner chez le dit Collas où se trouva Jacques Quantet et la damoyselle de la Barberye. Nous en partismes viron troys heures après mydi.

Le dit jour au matin après desjeuner s'en alla Françoyse, serviteure de la Planquerye de Bayeulx, laquelle j'avoye trouvée céans mardi quand j'arrivé de Vallongnes, Cayn la mena jusques à l'entrée du gravier comme on me dist

---

(1) Guillaume d'Anneville seigʳ de Chiffrevast et de Tamerville ; il avait rendu hommage au Roy en la chambre des Comptes à Paris, le 6 Mars 1547 pour sa terre de Chiffrevast, mou-vante du Roy à cause de sa vicomté de Valognes. Guillaume d'Anneville avait épousé avant l'an 1536 Louise de Longaunay fille de Hervé de Longaunay, chevalier de l'ordre du Roy, gouverneur et lieutenant pour sa Majesté en Normandie et gentilhomme ordinaire de sa Chambre

quand je revins de Quetehou. Tout le jour Symonnet fist charier du boys qu'on mist près l'hostel Barrier pour frère Marcouf de Barfleu.

Le vendredi jour S^{ct} Jehan XXIIIIe, je ne bouge de céans, apprès disner je m'en allé Cantepye, Richard, Berger et Françoys Drouet avecque moy chez Estienne Groult (où nous trouvasmes sa femme et Guillaume frère du dit Estienne) pour avoyr ung essain pour de l'argent qu'il me doybt, nous revinsmes par chez Le Coeffe où nous beusmes ung pot de cydre, et pour du pain I sol. Apprès vespres la veufve Olivier Baril et son gendre amenère deux beufz de la maistayrie de leur maison qui furent partys entre nous, présens Mesnage, Margeneste, Gilles Auvré, Henry Gardin, Tahot et aultres. I sol.

Le sabmedi XXVe, dès le matin je m'en allé à la foyre à Vicel, Cantepye avecque moy, où je trouve mon cousin de la Verge (1), Jehan de Vaulx et Harel qui me bailla lettres de Monsr le lieutenant général, nous dynasmes Billon, frère Marcouf, La Fosse, Richard Fouquet et aultres en la tente de Thomas Le Mons, il me cousta pour ma part . . . . II sols VI deniers.

Le dit jour receu de Cardin Julian pour deux vaches que je luy vendi.
XII libvres.

Le dit jour pour ung giste et cymier de beuf et ung quartier de mouton que j'achatte de Paris de Gatteville. . . . . XIII sols.

Le dit jour je signe le mandement de la livrée du commandeur de Valcanville présent maistre Pierres Collas.

Le dymenche XXVIe, apprès avoyr ouy messe à la chapelle de céans que

____

(1) Des quatre frères *Guillaume*, *Nicolas*, *Noël* et *Jacques* de la branche cadette de la famille *Picot* qui avait sa résidence dans le Bessin, Noël n'était pas le seul, paraît-il, qui eut la qualification de *La Verge*; dn moins c'est ce qui ressort d'une missive adressée à Gilles de Gouberville, alors que celui-ci, après la mort de son oncle de Russy, curé de Gouberville, eut préposé dans le Bessin à l'administration de ses héritages Guyon Le Long et Charles de Brucan. Ce dernier, en effet, écrivait à la date du jeudi 13 octobre 1575 : « *Mardi dernier comme Monsr* « *de La Verge étoit à la Planquette de Belais, s'en revenant des Ples de Tour, il luy fut tiré* « *un coup de pistolle au travers du corps et ay ouy dire à Fleury Gilles, qu'il ouyt hier à un* « *des barbiers qui le pensent qu'il n'y a espoir qu'il en rechappe.* » Et une année ne s'était pas écoulée, c'est-à-dire le 2 octobre 1576, que « *le procureur général, un autre commissaire et* « *leur greffier recollaient les témoins touchant la mort de La Verge.* »

Mais la victime de cet attentat ne pouvait être *Noël Picot*; car, d'autre part, Monsr Georges Villers a bien voulu nous communiquer le testament de ce dernier. Il est daté du 1er février 1584 et reconnu par son auteur devant témoins le 7 septembre de cette même année. Il semble difficile de préciser aujourd'hui lequel des frères de Jacques Picot prenait particulièrement la qualification de *La Verge*, et conséquemment quel est celui que le sire de Gouberville désigne spécialement, car d'après la mention qui en est faite dans ce Journal, le s^r de *La Verge* était frère de Jacques Picot, s^r du Homme et de Granval, frère de Noël, de Nicolas et de Guillaume Picot, cousins de Gilles de Gouberville.

Tilly dist nous en allasmes disner à Cyfrevast, le dit Tilly, Symonnet, Gilles Cabart avecque moy, nous y trouvasmes maistre Guillaume de la Grange, S^{ct}-Michel et son frère Le Saulse, et incontinent arrivèrent le procureur Vastel, maistre Pierres Collas. Nous dynasmes tous ensemble puys despeschames ce qu'avions affere pour le sieur du lieu. .

Le dit jour après disner viron III heures après mydi nous partismes pour nous en venir, et m'en vins par Clerette où je parle à Bertin et Perrin dictz Vallongnes pour avoyr de la potterie et à Martin Le Galles pour avoir des mouches à miel. J'avoye envoyé Cantepye à Cherebourg m'euxcuser à la monstre qui estoyt ce jour.

Le lundi XXVIIe, dès le poinct du jour, Cantepye s'en alla avecque Mesnage et Guillaume Berger, et Tahot à la garde de Fenart, quérir du boys pour le dit Mesnage. Apprès desjeuner, je m'en allé Symonnet avecque moy, chez Cauchon, à Gonneville, pour ung différent qui estoyt entre Jacquet et Pierrot dictz Cauchon, et de là à Breteville, chez Hurelina voyer du hercail qu'il me vouloyt vendre, nous ne trouvasmes que sa femme. De là j'envoye Symonnet à Fermanville porter à mon cousin le mandement de sa livrée, je m'en revins le dit Jacquet Cauchon avecque moy (que j'avoye emmené de Gonneville) jusques à l'hostel Estienne Groult. Puys m'en vins céans. Avant que me levasse estoyt venu Nicollas Groult du Teil mettre un gon à l'huys du vys, je ne trouve plus le dit Groult quand je revins.

Le mardi XXVIIIe, je me levé dès soleil levant, et m'en allé aulx closages de Germain Drouet, où Mesnage avoyt faict abbattre des chesnes, puys m'en revins Thomas Drouet quand et moy. Je m'en allé à Vallongnes, Cantepye avecque moy pour debvoyr appoincter Richard Becquet et ung nommé Le Febvre de S^{cte} Geneveufve ce que ne feismes pour que S^{ct} Vaast n'y peult entendre, qui estoyt chargé du party du dit Le Febvre. Je disne chez Denys, Cantepye, Gilles Cabart et Quentin Le Court avecque moy, nous despendismes VII sols que je paye et troys blanc pour ung fer à ma haquenée et troys blancs au sellier et II sols pour mes chevàulx; il estoyt II heures quand nous partismes. Je rencontre entre S^{ct} Martin et la Fosse au Roux, Jacques et ung serviteur de S^{ct} Naser qui alloient à Vallongnes quérir III quartz de taffetas pour ma sœur, Gilles Cabart estoyt avecque nous. Symonnet et l'Angloys estoyent allés à Cherebourg dès le matin quérir du clou à pendre le grand huys de céans. Ung serviteur de chez Cantepye le vinst quérir pour ce que son père estoyt malade . . . . XI sols VI deniers.

Le mercredi jour S^{ct} Pierre XXIXe, je ne bouge de céans, avant que je me levasse Huet de Negreville et Estienne Groult m'avoyent apporté checun ung essain de mouches, le dit Huet disna céans Il heult pour ses mouches ung boisseau de fourment. Joret et Myaulx vindrent de Gouberville pour tirer du boys et apportèrent de l'orge. Au soyer jour faillant, Françoys Drouet me vinst dire qu'on avoyt prins leurs bestes à la vente et plusieurs aultres. Viron à mynuyct Cantepye fist ung mandement de délivrance des dites bestes, à la requeste de Mesnage qui présent estoyt ; puys s'en allèrent le dit Mesnage et luy et Thomas Drouet (qui estoyt revenu de la foyre de S^{ct} Pol des Sablons), Henry Gardin et aultres faire délivrance de leurs bestes qui estoyent au Parc du Teil. Il estoyt soleil levant quand ils revindrent.

Le jeudi dernier jour je ne bouge de céans, la relevée missire Richard Gallye vinst céans pour pendre l'huys du vys, ce qu'il ne fist poinct pour ce que le gon de bas n'estoyt poinct bien assys, il souppa céans ; comme nous commencyons arriva Les Hachées qui venoyt de Vallongnes et Tilly qui y estoyt allé au matin. La relevée Cantepye fut à la Loge de Tourlaville faire arrest sur buche de la Rivière, et d'un nommé maistre Jehan qui n'avoyent payé le charroy. Il revinst au soyer.

Juillet 1552

Le vendredi premier jour, je ne bouge de céans, il avoyt pleu et venté grandement la nuyct précédente. Apprès disner Cantepye alla à Montagu charcher maistre Jehan père de la Rivière, pour luy faire faire une assignation. Symonnet fut à Briquecalle porter du cydre à Monsr de Magni. Sandrin vinst pour quérir Mathieu son père, maistre Gérard Durand arriva comme nous souppions. Henry Gardin chassa deux ruches et souppa céans. Le verdier de Cherebourg vinst apprès desjeuner, je luy baillé son mandement de délivrance.

Le sabmedi IIe, je ne bouge de céans, apprès desjeuner Symonnet fut à Cherebourg, pour ung giste et cymier de beuf viii sols et demye libvre de pouldre v sols. Je fys estraindre par Henry Gardin cinq ruches de miel, et comme on y besongnoyt arriva Monsr de Tournebu, et tantost apprès Marin Parys des faulx bourgz, et ung nommé Nicollas Monchel, demeurant en Angleterre, lesquels m'amenèrent ung ran cornu qui me cousta l sols. lxiii sols.

Le dit jour au matin avant que je me levasse, Mathieu et Sandrin son filz s'en partirent de céans pour aller à Carenten, et faisoyt son conte le dit Mathieu de ne revenir de long temps.

Le dymenche IIIe, je ne bouge de céans, apprès disner je fus Symonnet avecque moy aulx fiançailles de Laurence fille de feu Nicollas Freret avec ung nommé du Pont de Brys ; Tilly s'y trouva et cuydèrent les parties départir apprès disner. Cantepye fut à Vallongnes qui apporta une medicine pour Symonnet. Les tonneliers de Magneville vindrent céans au matin, ilz alloyent à la carrière de Tourlaville marchander de la pierre.

Le lundi IIIIe, jour S^{ct}-Martin dès le matin au poinct du jour, Symonnet prinst medicine, je ne bouge de céans, tout le jour la Croche et troys de ses compagnons faulchèrent à la petite campagne, tout le jour Cantepye fut à Montagu et Quinéville chercher maistre Jehan de Froban pour luy faire assignation pour voyer ordonner de l'arrest qu'il Cantepie avait faict sur la buche du dit maistre Jehan.

Le dit jour Françoys Dauge (qui estoyt hier venu céans) alla à Cherebourg et revinst son frère André quand et luy, lequel André s'en alloyt à Parys besongner du mestier de la layne.

Le mardi V^e, je ne bouge de céans, vindrent au matin Christofle Thierrie et Pierres son filz et Martin Pyvain couvrir sur la grange ; François Dauge s'en retourna à Cherebourg et l'Angloys quand et luy. Ils menèrent ung mouton à Jehan Caulvin le drappier que je luy donnoys. Il se mariet se jour ; Symonnet y estoyt allé au matin luy porter ung lièvre, ung levrault et ung congnin ; Cantepye fut à Vallongnes pour faire accoutrer mon espée ; le dit Dauge achatta ung millier de clou a latte pour IX sols et du bœuf pour VIII sols VI deniers que le dit Angloys apporta. . . . . XVII sols VI deniers.

Le mercredi VIe je ne bouge de céans, au matin Symonnet fut seygné par Estienne Lo, Cantepye fut à Vallongnes quérir mon espée. Au soyr le sieur de Magny souppa céans. J'envoye aulx carreieurs de Tourlaville pour la pierre qu'avoys heue. . . . . XVIII sols.

Le dit jour pour ung millier de clou et demy cent de clou a demy tillac que l'Angloys apporta de Cherebourg et une libvre de chandelle. . . XIIII sols.

Le dit jour, baillé à la Croche et quatre de ses compagnons faulcheurs pour troys jours de quattre et deux jours d'un à troys solz pour jour. . XLII sols.

Le dit jour baillé au dit maistre Estienne pour la seignée de Symonnet
                    x sols.

La dit jour Thomas Drouet partit pour aller à Rouen contre Nicollas Quentin, et quand et luy partit André frère de Françoys Dauge pour s'en aller demeurer à Parys besongner au mestier de la layne.

Le jeudy VIIe je ne bouge de céans, il pleut toute la mattinée jusques apprès mydi. Cantepye alla à Cherebourg, Jehan Quentin avecque luy ; apprès disner Henry Gardin vinst fondre de la cyre céans, je fus à sa maison voyer un de ses enfans qui avoyt tout le dos couvert d'empostumes comme de feu saulvage.

Le vendredy VIIIe je ne bouge de céans, jusques apprès desjeuner que je m'en allé chez le cappitaine du Teil où madame la Duchesse estoyt à disner. Apprès avoyr joué avecque elle et le sieur de S^{cte} Marie et plusieurs aultres, nous allasmes au quesne allée où Madame attendoyt la chasse qui ne vinst poinct, puys s'en partit viron IIII heures pour retourner à Briquebec; je la

convie jusques à la Boussaye, puys m'en vins céans Cantepye avecque moy, je
perdi à jouer avecque ma dite Dame (1) . . . .   **xx sols.**

(1) Gilles de Gouberville put se consoler d'avoir perdu ses xx sols, en pensant que sa parte-
naire descendait non seulement de *Saint Louis*, mais encore de *Guillaume le Conquérant*,
comme on peut le voir par cette généalogie trouvée dans le Chartrier de Saint-Pierre-Église.

1 **Guillaume le Conquérant**, duc de Normandie, roy d'Angleterre = Mathilde, fille de
Beaudoin, comte de Flandre.

2 Henry I, roy d'Angleterre, duc de Normandie = Mahault, fille de Malcôme, roy d'Ecosse,
et de la reine sainte Marguerite.

3 Mathilde, duchesse de Normandie, reine
d'Angleterre = Geofroy, comte d'Anjou.

4 Henry II, comte d'Anjou, de Touraine et du
Maine, duc de Normandie, roy d'Angleterre
= Eléonore, duchesse d'Aquitaine, comtesse
de Poitou.

5 Léonor d'Angleterre = Alphonse, roy de
Castille

6 Blanche de Castille = Louis VIIIe, roy de
France.

7 **Saint Louis**, roy de France = Marguerite
de Provence.

8 Robert de France, comte de Clermont =
Agnès de Bourgogne.

9 Louis, comte de Clermont, Ier duc de Bourbon = Isabelle de Hainaut.

10 Pierre de Bourbon = Isabelle de Valois,
fille de Charles de France, comte de Valois.

11 Catherine de Bourbon, fille du dit Pierre =
Henry, comte d'Harcourt.

12 Marguerite d'Harcourt, dame de Longueville
= Jean d'Estouteville, grand bouteiller de
France en 1415.

13 Louis d'Estouteville = Jeanne Paisnel, dame
de Hambie.

14 Michel d'Estouteville = Marie de la Roche-
guyon.

15 Guyon d'Estouteville
= Isabelle de Crouy.

Perrette d'Estouteville = René de Clermont,
ch', vice amiral de France.

Catherine d'Estou-
teville = Henry,
sire d'Espinay,
chambellan du
roy Louis XII.

16 Jacqueline d'Estou-
teville = Jean d'Estou-
teville, grand échanson
de France.

17 **Adrienne d'Es-
touteville** = Fran-
çois de Bourbon, comte
de saint Paul, gouver-
neur du Dauphiné, par
traité de 1534.

Le dit jour baille à Guigars pour porter aulx carreyeurs de Tourlaville.
x sols.

Le sabmedi IX je ne bouge de céans. Cantepye fut à Cherebourg pour du poyscon qu'il apporta et de la viande, xiii sols. Viron six heures de soyer arrivèrent les Hachées, ma seur et mademoiselle de Beaumont et leur train qui alloyent à Bayeulx, ilz souppèrent et couchèrent céans. Avant qu'ilz arrivassent, la femme de feu Olyvier Quentin me vinst parler des partages d'entre le père et frères de son mary et d'elle.

Le dymenche X°, je ne bouge de céans, apprès la messe ouye (que Tilly dist en la chappelle) et avoyr disné ma seur et ceulx qu'hier estoyent venus avecque elle et Symonnet et Guillemette et le dit Tilly partirent pour aller coucher chez Ryou. Apprès qu'ilz furent partys arrivèrent missire Gratien, Jehan et Thomas dictz Potier, et la veufve de feu Olyvier Quentin, niepce du dit prebtre, Jacques Quentin et Jehan et Denys ses enfans, frère du dit Olivier, lesquelz j'appoincte entre eulx pour la part des meubles que demandoyt la dite veufve au dit Jacques et ses enfans.

Le lundy XI°, je ne bouge de céans, Cantepye fut à Cherebourg pour ung millier de clou à latte que l'Angloys apporta x sols, tout le jour je fys besongner au fain de la pettite campagne et du clos au Couvert. Tilly revinst de chez Ryou, viron mydi, lequel me dist que ma seur de S^{ct} Naser et sa compagnée en estoyent partys de grand matin pour passer au grand Vay et aller coucher à Russy. . . . . x sols.

Le mardi XII°, jour de la Dédicasse de Coustances dès le matin, je m'en allé à Vallongnes Cantepie et Brisenes le jeune et Melenc avecque moy, lequel estoyt venu céans, pour ce que je l'avoye hier faict dessaisir de neuf pourceaulx qui m'appartenoyent, qu'il disoyt luy appartenir. Nous dinasmes chez Denys, S^{ct} Vast, maistre Guillaume Lyot, le procureur Vastel, Lescoulle de l'abbaye de Cherebourg, Richard Becquet, Richard Le Febvre de S^{cte} Geneveufve. Lesquelz Becquet et Febvre nous faillymes à appoincter, parce que le dit Febvre dédist la sentence du dit S^{ct} Vast et moy qui estions arbitres. Ce faict je m'en vins le dit Cantepye avecque moy par chez Thomas Monchel, qui nous debvoyt monstrer une ayre d'espreviers, il s'en vinst avecque nous jusques au lieu où il dist estre l'ayre qu'il nous monstra, et pour ce qu'on n'y peult monter ne peusmes sçavoyr que c'estoyt. Il estoyt soleil couchant quand nous arrivasmes céans.

Le dit jour, avant que partir de céans, j'envoye Jacques à Cherebourg quérir ung millier de clou qui cousta . . . . x sols.

Le mercredi XIII°, je ne bouge de céans, viron deux heures apprès mydi arriva Monsr de Magny et Chandeleur qui venoyent de Gatteville, ilz disnèrent céans, apprès disner j'envoye Cantepye à Vallongnes et le laques de Conteville, pour ung millier de clou que Jacques apporta de Cherebourg. . . x sols.

Le dit jour, Mesnage fist lever une maison estable près son pré où Tilly disna.

Le jeudi XIIIIe, je ne bouge de céans, comme je m'alloye pourmener, je trouve devant l'huys Berger, Cantepie avecque moy, Pierres Monchel et ung Gérart de Saulsemesnil qui venoyent du sablon. Le dit Gérard me promist ung essaim de mouches pour ung boisseau de fourment.

Le vendredi XVe, je ne bouge de céans, avant que je me levasse, Marin Flamenc m'apporta du poyscon, j'en envoye à Monsr Le Viconte par l'Angloys ung mullet, ung sor mullet et une solle, le dit Flamenc disna céans. Pour ung millier de clou et demy . . . . xv sols.

Le dit jour, receu du dit Marin Flamenc pour le louage de terres a buttain du terme S^{ct} Michel dernier passé. . . . . xiii sols.

Le dit jour, apprès disner, je m'en allé à la Bryayre, Nicollas Drouet et Hamel avecque moy, je leur fys dresser et eschapplir des pierres de la dite carrière pour assoyer des mouches à myel, nous y fusmes jusques viron vi heures. Quand j'arrive céans, je trouve La Fosse, Denis Patin et son lacques, ils souppèrent céans, et missire Clément Rouxel et Chandeleur, le dit La Fosse et ses gens couchèrent céans. J'envoye xi sols iiii deniers au carreyeurs de Tourlaville par Guigars. . . . . xi sols iiii deniers.

Le sabmedi XVIe, je ne bouge de céans, je fys mettre en viellotte le foyen de la pettite campagne et du clos au Couvert et en charier une partye.

Le dit jour au soyer, je baille à Christophle Thierrye et à Pierres son filz pour checun xi jours qu'ilz furent à couvrir sur la grange. . . xliiii sols.

Le dymenche XVIIe, je ne bouge de céans, quand j'arrive à l'église, la grand messe estoyt dicte. Maistre Robert Potet se trouva à l'issue de la messe il s'en alla disner chez Auvre, sur l'heur de Vespres, je m'en allé au Teil, Thomas Drouet avecque moy (lequel estoyt hier soyer revenu de Rouen) chez Pierres Gohel au Teil ; en allant nous atteignismes Sanson Le Sage entre l'eau du Pont Perrin et le vay coulombel qui s'en alloyt au moulin. Comme nous vinsmes au dit Vay Coulombel, nous trouvasmes le capitaine du Teil, Nicollas Gohel et Vincent Philippe qui s'en alloyent pourmener à leurs fieffes. Nous retournasmes chez le dit Pierres Gohel et beusmes puys m'en vins, il estoyt soleil couchant quand nous revinsmes.

Le dit jour baillé à Denys le Marchant pour ix journées qu'il avoyt esté à servir le couvreurs ix sols. Tilly prinst médicine se jour et ne descendit poinct jusques au soyer. Cantepye fut au clos au Couvert faire charger du foyen, pour que le temps se mettoyt à plouvoyer. . . . . ix sols.

Le dit jour quand je party à aller au Teil, je envoyé par l'Angloys et Gilles Berger à Monsr. Le Viconte à Gonneville ung chevreau.

VOYAGE A RUSSY.

Le lundi XVIIIe, dè[s] le matin je party de céans Cantepye avecque moy, et allé passer au grand Vay où il me cousta pour passage et reppeue viii sols ; passèrent quand et nous (viron xii heures,) Le Fort de Carneville, et ung Blondel de Martinvast. Le Iacques de Conteville (qui s'en alloyt à Boullongue sur la mer) nous attaignit à Viel Pont, je souppé à Russy, et allé coucher à Bayeulx chez le lieutenant général où je trouvé les Hachées, les damoÿselles de S^{ct}-Naser et Beaumont et leur compagnée le dit sieur lieutenant et sa femme et aultres . . . . viii sols.

Le mardy XIXe, nous allasmes toute la bende de la Hague disner à Tour chez le sieur de la Verge, et de là coucher à Russy ; pour la despense de mes chevaulx à la Barge . . . . viii sols.

Le mercredi XXe, apprès avoyr desjeuné à Russy et donné v sols aulx serviteurs, je m'en vins passer au Vay, Cantepye avecque moy ; pour mon passage et la reppeue de mes chevaulx iiii sols vi deniers, passèrent quand et nous Robert de La Planque de Cherebourg et le curay de l'une des portions de S^{ct} Pierre Église, lequel est de Parys ou d'aupprès et ung poisconnier de Trévières qui alloyt à la Hogue ; j'entre dedens le terrain à Quineville, je trouve le baron de la Hogue à Biderue qui nous prya de soupper avecque luy ; il plouvoyt fort ; il estoyt viron une heure apprès solleil couchant quand j'arrivé céans.

ix sols vi deniers.

FIN DE VOYAGE.

Le jeudi XXIe, je ne bougé de céans. Cantepie fut à Vallongnes, pour une longne de beuf qu'il apporta v sols ; il estoyt presque solleil couché quand il arriva . . . . v sols.

Le dit jour au soyer bien tard arrivèrent le sieur des Hachées et ses damoyselles que nous avions hier laissées à Russy. Ilz souppèrent et couchèrent céans.

Le vendredi XXIIe, jour de la Magdalaine, je ne bouge de céans, dès le mattin Cantepie fut à Cherebourg quérir du poysçon qui [cousta] iiii sols. Apprès disner les dites damoyselles et leur bende s'en allèrent à S^{ct} Naser, et Cantepie chez Claude Cabart à Denneville. Se trouvèrent à soupper céans maistre Gratian Lambert et Gilles Cabart ; il estoyt nuyct quand [il] revinst de Denneville . . . . iiii sols.

Juillet 1552.

Le sabmedi XXIIIᵉ, je ne bouge de céans, dès le matin Cantepye s'en alla (sur le cheval qu'il emprunta hier à Claude Cabart) chez son père à Triauville et debvoyt aller par chez Charles Le Nepveu voyer ung poullain. Apprès disner, viron sur les IIII heures, je m'en allé chez Dodemain, Thomas Drouet et Françoys Damours (que je trouve près l'hostel Berger) avecque moy.

Le dit jour, apprès avoyr esté chez Dodeman, le dit Damours nous laissa, et je m'en vins par chez Jehan Birette et par chez Marye Groult, aulxquelles troys maisons j'achatte à checune ung essain de mouches.

Le dymenche XXIIIIᵉ, je ne bougé de céans, je amène de la messe Merigot à disner céans, puys nous en allasmes chez Drouet, Thomas s'en vinst quand et moy. Apprès soupper nous allasmes le dit Thomas Drouet et Jehan Freret avecque moy chez Dodeman et chez Jehan Birette à Digoville quérir les essains que j'avoye hier achattées, je donne à la fille Dodeman XIII deniers, aulx enfans Pierres Birette II sols, puys nous en vinsmes passer par la court des Verdz boys. Il estoyt quasi nuyct quand nous arrivasmes céans. Pierres Dancel, Olivier Voysin et deux aultres compagnons faulcheurs, tous de Saulsemesnil souppèrent et couchèrent céans, pour ce qu'ilz debvoyent faulcher mes prays de Tourlaville . . . . III sols I denier.

Le lundi XXVᵉ, jour Sᵗ-Jacques et Sᵗ-Christophle je ne bouge de céans, Cantepye revinst de chez son père par la foyre. Chandeleur souppa et coucha céans, qui venoyt de Vallongnes.

Le mardi XXVIᵉ jour, Sᵗᵉ Anne dès le matin j'envoye Cantepye à Vallongnes pour faire voyer le procès d'entre Demons et de La Tour. Incontinent je m'en allé l'Angloys avecque moy à nos prays à Tourlaville, où estoyent les faulcheurs et Hamel qui fenoyt, je m'en revins incontinent. Je disné puys m'en allé Symonnet et le dit Angloys avecque moy à Sᵗᵉ Anne à Teville, où je trouve Tilly (qui venoyt de Gatteville où il estoyt hier allé apprès disner), Le Marchant, Le Coyffe et Gilles Aulvre. Apprès avoyr beu ung coup nous en revinsmes le dit Tilly quand et nous. Incontinent que fus arrivé je m'en retourné à nos prays à Tourlaville, je m'en vins par chez Binet ou je trouve Jehan Potier, et Robert de Sᵗ Gabriel qui venoyt y quérir de la bière pour son frère Sᵗ-Ursin qui ha la fiebvre. Il estoyt solleil couché quand j'arrivé céans.

Le dit jour, avant que me lever, baille au dit Dancel et ses compagnons faulcheurs XII sols sur ce que je leur pourroy debvoyr quand ils me auront servy. . . . . XII sols.

Le dit jour, quand je revins des praytz la segonde foys, je trouve Joret Gaillard et son frère Guillaume qui avoyent apporté du blé et venoient quérir du boys.

Le mercredi XXVIIᵉ, dès le matin, je m'en allé à Vallongnes tenir les haultz jours, Cantepie avecque moy, nous dinasmes chez Denys, maistre Pierres

Collas, Demons, Gohel, Blé, Quentin Le Court, Pinel et plusieurs aultres. La Fosse et Navarre cuydèrent avoyr querelle que Monsr de Sottevast estaignit. Jehan Oger et maistre Jehan Le Cappon heurent prinse et jugement et sortit du dit paroles injurieuses contre l'honneur de la femme du dit Cappon. Ce qui tinst l'auditoyre et assistence devant Bastard, lieutenant du bailly. Apprès disner, nous retournasmes en l'auditoyre prononcer le dictum d'entre Demons et Vast Fleury, puys m'en vins ; il estoyt soleil couché quand j'arrivé.

Le jeudi XXVIIIe, apprès desjeuner, je m'en allé aulx prays à Tourlaville, Cantepye et Symonnet avecque moy et vingt aultres personnes scavoyr : Guillaume Le Sage, Hamel, Jacques Le Clerc, Gilles Auvrey, Jehan Gardin, Thomas Parys, Jehan Fréret, Jehanne la Mareschalle, Marye Caulvin, Jehan Quentin et aultrés, en pain et bière prins à Cherebourg pour nostre disner.

vi sols.

Le dit jour, pour ung petit hanet de fer que je fys faire à Thomas Potier, pour tirer du fain où il y a des jans et des ronces, ii sols ; maistre Gratian Lambert et Jehan Potier me convièrent jusques à S^{ct} Gabriel ; il estoyt soleil couché quand nous départismes. . . . . ii sols.

Le vendredi XXIXe, apprès desjeuner, je m'en retourne aulx prays à Tourlaville, vingt personnes avecque moy, ceulx mesmes qui y estoient hier et Nicollas Drouet et Olivier Le Valot d'avantage, en pain et byère prins à Cherebourg pour le disner, oultre ce que avoys faict porter de céans, v sols. Avant que partisse, Cantepye s'en alla à Vallongnes porter unes lettres à S^{ct} Jehan Le Poyctevin. Au soyer, en revenant des dits prays, baille à la femme Binet pour la despense des quattre faulcheurs pour iiii jours et de Hamel et Jehan Hoston, pour ung soupper et desjeuner et pour le soupper de troys hommes que j'ay laissés au pray pour garder le fain, sçavoir Hamel, Valot et le dit Hoston, xxxviii sols. Il estoyt presque nuyct quand j'arrive, les ditz faulcheurs vindrent soupper et coucher céans. . . . . xxxviii sols.

Le sabmedi pénultime jour, pour ce qu'il fist temps couvert, au matin je ne party de céans pour aller aulx prays à Tourlaville qu'il ne fust viron neuf heures, où je fus tout le jour jusques à une heure avant soleil couché avecque xxvi personnes, Vallot, Hamel, Jehan Groult, Guillaume Le Sage, Collas Drouet, Jehan Quentin, Thomas Quentin, Loys Lasnier, Jehan Le Clerc, Jehan Hoston et plusieurs aultres. Sur le mydi vinst au pray Noël Boullon qui en chargea une charlée qu'il apporta céans. Comme nous en debvions revenir, maistre Guillaume Cabart survinst, lequel nous retarda jusques à soleil couché pour saillir avecque Symonnet et Collas Drouet. Dès le matin, Cantepye alla à Gouberville et de là à Barfleu, pour recouvrer de l'argent que Bibet me debvoyt. Pour le disner des gens que j'avoye menés aulx prays viii sols, et pour le soupper de Hoston, Valot et

Jehan Groult que je laisse pour garder le fain iiii sols, et pour une burette
que le dit Hoston achatta à Cherebourg i sol. . . . .   xiii sols.

Le dit jour, baillé à Pierres Dancel, Olivier Voysin, Collin Le Bresne et Thomas Beausieu faulcheurs, pour iiii jours qu'ilz furent aulx prays à Tourlaville
et ung jour au pray du clos au Couvert lx sols. Ils soupp̀erent céans
                                                              lx sols.

Le dit jour, receu par la main de Cantepye en l'acquict de Marguet sur ce
qui peult estre entre nous pour des louages ung escu sol. . . .   xlvi sols.

Le dymenche dernier jour, je ne bouge de céans, j'emmène de la messe
Poygnant à disner, après disner nous allasmes à la forest voyer mon haras, le dit
Poignant, Cantepye et l'Angloys avecque moi, nous en revinsmes viron sur les ii
heures, puys m'en allé chez Tassine Quentin où on dançoyt l'ayre de sa grange.
Au sortir de là je trouve Tilly et missire Jehan Auvré qui venoyent de Sct Ger-
main de Breteville ; nous fusmes chez Le Çoyffe, puys nous en vinsmes à
Vespres que missire Jacques Auvrey dist, je donne i sol à ung garson qui
m'apporta des fourmages que mademoyselle la vicontesse m'envoyet.   i sol.

Le dit jour, baillé à Philippin Hamel pour cinq journées qu'il avoyt esté
aulx prays. . . . .   v sols.

Aoust 1552.

Le lundi premier jour d'aust apprès la messe et disner je m'en allé aulx
prays à Tourlaville Cantepye et le pettit Angloys avecque moy et quinze aultres
personnes, Jehan Freret, Denys Le Marchant, Jehan Quentin, Jehan Le Clerc,
Thomas Parys, Thomas Quentin filz Gilles, Daniel, Gilles Mesnage, Loys
Lasnier, Jehan Gardin, Thomas Vautier, et plusieurs aultres ; moy là venu je
fus adverty que le cappitaine de Cherebourg m'avoyt faict charcher pour luy
delibvrer du boys pour les repparations des ponts de la ville et chasteau ; incontinent m'en allé à Cherebourg le dit Cantepye avecque moy, et furent les
pontz visités; et le rapport de Jehan Gardin et Pierres Gilles charpentiers
prins. Ce faict je m'en revins à mes gens aulx prays. Pour de la viande xvii
sols, une libvre de chandelle ii sols, en bière pour les fenneurs iii sols pour
huyct fers à deux juments x sols. . . . .   xxxii sols.

Le mardi IIe, je m'en allé aulx prays à Tourlaville, Symonnet avecque moy
et plusieurs aultres encore Jehan Quentin, Hubert, Jehan Gardin, Gilles
Mesnage, Daniel, Gilles Berger, Loys Lasnier, Hamel, l'Angloys, en pain et
byère pour leur disner v sols, et pour le soupper de ceulx qui demeurent à
garder le fain iii sols. Jehan le Saulvage, filz Maturin fist ung deffens à Harou
à missire Guillaume Moustier qu'il n'eust à passer au travers du jardin du dit

Saulvage près l'hostel Bertault, présens Richard de la Planque, Symonnet et aultres. Cantepye fut à Vallongnes dès le matin pour communiquer aulx gens du Roy les lettres du cappitaine de Cherebourg qui demandoyt du boys pour faire les pons, le dit Le Saulvage et La Marche tensèrent fort pour le dit Harou.

Le mercredi IIIe, apprès desjeuner je m'en allé aulx prays, Symonnet avecque moy, où je fus jusques à solleil couchant maistres Guillaume et Gilles dictz Cabart y vindrent qui saillirent avecque Symonnet puys nous en vinsmes boyre chez Brisenes procureur en passant.

Le dit jour en pain et boyre pour les feneurs et pour le soupper de Hamel, Grosdos et l'Angloys qui couchèrent au pray vi sols. Merigot vinst céans qui s'en fuyoyt pour une taxe de médicament en quoy il estoyt condemné, Cantepie fut à Cherebourg pour Jehan Quentin contre Jehan Lyot. Chandeleur fut céans au matin comme je descendoys de ma chambre.
vi sols.

Le jeudi IIIIe, je ne bouge de nos prays où m'en allé apprès desjeuner Cantepye avecque moy Gratian La Guette et Jehan Groult filz Thienot et Raullet. Gallye faulcherent deux vergees du pray, pour leur soupper et sallere x sols. Il estoyt solleil couché quand ils acheverent. Sur les deux heures apprès mydi nous allasmes à la mer, le dit Cantepye et maistre Gratian Lambert, où trouvasmes Guyon des Champs, Gilles Gibert et le filz Robidas qui carroyent de la pierre pour le curay de Nacqueville qui présent estoyt. . . . . . x sols.

Le dit jour, pour le disner de ceulx qui estoyent aulx prays à fener, vi sols, Beaufisset fut tout le jour avecque nous. . . . . vi sols.

Le vendredi V, dès huyct heures, je m'en allé aulx prays Cantepye avecque moy, pour le disner des feneurs et soupper de ceulx qui couchèrent aulx dits prays, x sols. Pendant que le fain sechoyt, nous fusmes à la mer faire baigner les garsons. Cantepye fut à Cherebourg pour ungz soulliers à Guillemette vi sols, maistre Guillaume Cabart et son frère Robert estoyent avecque nous.
xvi sols.

Le dit jour, pour deux fourchettes à jerbes prinses chez Pottier au soyer en m'en revenant . . . . v sols.

Le sabmedi VIe, dès le matin, Cantepye s'en alla à Barfleu parler à S^{ct} Martin La Place pour quelques afferes qui estoyent entre luy et moy; le dit de la Place luy mist terme à mardi prochain. Apprès desjeuner, je m'en allé aulx prays à Tourlaville Symonnet avecque moy et une douzaine de gens avecque nous, Toutdoulx, Hamel, Daniel, Jehan Gardin, Gilles Mesnage et aultres.

Le dit jour, en allant aulx dits prays, nous passasmes par chez Le Saulvage et par chez La Marche pour parler de leurs appoinctemens, le dit La Marche nous donna des poyres, moy venu aulx prays, je m'en allé au Roulle avecque Roumaine et sa fille et venu là je monte jusques à la croyx, puys m'en revins

Aust 1552.

aulx dits prays, la pluye nous en chassa, Thomas de la Fontaine de Cherebourg, sa femme et famille y estoyent. Il estoyt nuyct quand Cantepie revinst de Barfleu.

Le dymenche VIIe, je ne bouge de céans, apprès disner, je conte à Raullet Vaultier de tout ce qu'il m'a faict de son mettier d'empuys mon dernier conte et des termes sainct Michel et Pasques derniers, montans dix solz pour plusieurs en argent et une mesure d'avène montante quinze boisseaulx et demy dont il est redevable de la moytié du total à la seigneurye du Mesnil. Toutes ses employctes allouées, il me debvoyt xviii sols qu'il m'a présentement payées. . . . . xviii sols.

Le dit jour, baille à Philippin Hamel pour cinq journées de ceste septmaine qu'il a esté aulx prays . . . . v sols.

Le lundi VIII , dès le matin , Cantepye fut à Cherebourg quérir la pourvision. Apprès desjeuner je m'en allé aulx prays Symonnet avecque moy. Jehan Le Bourgeoys y vinst pour parler de l'appoinctement d'entre les enfans Maturin Le Saulvage ses nepveux et les enfans Bertault. Les serviteurs Guillaume Cabart portèrent deux chartées de nostre fain à Cherebourg l'une chez Jehan Caulvin le drapier et l'austre chez Giffart. Pour deux faucilles que j'achatte chez Pottier en m'en revenant iii sols, missire Jacques Auvrey et Tassin Quentin et le Coyffye s'en vindrent quand et nous jusques à Martin Doyt.

iii sols.

Le dit jour en viande que le dit Cantepye apporta de Cherebourg et une libvre de chandelle . . . . xv sols.

Le dit jour pour une payre de soulliers que le dit Cantepie apporta pour Gillete Troys sepmaines que je luy doy avecque ses gages . . . vii sols.

Le mardi IXe, je ne bouge de céans, dès le matin Cantepye s'en alla à Reville chez Richard de la Place, et Symonnet à Cherebourg pour avoyr du poyscon pour ce que j'avoye ung attelier du Teil qui sya les fourmens du clos au Couvert vii sols. Je fys charier une pièce de fau de xlvii piedz par Gilles Auvré, Tassin Quentin, Guillaume Berger, Loys Pyvain, Le Coyffe, Hamel, Gaultier Birette, Guigars, Toutdoulx, Jehan Groult. Nous la laissasmes près la Vente de dessus le fest pour ce que ne la peusmes plus oultre.

vii sols.

Le mercredi X^e, jour S^{et} Laurens, je ne bouge de céans, apprès disner Cantepye fut à Vallongnes porter à Jehan Marye xx libvres tournoys que je luy doy de rente ypotheque, apprès vespres je m'en allé à la forest pour voyer mon haras, Arnoulf et Toutdoulx avecque moy, nous trouvasmes Cosinet du Bosc et son filz Pierres qui charchoient leurs bestes. Ilz s'en vindrent avecque nous jusques à la Fosse du Quesne . . . . xx libvres tournoys.

Le jeudi XIe apprès desjeuner, Cantepye fut à Vallongnes porter xx libvres tournois à Billot, puys s'en revinst disner céans. Apprès s'en alla chez son père pour aller à Coustances comme il disoyt. . . . . xx libvres tournoys.

Le dit jour, je ne bouge de céans, j'euz xl personnes tant de Digoville que Breteville, qui sièrent l'avène du clos des Ventes. Ils s'en allèrent apprès disner pour qu'il n'y avoyt plus de blé prest à sier, Symonnet fut à Cherebourg qui apporta une poyctrine de beuf v sols, et pour iii tourtes prinses chez Le Coyffe vi sols ; et pour ung quartier de mouton que Cantepye apporta de Vallongnes iii sols vi deniers, et ung fer au grand cheval ii sols. La relevée, je m'en allé pourmener à la Vente sur le fest, Thomas Drouet et Henry Gardin avecque moy, le dit Thomas souppa céans. Il n'avoyt sorty sa maison puys le premier jour d'aust à cause d'une jambe qu'il se blessa le jeudi précédent le dit premier jour d'aust . . . . xvi sols vi deniers.

Le vendredi XIIᵉ, je ne bouge de céans, tout le jour ne cessa de plouvoyr. Apprès disner je m'en allé Drouet Symonnet avecque moy, nous trouvasmes Thomas Drouet qui faisoyet ung petit coffret et fist d'un arc de Brésil ung cureur pour la haquebute Symonnet.

Le sabmedi XIIIᵉ, apprès desjeuner je m'en allé à Cherbourg, Symonnet et Langloys avecque moy, j'achatte de la viande pour xxii sols, du fer pour charger ung esseul xxiii sols, en vin ii sols, en chandelle iiii sols, en canelle iiii solz, en souliers pour Symonnet viii solz, maistre Gilles Cabart et son frère s'en revindrent avecque nous jusques à Sᶜᵗ Gabriel . . . . . lxiii sols.

Le dit jour dès le matin j'envoye Jehan Hoton, Hubert, Jehan Groult et Gauttier birette estoupper à nos prays à Tourlaville. Ils y estoyent encor quand nous passasmes; nous leur portasmes à disner. Il estoyt entre troys et quattre quand nous revinsmes de Cherebourg, incontinent que fus arryvé vinst Chandeleur et son filz qui m'apportèrent une langouste, ung sormullet, une dorée et ung homar, je donne au petit garson. . . . . . . I. xiiiᵃⁱⁿ.

Le dimenche XIIIIᵉ, vigille de Notre-Dame, comme on estoyt à la messe en ceste paroisse, je m'en allé à Cherebourg Symonnet avecque moy et passasmes par chez Le Saulvage où nous prinsmes Jehan Le Saulvage qui s'en vinst quand et nous au dit lieu de Cherebourg nous dynasmes chez Nicollas Symon, le dit Saulvage, Jehan le Bourgeoys, La Marche et Olivyer Beauvoyer dit Bertault, nous faillismes à appoincter le dit Saulvage et Bertault, puys nous en vinsmes, je fus à Vespres en ceste ville que dist missire Jehan Freret.

Le lundi XVᵉ, jour Notre-Dame, je ne bouge de céans, Cantepye revinst au soyer de chez son père, ou il estoyt allé jeudi apprès disner.

Le dit jour, comme nous souppions arriva Nicollas La Gale de Cherebourg, il souppa et coucha céans, il alloyt à Vallongnes pour estre examiné touchant l'affère de Pierres Dosses. La relevée, je m'en allé pourmener au clos des Ventes, Thomas Drouet avecque moy ; comme nous estions au grand chemin, passèrent Hamon Le Tellier, Pierres Le Beurrier, Jehan Roger et plusieurs aultres qui menoyent des jumentz à la foyre à Monstebourg.

Le mardi XVIᵉ, je ne bouge de céans, tout le jour, le temps se tinst couvert et plut, je fys porter quatorze pourceaulx aulx boys par Jehan Douard, Jehan Groult, Gaultier Birette, et Hubert et Arnouf, puys m'y en allé Cantepye avecque moy.

Le mercredi XVIIᵉ, je ne bouge de céans, je fys gerber le fourment du clos au Couvert ; Jehan Douart fut tout le jour à Cherebourg pour faire charger ung esseul de fer qui cousta xviii sols pour la poyne de l'ouvrier. Roumaine et sa fille vindrent dès le matin qui nous aydèrent à jerber tout le jour.

xviii sols.

Le jeudi XVIIIᵉ, je ne bouge de céans, nous heusmes quarante personnes de ceste ville qui couppèrent les poys de la Basse-Vente et la veche du clos des Ventes. Symonnet fut à Cherebourg faire reforger l'arc de sa haquebute que j'avoye rompu lundi dernier en bendant, il cousta iiii sols vi deniers à reffayre . . . . iiii sols vi deniers.

Le vendredi XIXᵉ, je ne bouge de céans, j'euz xviii personnes du hault de Tourlaville qui sierent l'orge de la Haulte Vente et gerbèrent de l'avene du clos des Ventes ; Symonnet retourna à Cherebourg faire refaire l'arc de sa haquebutte qui estoyt de rechef rompu, pour ce. . . . . i sol.

Le sabmedi XXᵉ, je ne bouge de céans, je fys charier le fourment du clos au Couvert et jerber le tremoys.

Le dymenche XXIᵉ, je ne bouge de céans, dès le matin Cantepie et Jehan Douart s'en allèrent à Agneville quérir ung poullain qu'il Cantepie avoyt achatté de Charles Le Nepveu.

Le lundi XXIIᵉ, je ne bouge de céans : j'avoye Pierres Dancel, Perrin Eudet, Olivier Voysin, Thomas Beausyeu et Collin Le Bresne de Saulsemesnil qui faulchèrent le pray de la Vigne Liot et la Basse Vente. Cantepie fut à Chere-bourg et apporta de la viande pour xxv sols. Il revinst viron quatre heures et Tilly quand et luy qui estoyt allé à la Hague, il y a ce jourd'huy quinze jours.

xxv sols.

Le mardi XXIIIᵉ, je ne bouge de céans, j'euz ung attelier de Tourlaville qui couppèrent du tremoys près le capplier de la Haulte Vente et jerbèrent les poys de la Basse Vente. Les faulcheurs achevèrent ce qu'il avoyent hier com-mencé. Symonnet fut à Tourlaville chez Pottier qui luy reffist l'arc de sa ha-quebutte.

Le mercredi XXIIIIᵉ, jour Sᵗ Bartelemy je ne bouge de céans, je fys jerber la veche du clos des Ventes, Cantepye et Tilly furent à la fere à Hardinvast, Cantepye en revinst de bonne heure.

Le dit jour receu de Estienne Groult xx sols sur les arrérage de ce que me pouvoyt debvoyr Thomas Hamel son gendre, present missire Jehan Freret et la Toultdoulce à la Basse Vente comme nous tournions du foyen. xx sols.

Le jeudi XXVᵉ, je ne bouge de céans, je fys charier les poys et le fain de la Basse Vente, Cantepye fut à Cherebourg, pour ung giste de beuf et une libvre de chandelle vii sols vi deniers, j'euz la femme Binet et sa chambrière qui aydèrent à cueillyr le chambre de l'hostel Barrier, puys allèrent au fain de la Basse Vente.

Le vendredi·XXVIᵉ, je ne bouge de céans, j'euz neuf personnnes de Tourlaville qui sièrent quatre champs de veche au clos des Ventes, je fys charier ce qui en avoyt esté syé il y heult jeudi viii jours. Dès le matin Cantepye fut à Montagu pour faire porter de la taffeste à Sainct-Naser. Tilly s'en alla coucher à Toqueville, missire Françoys Trouude partit de céans, il y estoyt hier soyer venu, je luy baille ung escu pistolet pour qu'il me fist venir une charue de Sᵗ-Lo . . . . XLIIII sols.

Le sabmedi XXVIIᵉ, je ne bouge de céans, dès le matin Cantepye fut à Cherebourg remener le poullain qu'il avoyt heu de Charles Le Nepveu, je fys jerber du tremoys à la Haulte Vente et charier quand et quand, Missire Jacques Auvre disna avecque moy. Je crève à une empostume à la teste d'une pettite fillette pour Marin Freret, en la court du dit Freret, présens Missire Jehan Freret et le dit Marin et Guillemette sa femme.

Le dimenche XXVIIIᵉ, je ne bouge de céans ; apprès la messe et à l'issue d'i-celle, Nicollas Quentin fist adjourner Henry Feullye à recongnoystre à son signe. Apprès vespres, je m'en alié pourmener près l'hostel Quentin, missire Clément et Cantepye avecque moy ; nous trouvasmes Poygnant souppant et sa femme.

Le lundi XXIXᵉ, je ne bouge de céans ; dès le mattin, Cantepye fut à Cherebourg, pour une cuisse de beuf xviii sols, une libvre de chandelle ii sols, et quattre colliers iiii sols ; Joret et ses deux frères Guillaume et Myaulx et leur serviteur vindrent soupper et coucher céans, à tout deux harnoys pour remporter du boys, ilz en estoyent partis sabmedi . . . . xxiiii sols.

Le dit jour, jour de la décollation Sᵗ Jehan, la procession de ceste ville vinst à la chappelle, Germain Drouet se vinst chauffer céans et y desjeuna. Receu de luy pour le terme de Pasques dernier xi sols qu'il m'a baillés en la cuysine, présens Gaultier Birette, Jehan Oston, Jehan Groult, filz Richard, Hubert Chandeleur, Guigars et la Harelle. . . . . xi sols.

Le dit jour à soyer, Moisson vinst et amena troys dogues pour prendre ung senglier qui vient menger le sarrasin de la Haulte Vente ; Thomas Girard et son frère furent cousirent tout le jour pour Cantepye.

Le mardi pénultime je ne bouge de céans, Pierres Dancel, Olivier Voysin, Thomas Beausieu, et Collin le Bresne faulchèrent tout le jour de l'herbe au Coygnet du clos des Ventes. La relevée j'envoye Guigars à Digoville, chez Marye Groult et chez Le Landes charcher encor deux faulcheurs pour demain pour ayder aulx aultres à achever la pièce de faulcher.

Le mercredi dernier jour, je ne bouge de céans Jehan Groult filz Thienot et Guillaume Le Landes vindrent faulcher au clos des Ventes pour ayder à achever à ceulx de Saulsemesnil, je leur baille xxx sols pour deux jours des quatre de Saulsemesnil et pour la journée du dit Groult et Landes. Apprès soupper Pierres Dancel fut tondu ; je luy donne ung pettit bonnet de veloux.

xxx sols.

Le dit jour au matin Denys Patin passa céans et y desjeuna, il alloyt à Breuville pour nostre maistre Textoris (1) Cantepye fut à Cherebourg qui se battit contre Damours.

Septembre 1552.

Le jeudi premier jour, jour Sainct Gilles je ne bouge de céans, dès le mattin Cantepye et Jehan Le Saulvage furent à Vallongnes parler à Brisset recepveur du domaine pour le dit Le Saulvage, ilz en revindrent comme on disoyet la messe. Mon cousin du Quesney disna céans, et missire Guillaume du Bosc auquel il avoyt affère. Arteney, missire Jehan Fournel et les deux fils du feu sieur de Pierreville, Cossin, Gohel, missire Clement, Chandeleur et plusieurs aultres y disnèrent.

Le dit jour en espengues que je donne tant aulx filles de, ceste ville que Digoville xx sols; la femme des Essarts, la femme Jacques Cabart, et leurs filles, Jehan du Bosc filz Symon et sa femme, la femme Chandeleur, l'audienser Bourdet, Denys Pattin disnèrent céans et Joret et Jehan Birette fils Martin qui estoyent venus her soyer. . . . . xx sols.

Le vendredi IIᵉ, je ne bouge de céans, dès le mattin Cantepye s'en alla chez son père, pour aller de là à Coustances, je fys charier deux chartées de fain du clos des Ventes ; comme j'estoys là arriva Robert Faulconnier d'Angleterre père de l'Anglois.

Le sabmedi IIIᵉ, je ne bouge de céans, je fys tourner le fain du clos des Ventes et en charier deux chartées. La relevée Symonnet fut à Brys chez Pasquer quérir ung dogues, Tilly fut à Cherebourg et disna avecque les sieurs de Couriac, et les commissayres qui avoyent hier payé ceulx de la guarnison. Moisson vinst au soyer avecque troys dogues et ung levrier pour un sanglier qui vient au sarrassin de la Haulte Vente.

(1) Suivant la coutume du XVIᵉ siècle, le nom du maître sous les auspices duquel le sire de Gouberville avait fait ses humanités avait dû revêtir une forme latine. Et très vraisemblablement, à l'instar du savant recteur de l'Université de Paris mort en 1524, qui de Tessier de Ravisi avait transformé son nom aux écoles en Ravisius Textor, le vieux maître du sire de Gouberville était fort probablement de son vrai nom Texier ou Tessier (?)

Le dymenche IIIIe, je ne bouge de céans, Les Essartz fut à la Messe et disna céans et Denys Pattin. Au soyer vinst ung pettit garson nommé Michel, nepveu de Cardin Symon, requérir les dogues que Moysson avoyt hier amenes. Joret apporta des pigeons de Gouberville et venoyt chez Berger quérir du boys pour Marguet.

Le lundi V^e, dès le matin, je m'en allé aulx Forges de Gonneville Symonnet et le pettit Angloys avecque moy, pour recoller des fieffes pour André Greslain et Jehan et Jacques dictz Caulvin frères chez lesquels nous dynasmes et s'y trouva Berteauville, missire Guillaume Potet et plusieurs aultres. Apprès disner, nous allasmes en Barnavast à une fieffe pour le dit Caulvin et pour le Brique, puys nous en vinsmes céans ; il estoyt viron cinq heures quand nous arrivasmes. Je trouve le Iacques de Conteville qui me venoyt demander de l'argent, je luy baille xx libvres tournoys, dont me bailla quictance et v sols que je luy donne. . . . . xx libvres v sols.

Le mardi VIe, je ne bouge de céans, le père de l'Angloys s'en alla apprès desjeuner à Urville près la chaussée de Hemeves charcher ung aultour à vendre, comme il disoit ; Pierres Le Coyffe s'en alla quand et luy, jusques à Vallongnes ; je m'en alla chez le dit Le Coyffe et luy baille avant qu'il partist xx sols et deux carolus que je luy debvoys pour du pain qu'on avoyt prins cest aust à sa maison. La chanevière de l'hostel Barrier fut achevée de cueullyr, par Gaultier Birette, Toultdoulx, Jehan Groult, filz Richard et Jehan Oston, mes serviteurs et plusieurs aultres . . . . xxi sols viii deniers.

Le dit jour, comme je revenoye de devers le pray Pinel, Henry Gardin me convia d'empuys sa maison jusques céans, en nous en venant je luy parle de marier sa fille Renée avecque Guillaume Freret, filz Loys.

Le mercredi VIIe, vigille Notre-Dame, dès le matin, j'envoye deux des harnoys de céans à la Pryore de S^{ct}-Martin à l'If quérir une usserye, je party apprès desjeuner et m'y en allé l'Angloys avecque moy.

Le dit jour quand nous revinsmes du dit S^{ct} Martin viron mydi, nous trouvasmes Cantepye revenu de Coutances et de chez son père ; il me dist qu'il avoyt appoincté à la damoyselle de Creteville par quinze escus sols. Apprès disner je fys cueullir des pommes au clos des Ventes par Gaultier Birette, Toultdoulx, Jehan Groult, filz Richard et Jehan Oston.

Le jeudi VIIIe, jour Notre-Dame, je ne bouge de céans, apprès disner, je m'en allé à la forest, Cantepye, Symonnet, Poygnant, Pierres Varin avecque moy ; nous mandasmes des compagnons de ceste ville pour prendre du haras, nous prinsmes ung poullain pour moy (de la jument que j'avoye heue de Erard Loys) et une jument grise pour le dit Poignant, la prinse de mon poullain me cousta x sols que je leur délibvre chez Le Coyffe et au dit Poignant autant. Il y avoit chez le dit Le Coiffe quand nous y arrivasmes deux hommes Angloys et une femme laquelle me demanda ung pot de cydre franc que je

Septembre 1552.

luy envoye par son serviteur et par Toultdoulx . . . . x sols.

Le dit jour après que j'euz souppé nous retournasmes chez Le Coyffe (pour parler à Henry Feullye qui avoyt vendu tout son herytage à son frère Jacquet) Cantepye, Symonnet, Thomas Drouet et l'Angloys, nous trouvasmes encor à table ceulx qui avoyent prins le haras. A sçavoir ; le dit Poignant, Loys Mar-geneste, Jehan Parys, Georget Parys, Laurens-Lasnier, Richard Caulvin, Tho-mas Vaultier, Guillaume Parys, Pierres Varin, Richard Collin et aultres.

Le vendredi IX°, je ne bouge de céans, dès le matin Cantepye et Claude Cabart s'en allèrent à la fayre à Vallongnes et Tilly apprès eulx. Demons estoyt venu céans pour une jument sienne qu'on avoyt hier prinse quand et les nostres. J'euz ung charoys de ceulx de ceste ville qui m'apportèrent du sablon. Dès le matin Symonnet fut à Gonneville porter ung morseau de venai-son à Mons᷁ Le Viconte, il ne le trouva poinct et rapporta son présent. Tilly achatta une jument qui lui cousta x libvres tournois.

Le sabmedi X°, je ne bouge de céans, dès le matin Cantepye et Symonnet allèrent à Cherebourg et en revindrent viron deux heures apprès mydi ; pour de la viande qu'ilz apportèrent x sols et paye à Estienne Le Marchant pour fer-reures de chevaulx v sols. Ilz alloyent quérir une haquebutte que Cantepie avoyt faict faire à Symon Hébert . . . . xv sols.

Le dit jour pour une payre de soulliers pour Jehan Hoston. . . ix sols.

Le dymenche XI°, je ne bouge de céans, l'audiencyer Bourdet y disna. Apprès disner, je m'en allé à la forest pour reprendre le poullain que j'avoye prins jeudi. Cantepye, Loys Margeneste, Martin Pivain, Gaulvain Quentin, Gilles Berger, Richard Caulvin, Jehan Groult fllz Richard, Pierres Quentin, Thomas Vaultier, Jehan Quentin et plusieurs aultres, nous syasmes le pied au cheval pied bot, il estoyt nuyct quand nous en revinsmes.

Le dit jour, après la messe, je baille à Guyon des Champs et Gilles Gibert ii sols et apprès disner j'envoye Jacques à Cherebourg quérir ung quarteron de succre qui cousta. . . · . . . . ii sols vi deniers.

Le lundi XII°, je ne bouge de céans, dès le matin Cantepye s'en alla à l'as-sise à Vallongnes et revinst quand et le sieur de Beaumont et les Hachées ; ils souppèrent et couchèrent céans et nous disrent que l'assise avoyt esté mise à Monstebourg, pour le danger de la peste qui estoyt à Vallongnes. Au soyer, viron jour faillant, arriva ung homme de Subles près Bayeulx, nommé Fran-çoys Danieres que le lieutenant général m'envoyet avecque une missive, je luy fys sa despesche dès le soyer et luy donne v sols ; tout le jour je fys cueullyr des pommes au jardin des entes, Jacques fut à Cherebourg repporter du drap roige à Jehan Caulvin. . . . . v sols.

Le dit jour, pour la despense de Cantepye à Vallongnes et pour ung quar-tier de mouton qu'il en apporta. . . . . viii sols.

Le mardi XIIIe, je ne bouge de céans pour ce que je me trouvoys fort mal. Dès le matin, les sieurs de Beaumont et les Hachées et Cantepye s'en allèrent à Monstebourg à l'assise. Incontinent apprès partirent maistre Martin et Thomas Drouet pour aller à Abvrenches, vers mon frère Loys qui y estoyt. Je baille au dit maistre Martin ung double ducat pour faire leur despens. Au soyer revindrent soupper et coucher céans les dits sieurs de Beaumont et Hachées, pour ung quartier de mouton que Cantepie apporta iiii sols et pour sa despense et de son cheval et ung memorial v sols. . . . . . . cix sols.

Le mercredi XIIIIe, jour S^{cte} Croix, je ne bouge de céans, nos gentilshommes furent à la chasse devant disner ; je baille à Guillaume Berger, qui alloyt à S^{ct} Pierre, vi sols pour apporter une libvre de chandelle et ung quartier de mouton. . . . . vi sols.

Le jeudi XVe, je ne bouge de céans, dès le poinct du [jour] Beaumont et les Hachées partirent pour retourner à l'assise à Monstebourg. Ilz en revindrent bien tard apprès soupper, et Roger Monchel quand et eulx, qui leur appassa le boys. Ilz souppèrent et couchèrent céans ; je fys cueullyr des pommes à l'hostel Barrier. J'euz neuf harnoys de Saulsemesnil qui apportèrent de la langue. Au soyer, viron cinq heures, j'accorde Guillaume Berger et Nicollas Monstereul de Tocqueville, pour une hache que le dit Monstereul avoyt perdue au dit Berger.

Le dit jour, Cantepie partit sur le grand cheval et s'en alla coucher chez son père pour estre demain aulx Pieulx pour appoincter au Tertre.

Le vendredi XVIe, je ne bouge de céans ; tout le jour j'euz Boytard qui mist ung timon à ung chartil, je fys cueullir nos pommes de Guillot Roger (1).

Le dit jour au soyer apprès soupper arrivèrent céans le sieur Pierres Dosses et maistre Jehan Giffard ; ilz souppèrent et couchèrent céans. Au matin dès solleil levant, je party de céans, Symonnet, Jehan Groult filz Richard, et le petit Angloys avecque moy, et nous en allasmes à la Haye de Digoville pour quelque affère que je y avoye, en nous en revenant, nous trouvasmes au carrefourt de Conailles Jehan Pohier et Nicollas Monstereul de Tocqueville qui s'en alloyent checun à tout une chartée de boys.

Le sabmedi XVIIe, je ne bouge de céans, dès le matin le dit sieur Pierres Dausses et Giffart s'en allèrent à l'assise à Monstebourg. Sur les neuf heures je m'en allé chez Mesnage, où maistre Herbert du Four tailla Robert Mesnage du costé droyct et ung pettit garson pour Henry Gardin, nommé Richard, puys m'en revins. Viron mydy Thomas Drouet revinst d'Avrenches, Cantepye de

---

(1) Guillot Roger fait cidre très excellent et si plaisant qu'il semble être aromatisé de canelle.

[Cahaignes.]

chez son père, il me trouva chez Henry Feullye Gilles Auvre avecque moy.

Le dit jour pour ung chymier de beuf que Symonnet apporta de Cherebourg viii sols et une carreleure de cuyr pour luy iii sols. Moisson s'en vinst quand et luy qui ne faisoyt qu'arriver d'Angleterre et amena une jument noyre qui avoyt les deux yeulx et les quatre piedz blancz. . . . . xi sols.

Le dymenche XVIIIe, je ne bouge de céans, apprès disner arrivèrent céans Marin Parys des faulxbourgs et Nicollas Parys demeurant en Angleterre, lequelz me amenèrent deux brebys du dit pays d'Angleterre, desquelles je ne voulus poinct pour ce qu'elles estoient trop pettites. Au soyer viron quatre heures, arriva Chandeleur qui venoyt de chez le Couldre, comme il disoyt ; il souppa et coucha céans.

Le lundi XIXe, je ne bouge de céans, dès le matin Cantepye et Chandeleur s'en allèrent à Cherebourg aulx plés, le dit Chandeleur s'y chargea de garantye pour Jacques Quentin vers Jehan Liot pour xxxviii sols de rente que le dit Liot demande au dit Quentin, pour la despense de Cantepye et de son cheval
iii sols.

Le mardi XXe, dès le matin je m'en allé à Cherebourg tenir les Haultz jours (qui y avoyent esté mys pour la peste de Vallongnes) Cantepye et Symonnet avecque moy, nous dynasmes chez Nicollas Symon, le procureur Vastel, le procureur de la baronnie de Reville, Douville, La Fosse, Demons, Pinel, de la Tour, Bartole, Thierrye, La Planque, maistre Gilles Cabart, Thomas Troppart de Fresville, Jehan Caulvin sergent et plusieurs aultres, nous despendismes lxi sols dont le dit Troppart paya ung teston, les dits Demons, Pinel, La Tour, . Thierrye et La Planque payèrent checun v solz et moy vi sols, et le dit de Reville le reste. Ce faict nous allasmes tenir les Haultz jours, puys nous en revinsmes, Cantepie, Symonnet, Thomas Drouet et Moisson avecque moy et le verdier de Vallongnes qui s'en alloyt coucher à Andouville lequel nous conviasmes jusques près la maison des Verdz Boys. . . . . vi sols.

Le dit jour receu d'un nommé Chymenel xxviii sols pour deux années tombées en Juillet dernier du louage d'une estable près nostre maison
xxviii sols.

Le mercredi XXIe, jour S^{ct} Mathieu, je ne bouge de céans, apprès disner le Jacques de Tocqueville m'apporta unes lettres de Monsieur le lieutenant général de Bayeulx je luy donne. . . . . i sol.

Le mercredi XXIe jour, S^{ct} Mathieu, je ne bouge de céans, baillé à Gaultier Birette pour son aultage ung escu sol . . . . xlvi sols.

Le dit jour je louay le dit Gaultier Birette ung an à commencer à la S^{ct} Michel prochaine par le prix de dix libvres tournoys et l'herbage de six bestes à laine avecque les miennes, ou l'herbage d'une beste aumaille avecque les nourritures de céans. J'escripvis à missire Guillaume Le Flamenc et à Joret par Guillaume Parys qui alloyt à S^{ct} Pierre, affin qu'ilz m'envoyassent du poysçon vendredi.

Le jeudi XXIIe, je ne bouge de céans je fys gerber le sarrasin syé de la Haulte Vente et syer le reste par Nicollas Drouet, Jehan Freret, Guillaume Mesnage, Vincent Burnel, Jehanne Vaultier, Renée Gardin et les serviteurs de céans.

Le vendredi XXIIIe, dès le matin je m'en allé à Octeville sur Cherebourg le procureur Vastel, et Ursin son filz et Cantepye avecque moy recoller des fieffes pour le curay du dit lieu chez lequel nous dynasmes, et La Planque et Gaulvain André et maistre Gilles Cabart.

Le dit jour après disner l'abbay de Cherebourg y arriva et son bailly et ses serviteurs et tous ensemble allasmes à la loge à l'abbey voyer la fieffe du dit abbey, puys nous en revinsmes le dit Berteauville Cabart et nous tous ensemble nous departismes aulx maisons Aivenastoc.

Le sabmedi XXIIIIe, je ne bouge de céans, dès le matin j'envoye Symonnet à Mortaign et à Cresney pour scavoyr des nouvelles de mon frère Loys, je luy baille ma haquenée et ung double ducat et xx sols pour faire son voyage. Incontinent Cantepye partit pour aller à Barfleu pour mes affères au décret des héritages de Thomas Planques, il despendit iii sols. . .   vi libvres iii sols.

Le dit jour quand j'euz faict les despesches dessus dites, je m'en allé chez Henry Feullye, Jehan Oston et le petit Angloys avecque moy, je fus pendant qu'il forgea ung soc à charue, cependent passa Moisson qui alloyt à Cherebourg. Je luy baille ix sols pour m'apporter des souliers et ii sols pour apporter une libvre de chandelle . . . . xi sols.

Le dymenche XXVe ung peu avant la grand messe de ceste paroisse, je m'en allé à Digoville, Cantepie et Thomas Drouet avecque moy disner chez Jacques Cabart au recroc des nopces de sa fille Lienor ; y estoyent le curay de Hergueville, missire Guillaume du Bosc, Claude Cabart, Jehan du Bosc, et sa femme, la femme des Verdz Boys et plusieurs aultres. Apprès disner je m'en revins à Vespres en ceste ville.

Le lundi XXVIe, dès le matin je m'en allé à Cherebourg Cantepye et le petit Angloys avecque moy, et le père du dit Angloys et ung aultre homme nommé Le Picard qui estoyt hier soir venus de Cuves. Je ne beuz, ne mange à Cherebourg, pour deux membres de bœuf et une libvre de chandelle xii sols, puys m'en vins le dit petit Angloys avecque moy, auquel je fis donner une dorée en passant chez le Saulvage, pour ce qu'il se trouvoyt mal d'avoyr trop jeûné, il estoyt ii heures apprès mydi quand j'arrive céans. . . . . . . xii sols.

Le mardi XXVIIe, jour S^{ct}-Cosme dès solleil levant, je m'en allé à la Haye de Digoville, Cantepy, l'Angloys, Loys Margeneste, Richard Caulvin, Gaultier Birette, Jehan Groult filz Richard, Jehan Douart et plusieurs aultres avecque moy, pour charcher les bestes folles et amener le viel toreau pour le mettre en gresse, et en passant nous prinsmes Estienne Groult et son frère Guillaume pour nous conduyre dedens le dit boys. Viron entre neuf et dix heures de matin, près la maison des dits Groultz, je trouve ung serviteur de Toqueville qui me venoyt prier d'aller à l'enterrement du filz de mon cousin. Incontinent je m'en vins céans et monte à cheval, Cantepye avecque moy et nous en allasmes à Toqueville, nous rencontrasmes à la porte du logis le corps qu'on portoyt à l'église, y estoyent le sieur de Gatteville et sa femme, Agneaulx, la femme de Billon, Aigremont et sa femme et plusieurs aultres ; l'enterrement faict nous en vinsmes disner viron sur les troys heures après mydi.

Le dit jour pendent que nous dynyons arriva mon cousin du Quesney. Apprès le disner ung peu devant solleil couchant la compagnée se départit, le dit sieur du Quesne souppa ; sur les neuf heures de soyer je party à m'en venir ; il estoyt ung peu après my nuyct quand j'arrive céans.

Le mercredy XXVIIIe, je ne bouge de céans, Cantepye fut à Vallongnes et revinst sur les quattre heures. Mesnage pilla à mon pressoyer pour faire III pippes de cydre, pour II libvres de chandelle. . . . . IIII sols.

Le jeudi pénultime, jour S^{ct}-Michel, dès le matin, je m'en allé à Monstebourg aulx baulx à ferme, Cantepye avecque moy, nous dynasmes chez Lanquetille, monsieur Le Viconte, le lieutenant Bastard, l'advocat du Roy Aumeville, Neufville, et aultres, après disner on fut faire les banies où je fus ; ce faict nous en vinsmes. Il estoyt viron une heure de nuyct quand nous arrivasmes, pour la despense de mes chevaulx . . . . II sols.

Le dit jour quand nous arrivasmes céans, je trouve Symonnet revenu d'Avrenches qui me rendit du reste de six francs que je luy avoye baillé
LIIII sols.

Le vendredi dernier jour je ne bouge de céans, j'avoye Thomas Girard et ses varletz qui me faisoyent ung manteau gris et des chausses. J'envoye dès le matin Cantepye à Reville vers le cappitaine Françoys pour la recouvrance de quelques deniers et Symonnet à Vallongnes qui m'apporta une unse et demye de fil de soye, troys aulnes de futayne et une douzaine de boutons, le tout cousta. . . . . XXXVII sols VI deniers.

Octobre 1552.

Le sabmedi premier jour je ne bouge de céans, dès le matin Symonnet fut à Vallongnes pour changer le fil de soye, qu'il avoyt hier apporté, pour ce qu'il estoyt trop gros. Cantepye et Thomas Drouet allèrent à Tourlaville chez Pottier faire forger l'arc d'une haquebutte, et de là à Cherebourg, pour de la viande qu'ilz apportèrent . . . . XI sols VI deniers.

Le dit jour au matin missire Mathieu Gallye et ung petit garson son nepveu vindrent céans et m'apportèrent une solle et une plis et des poyres je donne au petit garson ung carolus. . . . . x deniers.

Le dymenche IIe, je ne bouge de céans, les Essartz et Jehan Liot y disnèrent nous appoinctasmes le dit Liot et Jacques Quentin absent des dépens d'un procès qu'ilz avoyent ensemble, je ne fus poinct à Vespres pour ce qu'il pleut toute la relevée.

Le lundi IIIe, je ne bouge de céans. Dès le matin Cantepye fut à Cherebourg. Je fys cueullir des pommes avant disner, apprès disner nous allasmes à la Haulte Vente, Robert Faulconnier d'Angleterre, Gaultier Birette, Jehan Groult filz Richard; Gillette et Michelle assembler des caillous. Au soyer arriva S^{ct}-Naser et Cantepie, il coucha et souppa céans. J'envoye Thomas Drouet à Gonneville et à Fermanville porter ung morceau de venayson.

Le dit jour au soyer comme nous debvions soupper, receu de Nicollas Quentin dix sols pour la Corbière ; et sur autres rentes qu'il doyt à la seigneurie du Mesnil xiiii sols viii deniers, présens le dit sieur de S^{ct}-Naser et Jehan Quentin, dont je baille quictance au dit Nicollas Quentin. . xxiii sols viii deniers.

Le mardi IIIIe, dès le matin je party de céans, Cantepie et maistre Gilles Cabart avecque moy et allasmes le dit Cantepie et moy disner à S^{ct}-Martin d'Auville, chez le verdier de Vallongnes où je trouve Bertheauville, comme nous dynions arriva Aumonville Brisset, et Robert Davy et puys apprès le dit Cabart et Jacques Marc. Nous partismes tous ensemble, le dit Verdier avecque nous et allasmes à Monstebourg à l'adjudication de l'herbage du boys du dit Monstebourg; pour une cordelière à mon cappeau, et ung fer et ung remue à mon cheval vi sols. Ce faict nous en vinsmes. Il estoyt iiii heures quand nous par tismes. Quand nous arrivasmes céans, je trouve Chandeleur qui souppa et coucha céans. . . . . vi sols.

Le dit jour le vicayre de l'abbaye de Monstebourg me donna, au dit lieu de Monstebourg, deux perdrix.

Le mercredi V^e, je ne bouge de céans, ung peu avant desjeuner receu de Françoys Doysnard à cause de Margueritte Hamel sa femme xl sols, quattre poulles et vingt œufs pour les Dimes dernières, scavoyr pour la S^{ct}-Michel dernière les dits xl sols et les quattre poulles et œufs pour les deux derniers termes qu'ilz sont deubz. . . . . xl sols.

Le dit jour Cantepye fut à S^{ct}-Pierre pour le décret de Thomas Planque ; pour une libvre de chandelle, et ung mémorial, touchant le dit decret.
                                                  v sols.

Le dit jour Thomas Drouet et ses frères tirèrent leur cydre au pressoyer de de céans.

Le jeudi VIe, je ne bouge de céans, dès le matin j'envoye Cantepye à Avrenches

pour scavoir des nouvelles de mon frère Loys, je luy baillé lxx sols. Symonnet fut à Cherebourg, parler à Jehan Caulvin pour avoir de l'argent je ne bouge de céans ; je fys tout le jour charier du fumier à la Haulte-Vente. Pour une main de papier et une douzaine d'aguillettes qu'il apporta de Cherebourg ii sols
lxxii sols.

Le dit jour dès le matin j'envoye Thomas Drouet à Tocqueville, à Neville et à Fermanville. Il estoyt nuyct quand il revinst.

Le vendredi VIIe, je ne bouge, dès le matin j'envoye Symonnet et le petit Angloys au Quesney, Thomas Drouet à Sottevast et Mesnage à Cherebourg parler à Carreleur, à Jehan Caulvin et Guillaume Amourettes, ·le dit Mesnage fut deux foys à Cherebourg. Je fys fumer tout le jour à la Haulte Vente.

Le sabmedi VIIIe, je fus à la foyre à Sct Denys, Thomas Drouet, Gaultier Birette et Jehan Groult filz Richard avecque moy pour le Viel crochu que le dit Thomas vendit iiii libvres x sols. Il estoyt nuyct quand nous en revinsmes
iiii libvres x sols.

Le dit jour pour troys aulnes de bureau pour vestir Jacques et Noël
iiii libvres x sols.

Le dymenche IXe jour Sct Denys, je ne bouge de céans, Collin Le Bresne de Saulsemesnil m'apporta des poullet et disna céans et Jacquet Rouxel ; après disner je m'en allé pourmener au clos des Ventes, puys m'en revins à Vespres Thomas Drouet s'en vinst quand et moy, il souppa céans.

Le dit jour après disner receu de Henry et Michelet dictz Gardin frères cent solz tournoys pour le terme Sct Michel dernier passé. . . . . c sols.

Le lundi Xe, dès le matin je m'en allé à Cherebourg Thomas Drouet et le Petit Angloys avecque moy ; nous atteignismes au viel Bosc Le Coyffe et Tassine Quentin qui y alloyent. Baille au Tertre xxxii libvres tournoys sur ce que je luy puys debvoyr d'arrérages de xiii libvres de rente dont il me bailla quictance. Item baille à maistre Jehan Bonnet xxvii libvres tournoys sur xlvi libvres tournois que je debvoye à Sct Jehan le Poyctevin, qui furent endossés sur mon obligation. Pour une aulne de bureau prinse de Jehan Caulvin xxx sols et ung tiers de rouge xv sols, et pour une longne de beuf v sols ; Rendu à Chandeleur ii sols pour une libvre de chandelle qu'il avoyt payé sabmedi à la Sct Denys, il estoyt troys heures quand je party ; Denys Le Marchant s'en vinst quand et nous, Melenc le passa Dyvette sur son cheval. Je passe par chez Boullon pour voyer Le Parc qui estoyt malade . . . . lxi libvres vii sols.

Le mardi XIe, je ne bouge de céans, je fys espandre et fumer à la Haulte Vente. Thomas Drouet commença à faire mouldre le moulin qui je luy avoye baillé jusques à Quasimodo prochain venant.

Le mercredy XIIe, je ne bouge de céans, après que je heulz desjeuné arriva le sieur de Campigni et asses tost après mon cousin de Tournebu ; ilz dinèrent céans puys s'en allèrent, puys m'en allé à la forge Henry Feullye où je fus jusques au soyer ; Symonnet arriva (venant d'Avrenches) pendant que le dit sieur de Campigni estoyt céans. Et au soyer arriva Cantepye qui estoyt allé jeudi à Avrenches et Symonnet vendredi au soyer.

Le dit jour je conte au dit Cantepye et Symonnet de la despense que eulx et leur compagnée avoyent faicte tant à Avrenches que aller et venir, ils avoyent despendu . . . . xxiii libvres viii sols.

Le jeudi XIIIᵉ, je ne bouge de céans, tout le jour on porta du fumier à la Haulte Vente ; maistre Richard Le Gros vinst au soyer ; il souppa et coucha céans. Dès le matin Cantepye s'en alla chez son père.

Le dit jour receu de Sanson Le Sage v sols et une poulle pour le terme de la Sᶜᵗ-Michel dernier . . . . v sols.

Le vendredi XIIIIᵉ, je ne bouge de céans, tout le jour on fuma à la Haulte Vente, dès le matin avant que me levasse, arriva ung des gens de ma niepce de Cresney et ung des serviteurs de Fontaines et deux garsons de Beaumont qui les avoyent passés le boys, je donne au serviteur de ma dite niepce ung escu pistolet, au garson de Fontaines iii sols et aulx deux aultres checun i sol. Incontinent j'envoye La Joye porter unes missives à Russy, je luy baille xii sols ; il s'en alla quand et maistre Richard jusques à Monstebourg. . lxxii sols.

Le sabmedi XVᵉ, je ne bouge de céans, tout le jour il fist fort beau temps, je fys vider l'estable aulx vaches et aulx moutons par Vincent et Thomas dictz Parys, Jehan Groult filz Richard, Jehan Douart. Apprès desjeuner, je fys piller des pommes par Guigars et Symonnet. Dès le matin Thomas Drouet alla à Sottevast remener le cheval qu'on m'avoyt presté l'austre sepmaine. Gaultier Birette fut à la Sᶜᵗ Michel à Clitourp ; Cantepie revinst apprès soupper de chez son père.

Le dymenche XVIᵉ, je ne bouge de céans, revenant de la messe je trouve les Essartz céans, comme nous achevions de disner arrivèrent Jehan Liot, Guillaume et André dictz Rouxel. Et à une heure de là, arrivèrent Queslin, missire Clément et Jacquet Rouxel, nous appoinctasmes le dit André Rouxel avecque son père et ses frères et Chandeleur escripvit l'appoinctement. Il estoyt près de troys heures quand ilz partirent de céans. Au soyer arriva Tallebourdin de Sᶜᵗ Naser qui venoyt quérir des sercles.

Le lundi XVIIᵉ, je ne bouge de céans. Dès le matin Cantepye fut à Cherebourg, et en revinst au soyer bien tard, je fus presque tout le jour au moulin avecque Thomas Drouet, au soyer je luy fys coupper ung chesnot pour faire des borgnes. Frère Lienard Mesnage, cordelier, et son compagnon passèrent par céans viron une heure de solleil et beurent ung coup puys s'en allerent.

Le mardi XVIIIᵉ jour Sᶜᵗ Luc, dès le mattin je m'en allé à Toqueville, Cantepye avecque moy, je disne là, et y fus longtemps apprès disner ; pendent lequel temps y arriva Roger Lucas. Il estoyt nuyct quand nous arrivasmes céans.

Octobre 1552.

Le mercredi XIX⁵, dès le matin, je m'en allé à S⁶ᵗ Gabriel, Cantepie et La Joye avecque moy, pour estre au convoy du corps de la femme de maistre Pierres Jenne, procureur pour le Roy en ceste viconté. Auquel lieu se trouva le viconte, le cappitaine de Cherebourg, le cappitaine François Le Clerc, S⁶ᵗ Jehan le Poyctevin et plusieurs aultres. Après l'enterrement faict en l'église de Tourlaville, nous en revinsmes disner au dit lieu de S⁶ᵗ Gabriel, dont je party viron quatre heures apprès mydi. Quand j'arrive céans, je y trouve Mons⁶ de S⁶ᵗ Naser qui venoyt de Vallongnes.

Le jeudi XX⁵ dès le matin, je m'en allé à Vallongnes le dit sieur de S⁶ᵗ Naser et Cantepie ; nous desjeunasmes chez Denys où maistre Gilles Cabart se trouva, puys allasmes à la cour de l'église où le dit de S⁶ᵗ Naser avoyt une matière contre le curay de Naqueville, ce faict je expédie quelques autres affères, puys montasmes à cheval à quatre heures et nous en vinsmes ; pour nostre desjeuner et de mes chevaulx vii sols. Quand nous arrivasmes, nous trouvasmes missire Guillaume Le Flamenc qui estoyt venu pour aller à Briquebec, où il avoyt assignation à sabmedi . . . . vii sols.

Le vendredi XXI⁵, je ne bouge de céans, apprès desjeuner s'en alla Mons⁶ de S⁶ᵗ Naser avec La Joye et ma haquenée pour ce que son cheval estoyt encloué dès mercredi qu'il estoyt arrivé céans. Apprès disner Cantepye et missire Guillaume Le Flamenc s'en allèrent coucher à Briquebec pour y estre demain à heure de causes. Asses tost apprès, Thomas Drouet partit pour aller coucher à Reville et de là à Rouen par la mer, avecque son beau-frère Pierres Le Clerc qui l'avoyt mandé. Gaultier Birette alla quand et luy jusques à Reville. Je fys amasser des cailloux à la Haulte Vente et y porter du fumier tout le jour.

Le sabmedi XXII⁵, je ne bouge de céans ; je fus malade d'un reusme. Viron dix heures, Symonnet fut à Cherebourg, pour ung cymier de beuf et ung quartier de mouton ix sols. Au soyer apprès soupper, Cantepye et missire Guillaume Le Flamenc revindrent de Briquebec. J'envoye Jacques à Gonneville porter ung sor mullet à Mons⁶ le viconte que ma seur de S⁶ᵗ Naser m'avoyt envoyé par la Joye, qui avoyt ramené ma haquenée que Mons⁶ de S⁶ᵗ Naser avoyt hier emmenée. . . . . ix sols.

Le dit jour avant que me levasse vinst ung lacques de Fontaines qui m'apporta des lettres ; je luy donne ii sols et pour ung pot de vin et ung quarteron de succre que Symonnet apporta de Cherebourg v sols vi deniers
                                                          vii sols vi deniers.

Le dymenche XXIII⁵, je ne bouge de céans, il pleut toute la matinée, apprès disner Tassin et Gaulvain dictz Quentin me vindrent parler d'un aumel qu'on avoyt hier arresté à Monstebourg entre les mains du dit Tassin, lequel aumel il avoyt à jour passé achatté du dit Gaulvain.

' Le dit jour, receu de Jacques Burnel sur le terme S^{ct} Michel et Pasques derniers passés . . . . LX sols.

Le dit jour, receu de Thomas Vaultier au grand jardin sur les arrerages du précédent la S^{ct} Michel dernière. . . . . xxv sols.

Le dit jour au soyer, apprès soleil couché, j'achatte dudit Thomas, present Raullet Vaultier, ung mouton qui me cousta. . . . . xiii sols.

Le lundi XXIIIIe, je ne bouge de céans, dès le matin Cantepye et Jehan Caulvin, l'audiencier de Cherebourg, s'en allèrent à l'assise à Vallongnes; pour la despense du dit Cantepye et de son cheval et quelque aultre despense pour mes afferes ix sols; dès le matin Symonnet fut à Cherebourg porter ung cuyr à des Quesnes pour luy faire unes bottes. Sur le soyer, je m'en allé à la carrière du Caquenel où je trouve Lorimier et Philippin Hamel et deux aultres hommes du Teil, il estoyt quasy nuyct quand nous en partismes. .   ix sols.

Le mardi XXVe, de grand mattin, je m'en allé à Vallongnes à l'assise, Cantepye et Symonnet avecque moy, apprès avoyr expédié avecque Basan, nous en allasmes disner chez Maturin, La Joye, Berteauville, l'homme de Monsr de S^{ct} Cosme et le questeur. Je baille au dit serviteur du dit sieur de S^{ct} Cosme le double d'un article des ordonnances des forestz. Puys nous en vinsmes; il estoyt viron quattre heures quand j'arrive. Viron jour faillant Philippin Couppe vinst pour le songner céans.

Le mercredi XXVIe, dès le matin viron neuf heures, je m'en allé Cantepye et La Joye avecque moy à S^{ct} Gabriel, où je trouve le procureur du Roy, Omonville, Doysse, S^{ct} Jehan Le Poyctevin et plusieurs aultres. Nous allasmes à l'église à Tourlaville au service de la femme du dit procureur, puys nous en vinsmes disner au dit lieu de S^{ct} Gabriel. Avant que allassions au service arriva le lieutenant Bastard et le Tourp. Après disner, je m'en vins; il estoyt viron iiii heures quand nous arrivasmes, et trouve Joret qui avoyt amené de Gouberville deux chartées d'orge, luy, son frère Myaulx et leur serviteur et Laurens Castel.

Le dit jour receu de Estienne Groult xxx sols en l'acquict de Philippin Hamel pour le terme S^{ct} Michel dernier, dont je luy baille quictance. xxx sols.

Le jeudi XXVIIe, je ne bouge de céans; apprès disner, je m'en allé à la corderye, Symonnet avecque moy, et puys chez Margeneste où j'achatte deux paniers qui coustèrent . . . . ii sols.

Le vendredi XXVIIIe, je ne bouge de céans, tout le jour il fist fort beau temps. Il estoyt le jour S^{ct} Symon et S^{ct} Jude. Receu de Collin Le Gay et de son compagnon pour iiii vielles brebys xlv sols, près la maison Jehan Le Clerc au matin avant disner.

Le dit jour receu de Jehan Le Clerc sur le terme S^{ct} Michel dernier xiiii sols.

Le dit jour, de relevée je fus à la carrière du Caquenel, Guigars avecque

Octobre 1552.

moy, Gaultier Birette et Jehan Groult avecque la charrette et apportèrent une chartée de pierre, puys m'en allé chez Tassine où j'achatte ung mouton qui me cousta xiii sols et ung aultre de Guillaume Berge pour xiii sols, puys m'en vins, Cantepye estoyt avecque moy. Loys Margeneste souppa céans, pour ce qu'il alloyt demain à Monstebourg pour moy. . . . . . xxvi sols.

Le dit jour, Symonnet fut à Cherebourg faire gresser ung cuyr pour faire des bottes ; pour deux libvres de chandelle qu'il apporta iiii sols et une aultre libvre de l'austre jour et une payre de sonnettes pour ung espervier iii sols
vii sols.

Le dit jour, receu de Annette la Cocque de Gonneville iii sols vi deniers, pour les termes de Pasques et S^{ct} Michel derniers, à xxi deniers par terme, dont je luy baillé quictance tant en son nom que pour Guyon le Coc son nepveu, la dite rente deue à la seigneurye du Mesnil. . iii sols vi deniers.

Le sabmedi XXIX°, dès le poinct du jour, je m'en allé à l'assyse, Cantepye avecque moy, monsieur le bailly tinst la jurisdiction ; pour ung membre de beuf que j'achatte de Martin Yon iii sols ; pour deux mémoriaulx contre Basan ii sols ; pour deux vittecos que je donne à Françoyse ii sols. J'escripvis à Monsr de S^{ct} Cosme par son homme. Tassin et Gaulvain dictz Quentin vindrent à Vallongnes pour ung aumel que le dit Gaulvain avoyt vendu au dit Tassin, lequel aumel ung nommé Le Cauf de Huberville disoyt estre sien et l'avoyt amené au dit lieu de Vallongnes avecque plusieurs aultres bestes de la merche du dit aumel. . . . . vii sols.

Le dymenche pénultime je ne bouge de céans, missire Jacques Auvre y disna. Cardine Yon et Ysabeau sa fille y vindrent, je leur donne. . ii sols.

Le dit jour je conte au dit missire Jacques de toutes les dixmes que je luy pouvoys debvoyr précédent se jour, et de troys années d'arrérages de trente solz tournoys (ung double moyns) qu'il doybt de rente à la seigneurie du Mesnil. Et toutes choses mises en conte, tant d'une part que d'aultre, je me suis trouvé en reste de iiii libvres x sols vi deniers que je luy ay présentement payez. . . . . iiii libvres x sols vi deniers.

Le dit jour receu de Jacques Le Clerc xvi sols restans de xxx sols pour le terme S^{ct} Michel dernier . . . . xvi sols.

Le dit jour baille à Jehan Hoston xx sols sur ses gages, lesquels xx sols il a présentement à Douart Hoston son père qui estoyt de hier soyer céans, et iii sols pour du cuyr qu'il heult l'austre jour. . . . . xxiii sols.

Le dit jour, pour iiii fers que Loys Margeneste fist hier mettre au petit crochu de Monstebourg que je luy avoye baillé pour apporter une charrue de la façon de S^{ct}-Lo, laquelle maistre Françoys Troude m'y avoyt envoyé et que le dit Margeneste apporta au dit jour d'hier. . . . . iiii sols.

Le lundi vigille de Toussainctz je ne bouge de céans, il fist fort beau temps.

Je fys semer quattre boisseaulx de fourment à la Haulte Vente par Gaultier Birette. Dès le matin avant que me levasse arriva mon cousin de Borlande avecque lequel je devise de quelques afferes dont il me voulloyt parler, ce faict il s'en retourna, Symonnet le mena jusques à S^{ct} Martin a l'If. Cantepie fut à Cherebourg, pour un membre de beuf et ung quartier de mouton, et ung fer au grand cheval . . . . xiii sols vi deniers.

Novembre 1552.

Le dit jour de Toussainctz premier jour, je ne bouge de céans, appròs Vespres, je m'en allé pourmener Cantepye et Pierres Varin avecque moy jusques à l'hostel au Coyffe, où je trouve le dit Le Coyffe qui escorchoyt une beste à laine que Raullet Feullye avoyt ostée au lou.

Le mercredi IIe, je ne bouge de céans, appròs mydi missire Michel Pasquer et Philippin Equilebec vindrent céans, pour les fleffes de Trexot ; sur le soyer arriva Bachelet et Thomas Drouet qui revenoyt de Rouen, contre Nicollas Quentin, ilz souppèrent céans.

Le jeudi IIIe, dès le matin je m'en allé à Vallongnes, Cantepye avecque moy, tenir les Haultz jours ; nous dynasmes chez Denys le baron de la Hougue. maistre Adrien Durevye, Berteauville, maistre Pierres Collas, Blanqueville, Bastillon, Gohel, Quentin Le Court et plusieurs aultres. Il estoyt appròs solleil couchant quand nous partismes. Pour des fers à esseul prins chez Talmitet x sols. maistre Gilles Cabart et le voyeur de Tourlaville s'en vindrent quand et nous. Au soyer appròs soupper Cantepye s'en alla chez Jehan du Bosc, filz Symon pour avoyr une jument que le dit Jehan luy avoyt hier prestée pour aller demain à Briquebec, mays le dit Jehan se desdist, parquoy Cantepye fut contrainct d'aller à Bretteville quérir la jument Chandeleur qu'il amena viron my nuyct.

x sols.

Le vendredi IIIIe, je ne bouge de céans; appròs desjeuner Cantepye alla coucher à Briquebec pour le mariage de son frère Guillaume. Symonnet fut à Cherebourg faire tailler des bottes pour luy ; pour deux libvres de chandelle iiii sols ; et à Estienne Le Marchant pour ung fer au petit cheval i sols et troys sols vi deniers qu'on luy bailla sur x sols vi deniers qu'on luy doybt du passé

vii sols vi deniers.

Le sabmedi V^e dès le poinct du jour, je m'en allé à Toqueville Symonnet avecque moy, nous y dynasmes ; appròs avoyr devisé avecque mon cousin nous en vinsmes, il estoyt presque solleil couchant quand nous arrivasmes céans. Cantepye revinst au soyer de Briquebec.

Le dymenché VIe, je ne bouge de céans, dès le matin j'envoye La Joye au

Quesney scavoyr des nouvelles de mon frère Louys. Avant que fusse levé arriva céans le curay de Tamerville qui venoyt de Tournebu, apprès qu'il heult parlé à moy, il s'en retourna. Apprès disner je m'en allé à Brix, Cantepye, maistre Gilles Cabart et maistre Jehan Pottet (qui avoyent disné céans) avecque moy pour voyer à mesurer certaine fieffe que j'avoye devant la maison aulx du Pontz ; là se trouva missire Michel Pasquier, Philippin Equillebec, Honnoré du Pont et plusieurs aultres ; il estoyt soleil couché quand nous partismes de Brix.

Le dit jour avant que aller à Brix receu de Jehan Parys pour le terme S^{ct}-Michel dernier . . . . xII sols.

Le dit jour receu de Guillaume Paris sur ce qu'il doybt . . . . . vI sols.

Le lundi VIIe, je ne bouge de céans, avant que fusse levé La Joye revinst du Quesne et apporta certaines nouvelles de mon frère Loys. Cantepye fut à Cherebourg pour ung demy mouton et ung membres de beuf et quattre tour-telles.. . . . . xv sols.

Le mardy VIIIe je ne bouge de céans, je fys semer dix boisseaulx de fourment à la Haulte Vente, Symonnet fut à Cherebourg dès le mattin quérir les bottes qu'il avoyt faict faire. Comme nous souppions arriva Denys l'Érier, varlet de Lesperon, qui m'apporta des lettres de ma niepce de Cresney et Moysson revinst d'Angleterre qui m'amena ung dogues.

Le mercredi IXe, dès une heure apprès mynuyct, Cantepye partit pour passer au grand Vay à dix heures pour aller à Bayeulx et vers Monsr Trexot a Baleroy. Et mon frère, Symonnet, Laune et La Joye s'en allèrent à S^{ct}-Naser, je ne bouge de céans ; je fys amasser des caillous à la Haulte Vente par Moysson et les garsons.

Le jeudi X^e, je ne bouge de céans, au matin arriva Michel Pélerin sergent et ung nommé Jehan Le Moyne pui alloyent contraindre pour les fieffes ; ilz disnèrent céans, tout le jour je fys arer à la Haulte Vente pour faire du fourment ; au soyer, arriva le sieur Pierre Dausses qui alloyent à Lestre, il souppa et coucha céans.

Le vendredi XIe, jour S^{ct}-Martin, baille à Lorimier pour la tasche qu'il avoyt à couvrir sur l'hostel Barrier montante douze solz, vI deniers. Apprès disner je m'en allé coucher à Toqueville, Symonnet avecque moy ; il estoyt nuyct quand nous arrivasmes . . . . vI sols.

Le sabmedi XIIe, dès le matin je party de Toqueville et m'en allé à Barfleu, Symonnet avecque moy, je fus aulx Augustins à la chambre de Frère Marcouf où se trouva nostre maistre Textoris, Goubert, mon cousin d'Agneaulx, Chandeleur sergent et plusieurs aultres.

Le dit jour apprès avoyr esté à la cohue, à la défalcation du décret qui se faisoyt des héritages de Thomas Planque, je m'en vins à Toqueville Chande-

leur et Jacques Galienne avecque nous ; Jehan Besnard fils Vincent nous
convia jusques hors le bourg, la où La Fosse m'attaignit et se excusa de ce
qu'il avoyt faict à missire Guillaume le Flamenc ; je ne descendis poinct à
Toqueville ; il estoyt nuyct quand nous arrivasmes céans, Tilly estoyt revenu
de Russy ce jourd'huy et Cantepye dès hier soyer de Bayeulx (comme il me
dist), où il estoyt allé mercredi mattin vers Mons' Trexot.

Le dymenche XIII⁰, dès le matin je m'en allé à Fermanville Symonnet et
Chandeleur (qui estoyt hier soyer venu de Barfleu quand et moy), mon cousin
et ma cousine estoyent encor à la messe, nous y disnasmes et missire Guillaume Le Flamenc (que j'avoye envoyé quérir) et Raullin Michel et sa femme,
Thomas Potier de Tourlaville ; il estoyt nuyct quand j'arrivé céans, je y
trouvé Pierres Dausses.

Le dit jour dès le matin Tilly et Cantepye s'en allèrent à S^ct-Naser porter des
nouvelles de Bessin.

Le lundi XIIII⁰, je ne bouge de céans, je fys semer à la Haulte Vente xi
boisseaulx de fourment à la terre qu'on avoyt arée jeudi dernier, Tilly et Cantepie et la Butte vindrent de S^ct-Naser ; pour deux membres de beuf et ung
quartier de mouton que le dit Cantepye apporta de Cherebourg xii sols. La relevée, je foytte Lorimier devant sa maison pour ce qu'il avoyt abandonné les
fourmentz qu'il gardet pour les cornailles à la Haulte Vente . . . xii sols.

Le mardi XV⁰, je ne bouge de céans, dès le matin Cantepie, Symonnet, Moisson,
Gaultier Birette et Jacquet Rouxel s'en allèrent à Bris garnis du mandement
de justice pour charcher en la maison d'un nommé Branville et aultres traise
pourceaulx que j'avoye perdus d'empuis xv jours. Symonnet et Moisson revindrent au soier, les aultres demeurèrent à coucher à Bris chez Lestoille.

Le mercredi XVI⁰, dès le matin mon frère revinst de S^ct-Naser et les Hachées
avecque luy et Laune ; je m'en allé à Bris Symonnet et Moisson avecque moy
trouver Cantepie et sa bende chez Bartelot Rouxel où ils avoyent trouvé neuf
costes et demy de lard et chez Branville huict costes et deux pourceaulx encor
tous entiers ; nous dynasmes chez Lestoille ; il me cousta tant pour le disner
que pour le soupper du d'hier soier xxvii sols, puys nous en vinsmes, il estoyt
viron iii heures quand nous arrivasmes . . . . xxvii sols.

Le jeudi XVII⁰, dès le matin, je m'en allé à Saulsemesnil, Cantepye, Symonnet, Gaultier Birette et Jacquet Rouxel avecque moy trouver Jehan Anquetil
sergent près la maison Voysin et de là allasmes chez Robert Langloys près le
moulin de Cyfrevast où nous trouvasmes le dit Robert et ses enfans, lequel
avoyt dedens une huche fermée à clef qu'il ouvrit ung jambon et deux aultres
pièces de lard et deux licoulz tous neufz cachés au fons de la dite Huche dont
du tout le dit sergent fist estat, de là nous en vinsmes disner au Couret, puys
céans, il estoyt viron iii heures quand arrivasmes.

Le dit jour apprès que fus party mon frère s'en alla (comme on me dist quand fus revenu) a S^{et}-Pierre Eglise Laune et Jacques avecque luy.

Le vendredi XVIIIe, je ne bouge de céans, baille à Moison viii sols pour deux libvres de chandelle et ung quartier de mouton qu'il apporta hier de Cherebourg. Cantepye s'en alla coucher à Briquebec. Je fys charier vi chartées de pierre prinse à la carrière du presbitayre pour besongner au jardin à mouches, puys envoye Gaultier et Jehan Groult essarter des ronces à la Haulte Vente pour y faire du varet. Au soyer comme je debvoye soupper arriva françoys Dasnières de Subles qui me bailla des lettres que ma seur de Bayeulx m'escripvoyt. Missire Richard Gallye vinst dès le matin pour faire des demies rondelles ; je donne au dit Danières ii sols . . . . x sols.

Le dit jour receu de Thomas Le Brun le jeune à present demeurant à Tourlaville x solz v deniers sur cinq termes de quattre solz ii deniers par terme qu'il doybt a ceste seigneurie à cause des héritages qu'il a à Digoville, dont je luy baille quictance . . . . x sols v deniers.

Le sabmedi XIXe, je ne bouge de céans, je fys commencer à rompre à la Haulte Vente. Dès le matin Symonnet fut à Cherebourg, pour ung membre de beuf et l'austre de mouton ix sols. Apprès disner mon frère revinst du Val de Sere Laune et Jacques quand et luy. Au soyer Cantepie revinst de Briquebec et Moisson de Monstebourg. Il estoyt hier allé coucher à Tournebu pour vendre se jourd'huy une jument brune qu'il avoyt amenée d'Angleterre. Je baille ii sols à missire Richard pour ses deux jours. Au soyer apprès soupper je fus Symonnet et Sergen avecque moy voyer Raullet Vaultier qui estoyt fort malade ; y estoyt missire Jehan Auvré, Loys Margeneste, Thomas Vaultier et plusieurs aultres. . . . . xi sols.

Le dymenche XX° apprès la messe qu'on heust esleu Yvon Mesnage, Raullet Feullye et Georget Paris pour assoier la taille, je m'en allé voyer Raullet Vaultier, où je trouve tout plain de gens tant de Tourlaville que de ceste ville, puys m'en vins disner. Apprès vespres je retourne voyer le dit Raullet. Dès le matin Benest vinst de Cresney qui m'apporta des lettres de ma nièce.

Le lundi XXIe, dès le matin, je m'en allé à Fermanville, Symonnet avecque moy, je y trouve les deux filz du sieur du Bosc en Bessin, et mon cousin de Borlände. Apprès disner nous allasmes, mon cousin de Fermanville et son filz, et mon dit cousin de Borlande et nos serviteurs soupper et coucher à Toquevile pour le mariage du dit filz de Fermanville. Apprès soupper viron sur les dix heures Symonnet avecque moy coucher à Gouberville.

Le mardi XXIIe apprès avoyr disné à Toqueville, je m'en vins, il estoyt soleil couché, quand j'arrive je trouve Cantepye estoyt revenu de Vallongnes de quérir des monnitores pour envoyer à Carneville, Fermanville, Gatteville touchant le décret de l'héritage Thomas Planque ; pour les dits monnitores iii sols et pour demye libvre de succre v sols, ung pot de vin qu'il apporta hier de Cherebourg ii sols et deux libvres de chandelle iiii sols . . . xiiii sols.

Le dit jour pour une payre de souliers que Cantepye apporta hier de Cherebourg pour Bloquet. . . . . vi sols vi deniers.

Le dit jour quand nous arrivasmes de Toqueville, on nous dist que Raullet Vaultier avoyt esté enterré la matinée et estoyt trespassé d'hier soyer.

Le mercredi XXIIIe, je ne bouge de céans, je fys rompre à la Haulte Vente ; dès le matin Cantepye, Gaultier Birette et Jehan Anquetil sergent (lequel estoyt venu ceste nuyct céans) s'en allèrent à Bernavast chez ung nommé Collin le Gouppil où ils trouvèrent plusieurs pourceaulx salés qu'ilz apportèrent. Il estoyt nuyct quand ilz revindrent et amenèrent la femme du dit Le Goupil quand et eulx.

Le jeudy XXIIIIe, je ne bouge de céans dès le mattin je examine la femme de Collin Le Gouppil de Torquetville, près de Barnavast, pour des pourceaulx derobés dont son mary avoyt esté hier trouvé saisi. Sur le soyer Les Hachées arriva qui coucha céans ; Symonnet et Moisson furent au Couret et apportèrent troy canars que Symonnet avoyt tués.

Le vendredy XXVe, jour Saincte-Catharyne je ne bouge de céans. Apprès la messe et disner Thienot Mestrel de Tourlaville vinst céans et Louis Margeneste avecque luy pour ung poulain appartenant au dit Mestrel qui estoyt gaif céans dès le moys d'aust lequel je luy rendys. Martin Drouet et Thienot Voysin de Saulsemesnil se trouvèrent ycy apprès vespres qui nous aydèrent à relever à demy ung poyrier près le jardin à mouches.

Le dit jour receu de Georget Parys dix sols v deniers restans de cinq termes des rentes qu'il et les Bruns frères de sa femme doybvent céans
x sols v deniers.

Le dit jour Cantepye fut à Vallongnes porter mon estat au médecin pour ce que je me trouvoys mal toute ceste sepmaine et faire racoutrer les monitores qui n'estoyent poinct bien. Apprès soupper, Symonnet, sergen, Thomas Drouet, Moysson, Gilles Auvre s'en allèrent aulx Trouettes où ils furent jusques à unze heures de nuyct.

Le sabmedi XXVIe, je ne bouge de céans ; il fist fort beau temps. Tout le jour, je fis rompre à la Haulte Vente il se trouva une roche soubz la charrue au meillu d'un champ que je fys tirer par Nicollas et Françoys dictz Drouet. Dès le poinct du jour j'envoye Symonnet à Carneville, Fermanville et Gatteville porter des monitores, il fut à Barfleu et à Toqueville chez mon cousin ou estoyt monsr. de Gehebert. Il estoyt nuyct quand il revinst. Apprès desjeuner Cantepye, Jehan Anquetil sergent, Gaultier Birette et Moyson s'en allèrent à Brillevast chez ung nommé la Messe et aultres larrons qui avoyent dérobé des pourceaulx ; ils couchèrent là au dit lieu de Brillevast.

Le dymenche XXVIIe, je ne bouge de céans, apprès la messe Mesnage et Gilles Auvrey heurent grosses paroles pour l'assiette de la taille. Apprès vespres je baille à la Coiffye xvii sols que je luy debvoys et partant quicte de tout le précédent se jourdhuy. . . . . xvii sols.

Le dit jour apprès soupper arrivèrent céans Nicollas Laisney filz de la femme Cossin, Marin Le Petit de St-Martin des Bissons et Guyon Le Petit de Gonneville et Nicollas Drouet qui les menoyt et charchoyent une jument et deux beufs qu'avoyt perdus le dit Marin Le Petit vendredi dernier, et avoyent ouy dire que Cantepye avoyt hier prins deux beufs chez ung nommé Le Valles à Toqueville et une jument chez Jehan Le Goube de Sct-Pierre Eglise, lequel avoyt vendu les dits deux beufs (qu'il avoyt desrobés) et ne scay où au dit Le Valles, mays ce n'estoyt poinct les bestes que le dit Le Petit charchoyt.

Le lundi XXVIIIe je ne bouge de céans; je fys rompre tout le jour à la Haulte Vente ; dès le matin, Cantepye, Thomas Drouet, Moysson, et La Butte qui avoyt ycy couché s'en allèrent à Cherebourg, et mon frère et Symonnet s'en allèrent au Couret et tuèrent deux canes. Dès le matin, Laune revinst de Cresney.

Le dit jour, pour ung cartier de mouton et deux membres de beuf que Cantepye apporta de Cherebourg. . . . . ix sols iii deniers.

Le mardi XXIXe, dès le matin, je m'en allé à Gouberville, Cantepie avecque moy, nous y dynasmes, apprès disner nous allasmes à la roque de Neville, où il y avoyt plusieurs personnes au vrec tant de Gouberville que de Neville, puys m'en retourne à Gouberville.

Le mercredi, jour Sct André, je ne bouge de Gouberville, Cantepye fut à Sct Pierre ; pour ung quartier de mouton et une douzaine d'ayguillettes qu'il apporta v sols. Missire Guillaume Le Flamenc vinst quand et luy qui souppa avecque moy et Marin Flamenc et missire Jean Michel et plusieurs aultres.

v sols.

Decembre 1552.

Le jeudi premier jour, dès le matin, mon cousin de Toqueville m'envoya Chalus à Gouberville me prier d'aller disner avecque luy, ce que je fys, Cantepye quand et moy et le dit Chalus. Quand je y arrive, je trouve le sieur de Gehebert (1) et asses tost apprès y arrivèrent le baron de la Luthumiere et le

(1) Eustache de Thieuville, seig^r de Briquebosq.

jeune Crosville (1), ilz y disnèrent, apprès disner les dits sieur baron et Croville s'en allèrent, je m'en vins à Gouberville soupper et coucher.

Le dit jour, comme j'arrive à Gouberville, nous trouvasmes Guillaume
Gaillard, frère de Joret, qui estoyt revenu de Dieppe de la harengueson, et
n'avoyt rien gagné, mays estoyt à retour de quattre escus sol ; Michel Le
Febvre souppa avecque moy.

Le vendredy II°, je ne bouge de Gouberville, dès le matin j'envoye Cantepye
à Reville parler à Guillaume Brillevast pour ce que nous n'avions peu accorder hier soyer Michel Le Febvre et moy. Apprès desjeuner je m'en allé à la
roque de Neville, Missire Jehan Michel, vicayre à Gouberville, soubz le Flamenc, Liénard Castel et Robin son filz, Robin Gaillard et ung des filz Bibet et
fys commencer ung chemin au travers des sablons, puys m'en revins à Gouberville et de là m'en allé chez le lieutenant à Neville ou je trouve Coursy et
sa mère et la femme du dit Coursy, les dits missire Jehan Miche et Cantepye
estoyent avecque moy, car Cantepye estoyt revenu de Reville, apprès avoyr
banqueté chez le dit lieutenant, nous en allasmes soupper à Toqueville et
coucher à Gouberville.

Le sabmedi III°, je fus à Barfleu, Cantepye avecque moy aulx plés ; apprès
avoyr heu expédition je achatte de Paris ung membre de beuf et ung quartier
de mouton viii sols, puys m'en revins à Gouberville . . . . . . viii sols.

Le dit jour apprès que nous revinsmes de Barfleu Cantepye partit viron
soleil couchant et s'en alla coucher au Mesnil pour aller demain à Triauville
et de là à l'assise à Vallongnes.

Le dymenche IIII°, quand je revins de la messe, je trouve Symonnet venu
du Mesnil qui m'avoyt apporté des lettres qui venoyent de Caen, de Monsr le
lieutenant général ; apprès les avoyr leuz, je m'en allé le dit Symonnet et
missire Jehan Michel disner à Toqueville où estoyt mon cousin du Quesney
et le sieur de Gehebert ; je renvoye Symonnet au Mesnil porter la response
des lettres qui estoyent venues de Caen, et je m'en vins coucher à Gouberville.

Le lundy V°, je ne bouge de Gouberville, Symonnet revinst viron sur les
unze heures qui me dist que mon frère Loys s'en debvoyt aller, je le renvoye
au Mesnil pour sçavoyr au certain s'il s'en estoyt allé ; le dit missire Jehan
Michel et missire Guillaume le Flamenc disnèrent avecque moy.

Le mardi VI° jour S^{ct} Nicollas dès le poinct du jour, Symonnet estoyt
revenu du Mesnil ; tout le jour ne cessa de plouvoyr, par quoy le chemin des

____

(1) Sans doute Gilles de Crosville, qui devait épouser Gillonne du Moncel, nièce de Gilles
de Gouberville, le 8 novembre 1578.

Sablons de la roque de Neville ne fut poinct faict suyvant le terme qui avoyt esté mys dymenche aulx prosnes de Gouberville et Neville.

Le mercredi VII° Vigille Notre Dame, sur les neuf heures, je party de Gouberville, Symonnet avecque moy, et m'en vins par Toqueville où je parlé à mon cousin viron ung quart d'heure, puys m'en vins au marché à S^{ct} Pierre; je mys mes chevaulx chez mon cousin de Raffoville (1) où estoyt S^{ct} Denys, nous allasmes au marché, je parlé au lieutenant de S^{ct} Saulveur, à Anthoyne Le Françoys, à maistre Jehan Michel, à maistre Pierres Le Febvre, à Thomas Alexandre, à missire Guillaume Le Flamenc et à plusieurs aultres. J'achatte de Jehan Liot deux membres de beuf VIII sols. Je attaigny à Teville le curet de Bolleville en m'en revenant. Il estoyt quasy soleil couchant quand j'arrivé; Cantepye estoyt revenu de chez son père et Gaultier Birette qui estoyt party quand et moy, qui y estoyt hier venu pour emmener du bercail, ce qu'il ne fist pour ce qu'il plouvoyt. . . . .   VIII sols.

Le dit jour, avant que partir de Gouberville, je donne à Suzanne, à Roumaine, à Catharine, à checune II sols et à Germain Galie leur serviteur I sol.
                                                                        VII sols.

Le jeudi VIII°, jour Notre Dame, je ne bouge de céans, mons^r de S^{ct}-Naser y vinst coucher.

Le dit jour à raison du mauvails temps, il n'y heult à Vespres que missires Jacques et Jehan dictz Auvrey, Arnouf, Jehan Gardin, Gilles Mesnage, Yvon Mesnage et Martin Pivain, Jehanne Freret et sa seur Pernelle, Olive Gardin et la Danielle et quelque peu d'aultres femmes.

Le vendredi IX°, dès le poinct du jour, nous partismes de céans S^{ct}-Naser, Cantepye et Symonnet et allasmes à Vallongnes à l'assise, nous dynasmes chez Denys, l'esleu Hault gars, l'enquesteur et ung aultre que je ne congnoys, Cantepye et Symonnet et Gaultier Birette; nous despendismes XXIII sols dont je paye XII sols. Pour huyct boucles et deux payres de sengles II sols et pour la despense de mes chevaulx II sols, il estoyt soleil couchant quand nous partismes; Le Coyffe s'en vinst quand et nous, qui apporta deux fourmages que le lieutenant Baslard me donna. La fère estoyt à Vallongnes. . .   XVI sols.

Le sabmedi X° je retourne à Vallongnes, Cantepye et la Joye avecque moy, qui porta deux chappons à Estienne Troude que je luy avoys hier promis; nous disnasmes chez Denys, maistre Aubin Lermite, maistre Pierres Collas, le filz du sieur Dozeville, je leur filz une consultation; je paye pour le disner
                                                                        X sols.

---

(1) Jacqueline d'Orglandes, nièce de Tassine d'Orglandes, grand'-mère de Gilles de Gouberville, avait épousé Jean Le Marchand, seigneur de Raffoville. Un hameau du bourg de St-Pierre-Eglise porte encore le nom de Raffoville.

Le dit jour. pour racoutrer ung mors et la selle du grand cheval III sols, et pour ungz souliers à Guillemette VII sols; il estoyt soleil couchant quand je party. Quand j'arrive céans, je trouve Charles Le Nepveu. d'Agneville et missire Jehan Henry de S^{cte} Croyx à la Hague, qui venoyent communiquer leur franchises touchant le pasnage; ilz souppèrent et couchèrent céans. x sols.

Le dymenche XIe je ne bouge de céans ; avant que me levasse, Jehan Cossin et Jacques Cauchon estoyent venus pour des menaces que ung surnommé La Messe, demeurant à Brillevast, faisoyt au dit Cossin, Jehan Le Saulvage y estoyt qui m'avoyt apporté deux verres de Bordeaulx. Sur la relevée, Guillaume Becquet de Gouberville et Robert Bienvenu de Greville vindrent parler à moy pour une jument; La Butte souppa et coucha céans. J'envoye à quérir par Pierres Quentin et Toultdoux, Gaultier Birette, Richard Caulvin, une poultre que j'avoye avecque les jumentz Baril à Gonneville.

Le dit jour, pour deux libvres de chandelles prinses de Jacques Gardin et deux libvres pendent que j'estoys à Gouberville VIII sols . . . . VIII sols.

Le lundi XIIe, je ne bouge de céans, dès le matin, Cossin et missire Liénard Billard vindrent céans pour quelque procès qui est entre eulx. Ilz desjeunèrent céans. Apprès Cantepye et Symonnet s'en allèrent à Cherebourg; pour deux membres de beuf VIII sols, une payre de souliers pour Noël VI sols et l'austre pour l'Angloys VII sols. Je fys assembler des caillous à la Haulte-Vente par l'Angloys, La Joye, Noël, Jacques et Lorimier, puis m'en allé au Couldre, Robert Mesnage avecque moy. Je fys charier des fagotz que Doysnard avoyt faictz. Thomas Girard vinst dès le matin pour faire ung casaquin à Symonnet et aux garsons . . . . XIX sols.

Le mardi XIIIe, jour S^{cte} Luce, je ne bouge de céans, dès le poinct du jour, Cantepie alla à Vallongnes quérir du fil noyr ; sur la relevée, maistre Gilles Cabart et Thienot Quenastre vindrent céans. Je fys charier deux chartées de boys prins près le doyt du Siellot ; pour du fil noyr que Cantepye apporta de Vallongnes II sols et pour raccoutrer une selle et une bride III sols . v sols.

Le mercredi XIIIIe, dès le matin Cantepye s'en alla à Brillevast faire faire une exécution, sur missire Léonard Brillard, de là s'en alla à S^{ct}-Pierre. Apprès disner je party de céans Symonnet et La Joye avecque moy et m'en allé à Gouberville, nous rencontrasmes Pierres Le Noyr aulx chasses de Teville qui m'accorda loger mes gens et mes moutons que je debvoye envoyer de Gouberville au Mesnil, s'ilz ne pouvoyent aller jusques au dit lieu en ung jour. Il estoyt soleil couchant quand nous arrivasmes à Gouberville et asses tost apprès Cantepye y arriva Symonnet s'en alla coucher à Toqueville.

Le jeudi XVe, tout le jour nous ne bougeasmes de Gouberville ; la relevée nous fusmes à la mer pescher des oystres, et là nous trouva Jehan Le Vesque qui me venoyt prier d'aller soupper à Toqueville.

Le vendredi XVIe, tout le jour je ne bouge de Gouberville, les ples furent tenus, le lieutenant de sainct Saulveur, Richard Fouquet, le vicayre et aultres, le Carpentier sergent disnèrent, puys fus convier le lieutenant jusque près sa maison ; Cantepye fut à Clitourp chez Anthoyne le Françoys tabellion quérir ung extraict de registre.

Le dit jour receu de maistre Michel Le Roux escuyer fliz aysné de noble homme Jacques Le Roux sieur Dozeville la somme de quattre libvres tournoys pour les arrerages de vingt sols tournoys que le dit sieur doybt par checun an à la sieurye de Gouberville à cause des héritages de damoyselle Magdalaine Binet en son vivant femme du dit Dozeville et mère du dit maistre Michel. Lesquels héritages sont assys en la paroisse de Gouberville, et estoyent présens au dit payment maistre Jehan Le Febvre advocat Sénéchal de la dite Seigneurye de Gouberville, Richard Fouquet escuyer, Jehan le Carpentier sergent demeurant à Cantelou, noble homme Thomas Langloys sieur de Cantepye, Joret Gaillard et Marin Flamenc, lequel recueillyt au soyer apprès soupper la quictance pour le dit Le Roux, pour ce qu'il tient à louage les héritages qui doybvent la dite rente . . . . IIII libvres tournoys.

Le dit jour viron dix heures, j'envoye Robin Castel et Robin Gaillard mener une trentaine de moutons au Mesnil et leur dictz que s'ilz n'y pouvoyent aller qu'ilz couchassent chez Pierres Le Noyr à Gonneville.

Le dit jour receu de Nicollas Le Holt XVIII sols sur ce qu'il doybt en argent pour les deux années dernières, et deux poulles et deux chappons.   XVIII sols.

Le dit jour j'achatte du dit le Holt deux moutons XVIII sols ; troys de Margrin Fortin XL sols ; de Jehanne Tocque ung X sols ; de Castel sept LXX sols ; de Joret six IIII libvres ; tous lesquelz, j'envoye au Mesnil.   IX libvres VIII solz.

Le sabmedi XVIIe, je ne bouge de Gouberville ; apprès disner nous fusmes à la Saline quérir une roche que le harnoys Thomas Alexandre apporta à la Perruque près la porte du Presbitayre, et estoyent à la charger, le vicayre Symonnet, le petit Maistre, Richard Castel, Guillaume Gaillard et Gohier ; dès le matin Cantepye alla aulx plés à Barfleu pour deux memoriaulx.   .   X sols.

Le dymenche XVIIIe, dès le matin, nous en vinsmes Cantepye, Symonnet et La Joye au Mesnil : la messe n'estoyt pas achevée, quand nous passasmes par l'église de ceste ville ; comme je dynoys arriva ung serviteur de Hemevez (1), qui me bailla lettres de son maistre.

Le lundi XIXe, tout le jour, je ne bouge de céans ; j'envoye Pierres Dancel, Bertin Vallongnes et Collin le Bresne, qui commeucèrent le fossé d'entre le clos Germain Drouet et le pray du clos au Couvert ; dès le mattin, Cantepie et Symonnet s'en allèrent à Cherebourg.

(1) A l'époque de la Recherche de Montfaoucq, Pierre et Jean de Ste-Mère-Église étaient seigneurs de Hémévez (1463).

Le dit jour baille à Noelle de Couvert, sur cinq années de ses gages finies le premier jour d'aust dernier, à cent solz par an, et sur ce qu'elle a esté céans d'empuys le dit premier jour d'aust jusques aujourd'hui, dix libvres et ung escu pistolet que luy avoye baillé à jour passé, dont je n'avoye poinct faict de mémoyre. xii libvres iiii sols.

Le mardi XXe, dès le poinct du jour, Cantepye s'en alla à Neville chez le lieutenant de S^{ct} Saulveur pour estre aulx plès qui estoyent se jour à Toqueville, et je m'en allé à Vallognes, Symonnet, maistre Gilles Cabart, tenir les Haultz jours ; Charles le Nepveu d'Agneville et missire Jehan Henry de S^{cte} Croyx à la Hague (lesquelz avoyent couché céans) s'en vindrent quand et nous.Nous dinasmes chez Denys,maistre Ambrois de Hanot, maistre Pierres Collas, le verdier de Vallongnes, Demons et Gohel et aultres ; je paye pour ma part. . . . . v sols.

Le dit jour, nous partismes viron iiii heures apprès mydy à nous en venir Brisenes procureur, le Parc, La Marche et aultres, il estoyt nuyct quand j'arrive, Cantepye estoyt venu des plès de S^{ct} Saulveur tenus à Toqueville.

Le mercredi XXIe, jour S^{ct} Thomas, dès le poinct du jour, baille à Pierres Dancel, Bertin Vallongnes et Collin le Bresne, fossayeurs, pour deux jours qu'ilz avoyent besongné à checun deux solz. Puys m'en allé Symonnet avecque moy à Monstebourg (selon la promesse qu'avoye hier faicte au sieur de Hemeves) où se trouvèrent le dit sieur, Montremblant,Bloville, Grosparmy, Gierville, S^{ct} Louet, Lespine, S^{ct} Jehan, advocat à S^{ct} Saulveur, le procureur pour le Roy au dit lieu et la Cauchinnerye et leur serviteurs pour appoincter les dits sieurs de Hemevez et de Montremblant pour le douayre de la damoyselle de Hemevez, ce que ne peusmes faire. Il estoyt troys heures sonnées quand nous departismes ; pour ferrer mes chevaulx au dit lieu de Monstebourg i sols. . . . . vii sols.

Le dit jour, apprès soupper, vinst céans Chandeleur ; il y souppa. Et apprès Cantepye et Symonnet montèrent à cheval et s'en allèrent à Vallongnes pour estre demain de grand matin aulx assises de S^{ct} Saulveur ; je leur baille xv sols.

Le dit jour, Cantepye fut à Vallongnes pour mes affères, il luy cousta v sols, il estoyt revenu avant que je revinsse de Monstebourg. . . . . . v sols.

Le jeudi XXIIe je ne bouge de céans, dès le matin Collin Le Gay et ung aultre petit boucher de Cherebourg me vendirent six moutons c sols. Apprès disner, viron sur les iiii heures, mon oncle et Harel arrivèrent de Russy, et sur le soyer Cantepye et Symonnet de S^{ct} Saulveur le Viconte ; Arnoulf et l'Angloys furent la relevée à la voyrrerie à Bris faire faire des flascons de voyrre c sols.

Le dit jour, baillé à Thomas Girard pour quattre jours qu'il avoyt esté céans à besongner pour Symonnet et ses frères. . . . . xii sols.

Décembre 1552.

Le vendredi XXIIIe, je ne bouge de céans, dès le poinct du jour Cantepye alla à Barfleu aulx plés, et Symonnet à Cherebourg quérir du poyscon pour le disner de mon oncle, pour ung lieu et ung bars IIII sols. Apprès disner, mon oncle s'en alla à Toqueville, je le convie jusques au clos des Ventes. Chandeleur, Merigot et la Garde vindrent soupper et coucher céans pour aller demain à Brillevast chez la Messe ; il estoyt nuyct quand Cantepye revinst IIII sols.

Le dit jour, receu de Tassine Quentin XVIII sols IIII deniers sur ce qui m'est deu par les Quentins au terme S^{ct} Michel . . . . . . XVIII sols IIII deniers.

Le sabmedi XXIIIIe, Vigille de Noël, je ne bouge de céans, dès le matin, Cantepye, Simonnet, Chandeleur, Thomas Drouet, Gaultier Birette, Merigot, et La Garde partirent et s'en allèrent à Brillevast chez la Messe pour le prendre par le corps, mays ilz ne le trouvèrent poinct ; il estoyt viron deux heures apprès mydi quand ilz revindrent ; pour une poyctrine de beuf que Jacques apporta de Cherebourg VI sols ; la relevée j'envoye au viconte à Gonneville par l'Angloys ung chevreau . . . . VI sols.

Le dit jour baille à Doysnard chez Drouet V sols sur une tasche qu'il a de XXIII sols. . . . . V sols.

Le dymenche XXVe, jour de Noël viron III heures apprès mydi Cantepye, Symonnet, Gaultier Birette, Thomas Drouet, Merigot et la Garde s'en allèrent chez Chandeleur pour de là aller à Brillevast prendre par le corps Jehan Besnard dict La Messe ; ilz en revindrent viron neuf heures, Chandeleur avecque eulx et ne trouvèrent poinct le dit Besnard. Nous fusmes tous à la messe puys nous en vinsmes disner.

Le dit jour comme je alloys à la messe, près l'église, je trouve maistre Mathieu du Chastel que Monsr d'Agneaulx près S^{ct}-Lô envoyé pour cyter maistre Martin Caulvin ou luy signifier quelque contumace ou suspense. Au matin, avant que me levasse arrivèrent céans Cossin sergent et Pierres Le Noyr qui avoyent affère a moy, et ung garson du Teil qui me rapportoyt ung bonnet et ung soye veloux que j'avoye hier presté au cappitaine du Teil pour jouer à leur messe de my nuyct.

Le dit jour apprès disner, j'envoye Jacques et l'Angloys à Vallongnes quérir une payre de soulliers qui coustèrent X sols, et unes mouilles dont la façon cousta IIII sols VI deniers ; il estoyt apprès soupper quand ilz revindrent.
XIIII sols VI deniers.

Le lundi XXVIe, jour S^{ct} Estienne, dès le matin, je m'en allé à Gouberville Cantepye, Symonnet et La Joye avecque moy ; nous vinsmes là avant la messe, nous dynasmes au presbitayre, mon oncle, les sieurs de Gehebert, de Toqueville, d'Agneaulx et de Billon et plusieurs aultres. Apprès disner je jecte la pelotte et fus à la choulle jusques à jour faillant.

Le mardi XXVIIe, jour S^{ct} Jehan, apprès avoyr ouy la messe à Gouberville, nous allasmes disner à Toqueville, mon oncle, Cantepye, Symonnet, Harel, La Joye et Joret. Apprès disner nous en revinsmes coucher à Gouberville.

Le mercredi XXVIIIe, jour des Innocentz, nous allasmes à la messe à Saincte Genevefve, mon oncle, Cantepye, Harel et La Joye ; apprès allasmes disner chez Agneaulx, où se trouva mon cousin de Toqueville et sa fille, nous nous en revinsmes coucher à Gouberville.

Le jeudi XXIXe, dès le matin, je m'en allé à la mer, Cantepye, Guillaume et Myaulx diclz Gaillard pour ravoyr le vraye que Liénard le Febvre avoyt ceste nuyct osté aulx dits Gaillard mes fermiers, et sur ce que nous le reprenion vinst le dit le Febvre qui pour son arrogance et pour paroles de démenty qu'il dist heult sur la joy, y estoyt Tassin Gaillard et son filz et Guillaume Becquet et aultres, puys nous en vinsmes disner à Gouberville.

Le dit jour, apprès que nous heusmes disner à Gouberville, nous allasmes soupper à Toqueville où se trouvèrent mon cousin du Quesney, le s^r de S^{ct} Mouryce et son filz, le sieur de Crouville et le filz du viconte de S^{ct} Saulveur le Viconte qui venoyent pour le mariage de la fille de mon cousin de Toqueville. Apprès soupper, nous en revinsmes coucher à Gouberville.

Le vendredi pénultime, dès le matin, mon oncle monta à cheval pour aller passer au gay. Asses tost apprès, je m'en allé disner à Toqueville où toute la compagnée d'hier soyr y disna. Je despesche ung lacqués de madame la Duchesse d'Etouteville qui m'avoyt hier soyer baillé lettres de ma dite Dame. Apprès disner, je m'en revins céans, Cantepye, Symonnet et la Joye avecque moy, le soleil estoyt couché quand nous arrivasmes.

Le sabmedi dernier jour, dès le mattin, nous allasmes à Vallongnes, Cantepye, Symonnet, la Joye et Gaultier Birette avecque ; je fus au bail des IIIImes. Il estoyt dix heures de soyer quand nous partismes de Vallongnes.

Le dit jour avant que partir, je donne aulx serviteurs de chez Denys pour leurs estraines vii sols. Thomas Drouet s'en vinst quand et nous et Cantepye demeura pour s'en aller demain chez son père. . . . . vii sols.

Le dit jour Thomas Drouet fut à Monstebourg et s'en revinst par Vallongnes ; il mist le IIIIeme de Gouberville a prix et celluy du Mesnil.

Janvier 1552.

Le dymenche premier jour je m'en allé Symonnet avecque moy à la messe à Coqueville nous dynasmes au presbitayre où missire Guillaume le Flamenc tenoyt son disner a Clers y estoyent le sieur de Harcla et sa femme, Nicollas Toquet et la sienne et tous les prebtres du village et plusieurs aultres personnes. De Gouberville y estoyent Thomas Alexandre et son filz, Marin Flamenc. Nous en revinsmes par Fermanville, je rencontra ma cousine et son filz qui revenoyent de Vespres. Ils me dirent que mon cousin estoyt party se jour pour aller à Carentan, il estoyt soleil couché quand nous partismes de Fermanville.

Le lundi IIe, je ne bouge de céans, dès le matin Symonnet fut à Cherebourg quérir de la viande pour x sols ; Tilly qui estoyt sabmedi parti de céans quand et moy revinst. Il me dist qu'il avoyt esté à Urville chez Monsr de Fontaynes. Mesnage et Nicollas Le Vesque souppèrent céans . . . . x sols.

Le mardi IIIe, je ne bouge de céans, avant que je me levasse Cossin Sergent et Estienne Cauchon vindrent céans, je baille au dit Cossin des lettres pour envoyer à Rouen à mon procureur auquel j'adressoys les affères du dit Cossin, tant contre Collin Bourdet que contre Jehan Besnard dict la Messe. Je ne bouge toute la relevée d'avecque Pierres Dancel, Collin Le Bresne, Vallot, Doysnar et Georget Parys, qui besongnoyent au fossé d'entre Germain Drouet et le pray du clos au Couvert.

Le dit jour receu de Vincent Parys x sols pour le terme S^ct Michel dernier
                                                                    x sols.

Le dit jour baille à Gillette Troissepmaines pour ses gages d'un an finy à la Toussaintz dernière . . . . xlv sols.

Le mercredi IIIIe, je ne bouge de céans, dès le matin, je m'en allé Symonnet et Nicollas Le Vesque chez Drouet ou nous goustasmes d'une pippe de cydre que le dit Drouet vendit au dit Vesque, puys m'en allé à mes fossayeurs ou je fus jusques apprès disner que vinst ung nommé du Hou de Retoville qui me apporta deux congres et ung pot de beurre frays : Au soyer comme nous souppions arriva maistre Jehan du Hou son frère. Ilz souppèrent et couchèrent céans.

Le dit jour baillé à Pierres Dancel et à Collin le Bresne a checun ii sols pour deux journées qu'ilz avoient besongné au fossé d'entre Germain Drouet, le pray du clos au Couvert. A Doysnard ii sols pour deux journées de mesme et iiii sols, sur sa tasche. . . . . x sols.

Le jeudi vigille des Roys je ne bouge de céans, dès le matin Symonnet et maistre Jehan du Hou s'en allèrent à Vallongnes pour l'affère du dit du Hou à la court de l'église. Jacques et l'Angloys furent à Cherebourg quérir le gasteau ; Cantepye revinst sur les deux heures ; il avoyt couché à Briquebec aulx fiançailles de son frère Guillaume.

Le dit jour au soyer comme je me couchoys, baillé à Jehan Oston sur ses gages. . . . . xv sols.

Le vendredi VIe jour des Roys, missire Jehan Freret dist messe à la chappelle ou nous fusmes tous, il plouvoyt fort et ne fusmes poinct à l'église. Martin Birette m'envoya ung gasteau par Christofe filz Jehan Birette. Comme nous debvions disner arriva le sieur de Beaumont à la Hague qui disna avecque nous, puis s'en alla coucher au Tourp au Val de Sayre, Cantepie avecque luy. Baillé à Jacques Gardin ɪɪɪ libvres de chandelle ᴠɪ sols. Bibet de Gouberville vinst comme je debvoye soupper pour avoyr le ɪɪɪɪᵉ de Gouberville. Il coucha céans. . . . . ᴠɪ sols.

Le sabmedi VIIᵉ, je ne bouge de céans, apprès disner je fys amasser des caillous à la Haulte Vente par l'Angloys, La Joye, Jacques et Lorimier. Il estoyt soleil couché quand nous en revinsmes. Tout le jour Guigars, Gaultier Birette, Jehan Groult, et Jehan Douart charièrent du boys. Baillé à Gilles Margeneste pour deux paniers prins à sa maison. . . . . ɪɪ sols.

Le dit jour au soyer, jour failly, Cantepye revinst du Tourp où il estoyt hier allé avec son frère Beaumont ; il a esté à Barfleu pour mes affères, pour sa despense et ung memoyrial. . . . . ɪɪɪ sols.

Le dymenche VIIIᵉ, viron neuf heures de matin, je party de céans, les Essartz, Cantepye, Nicollas et Jehan dictz Gohel et nous en allasmes au Teil chez les dictz Gohel, pour les appoincter de leurs partages, nous y dynasmes et le cappitaine du Teil ; il estoyt soleil couchant quand nous en partismes. Quand je revins céans, je trouve missire Clément Rouxel et Joret Gaillard lequel avoyt apporté du beurre, ilz souppèrent et couchèrent céans.

Le lundi IXᵉ, je ne bouge de céans, dès le poinct du jour, Cantepye alla à Cherebourg ; il estoyt soleil couché quand il en revinst ; pour un quartier de mouton et ung membre de beuf et une main de papier qu'il apporta ɪх sols. Tout le jour Symonnet fist des engins pour piège à renard.
ɪх sols.

Le dit jour apprès desjeuner, j'envoye Guigars, Arnouf, l'Angloys, Gaultier Birette, Douart et Jehan Groult à la forest charcher cinq jumentz qui faloyent d'empuys les féries de Noël. Joret s'en alla apprès desjeuner ; je luy baille deux potz de miel, l'un pour ma cousine de Billon, l'austre pour la femme de Myaulx frère du dit Joret. Je fus la relevée chez Poignant et chez Tassin pour qu'ilz allassent demain chercher mes jumentz.

Le mardi Xᵉ, je ne bouge de céans. Les jumentz qui faloyent furent trouvées je les fys mercher par Poignant et par Tassin Quentin, puys les renvoyé à la forest ; Cantepye [alla] aulx ples de Sᶜᵗ Saulveur à Toqueville ; il partit dès le poinct du jour et revinst au soyer.

Le mercredi XIᵉ, dès le poinct du jour je party de céans Cantepie avecque et m'en allé à Fermanville ou je trouve ma cousine, je parle à elle ; puys remonte à cheval et allasmes disner à Toqueville où je trouve les sieurs de Gehebert et du Quesney.

Le dit jour apprès disner viron sur les quattre heures les dits sieurs partirent et s'en allèrent au Quesney et je m'en allé à Gouberville coucher.

Janviere 1552.

Le jeudi XII°, je ne bouge de Gouberville, apprès disner je m'en allé à Buttain, Cantepye, Marin Flamenc et Robin Castel pour remuer deux ou troys roches ; comme nous estions là arrivèrent le filz de André Le Blond de Barfleu. et deux aultres avecque luy. Ils aydèrent à rompre et remuer une roche, puys s'en allèrent ; Jacques Marye d'Anneville disna avecque moy.

Le vendredi XIII° les ples de Gouberville furent, il fist fort beau temps, missire Guillaume Le Flamenc et Thomas Alexandre disnèrent avecque moy ; comme nous dynyons arriva le sieur de Gatteville qui fut longtemps avecque nous, puys arriva Guillaume Parys demeurant au hamel de Rouville et missire Lienard Brillard de Brillevast lequel ne peult appoincter le procès que Cossin a contre luy non obstantes les requestes du dit Parys.

Le dit jour pour ce que Cantepye avoyt rendu à Michel Le Febvre deux pièces d'escripture sans en avoyr la coppye parquoy je le renvoye tout incontinent requérir les dites lettres ; je m'en allé souper à Toqueville ou Cantepye me vinst quérir apprès soupper.

Le dit jour receu de Philippin Tocque XIIII aulnes de grosse telle pour XLII sols a déduyre sur LX solz qu'il me doybt du terme S^{ct}-Michel dernier a cause du louage qu'il tient . . . . XLII sols.

Le sabmedi XIIII° apprès desjeuner, je party de Gouberville. La Joye avecque moy et Cantepye s'en alle à Barfleu. Je m'en vins par Fermanville où je trouve le cousin Neville qui m'acconvya jusques au moulin du dit lieu. Il estoyt viron III heures quand j'arrivé. Cantepye vinst au soyer.

Le dymenche XV°, jour S^{ct}-Mor, Cossin et Vincent Foliot disnèrent céans. Baille au dit Foliot, pour avoyr couvert de cuyr deux flascons de voyrre x sols ; puys m'en allé à S^{ct}-Mor les dessus dits, Cantepye et Symmonet ayecque moy ; il estoyt une heure de nuyct quand revinsmes . . . . x sols.

Le dit jour pour ce que la partye de Cherebourg estoyt aussy forte comme celle de deça la pelotte fut par moy couppée en deux et la moytié baillée au sieur de Couriac cappitaine de Cherebourg, puys nous en vinsmes ; je trouve céans La Butte qui me dist que mon cousin de Toqueville me pryoyet d'aller demain de grand matin jusques là.

Le lundi XVI°, tout le jour ne cessa de plouvoyr et tourmenter ; dès le poinct du jour, je party Symonnet avecque moy et m'en allé à Toqueville où je trouve Gehebert et le Quesney et maistre Françoys Le Moyne, advocat, lesquels devisoient des afferes du dit sieur de Toqueville, touchant le mariage de sa fille ; nous dynasmes, puis le dit Le Moyne s'en alla, nous demeurasmes pour la tampeste et la pluye qui faisoit.

Le mardi XVII°, apprès avoyr desjeuné à Toqueville, les dits sieurs de Gehebert et du Quesney s'en allèrent. Je demeuray encore ung peu et escripvy la minute du contract de mariage de ma cousine Françoyse, (1) puys m'en vins; je party de là à deux heures apprès mydi.

Le mercredi XVIIIe, je ne bouge de céans; je fys tuer par Collin Besnard troys pourceaulx gras, vuyder l'estable aulx moutons par les serviteurs de céans avecque Doysnard et Thomas Parys, lequel je appoincte avecque Tilly pour l'argent qu'il, Tilly, avoyt avancé lorsque le dit Parys departit d'avecque la fille Jehan Feullye sa fiancée. Au soyer le filz de la Butte vinst me dire que mon cousin de Toqueville me pryoyt aller demain à Vallongnes pour ses afferes.

Le lundi XIXe, dès le poinct du jour, je m'en allé à Vallongnes à l'assise, Symonnet avecque moy et Tilly, le filz de La Butte et le sieur Pierres Dosses (qui estoyt venu hier soyer), je communique l'affere du dit sieur de Toqueville à la Borderye, présent La Butte. Puys m'en revins; il estoyt xi heures quand je party; je fus voyer le lieutenant général à son logys. Je prins de l'estamet chez Estienne Troude et du drap le tout tane. Cantepye revinst de chez son père où il estoy't allé mardi (par Vallongnes) aulx nopces de son frère Guillaume.

Le dit jour, Collin Besnard dépeça et salla les pourceaulx qu'il avoyt hier tués; il y besongnoyt quand je revins de Vallongnes.

Le vendredi XXe jour sainct Sebastian, je ne bouge de céans, dès devant le jour j'envoye Cantepye à Vallongnes porter ung chevreau à Monsr le lieutenant général. Ung peu apprès disner passèrent par ycy maistre Guillaume et . Gilles dictz Cabart, lesquelz y furent viron une heure. Sur la relevée arriva missire Françoys Troude de Gouberville, demeurant à l'abbaye de Sainct-Lô; je baille à Jacques Gardin pour une libvre de chandelle. . . . . . ii sols.

Le sabmedi XXIe, je ne bouge de céans; dès le matin Symonnet s'en alla à Cherebourg pour ung giste et cymier de beuf vii sols, et Cantepye chez son père. Apprès desjeuner, missire Françoys Troude s'en alla à Gouberville. Au soyer viron soleil couché le sieur de Hemevez arriva céans; il y souppa et coucha et me bailla des lettres de Madame de Touteville pour le mariage de la fille de Toqueville. . . . . vii sols.

Le dymenche XXIIe, dès le matin nous partismes de céans le sieur de Hemevez son serviteur, son lacques et Symonnet et allasmes disner à Toqueville; nous arrivasmes là à l'issue de la messe; le dit sieur de Hemevez bailla à mon cousin de Toqueville des lettres de Madame de Touteville, nous dynasmes, puys apprès avoir conféré de la teneur des dites lettres, nous en vinsmes. le dit sieur de Hemevez s'en alla passer au pont d'Anneville. Il estoyt une heure de nuyct quand j'arrive céans.

- (1) Françoise du Mesnil, fille de Michel du Mesnil, sieur de Tocqueville, mort subitement le 11 avril 1559; cette Françoise du Mesnil devait, en 1558, épouser Jean Le Verrier, avocat du Roi à Valognes, ainsi qu'il a été dit dans une note précédente,

Le lundy XXIII⁰, il fist fort beau temps, je ne bouge de céans, apprès disner je fys faire des saulsiches à Symonnet et à Guillemette, la relevée arriva ung homme de Cresney qui apportoyt des lettres à Tilly. Apprès soupper vinst Guillaume Berger, Richard Collin, Commere et Gerin son beau filz, je appoincte le dit Commere et son dit Gerin. Au soyer Cantepye revinst de chez son père.

Le mardi XXIIII⁰, je ne bouge de céans, Cantepye fut à Vallongnes pour Chandeleur qui estoyt en prison pour des roulles d'amendes, ilz revindrent ensembles au soyer.

Le dit jour Cossin disna céans avecque moy, et la femme Chandeleur y desjeuna qui apportoyt de argent pour envoyer à son mary.

Le dit jour baillé à Jehan Groult sur çe que je lui puys debvoyr d'empuys le premier jour d'aust saouf à conter. . . . . xii sols.

Le mercrédi XXV⁰, jour de la conversion S⁰ᵗ-Paul, dès le matin je m'en allé à Toqueville, Symonnet avecque moy ; quand nous arrivasmes, ilz estoyent à la messe et les sieurs de Gehebert et du Quesne estoyent à la garenne, nous dynasmes, puys vismes l'escript que le viconte de S⁰ᵗ-Saulveur avoyt envoyé touchant le mariage de son filz et de la fille du dit sieur de Toqueville, puys sur les troys heures montasmes à cheval et nous en vinsmes ; nous trouvasmes Cantepye aulx chasses de Teville qui venoyt de S⁰ᵗ-Pierre ; il s'en vinst quand et moy, il estoyet quasy nuyct quand nous arrivasmes céans.

Le jeudi XXVI⁰, je ne bouge de céans, tout le jour, je fys rompre à la Haulte et oster des roches qu'on trouvoyt à la charrue, par Jehan Groult et Jehan Douart, Cantepye fut à Vallongnes pour Chandeleur qui s'y debvoyt trouver et n'y fut poinct.

Le vendredi XXVII⁰, je ne bouge de céans, Cantepye et Symonnet debvoyent au matin aller à la chasse, mays la nege et le verglas les en fist revenir. Apprès disner Cantepye s'en alla coucher à Toqueville pour estre demain aulx ples à Barfleu, pour mes afferes ; Tilly revinst de S⁰ᵗ-Naser, qui y estoyt allé mercredi apprès que fus party.

Le sabmedi XXVIII⁰, dés une heure apprès my nuyct, le filz de La Butte m'apporta unes lettres de mon cousin de Toqueville ; incontineut me levé et m'en allé à Toqueville, le dit filz de La Butte avecque moy, nous arrivasmes la viron une heure avant jour, et sur les dix heures y arrivèrent le bailly de S⁰ᵗ-Saulveur et les filz du viconte du dit lieu, les sieurs de Gehebert et du Quesney et ung Richard Yon sieur de Sibeville. Apprès avoyer devisé ensemble on fiança le filz du sieur viconte de Sainct-Saulveur et la fille de mon dit cousin de Toqueville, et puys en fusmes tous ensemble aulx espousailles à l'église du dit lieu de Toqueville.

Le dit jour, viron jour faillant je party de Toqueville, Cantepye avecque moy et m'en vins coucher céans, je laisse toute la compagnée à Toqueville.

Le dit jour pour ung membre de beuf et quattre carreaulx d'acyer que Jacques apporta de Cherebourg . . . . x sols.

Le dymenche XXIX°, je ne bouge de céans ; il fist fort grand froyct au soyer, les neges vindrent ; Roger Mouchel disna céans et le sergent du Mont du Roc m'envoya six poulles par son frère.

Le lundi penultime pour ce qu'il estoyt fort nége, je ne bouge de céans ; Cantepye et Symonnet furent ettraquer et prindrent ung lièvre au clos Henry Gardin avant disner, après disner ilz en baillèrent ung aulx chiens qu'ilz faillirent. Sur le soier arriva céans le chelays de l'abbaye de Cherebourg qui y souppa et coucha pour venir demain aulx haultz jours quand et moy.

Le mardi dernier jour de janvier, dès le mattin nous partismes de céans le chelays de Cherebourg et Cantepye et nous en allasmes à Vallongnes aulx haultz jours, il estoyt fort nege. Apprès avoyr tenu les dits Haultz jours nous dynasmes chez Denys, le procureur Vastel, maistre Pierres Collas, maistre Gilles Cabart, Cantepye, Bartole Tierrye et Jacques Jehan et aultres, nous despendymes xxx sols, dont j'en paye cinq solz; pour la coppye d'une lettre vii solz; au sellier ii sols. Apprès disner nous retournasmes tenir le reste des Haultz jours; puys m'en vins, il estoyt nuyct quand j'arrive céans.   xiiii sols.

Febvrier 1552.

Le mercredi vigille Notre-Dame Chandeleur, premier jour, je ne bouge de céans ; dès le matin Cantepye et Symonnet furent ettraquer, et ne prindrent rien. Apprès desjeuner Cantepye et Tilly s'en allèrent à S^{ct} Pierre Eglise ; baille à Jacques Gardin pour deux libvres de chandelle . . . . iiii sols.

Le dit jour avant que me levasse, Cossin et le Prestre qui estoyt allé pour luy à Rouen contre Bourdet et la Mese, m'apportèrent lettres de maistre Vincent le Seigneur, mon procureur à la Cour de Parlement faisantes mention des afferes du dit Cossin, lequelles je rendy au dit Cossin ; baille à Henry Feullye pour avoyr racoutré les fers de la charue et troys libvres de son fer qu'il y mist. . . . . viii sols.

Le jeudi II°, jour de la Chandeleur, je ne bouge de céans, il nega toute l'apprès dynée, Tilly disna la feste chez Margeneste ; avant que me levasse, arriva céans Nicollas Lhermitte, escuyer, ot ung aultre homme de Brillevast que je ne congnoys et la femme Jehan Besnard dict la Messe ; ilz furent au service et disnèrent céans, puys s'en retournèrent.

Le vendredi III°, je ne bouge de céans, mon cousin de Toqueville m'envoya deux counins par Cosnefray. J'envoye La Joye à Toqueville qui ne le rencontra poinct.

Le dit jour, sur la relevée, je louay Typhagne Groult au Teil, et luy promys pour ses gages d'un an commenceant au jour d'hier xlvi solz, une payre de souliers, et du linge à ma volonté.

Le sabmedi IIIIe, je ne bouge de céans, dès avant jour Cantepye s'en alla à Barfleu pour mes afferes. Apprès desjeuner Symonnet alla à Vallongnes porter ung lièvre et deux counins à maistre Thomas Oger filz Jehan, le dit Thomas greffier du bailly. Je m'en allé chez Henri Feullye Guigars et Gaultier Birette avecque moy, nous y trouvasmes Jacques Cabart et son lacques qui faisoyent ferrer des chevaulx, Jehan Birette et deux aultres de Digoville. Comme nous estions là passa Françoys Damours à cheval une haquebutte de travers devant luy ; ung homme à pied alloyt quand et luy ; entre la maison Feullye et Martin Doyt, il rencontra Jehan Quentin et Cosinet du Bosc qui charioient de la buche. Il s'en alla descendre chez Guillaume Berger.

Le dit jour je fys achever de rompre à la Haulte Vente et comme j'estoys là arrivèrent Guillaume Le Clerc de Fermanville demeurant à Dyeppe, et Jehan Le Clerc son cousin, ilz souppèrent et couchèrent céans ; pour ung membre de beuf que Tupain apporta de Cherebourg vi sols, vi déniers et v sols que Cantepye despendit à Barfleu. . . . . xi sols vi deniers.

Le dymenche V^e, je ne bouge de céans, je ne fus à la messe pour ce que je me trouvoys mal ; Mérigot estoyt céans ; avant que me levasse apprès disner, Cantepye et luy s'en allèrent chez les Essartz pour recueillyr une production pour le dit Merigot ; Davyd de la Tour (filz Michel sergent de Varengron) lequel avoyt couché et souppé hier soyer céans, s'en alla avant que me levasse. Symonnet prinst ung regnard à ung piège qu'il avoyt hier soyer tendu.

Le lundi VIe, je ne bouge de céans, dès le matin Cantepye fut à Cherebourg, je fis amasser des caillous à la Chanevière de l'hostel Barrier par tous les garsons de céans et y estoyent présens Guillaume et Jehan dictz le Clerc de Fermanville.

Le dit jour après disner Jehan Le Clerc s'en retourna et Guillaume demeura. J'envoye par le dit Jehan ung chevreau à ma cousine de Fermanville.

Le mardi VIIe, je ne bouge de céans, Cantepye fut à Vallongnes, Symonnet à Cherebourg qui rapporta quelques hardes que le sieur Pierres Δως luy bailla. Je fis charrier du boys d'une cuisse et fendre par Martin Pivain entre cy et Crabet ; pour ung quartier de mouton que Cantepye apporta v s. vi deniers.

Le mercredi VIIIe, je ne bouge de céans, Cantepye fut à S^{ct}-Pierre pour mes afferes. Il estoyt nuyct quand il en revinst ; je fys charier le boys que Martin Pivain avoyt hier fendu ; Guillaume Le Clerc et moy fusmes chez Hamel la relevée ; il s'en vinst quand et nous je luy baillé ii sols pour délibvrer sa houe qui estoyt engagé chez le Coyffe. . . . . · ii sols.

Le jeudi IX⁰, je ne bouge de céans, dès le matin Cantepye s'en alla à Vall-
longnes porter de l'argent à S⁰ᵗ Jehan Le Poyctevin, Symonnet et Guillaume
Le Clerc allèrent à la chasse et prindrent ung lièvre, puys dynasmes.

Le dit jour apprès disner nous allasmes, le dit Le Clerc, Symonnet et La
Joye à la voyrrerye à Brys, je y fys faire une cane, il estoyt nuyct quand
nous en revinsmes, et apprès revinst Cantepye de Vallongnes qui avoyt baillé
audit S⁰ᵗ Jehan . . . . xvii livres xiii sols.

Le vendredi X⁰, je ne bouge de céans, Cantepye, Chandeleur, et Symonnet
allèrent dès le matin à la chasse et incontinent Guillaume Le Clerc s'en retourna à Fermanville. Je fys commencer à renger au clos des Ventes pour faire de
l'avene ; le sieur de Breteville coucha céans.

Le sabmedi XI⁰, je ne bouge de céans, dès le matin Cantepye s'en alla à
Briquebec, pour de là aller chez son père, Symonnet et Tilly furent à Cherebourg, pour ung cymier de beuf et ung quartier de veau que le dit Symonnet
apporta . . . . xii sols.

Le dit jour baille à Doysnard pour xvii journées qu'il a besongné céans tant
du précédent le jour de la Chandeleur que d'empuys, xiiii sols ii deniers,
et à Hamel pour v journées et i sols que je luy debvoys v sols ii deniers et
quicte à tous deux du précédent ce jour . . . . xx sols.

Le dit jour au matin Laurens Le Coyffye de Teville m'apporta une somme
d'avene qu'il me debvoyt. Apprès disner je fus chez Denys Quentin, ou je
trouve la femme de Robin Touffer de Tourlaville qui faisoyt ourdir de la telle;
son filz estoyt avecque elle, le dit Denys me bailla ung liet de lemme, pour
faire une aulne.

Le dymenche gras XII⁰, je ne bouge de céans, apprès la messe, je m'en allé
disner chez Loys Margeneste à la relevaille de sa femme, y estoyent missires
Jacques et Jehan dictz Auvrey, Tilly, Thomas Drouet, Gratien Maistrel, Thomas
Vaultier, Yvon Mesnage, et plusieurs aultres. Quand j'en revins, je trouve
céans Richard de la Planque qui y souppa et coucha.

Le lundi gras XIII⁰, je ne bouge de céans ; apprès desjeuner. La Planque
s'en retourna, nous fusmes luy et moy voyer Germain Drouet qui estoyt
malade. Doysnard et Hamel besongnèrent à essarter au pray du clos au Couvert. Cantepye revinst par Cherebourg de chez son père où il estoyt allé sabmedi
par Briquebec.

Le mardi gras XIIII⁰, je ne bouge de céans, avant que me levasse, Cossin et
le filz Michel Foliot de Brillevast et Guillaume Le Vacher estoyent venus
céans pour quelques afferes. les dits Cossin et Foliot y disnèrent. Guigars,
Jehan Douart, Jehan Groult, Gaultier Birette, Hamel et Doysnard besongnèrent tout le jour au pray du clos au Couvert pour essarter une haye par devers
le clos Germain Drouet. Moisson revinst de Vitray où il estoyt allé avecques

Lesclot, dès la vigille S^{ct} Nicollas. Henry Bisson_ vinst céans dès le matin Febvrier 1552. pour faire des arsons.

Le mercredi des cendres XVe, je ne bouge de céans, dès le matin je m'en allé chez Germain Drouet, Cantepye, Symonnet, Moisson et Bisson avecque moy; Missire Jacques Auvray s'y trouva; le dit Drouet estoyt fort malade, il fist son testament en nos presences et y sommes tesmoings desnommés. Cella faict Cantepye s'en alla à S^{ct} Pierre.

Le dit jour au soyer Les Hachées arriva céans, il y souppa : après soupper il partit Symonnet avecque luy et s'en allèrent à Toqueville pour ce que la monstre du ban debvoyt estre vendredi prochain à Coustances, et que le dit sieur des Hachées faict le service pour le dit sieur de Toqueville.

Le jeudi XVIe, je ne bouge de céans, dès le matin Cantepye alla à Vallongnes pour mes affères contre Robert Davy, il en revinst à jour faillant. Comme je dynoys Jehan Le Saulvage arriva qui me apporta une douzaine de harenc sor et ung boisseau de febves ; il disna avecque moy ; Symonnet revinst de Toqueville viron mydi ; la haye du pray du clos au Couvert fut achevée d'essarter.

Le vendredi XVIIe, je ne bouge de céans, après disner Cantepye s'en alla coucher à Toqueville pour estre demain à Barfleu à mes affères ; Symonnet et Moysson furent chez Freret faire des coupples.

Le sabmedi des brandons XVIIIe, je ne bouge de céans, avant que me levasse arriva céans ung nommé Toussainctz le Hagues de S^{ct}-Georges près Bayeulx, qui venoyt de Cherebourg, comme il disoyt ; je luy baille des lettres pour porter à mon oncle à Russy et luy donne 1 sol et à desjeuner. Symonnet et Moysson fisrent des coupples céans. Après disner Tilly et moy allasmes voyer Germain Drouet qui estoyt en article de mort et avoyt desja perdu la parole. Au soyer tout tard Cantepye revinst de Barfleu, pour sa despense et ung memorial . . . . iiii sols.

Le dit jour, baille à Hamel et à Doysnard à checun cinq solz pour leur sepmaine. . . . . x sols.

Le dymenche XIXe, des brandons, je ne bouge de céans, après Vespres Germain Drouet fut enterré. Après disner Chandeleur et Jacques Galien de Carneville arrivèrent et disnèrent, et après Jacques de Breteville, auquel je baille unes lettres pour porter à ma seur à Bayeulx. Au soyer arriva Margueritte La Brette de Cherebourg qui souppa et coucha céans.

Le lundi XXe, je ne bouge de céans, avant que me levasse Cossin, missire Richard Le Vacher, et missire Lienard Brillard estoyent venus céans pour appoincter le dit Brillard et Cossin. Ils desjeunèrent tous céans. Après desjeuner Tilly, Cantepye, Symonnet et Moisson s'en allèrent à Cherebourg ; Symonnet et Damours heurent querelle que le cappitaine empescha ; pour du rys et une libvre de pruneaulx iiii sols ; je fys commencer à faire des fagotz à l'essart du pray du clos au Couvert par Doysnard et Hamel. Apprès disner je fus chez feu Germain Drouet ou je trouve missire Jacques Auvre, missire Robert et Pierres dictz Le Magnen du Teil, lesquelz achevoyent de disner ; je fus avecque eulx viron une heure à deviser des affères d'entre les dits Magnen et Cardine veufve du dit Drouet . . . . iiii sols.

Le mardi XXIe, je ne bouge de céans, Varin, Doysnard et Hamel besongnèrent au boys du pray du clos au Couvert. Maistre Guillaume le Clerc vinst comme je debvoye desjeuner ; Cantepye fut à Vallongnes contre Robert Davy, pour sa despense et ung memorial . . . . vi sols.

Le mercredi XXIIe, jour de la chayre S^{ct}-Pierre, apprès desjeuner Cantepye alla à S^{ct}-Pierre pour mes affères ; nous fusmes Tilly, Guillaume Le Clerc, Symonnet, et l'Angloys chez Mouchel à Saulsemesnil voyer ung cheval que Tilly voulloyt avoyr ; nous revinsmes pour estre à Vespres, qui ne furent dictes pour ce qu'il ne s'y trouva que missire Jacques pour les dire.

Le jeudi XXIIIe, dès le matin j'allé à Vallongnes Tilly et Cantepye avecque moy ; il avoyt fort negé la nuyct ; quand nous arrivasmes chez Denys Lorion nous trouvasmes tout en désordre à raison du feu qui avoyt prins la nuyct à l'estable aulx chevaulx, ou la monsteure du sieur du Désert fut bruslée. J'appoincte à Robert Davy, je disne chez Denys avecque le dit sieur du Désert, maistre Pierres Freret et le dit Denys, pour ce v sols. Tilly y demeura à coucher pour voyer ung cheval qu'André Le Conte luy debvoyt vendre . v sols.

Le vendredi 24e jour S^{ct}-Matias, Claude Cabart revenant de la Court disna céans, et Tilly qui s'en vinst de Vallongnes quand et luy ; je ne bouge de céans.

Le dit jour ne cessa de neger, dès le matin, j'envoye Jehan Douart chez Pierres Le Clerc à S^{cte}-Croix à la Hague le quérir pour penser ma haquenée grise qui estoyt enclouée.

Le sabmedi XXVe, je ne bouge de céans, les neiges estoyent grandes, Cantepye partit dès le matin pour aller à Barfleu ; pour sa despense et ung acte du jour iiii sols ; il revinst au soyer. Pierres Le Clerc vinst apprès disner, qui accoustra ma haquenée enclouée. Baillé à Jacques Gardin pour v libvres de chandelle qu'on avoyt heuz à jour passé x sols. Presque tout le jour je vacque Guillaume Le Clerc avecque moy à calculer *Tabulas septem Planetarum in abaco apud Henricum Cornelium.* . . . . xiiii sols.

Le dit jour au soyer Jacques Rouxel et Melenc amenèrent une de nos vaches qui avoyt faict son petit sur la nege à la haye de Digoville.

Le dymenche XXVIe, je ne bouge de céans, les neiges duroyent encore. Apprès disner Pierres Le Clerc et Bartelot du Four et Estienne Cauchon vindrent céans ; le dit Le Clerc pensa le pie de ma haquenée.

Le lundi XXVIIe, je ne bouge de céans ; il estoyt encor fort nege ; dès le

le matin Cantepye alla à l'assise à Vallongnes pour mes afferes ; pour sa despense et deux mémoriaulx vi sols ; baillé à Thomas Girard qui avoyt esté
toute la sepmaine passée a coustre céans, tant pour Symonnet que pour les
garsons XV sols. Apprès disner Guillaume Le Clerc s'en alla à Fermanville,
son frère Robert le vinst quérir . . . . xxi sols.

Le dit jour baillé à Hamel pour deux journées de la sepmaine passée et à
Doysnard pour troys, iiii sols ii deniers et quicte a eulx de tout le passé. Françoys Daulge vinst la relevée ; je fys abattre par Hamel ung chesne pelay sur
le fossé de la vigne Liot ; il estoyt fort negé et gelé. . . iiii sols ii deniers.

Le dit jour au soyer Jacques Meslin de Triauville que j'avoye mandé vinst,
je le despesche pour aller à Rouen et luy baille xx sols, pour bailler à Barbey
mon procureur et xxx sols pour faire son voyage, saouf à conter à son retour
l sols.

Le dit jour dès le matin Michel de La Tour vinst céans que j'avoye mandé ;
il desjeuna et Taste qui y survinst, qu'il alloyt vers le sieur de Presigny à la
Boullaye près Caen. Et comme je dynoys le filz Foliot de Brillevast m'apporta
deux flascons que je luy avoye baillé l'austre jour pour couvrir de cuyr ; je luy
baille pour ce . . . . . , ... xv sols.

Le mardi dernier jour je ne bouge de céans, avant que me levasse Jacques
de Breteville m'apporta unes missives de Monsr. le lieutenant général à
Bayeulx, les neiges duroyent encor, et Symonnet et Moysson furent étraquer
et ne prindrent rien.

Mars 1552.

Le mercredi premier jour je ne bouge de céans, dès le matin Cantepye alla
à Sct Pierre pour mes afferes. Les neiges s'en allèrent. Apprès disner Monsr.
de Sct Naser revenant de la Court passe par céans et son frère le Chelays qu'il
avoyt trouvé à Vallongnes. Le Jacques de Billon me vinst prier de la relevaille
de ma cousine à dymenche.

Le dit jour Doysnard et Hamel fisrent des fagotz au pray du clos au Couvert
et les serviteurs de céans charièrent des jans des Longs champs.

Le jeudi IIe, je ne bouge de céans, dès le matin Cantepye alla à Vallongnes
Françoys Dauge avecque luy qui estoyt d'hier soyer céans, ilz en revindrent au
soyer, Chandeleur souppa et coucha céans ; pour le change d'une poylle et du
chaudron xx sols x deniers. Lorimier, Hamel, et Doysnard fisrent des fagotz
au pray du clos au Couvert. Sur le soyer, je fys assembler par monceaulx du
bourbier qui estoyt à la cache Lambert entre les Longs Champs et le Bisson
Drouet, par Hamel, Jehan Groult et Moysson. Il estoyt nuyct quand on acheva
les dits monceaulx. . . . . xx sols x deniers.

Le dit jour, Philippin Couppe fut céans la matinée accoustrer une charette
a gerbes et estoyt present lorsque je change une poylle et ung chaudron.
Symonnet et Moisson furent toute la matinée à la chasse vers Digoville.

Le vendredi IIIᵉ, je ne bouge de céans, dès le matin Cantepye et Chandeleur
s'en allèrent au Val de Sayre contraindre des tesmoingz qui s'estoyent laissé
mettre en deffault vers moy touchant le procès de Planque. Françoys Dauge
s'en retourna à la Hague, Doysnard et Lorimier besongnèrent aulx fagotz,
Hamel et les serviteurs de céans besongnèrent à espandre du fumier au clos
des Ventes et à la Haulte Vente et je fys cueullyr des chaillous sur les four-
ments de la Haulte Vente par La Joye, l'Angloys, Jacques et Jehan Douart ;
comme je revenoye du clos des Ventes, Symonnet avecque moy, Cossin nous
vinst trouver comme je descendoye sur l'hostel Quentin et vinst avecque nous
chez le Coyffe et chez Le Vesque.

Le sabmedi IIIIᵉ, je ne bouge de céans, je fys porter les brouetz de la court
à la cheneviere de l'hostel Barrier. Sur la relevée je fus prins de mal et m'en
allé coucher, après vinst le lacques de Billon qui me amena une Haquenée
pour que je allasse le landemain à la relevaille de sa maistresse.

Le dit jour au soyer Sandrin filz Mathieu arriva qui charchoyt la jument de
Mathieu qui estoyt eschappée de lundi dernier ; il souppa et coucha céans.

Le dit jour baille à Lorimier pour iii journées qu'il a esté a faire des fagotz au
pray du clos au Couvert avecque Doysnard et Hamel. .   .   ii sols vi deniers.

Le dymenche Vᵉ, je ne bouge de céans ; dès le matin Sandrin s'en retourna
à Carenten. J'envoye Jacques à Saulsemesnil porter une ettiquette pour faire
demander la dite jument. Tilly qui estoyt hier revenu de Sᶜᵗ-Naser, s'en alla
chez Billon à la feste. Cantepye et Moysson revindrent du Val de Sayre pendent
qu'estions à la messe ; Merigot dysna céans ; après disner, Cantepye et luy
s'en allèrent chez Guillaume Cabart quérir quelque pièce d'escripture pour
le dit Merigot. Après vespres nous attendismes longtemps à l'église, des Cordeliers qui debvoyent venir prescher ; ilz ne vindrent poinct. Tassin et Marin
dictz Quentin frères, et Jacques Burnel furent au soier longtemps céans pour
l'eschange que les dits frères debvoyent faire.

Le lundi VIᵉ, je ne bouge de céans ; il estoyt négé et gelé, au matin Cantepye alla à Cherebourg et en revinst viron deux heures apprès mydi ; je fus
presque toute la relevée au pray du Couvert, ou Hamel, Doysnard brusloyent
des souches de l'essart ; y survindrent Gilles Auvre, Tahot et Françoys Dauge
qui aydèrent à tirer de la fosse une souche de fau. Au matin je fus chez Jehan
Parys. Symonnet avecque moy ; le dit Parys s'en alloyt à Cherebourg vendre
de la toylle.

Le mardi VIIᵉ, je ne bouge de céans, les neges estoyent quasi d'un pied ;
dès le matin Françoys Dauge alla à Vallongnes et en revinst à cinq heures ou

viron ; sur le mydi j'envoye quérir Lorimier pour pegner du chambvre ; Jacques Meslin revinst de Rouen et m'apporta des lettres de Barbey, je luy baille xii sols vi deniers pour sa poyne ; il coucha céans.   xii sols vi deniers.

Le mercredi VIIIe, je ne bouge de céans ; il nega fort, Cantepye fut à S^{ct}- Pierre et nous dist qu'il n'y avoyt quasy personne pour les neges.

Le dit jour, je fys descouvrir la terre du jardin de la Bergerye, pour paistre aulx moutons, par Symonnet, Douart, Jehan Groult, Françoys Dauge et Jacques Meslin, nous y fusmes toute la relevée ; Lorimier besongna céans tout le jour.

Le jeudi IXe, je ne bouge de céans, il estoyt fort neygé et faisoyt grand froyct ; pour ii aulnes de toylle que j'achatte de Jehan Parys vii sols. Je fys pendre un es au fillet du petit cellier par Françoys Dauge et Guigars. Tassin Quentin fallyt à vendre une pippe de cydre qu'il a céans à Nicollas Le Vesque. Cantepie fut chez Chandeleur et rapporta ung lyèvre qu'il avoyt prins en allant; Meslin s'en alla apprès desjeuner. Hubert Toultdoux fist de la chandelle céans.

Le vendredi X^e, je ne bouge de céans, les neiges estoyent fort grandes ; Cantepie et Symonnet furent ettraquer et prindrent deux lièvres avant disner et apprès deulx aultres ; Françoys Dauge fut à la prinse des deux derniers.

Le sabmedi XIe, je ne bouge de céans ; après desjeuner Symonnet alla à Vallongnes faire signer des monitores ; pour les dits monitores et une main de papier iiii sols ; Cantepie fut ettraquer et ne prinst rien. Tilly revinst de chez Billon ou il estoyt allé dymenche ; Françoys Dauge s'en retourna apprès disner
iiii sols.

Le dymenche XIIe, je ne bouge de céans, dès le matin j'envoye La Joye et Moysson (qui estoyt hier revenu de Cherebourg) mener Bise à Sottevast pour la faire couvrir ; il estoyt encor fort neygé ; Cantepie fut à Carneville faire jecter une excommunié.

Le lundi XIIIe, je ne bouge de céans ; les neiges s'en allèrent Cantepye fut à Cherebourg et revinst viron iii heures apprès disner. Au soier La Planque et Françoys Dauge se trouvèrent céans à soupper et coucher pour aller demain aulx haultz jours.

Le mardi XIIIIe, dès le matin je m'en allé à Vallongnes tenir les Haultz jours, Cantepye, Tilly, maistre Gilles Cabart et Julian Mignot, Françoys Dauge et Moysson, nous dynasmes chez Denys, Vastel, maistre Pierres Collas, La Planque, Çossin, Fenart et aultres et Gohel.

Le dit jour je party de Vallongnes sur les quattre heures ; je baille au mareschal pour ferreures à mes chevaulx v sols; La Planque s'en revinst quand et moy, La Marche et maistre Gilles Cabart . . . . v sols.

Le mercredi XVe. dès le matin, je m'en allé à la chasse, Cantepye, Symonnet, Moysson et l'Angloys ; à Breteville nous trouvasmes Quentin Le Court près sa maison qui debvoyt aller au vrec qu'on syet ce jour ; je desjeune chez Jehan Liot, de la m'en allé chez Chandeleur qui s'accoutroyt pour aller au vrec et de la a la mer. D'empres l'ostel Rouxel Cantepye et l'Angloys s'en allèrent à S^{ct}-Pierre à pied ; je m'en revins par chez mon cousin de Breteville, par chez Jacques Cabart et par chez missire Guillaume du Bosc, Symonnet et Moysson quand et moy. Nous mengeasmes ung coupple de hareng chez le dit du Bosc.

Le jeudi XVIe je m'en allé à Breteville, Cantepye, Symonnet, et Moysson avecque moy disner chez mon cousin ou nous trouvasmes à table le sieur viconte de Vallongnes et sa femme et leur compagnée et ceulx de la maison.

Le dit jour après que nous heusmes disné, nous allasmes à la mer toute la compagnée pescher à la basse eaue : comme nous estions sur les rochers novelles vindrent au dit viconte que Gatteville l'avoyt faict contraindre, parquoy nous en allasmes ; il estoyt viron un heures quand j'arrive céans. Tilly partit de céans au matin pour s'en aller à son bénéfice, je luy donne ung escu sol.

XLVI sols.

Le vendredi XVIIe, je ne bouge de ceans, je fys achever de fumer la chanevière de l'hostel Barrier j'envoyé à Gonneville Julienne Varin chez Robin Troys sepmaine. Sur les deux heures Cantepye s'en alla à Gouberville pour estre demain aulx ples à Barfleu ; Symonnet et Moisson furent presque tout le jour à la chasse à Breteville avecque La Baste qui meyne les chiens du viconte de Vallongnes. Sur le soyer arriva Françoys Dauge, pour que je allasse demain au boys de Varengron pour son affere ; suyvant l'expédition de mardi dernier. Je baillé à Jacques Gardin pour une libvre de chandelle qu'on luy debvoyt de longtemps . . . . II sols.

Le sabmedi XVIIIe, dès le matin je party de céans, Symonnet, La Joye et maistre Martin Jouan de Quetehou et nous en allasmes à Varengron mercher ung arpent de boys à Françoys Dauge (lequel nous recueuillit aulx faulx bourgs) qui luy restoyt de l'adjudication faicte à jour passé à Guillaume de Surtainville escuyer. Nous trouvasmes au dit Varengron Michel de La Tour sergent du dit boys et Gaulvain André mesureur, lequel mesura le dit arpent. Ce faict nous en allasmes coucher à S^{ct} Naser, où nous trouvasmes ma seur qui estoyt malade et son mary qui venoyt de la chasse.

Le dymenche de la Passion XIXe. après avoir desjeuné nous partismes le dit Jouan avecque nous, et pour ce que ma haquenée grise estoyt enclouée, Symonnet s'en vinst à pied d'empuys le moulin de Landemer. La Joye avecque luy ; il estoyt viron une heure après mydi quand j'arrive céans.

Le dit jour après Vespres, le dit maistre Martin Jouan (lequel estoyt demeuré à Cherebourg en passant pour quelque affaire qu'il avoyt) arriva. il souppa et coucha céans. Cantepye estoyt revenu des hier de Barfleu.

Le lundi XXe, je ne bouge de céans, je fys semer neuf boysseaulx de tremoys à la Haulte Vente. Cantepye fut à Cherebourg et Symonnet et Moisson à la chasse vers Gonneville ou ils trouvèrent les gens du sieur Viconte et Françoys Lhermite escuyer. Il estoyt plus de troys heures quand ilz revindrent.

Le mardi XXIᵉ, dès le matin je m'en allé à Vallongnes, Cantepye avecque moy ; nous dynasmes chez Sᶜᵗ Jehan Le Poyctevin. Sydeville et les enfans Fleury du Bosc s'entrebatirent, et fut Jehan du Bosc blessé sur la teste, du dit Ravalet. (1) Il estoyt nuyct quand nous arrivasmes ; je trouve Joret Gaillard de Gouberville qui avoyt apporté de l'advene. Il souppa et coucha céans ; pour ung fer au grand cheval qui avoyt déferré en allant à Vallongnes.   .   ii sols.

Le mercredi XXIIᵉ, je ne bouge de céans, Cantepye s'en alla a pied avecque Joret à Sᶜᵗ-Pierre, pour mes afferes ; je fys arer pour l'advene à la Haulte Vente, apprès disner, pour ce qu'il avoyt pleu au matin. Apprès soupper je fus chez Lasnier, Symonnet et Jehan Groult avecque moy, et fys prendre une dragme de pilleules à Denyse fille de Richard Lasnier deffunct, que maistre Raoul luy avoyt ordonnée.

Le jeudi XXIIIᵉ. je ne bouge de céans, Cantepye, Chandeleur allèrent à Briquebec pour exécuter Adrian de Bailleul pour le mariage de la femme du frère Cantepye ; ilz ne revindrent poinct ce jour. J'envoye Symonnet à Vallongnes quérir une réengrane pour faire jecter à Carneville. Pierre Le Clerc de Torqueteville à la Hague vinst voyer ma haquenée enclouée, il souppa et coucha céans et La Butte aussy qui venoyt de Vallongnes.

Le dit jour Guillemin Le Canu et Talbourdin serviteurs de Sᶜᵗ-Naser passèrent par céans. Ils menoyent des beufs pour la fayre de la Fleurye demain à Monstebourg ; ils allèrent coucher à Tournebu.

Le vendredy XXIIIIᵉ, Vigille de la Marchesque, je ne bouge de céans, Cantepye et Chandeleur revindrent de Briquebec, Chandeleur souppa et coucha céans ; je fys tout le jour hercer au clos des Ventes pour faire du tremoys et de l'advene. Symonnet fut la matinée à la chasse et prinst ung lièvre ; sa levrette se blessa fort à l'un des pieds de devant.

Le dit jour rendu à Cantepye xxiiii sols vi deniers pour du beurre qu'il avoyt achatté lundi à Cherebourg, Guillemin Le Canu et Talbourdin souppèrent et couchèrent céans, ilz revenoyent de la Fleurye de Monstebourg.

xxiiii sols vi deniers.

---

(1) A l'époque où Gilles de Gouberville écrivait son Journal, la famille de Ravalet se divisait en deux branches distinctes. Les Ravalet seigʳˢ de Sideville et les Ravalet seigʳˢ de Tourlaville. Marguerite et Julien de Ravalet, exécutés à Paris en Place de Grève le 2 décembre 1603 et dont la correspondance vient d'être publiée dans les Mémoires de la Société académique de Cherbourg, appartenaient à la seconde branche.

CHARTRIER

DU

MESNIL - AU - VAL

1281 - 1619

LES
LETTRES, TILTRES, DROICTZ ET ENSEIGNEMENTS
TOUCHANT LA TERRE ET SIEURIE DU
MESNIL - AU - VAL
et les paroisses voisines

----- ·○·· -----

1281.

Une coppie en pappier sans approbation comme *la dixme du Mesnil fut adjugée au prieur et couvent de Cerisy* au préjudice du couvent de la Madeleine en 1281.

JUIN 1303.

Le vendredi d'avant la St-Jean Baptiste de l'an 1303, *Guillaume de Gouberville* donna au Duc de Normandie (Le Roy Philippe IV), une *déclaration de la terre de Gouberville* relevant nuement et par hommage du Roy, comme Duc de Normandie.

2 JUILLET 1400.

Dénombrement présenté en la chambre des comptes par *Guillaume Picot*, écuyer, *au droit de damoiselle Jeanne de Gouberville, sa femme*, le 2e jour de juillet 1400, par lequel il avoue le dit fief de Gouberville et qu'à cause de ce il a droit en la dite mare de (Gattemare), laquelle ne peut être rompue sans son congé avec tous les autres Droits mentionnés au dit dénombrement.

26 MAI 1402.
2 DÉCEMBRE 1438.

Coppie approuvée des *droitures et franchises* que les communes et habitans *du Mesnil au Var ont aux forestz de Brix* en quatre feuilletz de papier par lesquelles ils sont maintenus en leur droitz à la dite forest de Brix d'avoir le bois vert et en gesant et le sec en estant au mois du quaroy et tous les pondues a vollées en tous temps, pasturage de leurs bestes en tous temps excepté le mois de May. Les dites droitures du 26 may 1402 ; 15 mai 1403, 26 janvier 1427 et 2 décembre 1438. Approuvez sur les originaulx représentés par Yvon Mesnage le 28 febvrier 1547.

Signé : LE GRAND.

11 FÉVRIER 1428.

Dénombrement en tout semblable à celui de 1400.

10 FÉVRIER 1437.

Fieffe de Guillaume Chasles à David Le Pareux dit Caentin de *quatre vergez de terre près l'église tenuz du Chapitre ;* Passé devant Divetot le 10 fevrier 1437, duebment signez, marques et paraphes par le dit Lampérière et Maistre Estienne Le Monnier.

1460.

Adveu rendu du dit fief du Chapitre par Michel Berger en 1400 avec l'acte du dit comme il a fourny le dit adveu.

18 AOUST 1477.

Contrat contenant comme Ferrant Le Marchand avoit acquis *plusieurs héritages et maisons de Cherebourg* qui avoit esté *confiquez à Jean du Fou, premier eschanson du Roy*, les dites maisons près le cymitière de l'Hostel Dieu. Icelluy Ferrant en fait vente à Guillaume du Fou cappitaine du dit Cherebourg pour l'acquitter de quarante livres passé devant lez Guiffardz le 18 aoust 1477, signé des ditz Guiffardz.

24 NOVEMBRE 1479.

Traité de Mariage de noble homme Guillaume Piquot, escuyer, seig^r de Gouberberville et *damoiselle Tassine d'Orglandes* fille de feu Jehan d'Orglandes en son vivant escuier seig^r. de Pretot et de Sainct Martin le Hébert et sœur de noble homme Jehan d'Orglandes fils aîné. Fait et passe soubz les signes manuelz des ditz s^{rs} de Pretot et de Gouberville le 24 novembre 1479 et autres tesmoings.

31 JANVIER 1481.

Lettres de *ratiffication faicte par le Roy* de la dite *erection de fieffe* faicte par le dit de Bourbon au dit du Foc, signées Louys. Sur le reply par le Roy, signé Briconnet en dapte du dernier Janvier 1481.

22 MAI 1481.

Une lettre en parchemin contenant comme *Louys bastard de Bourbon, seigneur de Vallongne et admiral de France auroit erigé un fief en la dite paroisse du Mesnil à Guillaume du Foc escuyer, capitaine de Cherebourg* le 22 mai 1481 ; Signez Louis de Bourbon et sur le reply, par mon seigneur le Conte seigneur de Vallongnes, le seigneur de Sainct Eble et aultres présentz. Signé Corbin et paroyt avoir esté scellé.

24 OCTOBRE 1482.

Vente d'héritage par Robin Drouet et sa femme à *Guillaume du Fou*, à charge de payer rente au Chapitre de Coustances passé devant les Giffart le 24 Octobre 1482, deubment signez marques et paraphes par le dit Lampérière et Maistre Estienne Le Monnier.

26 JUIN 1483.

Sentence jugée par le bailly de Costentin ou son lieutenant à Vallongne en laquelle *sont inserez les dites lettres d'érection et confirmation*, contenant comme le dit bailly de Costentin mist le dit du Fou en pocession du dit fief et ordonna qu'il jouiroit de plusieurs rentes à luy emperchées par les officiers de Vallongnes signées de Ricarville, Poesson, et de Bavent et paroyt avoir esté scellée ; en date du 26 juin 1483.

21 JUILLET 1490.

Acte des assises de Vallongues contenant comme le dit *du Fou* se présenta en jugement et gaigea *baille le dit fief du Mesnil par adveu*, par ce moyen entretenu en la jouissance du dit fief, dapté du 21 juillet 1490 ; signé du Rozel et scellé.

3 JANVIER 1493.

Coppie non approuvée de *donation* faicte par Lois Mesnil *au curé et prebtres et clercs du Mesnil* de vi en principal et iii sols de rente passé devant Jean et Gislet Vastel le 3 janvier 1493 sur tous ses biens.

1501.

Extrait du registre de la recepte de Vallongnes appartenant à Jeanne de France, comtesse de Rouxillon pour le terme de Pasques, en tant qu'est l'article qui en suit: Bernage en la sergenterie de Digoville Thomas du Manoir dix cartiers vallant

L sols de rente *Surquoy du Fou* en prend sur sa fieffe cinq boisseaux vallantz VI sols
III deniers et est pour l'année mil V° I., signé Jobart.

1501.

Coppie d'acquitz de *rentes deubz au fief du chapitre en 1501* deubment signez,
marques et paraphes par le dit Lamperiere et Maistre Estienne Le Monnier.

3 MARS 1508.

*Mandement obtenu du bailly du Costentin par Guiliaume de Gouberville et sa
femme* ayantz rente à recueillir passant leur main allant au domaine ce neanmoins
le recepveur auroit fait contraindre Perin Daboville de payer au préjudice des dits
sieurs et damoiselle à quoy ils opposent le dit mandement a ceste fin le 3 mars
1508.
> Signé et scellé.

30 JUIN 1514.

Fieffe faicte par Guillaume de Gouberville escuyer et *Jeanne du Fou son espouse*
à Nicollas Le Clerc pour 30 sols un pain une poulle et X œufs. Passez devant Pierre
Rault et Benoist Daboville tabellions, le dernier juin 1514, signer des dits tabellions.

7 AVRIL 1517.

Fieffe par les dits de Gouberville et du Fou à Thomas Hamel par LXX sols, II pains,
II poulles et XX œufs passez par devant Tybert et Lambert tabellions le 7 avril 1517,
signez Thybert.

22 MARS 1519.

Coppie en un extraict du premier partage de trois faictz par Henry Caentin et
ses aultres frères et cohéritiers le 22 mars 1519 deubment signez marques et paraphes par le dit Lamperière et maistre Estienne Le Monnier.

23 MAI 1519.

Adveu au Roy, 1° du *fief de Gouberville,* tenu franchement à cour et usage en basse
juridiction, 2° du *fief du Mesnil au Var,* tenu à simple gage plege, cour et usage du
Roy à cause de la vicomté de Valongnes par un quart de fief de Haubert. 3° *de la
sergenterie de Couraye,* par Guillaume Picot.

30 aout 1519.

Vérification des adveux du 23 mai 1519, faits au Roy par Guillaume Picot.

21 avril 1520.

Fieffe par les dits de Gouberville et du Fou à messire Jacques Auvrey et Nicollas
Auvrey son frère par xxiiii sols et ii poulles de rente passez devant Blondel et
Lambert tabellions le 21ᵉ avril 1520, signé des dits tabellions.

23 mars 1524.

*Nomination de Guillaume de Gouberville à l'office de lieutenant particulier du
grand maistre des Eaux et forests en la vicomté de Valognes.* La dite nomination faite
à Coutances par Loys de Rouville conseiller chambellan ordinaire du Roy et grand
maistre enquesteur et réformateur des eaux et forests de Normandie et Picardie, le
23 mars 1524.

Signé : Loys de Rouville.

27 avril 1524.

*Trois contractz d'eschange faict entre Guillaume de Gouberville et Jeanne du
Fou* le premier entre les dessus dits et Henry Quentin passé devant Thybert et
Lambert tabellions le six d'aoust 1522.

Le second entre le dit de Gouberville et Guillaume Quentin, devant Guiffard et
Thybert le vingt huictiesme juin 1523.

Le troisième au dit maistre Eustache Quentin prebtre, passé devant du Bosc et
Grout tabellions le 27 avril 1524; par lesquels les dits Quentin baillent au dit de
Gouberville le droict de deux moullins en la paroisse du Mesnil et héritages tenuz
de la dite sieurie du Mesnil. Les dits contracts deubment signés.

11 novembre 1524.

Minute du traité de mariage entre François de Crux et Jeanne de Belleval fille de
feu Gilles de Belleval et du consentement de Jehenne du Fou mère de la dite de Belleval. La dite du Fou autorisée par noble homme Guillaume de Gouberville son
2ᵉ mari. Le dit traité du 23 juillet 1524, ratifié devant les tabellions de Cherbourg
le 11 novembre de la même année 1524.

28 juillet 1526.

*Accord entre Guillaume de Gouberville escuyer et le chantre et chapitre de Cous-
tances* pour traizièmes par eux demandez et arrérages de rente à cause de leur fief

au Mesnil passé devant Renault du Maresc et Anthoesne Hurel tabellions à Vallongnes le 28 juillet 1526. Signé des dits tabellions.

5 JUILLET 1531.

Main levée et *délivrance de bois accordez à Guillaume de Gouberville,* escuier, sieur du Mesnil par Jean Le Nepveu, lieutenant du grand Maistre du 5 juillet 1531.

4 AVRIL 1540.

Testament de Guillaume de Gouberville, escuyer seigneur temporel du dit lieu, manant au Mesnil au Var dabté du quatre avril mil cinq cent quarante ; signé de Gouberville, auquel est attaché escrit sur parchemin comme l'official de Vallongnes l'a veu et approuvé, signé Le Saché.

16 SEPTEMBRE 1540.

Adveu au Roy du fief de Gouberville, du Mesnil au Var et de la sergenterie de Courray par Guillaume de Gouberville. Il est noté dans le dit aveu que le dit de Gouberville n'est qu'usufruitier de ces deux dernieres terres étant tuteur de ses enfants mineurs d'ans.

23 NOVEMBRE 1540.

Mandement obtenu par Guy Foutault curay du Mesnil du bailly du Costentin *pour empescher l'archidiacre de Coutances de prendre aucun droit de visite* sur le dit bénéfice dapté du 23 novembre 1540, signé sur le dos l'exploit signé.

12 JANVIER 1541.

Adveu rendu à Gilles de Gouberville escuier, par Michel Gardin du Clos à Vesque la Perruqne, le clos Sedoyt et la Houguette contenants quarante cinq vergez huict perches et en recongnoist debvoir à la dite sieurie du Mesnil cinquante sols de rente du nombre de cent et douze sols du nombre de vingt quatre passant la main Yvon Mesnage et dict les aultres douze sols estre paiez par Henry Gardin et service de moullin. Dapté du 12 de janvier 1541.

Signé : CABART.

12 JANVIER 1541.

Aultre adveu de Jean Tupain d'une vergez de terre, une mazure dessus en debvoir droictz sieuriaux du dit jour et an.

Signé : CABART.

12 janvier 1541.

Adveu de Perine et Guillaume Pivain de quattre vergez et demie de terre, maison et jardin seeant dedans ; et en debvoir droictz sieuriaux, prevosté, et suitte de moullin du dit jour et an.

Signé : Cabart.

12 janvier 1541.

Adveu de Philippin Hamel du clos Guillebert en la prinse à l'Englesque contenant trente six vergez et en debvoir soixante et dix sols, ii pains, ii poulles et xx œufs et porter un chapeau de rose à Vallongne qu'il prend chez son seigneur et suitte de moullin, du dit jour et an.

Signé : Cabart.

12 janvier 1541.

Adveu de Nicollas Auvrey du petit herbage contenant xi vergez et demie ; et en debvoir xxiiii sols et ii poulles de rente droictz, sieuriaux, service de prévosté et du moulin ; du dit jour et an.

Signé : Cabart.

12 janvier 1541.

Adveu de Henry Gardin de plusieurs pièces de terre contenantz quarante-deux vergez, quatorze perches ; et en debvoir l sols de rente du nombre de cent 12 sols de rente, du nombre de 24 passant les mains des hoirs Michel Mesnage ; et dit les aultres 12 sols estre paiez par Michel Gardin, son frère, droictz sieuriaux. Dapté du dit jour et an (1).

Signé : Cabart.

3 février 1530,
6 février 1541.

Contract de vente par Richard et Meruel à Jean d'Yvetot de deux vergez de terre en prey entrans de Saulxmaresc, passé devant Guiffart et Le Valloys, tabellions, le 3 febvrier 1530.

Signé des dits tabellions.

---

(1) Ces six aveux rendus à Gilles de Gouberville par les tenants fiefs de la seigneurie du Mesnil au Val, le 12 janvier 1541, nous apprennent qu'à cette date le jeune sire avait atteint sa majorité, puisque d'après l'article ccxxiii de la Coutume de Normandie : « La garde noble finist « apres que le mineur a vingt ans accomplis, et s'il est en la garde du Roy, apres vingt et un « ans accomplis. » Or, comme Gilles de Gouberville et ses frères étaient en la garde de Guillaume de Gouberville, leur père, il s'en suit que Gilles de Gouberville avait ses 20 ans accomplis le 12 janvier 1541 ; conséquemment qu'il était né le 12 janvier 1521.

Contract de vente par le dit d'Yvetot à Gilles de Gouberville, escuyer, des deux vergez de terre devant les dits tabellions le 6 février 1541.

Signé des dits tabellions.

2 SEPTEMBRE 1541.

Adveu rendu au Roy par Guillaume de Gouberville de la dite maison de Cherebourg et prairie de Tourlaville le 2 septembre 1541.

Signé : VASTEL.

26 OCTOBRE 1541.

Adveu de Guillaume Berger de quattre vergez et un cart entrans de ....uge Greard, 4 vergez et demie entrans la mare Videcoc ; II vergez en la Champaigne du Mesnil et 4 vergez entrans de... la Champaigne ; et en debvoir demi boisseau de froment et sa part d'une mesure d'avoine passant la main de son aisney et droictz sieuriaux. Dapté du 26 octobre 1541.

Signé : CABART.

26 OCTOBRE 1541.

Adveu de Sanson Le Sage de trente-sept vergez et demie de terre entrans de la vente, ses maisons dessus ; et en debvoir 5 sols et I poulle de rente de droictz sieuriaux, du dit jour et an.

Signé : CABART.

26 OCTOBRE 1541.

Adveu de Denis Feullie de 22 vergez de terre entrans du vieil Bosc, sa maison dessus, et en debvoir 8 solz 4 deniers de rente, droictz sieuriaux ; dapte du dit jour et an.

Signé : CABART.

26 OCTOBRE 1541.

Adveu de Guillaume Paris l'aisney, filz Collin et ses cohéritiers, de XIII vergez de terre en cinq articles ; et en debvoir 20 sols de rente, droictz sieuriaux du dit 26 octobre 1541.

Signé : CABART.

26 OCTOBRE 1541.

Adveu de Guillaume Drouet de saize vergez de terre, ses maisons dessus, le jardin et la grange contenant trois vergez et LXX vergez en dit trans ; et en debvoir 26 sols de rente et droictz sieuriaux. Dapté du 26 octobre 1541.

Signé : CABART.

17 NOVEMBRE 1541.

Adveu de Jacques Burnel de trois vergez et demie, ses mesnages dessus, le clos de la Rivière 4 vergez, la prinse 5 vergez, et la petite prinse deux vergez ; et en debvoir LX sols, II pains, IIII poulles, XII œufs, un chapeau de rose vermeille, droicts sieuriaux, et suitte de moullin. Dapté du 17 novembre 1541.

Signé : CABART.

17 NOVEMBRE 1541.

Adveu de Jean Le Clerc de XXIIII vergez et demie de terre, sa maison dessus en trois articles ; et en debvoir XXX sols, I pain, I poulle et X œufs de rente, droictz sieuriaux et suitte de moulin. Dapté du 17 novembre 1541.

Signé : CABART.

17 NOVEMBRE 1541.

Adveu de Jean Paris pour luy et ses frères du Clos Frolant, la prise de fosse et breier, une maison dessus, le tout contenant 26 vergez et demie ; et en debvoi 13 sols du nombre de 43 solz, 2 rasières d'avoine, 2 poulles et deux journez, l'une en aoust, l'autre en septembre. Dapté du 17 novembre 1541.

Signé : CABART.

17 NOVEMBRE 1541.

Adveu de Perin Paris de V vergez à la prinse Rougaret, une vergez dans le clos Frolant, III vergez à la breière, III cartz au Closet en pommiers, demie vergez à la breière, une maison dessus ; et debvoir X sols du nombre de XLIII sols, II rasières d'avoine, II poulles et II journez, l'une en aoust, l'autre en septembre, droicts sieuriaux. Dapté du dit jour et an.

Signé : CABART.

11 JUILLET 1542.
23 JUILLET 1548.

Contrat par lequel *Guillaume de Gouberville baille l'administration de tout son bien à Gilles de Gouberville*, escuyer, son fils aysné, le XI juillet 1542, recôgneu aulx assises de Vallongnes le 23 juillet 1548.

Signé : DE LA GRANGE.

14 AVRIL 1543.

Lettres de provision du Roy à Gilles de Gouberville de l'estat de grand maistre des eaux et forestz ; Guillaume de Gouberville son père en ayant jouy en précédent, l'ayant résignée au dit son filz. Daté du 14 avril 1543.

Signez par le Roy.
Signé : BAYART.

30 JUIN 1543.

Lettres du serment pris du dit de Gouberville par le sieur de Rouville, grand maistre, et comme il a esté par luy mis en pocession du dit office, dernier juin 1543.

Signé : DOUCET et scellé.

4 NOVEMBRE 1543.

Traité de mariage entre noble homme Jacques du Moncel, s^r de St Nazair et Vascoigne, et *damoiselle Regnée de Gouberville,* fille de noble homme Guillaume de Gouberville, s^r du lieu et du Mesnil au Vair à cause de noble damoiselle Jehanne du Fou, en son vivant femme du dit s^r de Gouberville. Fait sous-seing privé le 4 novembre 1523, reconnu devant les notaires de Cherbourg le 6 juillet 1551.

Signé : GUIFFARD et RATTAULT.

8 DÉCEMBRE 1543.
26 JUIN 1543.

Exploict par Gohel sergeant comme *instance du dit Gilles de Gouberville à François, Guillaume et Louys de Gouberville, ses frères,* qu'il choisissoit la dite terre du Mesnil en la succession à eux escheux de la dite du Fou, laissoyt le superflus à ses dits frères, dapté du 8 décembre 1543.

Signé : GOHEL.

Autre exploit du dit Gohel, instance du dit Gilles de Gouberville faict pareille déclaration à ses dits frères, laquelle ne le préjudicira, la succession advenant du dit Guillaume son père, dapté du 26 juin 1543.

Signé : GOHEL.

2 FÉVRIER 1544.

Contract de fieffe faicte par Philypin Hamel, fils Vincent, à Guillaume Paris de huict vergez de terre à la prise de l'Englesque, tenue de la dite sieurie du Mesnil, et à laquelle est deu pour le dit héritage et autres XVI sols de rente, par XVI sols de rente au dit bailleur, franchement passé devant Macé Raoul et Jean Lyot, le 2 febvrier 1544, deument signé.

16 avril 1544.

Coppie de la *déclaration du contien du fief du Mesnil*, cy devant *appartenant aux dits chanoynes*, scelon qu'il estoit en l'an mil quattre centz soixante, approuvé sur l'original le 16 apvril 1544.

Signez : JOBART.

Coppie non approuvée du revenu des dits sieurs du chapitre aux paroisses de Nouainville, Octeville, Cheredebourg, Tourlaville, Le Mesnil au Var et aultres lieux.

24 juin 1544.

Lots et partages entre Gilles de Gouberville et ses frères François, Guillaume et Loys, de la succession de Guillaume de Gouberville, s^r du lieu, et de Jehanne du Fou, dame du Mesnil au Var, leur père et mère. Faict soubz les signes des dites parties le 24 juin 1544.

Signez : DE GOUBERVILLE, DE GOUBERVILLE, G. DE GOUBERVILLE.

14 aout 1544.

Exemption du ban présentée au nom du sire de Gouberville tenu par ung quart de fief du Mesnil au Vair et par ung autre quart seig^r et sergent héréditai de la sergenterie Couraye, par Jacques du Moncel, escuyer, seig^r de St Nazair.

24 octobre 1544.

Coppie de relief de partage obtenu par Gilles de Gouberville des partages qu'il auroit faictz avec les dits de Gouberville, ses frères, de la succession de leurs dictz père et mère, en date du 24 octobre 1544 ; exploict par de Lastelle, sergeant, à maistre Jean de Gouberville, curay du dit lieu, à Guillaume de Gouberville, et assignation à Vallongnes devant le bailly ou son lieutenant au jeudy en suivant.

Signé : DE LASTELLE.

31 décembre 1544.

Contract de fieffe par Philyppin Hamel à Guillaume Paris de III verger de terre de la prise à l'Englesque par III sols de rente pour vergez avec droictz sieuriaux à la sieurye du Mesnil dont la dite terre est tenue. Passé devant Lyot et Bourdet le dernier décembre 1544.

Signé des dits tabellions.

10 janvier 1545.

Extraict de Raoul et Lyot, tabellions, du dix janvier 1545 au dessoubz d'autre

du 6 aoust 1549, contenant *vente par Henry Drouet* fils Germain à Guillaume
Drouet d'une pièce de terre appelée le Prastel, ainsy qu'il se contient par quarante-
cinq sols tenu du Mesnil où est deu droictz sieuriaux.

Signé : RAUL.

7 AVRIL 1545.

Contract de fieffe par Philippin Hamel à Olivier Vastel d'une pièce de terre à la
prinse à l'Englesque en closture, contenant huit vergez, tenue du Mesnil par XVI
sols et I pain de rente ; passé devant Viel et Bourdet le 7 avril 1545.

Signé des dits tabellions.

27 JUIN 1545.

Contract de fieffe par Philippin Hamel à Guillaume Paris d'une pièce de terre
nommée la Prise à l'Englesque, contenant sept vergez, tenue du Mesnil par XIIII
sols de rente et quarante-deux livres en principal. Passé devant Bourdet et Dancel
le 27 juin 1545, deuement signé.

Sur le dos du dit contract, signé : DE GOUBERVILLE.

22 MARS 1546.

- *Accord entre Gilles de Gouberville et Guillaume de Gouberville, son frère*, touchant les dites lettres de relief, par lequel entre autres choses le dit Gilles promet
paier au dit son frère quarante-cinq libvres de rente et le nourir, et entretenir avec
luy pour tout droict qu'il auroit peu demander en la succession de ses dits père et
mère. Passey devant Gruchy et Jobart le 22 mars 1546.

Signé des dits tabellions.

4 JUILLET 1546.

Extraict du registre de Raoul et Lyot, tabellions, contenant *vente par Philippin
Hamel* à Thomas Hamel de cinquante et deux perques de terre au clos Guillebert
par IIII libvres V sols tournois, tenus de la dite sieurye du Mesnil. Dapté du
4 juillet 1546.

Signé des dits tabellions.

2 NOVEMBRE 1546.

Acquict comme Jean Feullie du Mesnil a passé deux porcs au pasnage, comme
coustumier, le 2 novembre 1546.

Aultre acquict comme Jean Tupain du dit lieu du Mesnil a passé au dit pasnage
cinq porcs le dit jour et an.

Signé : DU BOSC et JEUNE.

28 février 1547.

Coppiez approuvez des droitures et franchises que les communes et habitans du Mesnil au Var ont aux foretz de Brix, en quattre fuelletz de papier, par lesquelles ilz sont maintenus en leur droitz a la dite forest de Brix, d'avoir le bois vert en gesant et le sec en estant au mois du quaroy et tous les ponducs à vollées en tous temps, pasturage de leurs bestes en tous temps, excepté le mois de may ; les dites droitures du 26 may 1402, 15 may 1403, 26 janvier 1427 et 2 décembre 1438, approuvez sur les originaulx représentez par Yvon Mesnage le 28 février 1547.

Signez : LE GRAND.

13 mars 1548.

Réclamation de Gilles de Gouberville pour faire valloir ses droits sur la mare de Gattemare.

2 apvril 1549.

Fieffe et adjudication par Trexot à Gilles de Gouberville des breieres, tant en prey que terre sèche. 2 apvril 1549.

Signez : TREXOT et MICHEL.

4 avril 1549.

Fieffe faicte par maistre Roland Trexot, commissaire pour vendre les terres vaines et vagues et adjudication à Vincent Philippe d'une pièce de terre dans la forest entrans des prey dans Guillaume sur la voie du chesne la Fontaine dedans, contenant deux acres et demie par six deniers de rente pour chacun acre, oultre les deniers deutiez ; *le dit Philippes recogneut la dite adjudication estre pour le bénéfice du dit Gilles de Gouberville,* en dapte du quatriesme jour d'avril 1549 et délivrez le 21 janvier 1545.

Signés : TREXOT et ARNAULT et scellé.

A laquelle est attaché l'acquict de Jean Le Febvre, recepveur des tailles, comme il a receu du dit Gilles de Gouberville soixante et quinze sols pour les deniers deubz de la dite adjudication. Dapté du   aoust 1549.

Signé : LE FEBVRE.

4 apvril 1549.

Adjudication par le dit Trexot au dit de Gouberville de quattre acres en maresc, sur lesquelles y a une rengez d'arbres, daptez du 4 apvril 1549.

Signez : TREXOT et MICHEL.

Aultre adjudication par le dit Trexot au dit Gilles de Gouberville de trois acres de terre, à lesquelles avec une aultre pièce de terre nommée les Goupillières, contenant trente acres, daptez du dit 4 apvril 1549. Signez : Trexot et Arnault, et délivrée le 15 janvier 1555.

8 JUILLET 1549.

Extraict du registre de Raoul et Lyot, tabellions, contenant *fieffe par Guillaume Berger* à Yvon Mesnage de la mare Vitecoq, contenant huit vergez par quarante sols de rente avec droictz sieuriaulx à la sieurye du Mesnil, en dapte du 8 juillet 1549.

Signé : RAOUL.

10 AOUT 1549.

Contract de *subrogation par noble homme Jean de Bricqueville, sieur de Breteville, Jacques Cabart et Jean Liot de Breteville, au dit Gilles de Gouberville*, de tout le droict qu'ils avoient en deux pièces de terre à la haye de Digoville, l'une nommée la Campagne à Brebis, contenant traize acre et demie ; l'aultre la Viesle-Vente, contenant quatre-vingt-quinze acre, bornée en la lettre d'adjudication à eux faicte le 2 avril 1549 ; le dit contract passé par le dit sieur Trexot le 10 aoust au dit an 1549.

Signé : TREXOT, MICHEL et sceslé.

29 AOUT 1549.

Acquict par le dit Jean Le Febvre de trois centz quatre vingtz traize libvres dix solz à luy paiez *par le dit Gilles de Gouberville*, représentant les dits de Briqueville, Cabart et Liot, sur le prix de l'entrée des dits deux fieffes à eux adjugez, dapté du 29 d'aoust 1549.

Signé : LE FEBVRE.

23 SEPTEMBRE 1549.

Aultre adjudication par le dit Trexot *au dit Gilles de Gouberville* de deux acres de terre jouxte la rivière de Saire d'un costé, la rivière du Pont-Perrain des bouts sur l'assemblement des rivières et la forestz par douze deniers de rente par chacun acre, oultre les deniers d'entrée. Daptez du 23 septembre 1549 et délivrez le saize janvier 1555.

Signez : TREXOT, ARNAULT et scellé.

3 OCTOBRE 1549.

Consentement par M. Trexot, commissaire *a Gilles de Gouberville*, sur sa requeste, qu'il *puisse faire bastir ung moulin dans le pré de la Brière*, néantmoins l'adjudication qu'il luy a faicte de la dite pièce à charge de ny bastir ; dapte du 3 octobre 1549.

Signez : Trexot et Arnault, et paroist avoir esté scellé.

13 décembre 1549.

Adveu rendu au Roy par Gilles de Gouberville, escuier. du dit fief du Mesnil, le traisiesme décembre 1549.

Signé Laguette et paroist avoir esté sceslé.

2 octobre 1550.

Accord entre Gilles et François de Gouberville de la succession de Guillaume de Gouberville et Jeanne du Fou, leurs père et mère, par lequel demeure au dit Gilles la dite terre du Mesnil et la terre de Gouberville, et au dict François la moictié de la prairie de Cherebourg contenant quatre acres. qui appartenoit à leur dite mère, portion de la maison de Cherebourg, avec quarante libvres de rente pour sa part des dites successions, en signe privé du 2 octobre 1550.

Signé de Gouberville et en marge pour le dit François.

12 mars 1551.

Extraict de la recongnoissance faicte du dit partage..... duplex du dit Gilles de Gouberville, et contient remboursement de dix livres de rente du nombre des dits quarante ; le 12 mars 1551.

Signez : Jobart et Buisson.

21 mars 1551.

Contract de vente par Loys de Gouberville à Gilles de Gouberville, son frère, de la succession à luy escheue de Guillaume de Gouberville et Jeanne du Fou, ses père et mère, passé en recongnoissance devant France et Le Blond, tabellions à Tour près Bayeux, le 21 mars 1551.

Signé des dits tabellions.

6 avril 1551.

Retraict à droict de sang par le dit Gilles de Gouberville de Nicollas Quentin, fils Henry, de dix sols et deux poulles de rente deuz à cause de fieffes faicte par Guillaume du Fou à Guillemette de la Corbière. contenant sept à huict vergez, le sixiesme d'aoust 1471 ; la dite rente vendue par Guillaume de Gouberville au dit Nicollas Quentin, fils Henry, le douze aoust 1549. Sentence du neuf mars 1550, comme le dit Quentin est condamné faire deloissance de la dite rente ; les dicts contracts et sentence deubment signez, atachez au dit retraict ; passé devant Guiffart et Rattault le 6 avril 1551, deubment signé.

42

12 MAI 1551.

Les partages entre les dits Gilles et François de Gouberville de la dite succession à eux escheue des dits de Gouberville et du Fou, leur père et mère... contient admortissement faict par le dit Gilles à François de quarante livres de rente. Passé en recongnoissance devant Jobart et Poesson, tabellions, le 12 mai 1551.

Signé des dits tabellions.

2 DÉCEMBRE 1551.

Extrait du journal de la recepte du domaine à Vallongnes en tant que sont les lignes de Digoville et du Mesnil. A Digoville produire cent saize sols dont *Guillaume du Fou en prend quarante sols dix deniers* pour partie des héritages qui sont de la fieffe du dit du Fou et est pour les années 1511 et autres suivantes jusqu'en 1551. Approuvés le 2 décembre 1551.

Signé : OGIER.

1er MAI 1552.

Extraict du Registre du vicaire de Digoville, notaire apostolique, contenant la coppie du testament de Thomas Hamel par lequel, entre autres choses, il *donne à l'église du Mesnil pour la célébration d'un obit* une fois l'an, dabté du premier may 1552.

Signé.

11 MAY 1552.

Adveu par le dit Gilles de Gouberville pour luy et ses frères au Roy de la maison de Cherebourg le 11 may 1552.

Signé : CAUVIN.

1553

Coppie approuvée de l'adveu de l'Abbé de Cherebourg en 1553 et de la vérification d'icelluy en 1557 à laquelle est attachée la copie non approuvée de foy et hommage qu'ils en ont faict au Roy et de sentence de vérification du dit adveu.

Deux coppies en extraictz non approuvez escriptz en latin du chartrier de l'Evesché de Coustances.

10 DÉCEMBRE 1553.

Sentence aux ples de Vallongnes sur l'opposition formée par Guillaume Dodeman contre l'exécution faite en ses biens instance de Guillaume Augerart recepveur du domaine pour dix quartiers de bernage deubz à Digoville en la ligne Thomas du

Manoir *Gilles de Gouberville, escuyer, s^r du Mesnil se charge de pour cinq bois-seaux qui luy sont deubz* à cause de sa terre du Mesnil ; ordonne que les dits cinq boisseaux du nombre des dits dix cartiers seront deduitz au dit Dodeman et envoyez hors de précédent, dabtée du 10 décembre 1553.

Signé : VASTEL.

18 SEPTEMBRE 1553.
23 JUILLET 1554.

Acte aux Assises de Vallongnes entre du Bosc vicaire de Digoville et Mesnage son fermier des dixmes de la paroisse d'une part et *Gilles de Gouberville touchant l'emport des dites dixmes prétendue estre sur le Mesnil.* Appoinctement produire sur leur discord dabté du 18 septembre 1553. Signé et approuvé.

Autre acte entre les dites parties aux dites Assises par lequel est ordonné que estimation sera faicte des dites dixmes litigieuses et se pourvoiront vers la court. Dabté du 23 juillet 1554.

Signé : OGIER.

20 OCTOBRE 1554.

Acte devant Bastard lieutenant au dit Vallongne *par lequel Gilles de Gouberville* remontrant que le vicaire et curé de Digoville auroit le jour précédent fait faire ostentation des terres aux fins du litige des dites Dixmes pretextoit cela ne luy pré-judicier à sa teneure ; lettres accordées aux parties du dit procès verbal et qu'il seroit passé à l'information suyvant la commission à luy adressée pour la sieurie de Digo-ville, le dit acte dabté du 20 octobre 1554.

Signé : BASTARD ET HOURDON.

19 JANVIER 1555.
9 SEPTEMBRE 1569.
21 AVRIL 1570.

Fieffe et adjudication par le dit sieur Trexot *au dit Gilles de Gouberville* de deux acres de terre ou viron, jouxte et butte la forestz, la rivière de Sere passant dedans le grand chemin tendant de Cherebourg à Montebourg par douze deniers par cha-cun an oultre les deniers d'entrée en dapte du 19 janvier 1555, signez Trexot et Arnault et scellez.

A laquelle est attaché *un contract de donation faicte par Gilles de Gouberville à Symon de Gouberville* des dites deux fieffes et adjudications par ce que en cas ou mouroit sans enfans les dits héritages revendroient au dit Gilles ou ses héritiers ; passez en recongnoyssance devant Cabart et Binet le neufviesme septembre 1569, le contract dessus de l'insinuation le 21 apvril 1570, avec un acte à part de la dite insi-nuation le dit jour.

Signé : BASTART ET MIGNOT.

23 octobre 1549.
21 janvier 1555.

Adjudication du dit Trexot *au dit Gilles de Gouberville de la Vigne de Sicquet* contenant trois acres ; une acre jouxte le buisson de la Coulombière, quattre acres en landage et maresc nommés la Vigne Liot par six deniers de rente, outre les deniers d'entrées et oultre deux acres jouxte Sanson Le Sage et Guillaume Drouet à cause de la lesquelles par le dit prix ; daptez du 23 octobre 1549 et délivrez le vingt et uniesme janvier 1555.

Signez : Trexot et Arnault et scellé.

17 mars 1555.

Sentence en la viconté de Vallongne entre le dit Dodeman opposant contre l'exécution faite en ses biens, instance du dit recepveur pour le dit bernage *se présente le dit de Gouberville* qui se charge pour les dits cinq boisseaux à luy deubz et suyvant la dite sentence cy dessus. Le dit recepveur demande production par le dit de Gouberville de la dite sentence ce qui lui est ordonné faire, dabté du 17 mars 1555.

Signé : Vastigny.

16 décembre 1555.

Contrat de vente par Guillaume Paris à Ollivier Le Vaslot d'une vergez environ en closture dans une pièce de deux vergez à la prise à l'Englesque près la maison du dit Le Vaslot, la dite terre à bout de maison, tenus à la dite sieurie du Mesnil. Passé devant Guiffart et Martin le 16 décembre 1555.

Signé et sceslé.

16 septembre 1556.

Acte du viconte de Vallongnes ou son lieutenant accordant *au dit Gilles de Gouberville* de la protestation par luy faicte que les adveus que pouroient bailler ses hommes de Gouberville et du Mesnil, au Roy ne luy pourront préjuditier, dapté du 16 septembre 1556.

Signé : Hourdon.

18 mai 1557.

Acte donné par Estienne Michel Verdier de Vallongnes *requeste du dit de Gouberville* représentant les dits de Bretheville, Cabart et Liot en l'adjudication à eux faicte par le dit Trexot le 2 apvril 1549 des dits pastures a brebis et Viesle Vente contenant... comme commissaire il fait l'arpentage des dites pièces et met et installe le dit de Gouberville en la plaine possession actuelle des deux pièces de terre. Le dit acte du 18e jour de may 1557.

Signé : MICHEL, CABART et POSTEL.

20 JUILLET 1557.

Rectraict a droict seigneurial par le dit Gilles de Gouberville, sieur du Mesnil, de Henry Feullie, de la vente d'héritages à luy faicte par Perine et Guillaume Pyvain, le 20 juillet 1557, en signe privé.

Marque du dit FEULLIE.

3 NOVEMBRE 1557.

Acquict comme Gilles de Gouberville, escuier, a passé trente neuf porcs au pasnage à cause de sa sieurie du Mesnil et Gouberville, le 3 novembre 1557.

Signé : DOLLEE et HALLOT.

17 FEBVRIER 1559.

Acquict du recepveur du Domaine comme il a *receu du dit Gilles de Gouberville* représentant Cabart et aultres, la somme de vingt huict livres neuf sols pour les arrérages eschcuz pour les fieffes de la Viesl Vente et Champaigne à Brebis, le 17 febvrier 1559.

Signé : HURTEBIE.

14 JUIN 1559.

Retraict a droict sieurial par le dit de Gouberville de noble homme Thomas Langlois, de la vente d'héritage à luy faicte par Philipin Hamel de la succession à luy escheue de Thomas Hamel son cousin, passé devant Vastel et Dancel le 21 mars 1556, deubment signé. Auquel sont attachés le dit contract de vente du dit jour ; et contract de vente faicte par Guillaume Vivier et sa femme au dit de Gouberville, ayant le droit de Philipin Hamel, le droict de douaire qu'elle avoit sur les héritages du dit Thomas Hamel. Les trois partages faictz par la veufve de Thomas Hamel au dit Gilles de Gouberville des héritages des dits Hamel, le 2 février 1558. Vente par le dit Philipin Hamel à Thomas Hamel, le 27 décembre 1550, la première partie d'héritage de deux lots faicts par Thomas Hamel et Jean Hamel de la succession à eux venue de Vincent et Jean Hamel en recongnoissance le dernier septembre 1544. Delaissance par Estienne Grout au dit de Gouberville de certaine vente d'héritage au droict de sa seigneurie, dapté du 14 juin 1559.

11 MAY 1562.

Acte à Coustances le 11 may 1562 *touchant le baon* convoqué en 1557 : Le recepveur convoqué pour raporter les deniers et *a esté sur la remonstrance faicte par Gilles de Gouberville.*

Signé : ZACARYE.

31 OCTOBRE 1562.

Acquit à Gilles de Gouberville, comme il a passé franc au pasnage à Tourlaville et passeport pour en envoier une partie à Russy, dernier octobre 1562.

Signez : MICHEL, MICHEL-HERAULT et aultres.

3 JUILLET 1563.

Partage d'obligations entre les dits François et Gilles de Gouberville à eux escheux *du decedz de Messire Jean Picot curey de Gouberville sieur de Russy* soubz signe prive le 3 juillet 1563,

Signez : DE GOUBERVILLE, DE GOUBERVILLE.

7 SEPTEMBRE 1563.

Information faicte de l'évalluation et quallitez du dit fief du Chapitre le sept septembre 1563. Signé de plusieurs signes.

1561 et 1563.

Ataschement au dit Guillaume Fouquet et Guillaume Noyon de Breteville 1561 et 1563 *par Gilles de Gouberville* en ses fieffes de Digoville.

22 JUIN 1564.

Fieffe par Gilles de Gouberville à Gilles Cabart de cinq vergez et demie de terre es goupillières par v sols de rente au dit bailleur, et paier v sols rente au domaine par ce que sy le dit Cabart ou ses hoirs mouroient sans hoirs la dite fieffe retourneroit au dit de Gouberville, dapte en signe privé du 22 juin 1564.

Signez : CABART.

3 MAY 1565.

Adveu rendu par Gilles de Gouberville au Roy du fief du Mesnil, sergenterie Couroie et praiz de Tourlaville, 3 may 1565.

Signé : ALLEXANDRE.

11 MAI 1565.

Extrait de *subrogation par Gilles de Gouberville* à Gilles Auvrey de l'adjudica-tion à luy faicte par Trexot de deux acres de terre près le pont Perrin, comme de non preste et les deniers payes apartenoient au dit Auvrey. Passe devant du Bosc et de la Court l'unze may 1565.

8 JUIN 1565.

Obligation de Jean Pinabel de Gonneville *au dit Gilles de Gouberville* pour her-bage de ses bestiaux en ses dits fieffes de la haie de Digoville, daptez du 8 juin 1565.

Signé : PINABEL.

8 JUIN 1565.

Contrat de vente par Henry Feullie à Jacques Burnel de ung maison couvert d'ardoise sise au hamel de Fuelliés avec l'issue tenus de la dite sieurie du Mesnil par XX, passe devant les dits Raul et Lyot le 8 juin 1565.

Signé des dits tabellions.

8 JUIN 1565.

Item. — *Obligation* de Jean de Launey *au dit Gilles de Gouberville* de luy payer trente soulz pour arbage de ses bestes sur les fieffes du dit de Gouberville à la haye de Digoville en signe privé le 8 juin 1565, recongneu devant le lieutenant du viconte de Vallongnes le 15 juin 1569.

Signez : VIEL.

7 FÉVRIER 1566.

Coppie de bail fait par le dit Chapitre à Guillaume Le Granchet de la grande Pre-voste de Costentin à charge d'en bailler papier terier, dabte du 7 febvrier 1566. Signé à l'aprobation Godefroy.

Six mémoires sans approbation pour faire recherche des tenanciers du dit fief du Chapitre en la dite paroisse du Mesnil ; Paraphez et marquez par David Lampcrière escuier.

27 NOVEMBRE 1566.

Fieffe par maistre Thomas Cauvin prêtre curay de Saincte Jeuneviève pour luy et ses nepveux au dit *Symon de Gouberville* de douze vergez de terre en une pièce nommée les Cornez de Bas au Teil du nombre d'une fieffe prise et adjugée à maistre Estienne Vastel scellon la lettre passez par Trexot le 2 avril 1549 et six vergez à Gonneville nommés les Cornez de Hault du nombre d'une aultre adjudication prise par Guillaume Cauvin frère du dit vendeur du dit sieur Trexot le 23 septembre 1549 par cent deux soulz de rente, passé devant Raul et Liot tabellions, le 27e jour de novembre 1566.

Signez et scellez.

1567.

Contrat de constitution de dix solz de rente par maistre Jacques Auvrey prebtre aux prebtres et clers du Mesnil en 1567 ; Recongneu devant Martin et de La Mer le 17 juillet 1571.

Signé des dits tabellions.

3 JUILLET 1567.

Acquit du domaine pour Gilles de Gouberville comme il a paié les annez 1565, 1566 et 1567 de la ligne de la terre du Mesnil dabte du 3me juillet 1567.

Signé : VIGOT.

1er AOUST 1567.

Fieffe par le dit Mesire Thomas Cauvin représentant le droit d'Estienne Vastel adjudicataire d'une fieffe de Trexot le 2 apvril 1549 et le droict du dit Vastel par luy baillé à Guillaume Cauvin frère du dit fierfferme pour luy et ses frères, la dite fieffe escheue au dit Curey par partage à Jean et Jean dietz Gossin trois vergez quinze perches de terre et quattre vergez dix perches en aultres pièces du nombre d'une aultre fieffe faicte au dit Cauvin par le dit Trexot en janvier 1555 par six soulz trois deniers pour chacune vergée, passez devant les dits Raul et Liot le premier Aoust 1567.

Signé : RAUL.

21 avril 1568.

Extrait des dits tabellions contenant eschange entre Cosinet Paris et Laurence Paris veufve de Mathurin Giret; le dit Cosinet baille à la dite Paris deux champs dans une pièce nommée la Prise qui sont les deux prochaines d'une pièce appartenant à Guillaume Varin telz quellez, la dite veufve baillé au dit Paris ung bout de de champ dans une pièce du Hamel de Paris, maison et plan dessus. Le tout tenu de la dite sieurie du Mesnil en dabte du 21 avril 1568.

> Non signé, ny approuvé.

24 avril 1568.

Extrait du registre de Michel du Bosc et Gilles Mesnage *contenant vente* par Laurence veufve de Mathurin Giret du consentement de Quentin Giret son filz à Cosinet Paris deux champs de terre dans une pièce entrans du Hamel Paris nommée la Prise qui sont les champs prochains d'une pièce appartenant à Thomas Drouet à cause de sa femme. Tenus de la dite sieurie du Mesnil, dapté du 24 avril 1568.

> Non signé, ny approuvé.

17 juillet 1568.

Aultre acquict du dit Hurtebie recepveur de vingt une livre quatorze soulz pour huit annez d'arrérages à cause de la dite pasture à brebis et viesle Vente le 17 juillet 1568.

> Signé : Hurtebie.

21 juillet 1568.

Retraict a droict sieurial par le dit Gilles de Gouberville de Thomas Drouet de l'aquest qu'il avoit faict de Perrine et Guillaume Pivain d'une pièce de terre, une maison servante de   passé devant Thibert et Gohel le vingtuniesme juillet 1568.

> Signé : Gohel.

Auquel est ataché le dit contract d'acquest faict par le dit Drouet des dits Pivain devant les dits tabellions du 7 febvrier 1551.

10 novembre 1568.

Acte de pasnage tenu le 10 novembre 1568 par lequel est ordonné que le dit sieur du Mesnil et ses hommes tenantz et reccant passeront leurs bestes aus dit pasnage comme coustumiers.

> Signez : DE RAVALLET et MORTAIN.

8 DÉCEMBRE 1568.

Fieffe par Jean et Jean Cossin père et filz à Gilles Auvrey des dites deux pièces de terre par devant Gohet et Phlipes le 8 décembre 1568.

> Signez et scellez.

31 DÉCEMBRE 1568.

Ratiffication par Jean Cauvin filz Guillaume *de la fieffe cy dessus* par contract passé devant Gohel et Phlipes le penultiesme décembre 1568. Signé et scellé. Ausquels deux contractz sont atachez les coppies approuvez des dites adjudications.

4 MARS 1569.

Fieffe par Gilles Auvrey au dit *Symon de Gouberville* de trois vergez quinze perches de terre passe devant Hervieu et Phlipes tabellions le 4 mars 1569.

> Signé des dits tabellions.

9 MARS 1569.

Vente par Gilles Auvrey des dites quattre vergez dix perches à *Arnouf de Gouberville* par devant Raul et Liot tabellions, le 9 mars 1569.

> Signé et scellé.

MAI 1569.

Ataschement à Guillaume Fouquet et Michaut Rouge Ventre de Breteville par Gilles de Gouberville en ses fieffes de Digoville par vingt quattre soulz, recongneu en may 1569 devant les dits Raul et Toussart ; deubment signé.

18 MAI 1569.

Obligation de Bastien Besnard et Gautier Le Vallois de quatorze soulz et cinq soulz *pour ataschement* à eux *faict par Gilles de Gouberville* en ses fieffes de Digoville, de la viesle Vente et Campaigne à Brebis, recongneu devant Tousart et Raul le 18 may 1569.

10 JUILLET 1569.

Exploict par Binet sergeant de la *publication de la dite vente du fief du chapitre le 10 juillet 1569.*

Signé : BINET.

21 AOUT 1569.

Accord entre Guillaume Noyon filz Jean de Gonneville et Gilles de Gouberville escuyer demandeur pour le paisment d'atachement de bestes à laine dans les fieffes de pastures à brebis, consent que l'obligation du dit Jean son père pour atasche-ment du dit herbage soit paiez *consent au dit Gilles de Gouberville qu'ils jouissent de la dite fieffe,* passé devant Cabart et du Bosc tabellions le 21 jour d'aoust 1569. Signé des dits tabellions. Auquel accord est ataché la minutte et grosse de l'obliga-tion du dit Noyon pour le dit herbage.

21 AOUST 1569.

Aultre accord entre le dit Gilles de Gouberville et Jean de Launey ayant usurpé la jouissance de portion de la dite pasture à brebis et faict faire deffend au dit de Gou-berville de fermer la dite pièce de terre, se désiste le dit de Launey du dit deffend et luy paier vingt soulz pour la jouissance qu'il avoit eue de la dite portion en recongnoissant que le dit de Gouberville en est vray propriétaire de la dite terre ; passé devant les dits Cabart et du Bosc le 21 aoust 1569.

Signé des dits tabellions.

22 AOUT 1569.

Conquest faict par Gilles de Gouberville des sieurs chantre et chapitre de Cous-tances et commissaires à ce deleguez *d'un fief noble à eux appartenant en la paroisse du Mesnil au Var,* consistant le dit fief en court et usage gaige plège, graine, œufs, oyzeaux, et argent par les prix de sept vingtz libvres à cinq pour cent pour les fraictz ; passé à Rouen le 22 d'aoust 1569, signez par ordonnance de messieurs le commissaire Goddefroy et de   les dits chanoynes réservé le patronage.

9 SEPTEMBRE 1569.

Aultre fieffe et adjudication par le dit sieur Tréxot *au dit Gilles de Gouberville* de deux acres de terre environ jouxte et butte la forestz, la rivière de Cère passant de dans le grand chemin tendant de Cheredebourg à Montebourg par douze deniers par chacun an oultre les deniers d'entrée en dabte du 19 janvier 1555, signez Tréxot et Arnault et scellez. A laquelle est attachée un contract de donation faicte par le dit Gilles de Gouberville à Symon de Gouberville des dits deux fieffes et adjudications par ce que en cas ou mouroit sans enfans les dits héritages reviendroient au dit Gilles ou ses héritiers ; passez en recongnoissance devant Cabart et Binet la neufviesme septembre 1569 ; le dit contract dessus de l'insinuation le 21 apvril 1570 avec un acte à part de la dite insinuation le dit jour.

Signé : Bastard et Mignot.

18 septembre 1569.

Obligation par Guillaume Fouquet et Jeanne Noyon tous de Breteville *de venir compter avec Gilles de Gouberville* de l'herbage de leurs bestiaux qu'ils ont eus dans les dites fieffes de Digoville ; recongneu par Jean Fouquet fils du dit Guillaume le 18 septembre 1569, devant Tousart et Raul tabellions, deubment signé.

18 septembre 1569.

Vente par *Symon de Gouberville à Arnouf son frère* d'une maison et demie vergez de terre devant Cabart et Binet le dix huict septembre 1569.

Signé et scesclé.

18 novembre 1569.

Acquit de quinze livres à Gilles de Gouberville pour sa cotisation du baon en 1569, dabté du 18 novembre 1569.

Signé : Bazan.

12 janvier 1570.

Aliénation du fief noble assis en la paroisse du Mesnil au Val, appartenant au Chapitre de l'église cathédrale de Coutances.

12 janvier 1570.

Ratification par les cardinaux, archevesques députés du pape contenant la vente et adjudication du dit fief au Mesnil au Var, suivant la vente cy dessus en date du 12 janvier 1570 ; signez de Loraine, cardinal de Bourbon, N. de Pellevé et sur le reply est escript par mes dits seigneurs ; signé Hoteman et paroist avoyr esté scesclé et sur le dos est le paiement en argent de la dite somme de sept vingt libvres et sept livres.

Signé : Le Prestre.

26 février 1570.

Ratification par le Roy de la dite vente du dit fief du Mesnil en dapte du vingt six de febvrier 1570 et sur le reply signez par le Roy en son conseil Brulart et scellé d'un grand sceau en scire jeaune avec un contre scel.

28 juin 1570.

Autre obligation par Ancelot Le Petit *au dit Gilles de Gouberville* de sept livres dix soulz pour jouissance qu'il auroit eue des dits fieffes à Digoville et recongneu le 28 juin 1570.

2 octobre 1570.

Extraict du recepveur des tailles de Vallongnes des sommes emploiez pour les dites deux fieffes à Digoville ; approuvé par Le Febvre recepveur le 2 octobre 1570.

Signé : LE FEBVRE.

Coppie approuvée du compte-rendu à la Chambre des Comptes par le dit Le Febvre du denier procédant des dits fieffes.

Signé : LE FEBVRE.

11 octobre 1570.

Accord entre Gilles de Gouberville et Jean Daboville dit Labellez, escuier, Icelluy de Gouberville demandeur pour avoir paisment de quattre annez de louage faict au dit Daboville de terre à la haie de Digoville par lequel le dit Daboville ayant recongneu la demande du dit de Gouberville véritable et tant pour le principal que dépens du procès luy quicte les dits 35 soulz rente sur le dit Le Petit. Passé par recongnoissance devant le lieutenant du viconte de Vallongne à Sainct-Pierre Église le 11 octobre 1570.

Signé : GOULARD et scellé.

La minutte du dit accord estant atachée.

6 avril 1571.

Fieffe par Thomas Drouet représentant Thomas Cauvin à Symon de Gouberville, escuyer, de deux vergez de terre nommez la fieffe de Bas par dix soulz de rente passez devant Mesnage et Pivain tabellions le punultième d'aoust 1582 deubment signez des dits tabellions ; auquel est ataché fieffe par Thomas Cauvin au dit Drouet des dites deux vergers de terre par le prix de dix soulz ; en signe prive le vingt six apvril 1571.

Signé : CAUVIN, MESNAGE, DROUET et plusieurs marques.

2 NOVEMBRE 1571.

Acquist du pasnage pour le dit Gilles de Gouberville pour luy et ses hommes et tenantz du dit fief du Chapitre donné par de Hennot grand maistre le 2 novembre 1571.

> Signé : DE HENNOT, DE RAVALLET, LE ROUXEL et aultres.

2 NOVEMBRE 1571.

Trois acquictz du 2 novembre 1571 comme Jean Feullie, la veufve Jean Tupain et Marin Freret ont passé port au pasnage ; les dits acquicts deubment signez.

15 OCTOBRE 1573.

Adveu par Bertin Douesnart le 15 octobre 1573.

> Signé : LE ROY.

Aultre adveu au Roy par Arnouf de Gouberville le dit jour et an.

> Signé : LE ROY.

15 OCTOBRE 1573.

Aultre adveu de Symon de Gouberville au Roy le 15 octobre 1573.

> Signé : LE ROY.

10 JUILLET 1574.

Aultre acquict du dit recepveur *comme il a receu du dit Gilles de Gouberville* 16ˡᵗ 5ˢ 6ᵈ pour six annez d'arrérages de la rente deue par les dits deux fieffes le 10 juillet 1574.

> Signé : HURTEBIE.

1ᵉʳ JUIN 1575.

Traité de mariage de Jean Noyon fils de Pierre Noyon de la paroisse de Maupertus *avec Loyse fille naturelle de noble homme Gilles de Gouberville* sᵣ du dit lieu du Mesnil et de Russy.

Faict et accordé à Russy le mercredy 1ᵉʳ juin 1575.

> Signez : DE GOUBERVILLE.
> CHANDELEUR, marque du dit NOYON.

12 SEPTEMBRE 1575.

Coppie approuvée de main levez au dit bois de Brix pour le dit de Gouberville en ses terres de Gouberville et du Mesnil et maintenu en ses droictz daptez du 12 septembre 1575 ; l'approbation.

, Signez : DE CROVILLE, JOURDAIN et GUÉRIN.

5 FÉVRIER 1576.

Acquit pour Louis et Tassin Quentin des procureurs des paroissiens du Mesnil et de Digoville pour deux acres de terre que les dits procureurs promettent faire mesurer dans la Lande du Viel Bosc du nombre des fieffes faictes par les commissaires. Passé devant Le Court et Binet le 5º febvrier 1576.

Signé des dits tabellions.

8 FÉVRIER 1576.

Compte entre Gilles de Gouberville, escuyer, et Guillaume Burnel touchant iiiᵛ xv sols et ii poulles de rente sieurialle qu'il doit au dit de Gouberville, sur quoy il luy desduit xii sols de rente à luy deubz à cause du Hamel en seing privé dabté du 8 febvrier 1576. Marque du dit Burnel et de Jacques Maillart et deux autres tesmoings.

9 FÉVRIER 1576.

Délivrance au dit de Gouberville de deux arbres chesnes pour arbre au moulin du dit sieur le 9ᵐᵉ jour de febvrier 1576 et est la coppie de la cour de la dite délivrance.

Signée : LA COURT et BINET.

12 AVRIL 1576.

Aultre adveu par le dit sieur de Gouberville au Roy le 12 avril 1576.

Signé : LE ROY.

13 SEPTEMBRE 1576.

Vente par les paroissiens de Digoville et du Mesnil à Charles Brucan de demi acre de terre à la Lande du Viel Bosc par trente livres deloisses par le dit Brucan à Arnouf de Gouberville comme non preste auquel est inseré l'adjudication faicte

par Lyzore et coppie de l'acquict de l'adjudication de vingt acres ; passé devant
Boullon et Binet en dapte du traiziesme septembre 1576.

> Signez : Boullon et Binet.

13 SEPTEMBRE 1576.

Vente par les paroissiens de Digoville à *Symon de Gouberville* d'une acre de terre
à Digoville entrans du Mantel par vingt cinq livres, passé devant Boullon et Binet
le traiziesme septembre mil cinq centz soixante et saize.

> Signé des dits tabellions.

31 JUILLET 1577.

Acquict de six centz trente huict livres paiez par les abbé et religieux de Chere-
debourgt à déduire sur ce qu'ils avoient esté taxez en date du dernier juillet 1577.

> Signé : Guillaume.

31 JUILLET 1577.

Obligation par le dit sieur de Sainct Nazair de vingt escus deux tiers à l'Abey de
Hambie, lequel Abey luy promet l'acquiter de deux soubz pour livres qui luy pouroient estre demandez de la vente en esclésiastiques, dabtez du dernier juillet 1577.

> Signé : Guillaume abbay et Boullon.

10 SEPTEMBRE 1577.

Coppie approuvée de subrogation faicte par Gilles Auvrey à Arnouf de Gouberville
en une acre de terre à luy adjugée par Trexot le 10 septembre 1577.

> Signé à l'aprobation Pivain.

10 SEPTEMBRE 1577.

Coppie d'adjudication faict par de Thou d'une acre de terre à *Symon de Gouberville*
escuyer le 10 septembre 1577 avecque aultres pièces a aultres particuliers approuvé
par les dits Pivain et Mesnage le 9 janvier 1581.

> Signé Pivain et Mesnage.

21 SEPTEMBRE 1577.

Sentence par de Thou grand Maistre sur la requête du dit de Gouberville comme il
est maintenu en la pocession de ses fieffes, dapté du 21 septembre 1577.

> Signé de Thou Sainct Germain et Gossent.

26 septembre 1577.

Senlence de contumace pour Gilles de Gouberbille contre les paroissiens de Digo-ville par laquelle le dit de Gouberville est maintenu en pocession des Breholles avec dépens ; dapte du 26 septembre 1577.

Signé : Le Roy.

2 janvier 1578.

Testament de Gilles de Gouberville passé devant Jean Binet tabellion Royal en la vicomté de Vallongnes au siège du Val de Sere et Jean Pivain, sergent Royal par luy prins pour adjoint, reconnu le 9me du dit mois au dit an.

Signé des dits tabellions.

7 janvier 1578.

Acquict par Douy *pour Symon de Gouberville* d'un escu et demi un tiers d'escu pour libération à luy faicte par le dit de Thou du dit acre de terre et unze soulz pour les deux soulz pour livre. Signé Douy ; le 7 janvier 1578.

9 janvier 1578.

Fieffe par Gilles de Gouberville à Thomas Drouet d'une acre de terre entrans de la lesquelles du nombre de trois fieffez par le dit Trexot comme dessus par douze deniers tournoys et une poulle passez devant Binet et Pivain en recongnoissance le 9 janvier 1578, selon l'extraict de la dite fieffe.

Signé : Binet et Pivain.

9 janvier 1578.

Aultre extraict de fieffe par le dit de Gouberville à Girot Maillart d'un acre de terre du nombre de trois à la lesquelles par douze deniers et une poule de rente passez en recongnoyssance devant Pivain et Binet le 9 janvier 1578.

Signé : Binet.

17 febvrier 1578.

Acquict par Octavien Douy au dit Arnouf de Gouberville à l'acquict de Gilles Auvrey de cinq escus pour l'adjudication à lui faicte par le sieur de sainct Germain grand Maistre, dabté du 17 febvrier 1578 avec les deux soulz pour livres.

Signé : Douy.

44

7 MARS 1578.

Décès de Gilles de Gouberville au manoir du Mesnil au Val. Il était âgé de 57 ans d'après la remarque qui a été faite page 321.

16 JUILLET 1578.

Vente et adjudication faicte par les commissaires, requeste des dits abbés et religieux du patronage du Mesnil à Jacques du Moncel par six centz trente huict livres six soulz, six deniers en date du saizième juillet 1578.

Signez DANCEL, BROC avec aultres signes.

20 JUILLET 1578.

Acquit du dit sieur abbé et Religieux comme il ont reçeu du dit sieur de S^{ct} Nazaire les dits six centz trente huict livres pour la dite adjudication à luy faicte en dapte du 20 juillet 1578.

Signez GUILLAUME ABBY, BOULLON et RUELLON.

5 NOVEMBRE 1578.

Un cahier de parchemin auquel sont escrips la coppie de *procuration des abbés de Cheredebourg* ordonnances d'informer, commission pour faire la dite information, mandement pour faire proclamations le tout aux fins de faire par les dits abbés et religieux et commissaires délégués la vente du patronage du Mesnil au Var. Collationnez sur les originaulx au greffe de Coustances le 5 novembre 1578.

Signez : DANCEL et BROC.

12 JUIN 1579.

Procuration par damoiselle Renée de Gouberville à Gilles de Crosville escuyer pour faire la choisie des partages de la terre du Mesnil avec damoiselle Jacqueline de Crux passée devant le Jouynel et Neel le douze juin mil cinq cent soixante et dix neuf. Signée des dits tabellions et scellée à laquelle est attachée copie approuvée de la dite procuration.

Signée : LANDRIN et DE LA MER.

22 MARS 1580.

Partage entre Jacques du Moncel sieur de Sainct Nazaire pour et au nom de damoiselle Renez de Gouberville son espouse sœur et héritière du dit Gilles de

Gouberville de la succession à luy escheue de Jeanne du Fou sa mère et damoiselle Jacqueline de Crux niepce et héritière aisnez du dit deffunct de Gouberville en la dite terre du Mesnil procédant de la dite du Fou à la représentation de Jeanne de Belleval, sortie en premier mariage de la dite du Fou ; les dits partages baillés le 12 juin et le présent premier partage demeure par non choix au dit sieur de St Nazaire au dit non par devant Boullon et Binet tabellions le 22 jour de mars 1580.

Signé des dits tabellions.

16 mars 1580.
22 mars 1580.

Transaction entre le dit sieur de St Nazaire en dit non et la dite de Crux touchant la division de la succession au dit de Gouberville demeurant au dit partage du dit sieur de St Nazaire, la maison de Chereboug, prairie de Tourlaville, sergenterie Couroie et à ce renonce la dite de Crux au moyen de quatre vingt escus qui lui sont promis paier ; passé en recongnoissance devant les dits tabellions le dit 22 mars 1580.

Signé : DE CRUX, PYVAIN et BINET.

30 aout 1582.
26 avril 1571.

Fieffe par Thomas Drouet représentant Thomas Cauvin à Symon de Gouberville escuyer de deux vergez de terre nommez la fieffe de Bas par dix soulz de rente passez devant Mesnage et Pivain tabellions le penultième aoust 1582 deubment signez des ditz tabellions. Auquel est attaché fieffe par Thomas Cauvin au dit Drouet des dites deux vergez de terre par le dit prix de dix soulz en signe privé le vingt sixiesme apvril 1571.

Signez : CAUVIN, MESNAGE, DROUET, et plusieurs marques.

28 septembre 1582.

Obligation de Nicollas Le Clerc à *Arnouf de Gouberville* de quarante huit solz et trois poulles pour demeurer par luy quitte de trois années deubz escheuz de saize solz et une poulle de rente envers le sieur de St-Nazair ; dabtée du 28 septembre 1582, une merque en forme de Croix soubz laquelle est escrit la merque du dit Le Clerc.

21 juillet 1590.

Contract de vente par Guillaume Burnel à *Gilles de Crosville* escuyer tuteur de de ses enfants de la somme de 30 sols 6 deniers du nombre de ung escu 12 deniers deubs au dit Burnel en plusieurs parties tant à cause de Thomas Hamel que autrement ; premier dossier sur ses contracts qu'il luy convient garder pour le faire payer du surplus. Passé en recongnoissance devant de la Mer et Landrin le 21 juillet 1590.

Signé des dits tabellions et scellé.

7 DÉCEMBRE 1602.

Eschange pour cinq ans entre Estienne du Parc et Nicolas le Barbanchon fermier du sieur de Crosville au Mesnil par laquelle le dit fermier luy baille à jouir le dit temps de trois vergez de terre dans le grand jardin du Mesnil et le dit du Parc lui baille ce qu'il a dans Lestre Hamel ; dapté en seing privé du 7 décembre 1602.

Signé : DU PARC, AUVREY et BARBEY.

24 AVRIL 1603.

Adveu rendu au Roy par *Jean de Crosville* escuyer de sa maison de Cherbourg en date du 24 avril 1603.

Signez : BAZAN, VAUTIER, LUCAS et DU BOSC.

24 AVRIL 1603.

Adveu rendu par Jean de Crosville, escuyer au Roy du dit fief du Mesnil, la Vigne du Sicquet, la fieffette, le Maresc du Mesnil, la Brière, la sergenterye Couraye et le fief du Chapitre et droit du patronage par devant le viconte de Valognes le vingt quatre avril 1603.

Signez : BAZAN, VAUTIER, LUCAS et DU BOSC.

SEPTEMBRE 1604.

Contrat de vente par le dit Simon de Gouberville sr de la Conté à Jean de Crosville escuyer sr de St Nazaire de la généralité de ses meubles, luy quittant le dit de Crosville l'usufruit sa vie durant de la terre du Mesnil et luy baille outre deux centz quarante livres à prendre sur ses fermiers du Mesnil. Passé devant Landrin et de la Mer le... septembre mil six cent quatre.

Signé des dits tabellions et scellé.

21 JUILLET 1605.

Adveu rendu au Roy par Symon de Gouberville devant le Viconte de Vallongnes le 21 juillet 1605.

. Signez : BAZAN, VAUTIER, DU MONCHEL et PIEDECHIEN.

23 janvier 1611.

Coppie approuvée d'acquict baillé par Simon de Gouberville, jouissant de la terre du Mesnil à Gilles Le Vaslot, de trente sols et deux poulles pour le terme S^{et} Michel mil six cent dix, daptée du 23 janvier mil six cent unze. D'autre acquict du dit de Gouberville de pareille rente baillé au dit Le Vaslot pour le terme mil six cent douze approuvés sur les originaulx représentez par le dit Le Vaslot, par Martin Guerey le dit six janvier mil six cent douze.

Signé : Le Vaslot et Guerey.

29 mai 1612.

Acte à Coustances de la *présentation faite par Jacques de Crosville* escuyer au bénéfice du Mesnil de la personne de maistre Guillaume Henry prêtre le 29 mai 1612.

Signé : de la Lande.

2 aout 1612.

Contract par lequel Symon de Gouberville délaisse au dit de Crosville l'usufruyct qu'il luy auroit baillé de la terre du Mesnil oultre luy quicte tous ses héritages qu'il auroit cy devant vendus au dit du Parc par les ditz unze centz cinquante escus et luy quicte tous ses meubles et fruictz luy faisant quattre centz cinquante livres de pention. Acte passé devant le Moigne et Marmion adjoinct le 2 aoust 1612, signé Le Moigne et Marmion et controllé le 9 du dit mois d'aoust.

Signé : Rouxel.

26 mars 1613.

Adveu rendu par le dit de Crosville par parage à Estienne du Parc de la moytié du dit fief du Mesnil et adveu par le dit sieur de Gouberville son frère et présentés devant le bailly du Costentin à Valognes le 26me mars 1613.

Signez : de Franquetot, Auvrey et Grip.

Copie approuvée par le Me Clerc du greffe de *l'adveu rendu par Jean de Crosville* au dit du Parc du dit fief du Mesnil le premier février 1617.

Paraphée.

Extrait du greffe contenant comme le dit de Crosville a produit au greffe le dit premier février 1617.

Signé : Piedechien.

28 octobre 1618.

Mandement obtenu par Estienne du Parc du sieur d'Audouville lieutenant à Vallongnes pour faire banir les réparations du vieux pressoir du Mesnil metoyen entre luy et le sieur de Crosville par les partages faits entre leurs prédécesseurs au refus du dit de Crosville d'en faire deux partages, dabté du 28 octobre 1618 et assignation au dit de Crosville, vertu d'icelluy dabtée du 30ᵉ du dit mois et an.

Signé : BOUILLON.

18 mars 1619.

Deux partages du dit pressoir baillés par le dit de Crosville au dit du Parc, approuvés par Le Moigne tabellion et son adjoint le 18 mars 1619.

Signez : LAMPÉRIÈRE, GIRAULT, GIRAUT, LE MOIGNE et DU BOSC.

Copie non approuvée des blasmes baillés contre les dits partages par le dit du Parc et contestations en marge par le dit de Crosville.

Memoire des personnes tenants fiefs nobles en la viconté de Vallongnes aux fins de la taxe des francs fiefs et nouveaux acquestz (1).

En suict les nons d'aulcunes personnes tenantz fiefz nobles en la Viconté de Vallongnes en tant qu'il en est venu a la congnoissance des Commissaires du Roy nostre seig^r sur le faict des francs fiefs et nouveaulx acquestz au bailliage de Costentin, saouf a eulx a comprendre en l'assiete sur ce ordonnée autres tenantz fiefz nobles dont il viendra a congnoissance sur lesquelz cy apres desnommés a esté baillé charge a Philippe Lescureul recepveur sur ce ordonné de recepvoir les sommes qui en suyvent. Et semblablement luy a esté baillé charge de recuyllir les deniers des rentes possédées et acquises par gens non nobles sur personnes nobles dont il leur viendra a congnoissance; le tout selon les Ordonnances sur ce faictes.

PREMIÈREMENT

Jehan Ymbert.	LXX lt. .
Jehan de Rozel	XXX lt.

(1) Dans la partie du Journal déjà publiée dans les Mémoires de la Société des Antiquaires, il est mentionné, à la date du jeudi 14 novembre 1555, que Gilles de Gouberville envoya Cantepye à Valognes pour recueillir de Jacques Jouenne, prisonnier, « *la coppie de ung rolle des nobles de la viconté de Vallongnes* » dont il avait affaire, à l'occasion de la visite de Messieurs les Commissaires pour les francs fiefs et nouveaux acquêts. Nul doute que la pièce ci-dessus, trouvée dans le Chartrier de Saint-Pierre-Église, ne soit le document en question.

Raoul Guyhonmar.	xxx lt.
Geoffroy de Hennot	x lt.
Pierre Le Fournierre, Robin et Jehan dictz Largemains.	c lt.
Thomas Yon	xx lt.
Jacques de Lespine	l lt.
Guillaume Doynel.	xiii lt. xv s.
Jehan De Lacourt.	xxx lt.
Charles Durant.	xxvii lt. x s.
Guillaume Lhermitte.	lxx lt.
Marc Giroesme.	lxx lt.
Jehan Lefort et sa mère.	xl lt.
Jehan Adam	xx lt.
Guillaume Josel	xx lt.
Colin du Monchel.	c lt.
Richard Le Febvre de Seulleville.	xx lt.
Raoul Moustier et son frère	lxx lt.
Guillaume Langloys	l lt.
Jehan Rogier.	xx lt.
Jacques Anquetil.	xiii lt. xv s.
Michel Loyer.	xl lt.
Raoul Langloys	xxxv lt.
La veuve Philippin Feuardant et son fils	xl lt.
Guillaume Michel.	xv lt.
Thomas Lours.	l lt.
Richard Basan s^r de Fairmenville	xl lt.
Guillaume Hebert.	xxv lt.
Michel Corbin.	xx lt.
Jehan Burnouf	xxx lt.
Gaultier Le Coq.	xxx lt.
Jehan Heuzey du Valferrant.	xv lt.
Jehan Heuzey s^r de la Haulle	xxxviii lt.
Marc Nicolle.	xx lt.
Estienne Du Hecquet.	xxx lt.
Jehan Daragon.	xiii lt. xv s.
Jehan Dubosc.	xxx lt.
Raoul Du Hecquet s^r de Commandal.	xx lt.
Guillaume Le Grand	xx lt.
Rogier Moestier.	xxxv lt.
Jehan Hervieu seig^r de Senoville.	l lt.
Guillaume Beval	l lt.

Guillot Le Febvre . . . . L lt.
La veuve Pierres Jallot . . . . xv lt.

Faict a Coustances le premier jour de mars l'an mil IIIIe LXXII. — Ainsy signé : Josel, Le Marinel, Regnault et Demante.

Donné par coppie soubz les signes manuelz de Raoul Houel et Pierres Barbier tabellions au siege des Pieulx le XXIIIe jour de septembre l'an mil V^e vingt et ung.

Signés : HOUEL et BARBIER.

Deux paraffes.

ERRATA

Page 19 — Ligne 30. Au lieu de : « *Noel Picot dit la Verge* », lisez : « *Guillaume Picot, sr* « *de la Verge, frère de Noël Picot, seigt du Fresne.* »

Page 23 — Ligne 32. Même correction que la précédente.

Page 86 — Ligne 32. Au lieu de : « *Ceux-ci avaient trois autres frères et deux autres sœurs* », lisez : « *Les Hachées et Jacques du Moncel avaient trois autres frères* »

Ligne 35. Au lieu de : « *Les deux autres sœurs étaient* », lisez : « *Renée Picot* « *avait deux sœurs.* »

Page 135 — Ligne 37. Même correction qu'à la page 19, ligne 30.

Nota. — Les corrections apportées aux pages 19, 23 et 135, résultent d'un document nouveau dont la découverte est survenue depuis l'impression du Journal.

[Voir le tableau généalogique, page ix.]

TABLE

* 9 7 8 2 3 2 9 3 9 0 6 4 2 *